Achim Wehinger **Schuldrecht Allgemeiner Teil I**

JURIQ Erfolgstraining

# Schuldrecht Allgemeiner Teil I

Schuldverhältnis: Beteiligte, Inhalt, Verträge über digitale Inhalte, Erlöschen, Einreden

von
Achim Wehinger (vormals Bönninghaus)

5., neu bearbeitete und erweiterte Auflage

C.F. Müller

Bibliografische Information der Deutschen Nationalbibliothek
Die Deutsche Nationalbibliothek verzeichnet diese Publikation in der Deutschen Nationalbibliografie; detaillierte bibliografische Daten sind im Internet über <https://portal.dnb.de> abrufbar.

Print: ISBN 978-3-8114-6237-3
ePub: ISBN 978-3-8114-9081-9

E-Mail: kundenservice@cfmueller.de
Telefon: +49 6221 1859 599
Telefax: +49 6221 1859 598

www.cfmueller.de



Satz: TypoScript, München
Illustrationen: Mattfeldt & Sänger, München
Druck: CPI books, Leck

# Liebe Leserinnen und Leser,

die Reihe „JURIQ Erfolgstraining" zur Klausur- und Prüfungsvorbereitung verbindet sowohl für Studienanfänger als auch für höhere Semester die Vorzüge des klassischen Lehrbuchs mit meiner Unterrichtserfahrung zu einem umfassenden Lernkonzept aus Skript und Online-Training.

In einem ersten Schritt geht es um das **Erlernen** der nach Prüfungsrelevanz ausgewählten und gewichteten Inhalte und Themenstellungen. Einleitende Prüfungsschemata sorgen für eine klare Struktur und weisen auf die typischen Problemkreise hin, die Sie in einer Klausur kennen und beherrschen müssen. Neu ist die **visuelle Lernunterstützung** durch

- ein nach didaktischen Gesichtspunkten ausgewähltes Farblayout
- optische Verstärkung durch einprägsame Graphiken und
- wiederkehrende Symbole am Rand

= Definition zum Auswendiglernen und Wiederholen

= Problempunkt

= Online-Wissens-Check

**Illustrationen als „Lernanker"** für schwierige Beispiele und Fallkonstellationen steigern die Merk- und Erinnerungsleistung Ihres Langzeitgedächtnisses.

Auf die Phase des Lernens folgt das **Wiederholen und Überprüfen** des Erlernten im **Online-Wissens-Check**: Wenn Sie im Internet unter **www.juracademy.de/skripte/login** das speziell auf das Skript abgestimmte Wissens-, Definitions- und Aufbautraining absolvieren, erhalten Sie ein direktes Feedback zum eigenen Wissensstand und kontrollieren Ihren individuellen Lernfortschritt. Durch dieses aktive Lernen vertiefen Sie zudem nachhaltig und damit erfolgreich Ihre zivilrechtlichen Kenntnisse!

**Frage 1** (Punkte: 1)

Bei der Holschuld

**Antwort**

| Aussagen | Antwort | Aussagerichtigkeit und Kommentar |
|---|---|---|
| a) liegen Leistungs- und Erfolgsort am Sitz des Schuldners. | ☑ ✓ | Richtig. |
| b) fallen Leistungs- und Erfolgsort auseinander. | ☐ ✓ | Falsch. Das ist kennzeichnend für die Schickschuld. |
| c) liegen Leistungs- und Erfolgsort am Sitz des Gläubigers. | ☐ ✓ | Falsch. Das ist kennzeichnend für die Bringschuld. |

→ **Richtig**
Punkte für diese Antwort: 1/1.

Schließlich geht es um das **Anwenden und Einüben** des Lernstoffes anhand von Übungsfällen verschiedener Schwierigkeitsstufen, die im Gutachtenstil gelöst werden. Die JURIQ **Klausurtipps** zu gängigen Fallkonstellationen und häufigen Fehlerquellen weisen Ihnen dabei den Weg durch den Problemdschungel in der Prüfungssituation.

Das **Lerncoaching** jenseits der rein juristischen Inhalte ist als zusätzlicher Service zum Informieren und Sammeln gedacht: Ein erfahrener Psychologe stellt u.a. Themen wie Motivation, Leistungsfähigkeit und Zeitmanagement anschaulich dar, zeigt Wege zur Analyse und Verbesserung des eigenen Lernstils auf und gibt Tipps für eine optimale Nutzung der Lernzeit und zur Überwindung evtl. Lernblockaden.

Das Anliegen dieser Skriptenreihe besteht darin, denn Stoff möglichst so aufzubereiten, wie er in einer Klausur, deren Lösung sich an der Begutachtung von Anspruchsbeziehungen orientiert, gedanklich abzuarbeiten ist. Die Darstellung gehorcht daher in erster Linie den gedanklichen Schritten im Rahmen einer Anspruchsprüfung und nicht der Gliederung des Gesetzgebers. Das Skript will kein Lehrbuch sein: Die einzelnen Rechtsinstitute werden nicht einzeln und in sich geschlossen behandelt, sondern stets von den Tatbeständen aus, die in der Klausur den Einstieg bilden. Erläuternde Einführungen erleichtern naturgemäß das Verständnis, doch sind sie auf das notwendige Mindestmaß beschränkt.

Dieses Skript beschäftigt sich mit den allgemeinen Grundlagen des Schuldrechts: Beteiligte des Schuldverhältnisses (Gläubiger und Schuldner), Erfüllung, Erfüllungssurrogate, Leistungsverweigerung durch Einreden und Schadensrecht. Das gesamte Schadensrecht kann hier aus Platzgründen nicht dargestellt werden, aber die Grundzüge werden in diesem Band erörtert. Die Darstellung wird im zweiten Band zum Thema „Pflichtverletzung" bei den verschiedenen Schadensersatzansprüchen aus §§ 280 ff. BGB fortgesetzt. Weitere Aspekte des Schadensrechts finden sich außerdem bei der Darstellung des Deliktsrechts.

Die Verjährung gehört im Anspruchsaufbau in der Regel auf die Ebene der Durchsetzbarkeit, wenn sie als Einrede zum Zwecke der dauerhaften Leistungsverweigerung geltend gemacht wird. Deswegen habe ich dieses Thema im Zusammenhang mit anderen Einreden hier dargestellt und nicht im BGB AT, wo es im Gesetz angesiedelt wurde. Über § 218 BGB wird uns das Thema im zweiten Band beim Rücktritt wieder begegnen.

Dieses Skript richtet sich an Anfänger, Fortgeschrittene und Examenskandidaten. Dies liegt in der Natur des Themas, das vom ersten Semester an Bestandteil des zivilrechtlichen Lehrstoffs ist. Das Allgemeine Schuldrecht gehört zu den Kernbereichen des Prüfungsstoffes.

Zu den Fußnoten: Sie werden feststellen, dass Literaturverzeichnis und Fußnotenapparat „übersichtlich" gehalten sind, um es noch milde zu formulieren. Das Skript will nicht den Anspruch erheben, das Schrifttum auch nur annähernd vollständig zu belegen. Aus diesem Grunde wird häufig auf die einschlägigen Belegstellen im Standardkommentar von *Grüneberg* (vormals *Palandt*) verwiesen, wo Sie bei Bedarf (z.B. für die Anfertigung von Hausarbeiten) weiterführende Belegstellen finden.

Bei der Neuauflage habe ich viele Zuschriften verarbeiten können, für die ich mich bei allen Leserinnen und Lesern herzlich bedanken möchte. Die daraus resultierenden Veränderungen gegenüber der Vorauflage haben die Darstellung didaktisch hoffentlich verbessert.

Neu in das Skriptum eingearbeitet wurde auch der mit Wirkung zum 1.1.2022 in das BGB eingefügte neue „Titel 2a" zu den „Verträgen über digitale Produkte und Dienstleistungen" (§§ 327 bis 327u).

Auf geht's – ich wünsche Ihnen viel Freude und Erfolg beim Erarbeiten des Stoffs!

Und noch etwas: Das Examen kann jeder schaffen, der sein juristisches Handwerkszeug beherrscht und kontinuierlich anwendet. Jura ist kein „Hexenwerk". Setzen Sie nie ausschließlich auf auswendig gelerntes Wissen, sondern auf Ihr Systemverständnis und ein solides methodisches Handwerk. Wenn Sie Hilfe brauchen, Anregungen haben oder sonst etwas loswerden möchten, sind wir für Sie da. Wenden Sie sich gerne an C.F. Müller GmbH, Waldhofer Straße 100, 69123 Heidelberg, E-Mail: kundenservice@cfmueller.de. Dort werden auch Hinweise auf Druckfehler sehr dankbar entgegen genommen, die sich leider nie ganz ausschließen lassen.

Köln, im Januar 2024 *Achim Wehinger*

# JURIQ Erfolgstraining – die Skriptenreihe von C.F. Müller mit Online-Wissens-Check

Mit dem Kauf dieses Skripts aus der Reihe **„JURIQ Erfolgstraining"** haben Sie gleichzeitig eine Zugangsberechtigung für den Online-Wissens-Check erworben – ohne weiteres Entgelt. Die Nutzung ist freiwillig und unverbindlich.

Was bieten wir Ihnen im Online-Wissens-Check an?

- Sie erhalten einen individuellen Zugriff auf **Testfragen zur Wiederholung und Überprüfung des vermittelten Stoffs**, passend zu jedem Kapitel Ihres Skripts.
- Eine individuelle **Lernfortschrittskontrolle** zeigt Ihren eigenen Wissensstand durch Auswertung Ihrer persönlichen Testergebnisse.

Wie nutzen Sie diese Möglichkeit?

## Online-Wissens-Check

Registrieren Sie sich einfach für Ihren kostenfreien Zugang auf **www.juracademy.de/skripte/login** und schalten sich dann mit Hilfe des Codes für Ihren persönlichen Online-Wissens-Check frei.

**Ihr persönlicher User-Code: 756768040**

Der Online-Wissens-Check und die Lernfortschrittskontrolle stehen Ihnen für die **Dauer von 24 Monaten** zur Verfügung. Die Frist beginnt erst, wenn Sie sich mit Hilfe des Zugangscodes in den Online-Wissens-Check zu diesem Skript eingeloggt haben. Den Starttermin haben Sie also selbst in der Hand.

Für den technischen Betrieb des Online-Wissens-Checks ist die JURIQ GmbH, Littenstraße 11, 10179 Beriln zuständig. Bei Fragen oder Problemen können Sie sich jederzeit an das JURIQ-Team wenden, und zwar per E-Mail an: team@juriq.de.

# Inhaltsverzeichnis

# Literaturverzeichnis


| | |
|---|---|
| *Looschelders, Dirk* | Schuldrecht Allgemeiner Teil, 21. Aufl. 2023 |
| *Medicus, Dieter/Petersen, Jens* | Bürgerliches Recht, 29. Aufl. 2023 |
| *Medicus, Dieter/Lorenz, Stephan* | Schuldrecht I, 22. Aufl. 2021 |
| *Grüneberg, Christian* | Bürgerliches Gesetzbuch, 83. Aufl. 2024<br>(zitiert: Grüneberg-*Bearbeiter*) |
| *Petersen, Jens* | Allgemeines Schuldrecht, 11. Aufl. 2023 |

## Tipps vom Lerncoach

### Warum Lerntipps in einem Jura-Skript?

Es gibt in Deutschland ca. 1,6 Millionen Studierende, deren tägliche Beschäftigung das Lernen ist. Lernende, die stets ohne Anstrengung erfolgreich sind, die nie kleinere oder größere Lernprobleme hatten, sind eher selten. Besonders juristische Lerninhalte sind komplex und anspruchsvoll. Unsere Skripte sind deshalb fachlich und didaktisch sinnvoll aufgebaut, um das Lernen zu erleichtern.

Über fundierte Lerntipps wollen wir darüber hinaus all diejenigen ansprechen, die ihr Lern- und Arbeitsverhalten verbessern und unangenehme Lernphasen schneller überwinden wollen.

Diese Tipps stammen von *Frank Wenderoth,* der als Diplom-Psychologe seit vielen Jahren in der Personal- und Organisationsentwicklung als Berater und Personal Coach tätig ist und außerdem Jurastudierende in der Prüfungsvorbereitung und bei beruflichen Weichenstellungen berät.

### Wie lernen Menschen?

Die Wunschvorstellung ist häufig, ohne Anstrengung oder ohne eigene Aktivität „à la Nürnberger Trichter" lernen zu können. Die modernen Neurowissenschaften und auch die Psychologie zeigen jedoch, dass Lernen ein aktiver Aufnahme- und Verarbeitungsprozess ist, der auch nur durch aktive Methoden verbessert werden kann. Sie müssen sich also für sich selbst einsetzen, um Ihre Lernprozesse zu fördern. Sie verbuchen die Erfolge dann auch stets für sich.

### Gibt es wichtigere und weniger wichtige Lerntipps?

Auch das bestimmen Sie selbst. Die Lerntipps sind als Anregungen zu verstehen, die Sie aktiv einsetzen, erproben und ganz individuell auf Ihre Lernsituation anpassen können. Die Tipps sind pro Rechtsgebiet thematisch aufeinander abgestimmt und ergänzen sich von Skript zu Skript, können aber auch unabhängig voneinander genutzt werden.

Verstehen Sie die Lerntipps „à la carte"! Sie wählen das aus, was Ihnen nützlich erscheint, um Ihre Lernprozesse noch effektiver und ökonomischer gestalten zu können!

## Lernthema 3
## Leistungsfähigkeit, Ernährung und individueller Tagesrhythmus

Jura Lernen ist Kopfarbeit, die mit emotionalen und motivationalen Zuständen verbunden ist. Diese mentalen Prozesse sind physiologisch betrachtet elektrische Aktivität der Hirnzellen - also Körperarbeit. Und Körperarbeit erfordert und verbraucht Energie. Sie brauchen für eine erfolgreiche Lernarbeit eine angemessene Energiezufuhr durch passende Ernährung. Und weil es Tagesschwankungen in der Leistungsfähigkeit gibt, ist es für Sie wichtig, Ihre Lern- und Pausenplanung an einem individuell passenden Rhythmus auszurichten.

### Lerntipps

#### Optimieren Sie Ihre Ernährung!

Zum Lernen ist es günstig, sich gut zu fühlen und geistig konzentriert zu sein. Nudeln zum Beispiel kurbeln das „Glückshormon" Serotonin an und sind eine Langzeitenergiequelle, da der Körper die Kohlehydrate aus dem Mehl nur langsam abbaut. Aufmunternd wirken Brot, Fisch und Kartoffeln. Bananen wirken leicht beruhigend durch ihren Magnesiumgehalt. Durch zu wenig Nahrung sinkt der Blutzuckerspiegel ab, bewirkt eine Konzentrations- und damit Leistungsabnahme. Für das Gehirn sind daher kleinere Mahlzeiten (am besten fünf) optimal. Nicht umsonst wird von Ernährungsexperten nach wie vor das Schulbrot und ein Apfel empfohlen, auch wenn das bei vielen Schülern als uncool gilt. Denken Sie auch an Vitamine, besonders C, E und B und Mineralien wie Eisen und Calcium. Obst und Gemüse sind hier ideal.

Also starten Sie mit einem stressfreien, gemütlichen Frühstück mit Zeitung, stehen Sie lieber früher auf. Nach jeder Mahlzeit sollte eine kurze Pause eingelegt werden, da die Energie (Sauerstoff) erst einmal für die Verdauung verbraucht wird und dem Gehirn nicht direkt zur Verfügung steht.

### Falsches Essen und Trinken kann das Lernen ausbremsen!

Vermeiden Sie den Geschmacksverstärker Glutamat, der sich z.B. in vielen Fertiggerichten und dem allgemeinen Fast Food wie Hamburger, Würstchen und Chips befindet. Er kann zu Hitzewallungen, Kopfschmerzen und Herzklopfen führen. Und das brauchen Sie in anstrengenden Lernphasen nun wirklich nicht! Kaffee entzieht zwar keine Flüssigkeit wie Tee, wirkt wie Cola kurzzeitig aufputschend, dann aber ermüdend. Wenn Sie gerne Tee trinken – der wirkt positiv anregend – gleichen Sie das unbedingt durch die entsprechende Menge Wasser aus, denn …

### … die geistige Leistung wird durch Wasser verbessert!

Wasser ist ein wichtiges Transportmittel zur Stoffverschiebung und für die Zellaktivität. Flüssigkeitsmangel reduziert die Informationsaufnahme, -verarbeitung und den Wissenserwerb, durch vermehrte Wasseraufnahme verbessern sich geistige Leistungen, z.B. erkennbar an besseren Noten. Trinken während einer Lehrveranstaltung erhöht die Aufmerksamkeit für den Lehrstoff (Ergebnisse aus der Rosbacher Studie). Im normalen Alltagsgeschehen sollten wir 1,5 bis 2 Liter Flüssigkeit zu uns nehmen. Bei größerer Beanspruchung und Hitze entsprechend mehr. Wasser ist ideal auch wegen der Spurenelemente, stilles Wasser durchspült den Körper besser als Wasser mit Kohlensäure. Fruchtsaft kann natürlich dazugemischt werden.

### Es gibt erhebliche individuelle Unterschiede in den Tagesleistungskurven!

Die gegenwärtige Forschung relativiert einige Annahmen über „den Bio-Rhythmus“:

- Tagesrhythmische Schwankungen beziehen sich auf unterschiedliche Leistungsfähigkeiten (körperliche vs. geistige).
- Die Schwankungen hängen stark von den Rahmenbedingungen wie z.B. der Intensität der Anforderungen ab (z.B. 12 Uhr Leistungsfähigkeit für Prüfungsfach A gering, aber für Sport nicht unbedingt; 3 Uhr Discobesuch hellwach etc.)
- Die Leistungsfähigkeit hängt stark mit der Motivation zusammen (z.B. Lesen eines Buches über ein Hobby oder über ein kompliziertes Prüfungsthema).
- Es gibt erhebliche Unterschiede in den tagesablaufbedingten Leistungsschwankungen verschiedener Menschen (u.a. Eulen und Lerchen …), d.h. kein allgemeiner Stundenplan kann diese aus rein organisatorischen Gründen berücksichtigen.



**Fazit:**

Sie müssen sich auf vorgegebene Rhythmen in Stundenplänen und Vorlesungszeiten einerseits einstellen. Der Körper stellt sich bei Regelmäßigkeit auch um. Das können Sie nutzen. Wenn Sie viele Freiräume zur Gestaltung Ihres Tagesrhythmus besitzen, sollten Sie regelmäßige und feststehende Lern- und Pausenzeiten festlegen. Sie bestimmen Ihren Rhythmus selbst und nicht der Rhythmus Sie. So schöpfen Sie Ihre Leistungsmöglichkeiten besser aus.

### Pausen fest einplanen und einhalten!

Nach schwerer Arbeit brauchen Sie generell angemessene Pausen. Viele Studenten lernen täglich zehn oder mehr Stunden und erzielen in Relation dazu minimale Lerngewinne. Unsere „Lernmaschine“ Gehirn benötigt Speicher- und Verarbeitungszeiten und Wartungspausen. Pausen haben arbeitsphysiologische Wirkungen.

- Häufige Pausen von weniger als 20 Minuten sind besonders effektiv, erfrischend und besser als wenige lange Pausen.
- Gerade zu Beginn einer Pause ist der Erholungswert am größten.
- Pausen sollten nicht mit Nebentätigkeiten ausgefüllt werden.
- Die Freude auf die Pause kann einen positiven Arbeitseffekt bewirken, der bereits vor der Pause eintritt.
- In den Pausen arbeitet unser Gehirn weiter, es knüpft Verbindungen, startet unbewusste Suchprozesse (deshalb fällt uns nach der Pause häufig plötzlich eine Lösung ein, die wir vorher nicht finden konnten).
- Pausen werden meist als Belohnung erlebt. Dadurch wirken sie verstärkend auf unser weiteres Lernverhalten.

Nicht von ungefähr haben Arbeitnehmer einen gesetzlichen Anspruch auf Pausen von gewisser Dauer. Und der Arbeitgeber die Fürsorgepflicht für deren Einhaltung. Sie haben ein Recht auf Pausen und die Pflicht sie einzuplanen und einzuhalten, unabhängig vom Lernerfolg. Wahrscheinlich werden Pausen so selten fest eingehalten, weil man meint, sie sind vergeudete Zeit. Also, keine Angst vor Zeitverlust.

### Nutzen Sie die verschiedenen Pausenarten im Verlaufe eines Arbeitstages!

Zur Unterstützung einer gesunden und effektiven „Pausenmoral" können Sie verschiedene Arten von Pausen unterscheiden. Alle wollen mit gutem Gefühl ausprobiert und genossen werden. Entwickeln Sie Ihre persönliche, vielleicht „etwas andere" Pausenstrategie. Sie werden feststellen, dass Sie konzentrierter und effektiver arbeiten können. Allerdings ist ein wenig Vorsicht geboten, wenn Sie Pausen zur „Lernvermeidung" nutzen.

- Die Abspeicherpause (Augen zu) von 10 bis 20 Sekunden nach Definitionen, Begriffen und komplexen Lerninhalten zum sicheren Abspeichern und zur Konzentration.
- Die Umschaltpause von 3 bis 5 Minuten nach ca. 20 bis 40 Minuten Arbeit, um Abstand zum vorher Gelernten zu bekommen und dadurch Neues besser aufzunehmen.
- Die Zwischenpause von 15 bis 20 Minuten nach 90 Minuten intensiver Arbeit, also nach zwei Arbeitsphasen dient dem Erholen und Abschalten.
- Die lange Erholungspause von 1 bis 3 Stunden, z.B. mittags oder zum Feierabend nach 3 Stunden Arbeit ebenfalls zum richtigen Abschalten, Regenerieren, Sich-Belohnen etc.

### Ihre Mittagspause hat für Ihren Tagesrhythmus eine besondere Bedeutung!

Vor und nach dem Mittagessen sollte eine längere Erholungspause von mindestens 30 Minuten eingeplant werden, d.h. insgesamt mindestens 60 Minuten lernfreie Zeit. Ein Power Napping von ca. 20 Minuten nach dem Mittagsessen reicht oft aus. Dann ist man besonders fit. Von Arbeitsphysiologen wird der kurze und tiefe Mittagsschlaf empfohlen, womit dem Leistungstief von 13 bis 14 Uhr entgegengewirkt werden kann. Der Magen wird nach dem Mittagessen mit viel sauerstoffreichem Blut versorgt. Das fehlt ihrem Gehirn in dieser Phase also so oder so. Und durch das Nickerchen werden Aufmerksamkeit und Konzentration wieder gesteigert. Aber es sind alle Tätigkeiten erlaubt, die entspannen, schön sind, das Gehirn nicht belasten und fristgerecht beendet werden können.



### Lernen am Abend ist weniger effektiv!

Das Lernen am späten Abend – also nach 22 Uhr ist wenig effektiv, da gemessen am Arbeitsaufwand weniger behalten wird. Vermeiden Sie also die Nachmittage mit Fernsehen, Verabredungen, Freizeit zu verbringen und hier viel Freizeitenergie zu investieren. Danach geistige Energie für Lernleistungen aufzubringen, fällt umso schwerer. Bei spätem Lernen schläft man erfahrungsgemäß auch schlechter und das, obwohl der nächste Tag wiederum Ihren vollen Einsatz erfordert. Seien Sie ehrlich zu sich und schauen Sie einmal, von welcher abendlichen Uhrzeit an die Lerneffektivität nachlässt.

### Am Abend gut abschalten!

Planen Sie mindestens 60 Minuten vor dem Schlafengehen vollkommen zum Entspannen ein. Sie können so mehr Abstand zum Lernen gewinnen und der Schlaf wird umso erholsamer sein. Andernfalls grübeln Sie weiter über Ihren Lernstoff, und Sie stehen am nächsten Morgen mit einem „Lernkater" auf. Alkohol oder Schlafmittel beeinträchtigen die Lernarbeit im Schlaf erheblich. Nur im erholsamen Schlaf arbeitet das Gehirn gerne für Sie eigenverantwortlich weiter.

### Den Schlaf als Lernorganisator nutzen!

Es ist nachgewiesen, dass sich unser Gehirn während des Schlafens nicht ausruht, der Arbeitsmodus schaltet um und das Gehirn wird zum Verwalter und Organisator des Gelernten. Das Gehirn bzw. die neuronale Aktivität sichtet, sortiert und ordnet zu, schafft Verbindungen (Synapsen) zu bereits bestehenden Wissensinhalten und verankert Gelerntes – ohne dass wir bewusst und aktiv etwas tun müssen. Diese Erkenntnisse erklären wahrscheinlich auch die lernförderlichen Wirkungen des Kurzschlafes (Power Napping) und der kurzen und tiefen Entspannung mit Hypnose.

# 1. Teil
# Die Schuldrechtsklausur

## A. Die Sachverhaltsstruktur

Für die erfolgreiche Lösung einer Schuldrechtsklausur ist es zunächst einmal wichtig, sich mit deren Besonderheiten vertraut zu machen. Dabei hängt die Herangehensweise davon ab, welche Art von Schuldverhältnis die Grundlage des Klausursachverhalts bildet. So macht es z.B. einen Unterschied, ob die Klausur einen Vertragsschluss und seine Ausführung durch die Beteiligten (vertragliches Schuldverhältnis), oder z.B. einen Verkehrsunfall und seine Folgen (gesetzliches Schuldverhältnis) schildert. 1

Wie Klausuren mit dem Schwerpunkt „gesetzliche Schuldverhältnisse" zu lösen sind, wird im Skript „Schuldrecht BT IV" behandelt.

Das folgende Skript befasst sich schwerpunktmäßig mit dem Lösungsprogramm zur Lösung von Klausuren aus dem Bereich vertraglicher Schuldverhältnisse. Die Struktur des Sachverhalts dieser Klausuren besteht gewöhnlich aus drei Teilen: Dem „Vereinbarungsteil", dem „Leistungsstörungsteil" und dem „Frageteil".

Im Vereinbarungsteil wird geschildert, wer mit wem worüber verhandelt hat und worüber Einigkeit erzielt wurde. Der Ersteller einer Klausur baut hier häufig Probleme des BGB-AT in den Sachverhalt ein, wie z.B. Abgabe und Zugang von WEen, Einigungsmängel, Beteiligung Minderjähriger, Stellvertretung und Formprobleme etc. Da nach § 311 Abs. 2[1] aber bereits schon mit Aufnahme des geschäftlichen Kontakts ein „vorvertragliches" Schuldverhältnis mit Rücksichtnahmepflichten nach § 241 Abs. 2 entstehen kann, sollten Sie beim Durchlesen des Sachverhalts auch darauf achten, ob in diesem Teil der Klausur möglicherweise das Problem einer vorvertraglichen Pflichtverletzung angelegt ist, wie z.B. im Falle einer arglistigen Täuschung. Diese kann nämlich zu einem Schadensersatzanspruch aus Verschulden bei Vertragsverhandlungen (c.i.c., §§ 280 Abs. 1, 241 Abs. 2, 311 Abs. 2) führen. 2

Im Leistungsstörungsteil des Klausursachverhalts finden Sie Angaben dazu, welche Zusagen von den Beteiligten nicht eingehalten wurden. Das Gesetz bezeichnet dies als „Pflichtverletzung" (vgl. dazu § 280 Abs. 1 S. 1) bzw. als „Nichterbringung oder nicht vertragsgemäße Erbringung" einer fälligen Leistung (so in § 323 Abs. 1). Versuchen Sie, sich an dieser Stelle einen ersten Überblick über die in Frage kommenden Arten der möglichen Pflichtverletzungen (Nichtleistung, Schlechtleistung etc.) zu verschaffen, da dies für die Auswahl der möglichen Anspruchsgrundlagen wichtig ist. 3

Der Frageteil bestimmt die Richtung in die Ihre Prüfung zu gehen hat. Dabei sind die berühmten „W"-Fragen zu beachten: 4

- **Wer** will etwas **von wem**? (Aufteilung nach Zweipersonenverhältnissen).
- **Was** will er? (Frage nach dem Anspruchsziel).

1 §§ ohne Gesetzesangabe sind solche des BGB.

- **Warum** will der Anspruchsteller etwas? (Frage nach dem anspruchsauslösendem Teil des Sachverhalts).
- **Woraus** könnte er das Gewollte fordern? (Frage nach der konkreten Anspruchsgrundlage).

Die Fallfrage kann dahin gehen, ob der Gläubiger aus dem Vertrag Erfüllung vom Schuldner verlangen kann. Im Falle einer Pflichtverletzung kann danach gefragt sein, welche Sekundäransprüche dem Gläubiger daraus entstehen. Mit diesem Thema werden wir uns im Skript „Schuldrecht AT II" näher befassen. Das vorliegende Skript behandelt schwerpunktmäßig die Klausurprobleme des vertraglichen Erfüllungsanspruchs.

## B. Das Lösungsprogramm

Die Prüfung des vertraglichen Erfüllungsanspruchs erfolgt nach dem folgenden Schema: 5

### Prüfschema zum vertraglichen Erfüllungsanspruch

PRÜFUNGSSCHEMA

(Z.B. Anspruch des A gegen B auf Kaufpreiszahlung aus Kaufvertrag gem. § 433 Abs. 2 BGB)
Ausgangspunkt: Wer will etwas? (A) von wem? (B) was? (Kaufpreiszahlung) woraus? (aus § 433 Abs. 2)

**A. Anspruch entstanden**

- **I. Anspruchsvoraussetzungen (Beweislast Anspruchsteller)**
  1. Einigung mit dem Inhalt des (z.B. § 433)
     - a) Über die **Essentialia** (stets erforderlich, sonst logischer Totaldissens)[2]
     - b) Ggf. über **weitere Punkte** (Accidentalia, vgl. § 154)
  2. Eventuell noch **weitere Anspruchsvoraussetzungen** (z.B. Eintritt einer vereinbarten – s.o. 1b – aufschiebenden Bedingung)
- **II. Rechtshindernde Einwendungen (Nichtigkeitsgründe)?** (Beweislast Anspruchsgegner) z.B. §§ 134, 138 etc.
- **III. Rechtsfolgen**
  1. Wortlaut der Einigung
  2. Erläuternde Auslegung (§§ 133, 157)
  3. **Ergänzende** Auslegung (§§ 133, 157)[3]
  4. Dispositive Vorschriften (z.B. §§ 269, 271 etc.)
  5. § 242

**B. Anspruch erloschen?**
Rechtsvernichtende Einwendungen (Beweislast Anspruchsgegner) (z.B. §§ 142 I[4], 346, 362, 387 ff. etc.)

**C. Anspruch durchsetzbar?**

- **I. Fälligkeit**
- **II. Einredefreiheit**
- **III. Kein „dolo agit – Einwand" nach § 242**

Entsprechend unserer Zielsetzung, nämlich Ihnen ein Lösungsprogramm für eine erfolgreiche Bearbeitung Ihrer Schuldrechtsklausur an die Hand zu geben, erfolgt die Behandlung der Klausurprobleme im 3. Teil dieses Skripts nach diesem Grundschema. Zuvor werden wir uns aber, zur Vermeidung von Wiederholungen, im nächsten Teil erst einmal mit einigen immer wieder auftauchenden Grundbegriffen des Schuldrechts befassen. Deren Kenntnis wird Ihnen die Einordnung dieser Probleme in das Grundschema erleichtern.

---

2 Beachte: Hier gilt § 145 nicht, da die Vorschrift nur „im Zweifel" die Nichtigkeit anordnet und bei fehlender Einigung über die Essentialia diese Rechtsfolge nicht passt.

3 Die Reihenfolge der Prüfung, nämlich ob die ergänzende Auslegung vor den dispositiven Vorschriften zu prüfen ist oder umgekehrt, ist umstritten. Wegen des Vorrangs der Vertragsfreiheit geht aber richtigerweise die Auslegung vor.

4 Wegen der Rückwirkung der Anfechtung ist umstritten, ob die Anfechtung oben unter A. II. als rechtshindernde Einwendung (Nichtigkeitsgründe), oder unter B. (Anspruch **erloschen**) zu prüfen ist. M.E. ist letzteres vorzugswürdig, weil der Anspruch bis zum Zugang der Anfechtungserklärung besteht, und auch bestehen bleibt, wenn die Anfechtungsfrist verstrichen ist. Beide Aufbauvarianten sind aber vertretbar.

# 2. Teil
# Schuldrechtliche Grundbegriffe

6 Zentralbegriffe des Schuldrechts sind das „Schuldverhältnis" und seine Beteiligten, nämlich der „Gläubiger" und der „Schuldner".

## A. Das Schuldverhältnis

7 Der Begriff des Schuldverhältnisses wird im BGB nicht definiert, sondern nur von seinen Rechtsfolgen her geregelt. So ist der Gläubiger nach § 241 Abs. 1 kraft des „Schuldverhältnisses" berechtigt, von dem Schuldner eine „Leistung" zu fordern, wobei diese auch in einem Unterlassen bestehen kann. Ergänzend hierzu bestimmt § 241 Abs. 2, dass das Schuldverhältnis seinem Inhalt nach jeden Teil zur Rücksichtnahme auf die Rechte, Rechtsgüter und Interessen des anderen Teils verpflichten kann. Wie aus § 311 Abs. 2 und 3 folgt, kann sich ein Schuldverhältnis auch auf solche Pflichten beschränken.

Obwohl diese Vorschriften das Schuldverhältnis nicht definieren, kann aus Ihnen jedenfalls folgende Grunddefinition abgeleitet werden:

> Ein **Schuldverhältnis** ist ein rechtlich geordnetes Lebensverhältnis (Rechtsverhältnis), an dem mindestens zwei Personen (Gläubiger und Schuldner) beteiligt sind. Es bildet die Grundlage für bestimmte Leistungspflichten des Schuldners und/oder sonstige Verhaltenspflichten der Parteien[1].

8 Wie aus dieser Definition folgt, bestehen die genannten Rechte und Pflichten grundsätzlich nur zwischen den Parteien. Dies wird als Grundsatz der Relativität des Schuldverhältnisses bezeichnet.

### I. Die Entstehung von Schuldverhältnissen

9 Die Schuldverhältnisse werden, je nach Art ihrer Entstehung eingeteilt in:

- ***Vertragliche*** Schuldverhältnisse,
- ***vertragsähnliche*** Schuldverhältnisse und
- ***gesetzliche*** Schuldverhältnisse.

#### 1. Das vertragliche Schuldverhältnis

10 Nach § 311 Abs. 1 ist zur Begründung eines Schuldverhältnisses durch Rechtsgeschäft grundsätzlich ein Vertrag erforderlich. Die Begründung eines Schuldverhältnisses durch einseitige Willenserklärung ist zwar möglich, aber sehr selten. Wichtigster Anwendungsfall hierfür ist die in § 657 geregelte Auslobung (z.B. das Versprechen eines Finderlohns). Die näheren Einzelheiten zum Zustandekommen vertraglicher Schuldverhältnisse sind im Skript „BGB-AT I" (dort Teil 4) dargestellt.

---

1 *Looschelders* Schuldrecht AT § 1 Rn. 2 m.w.N.

## 2. Das vertragsähnliche Schuldverhältnis

Nach **§ 311 Abs. 2** kann ein Schuldverhältnis mit Rücksichtnahmepflichten nach § 241 Abs. 2 bereits mit Aufnahme von Vertragsverhandlungen oder durch ähnliche geschäftliche Kontakte entstehen. Verletzt der Schuldner nach Entstehung eines solchen Schuldverhältnisses seine Rücksichtnahmepflichten, so macht er sich nach §§ 280 Abs. 1, 241 Abs. 2, 311 Abs. 2 schadensersatzpflichtig. 11

**Beispiel** A betritt das Geschäft des B, um etwas zu kaufen. Auf dem Boden liegt ein matschiges Gemüseblatt, welches B übersehen hat. A rutscht auf dem Blatt aus und verletzt sich.

Nach **§ 311 Abs. 3** kann ein Schuldverhältnis mit Pflichten nach § 241 Abs. 2 auch zu Personen entstehen, die nicht selbst Vertragspartei werden sollen. Dies ist insbesondere dann der Fall, wenn der Dritte **in besonderem Maße** Vertrauen für sich in Anspruch nimmt und dadurch die Vertragsverhandlungen oder den Vertragsschluss erheblich beeinflusst. Zu beachten ist aber, dass „normales" Verhandlungsvertrauen, dass man grundsätzlich jedem entgegenbringt, hierfür nicht ausreicht, sondern dass der Dritte eine besondere persönliche Seriosität für sich in Anspruch nimmt[2].

**Beispiel** PKW-Händler H verkauft im Auftrag seines Kunden E einen in Zahlung genommenen gebrauchten PKW an den Käufer K. Dabei versichert H dem K, dass er den Wagen persönlich auf Mängel hin überprüft habe und der Wagen frei von Mängeln sei. Tatsächlich weist der Wagen Mängel auf, die für H als Fachmann erkennbar gewesen wären. Hier kommt ein vorvertragliches Schuldverhältnis nach § 311 Abs. 3 auch zwischen H und K zustande, obwohl H nur im Kundenauftrag gehandelt hat, also selbst nicht Vertragspartner des K werden sollte. Er haftet dem K daher auf Schadensersatz aus §§ 280 Abs. 1, 241 Abs. 2, 311 Abs. 3 auf Schadensersatz (sog. „Vertreter – cic")[3].

Diese Schuldverhältnisse werden als „vertragsähnlich" bezeichnet, weil für die Haftung aus Pflichtverletzungen hier die gleichen Grundsätze gelten, wie für vertragliche Schuldverhältnisse. Hat im vorstehenden *„Gemüsebeispiel"* nicht B das Gemüseblatt liegen gelassen, sondern sein Ladenangestellter L, so wird dessen Verschulden dem B nach § 278 zugerechnet. Hier unterscheiden sich vertragliche und vertragsähnliche Ansprüche von den gesetzlichen Ansprüchen, etwa aus §§ 823 ff. Dort ist eine Zurechnung von Fremdverschulden nach §§ 278 nicht möglich.

Das Nähere hierzu wird im Skript „Schuldrecht AT II" behandelt.

## 3. Das gesetzliche Schuldverhältnis

Gesetzliche Schuldverhältnisse entstehen allein durch Verwirklichung des vom Gesetz umschriebenen Tatbestands. So macht sich z.B. nach § 823 Abs. 1 schadensersatzpflichtig, wer vorsätzlich oder fahrlässig das Eigentum eines anderen rechtwidrig verletzt. Vertragliche und gesetzliche Ansprüche schließen sich nicht gegenseitig aus, sondern können durchaus nebeneinander bestehen. Beschädigt z.B. der Mieter die Wohnung seines Vermieters, so stehen dem Vermieter sowohl Ansprüche aus Vertrag (§§ 280 Abs. 1, 535) als auch aus § 823 Abs. 1 wegen Eigentumsverletzung zu. Das gesetzliche Schuldverhältnis wird im Skript „Schuldrecht BT IV" behandelt. 12

2 Grüneberg-*Grüneberg* § 311 Rn. 63.
3 *BGH* NJW-RR 2011, 462.

## II. Der Inhalt des Schuldverhältnisses

13 Begrifflich sind Pflichten und Obliegenheiten zu unterscheiden. Die Pflichten sind entweder primäre oder sekundäre Pflichten. Die primären Pflichten lassen sich wiederum in Leistungspflichten und Schutzpflichten einteilen. Die Relevanz dieser Einteilungen zeigt sich vor allem bei den sekundären Pflichten, die wir im Skript „Schuldrecht AT II" behandeln werden. So ist z.B. ein Anspruch auf Schadensersatz „statt der Leistung" aus §§ 280 Abs. 3, 281 bzw. § 283, abgesehen vom Ausnahmefall des § 282, nur möglich bei Verletzung von Leistungspflichten.

14 **Obliegenheiten** sind – im Unterschied zu den Pflichten – Verhaltensanforderungen, deren Nichtbeachtung lediglich Rechtsnachteile mit sich bringt. Anders als die Pflichten, können sie keine Schadensersatzansprüche auslösen.

**Beispiel** Nichtbeachtung der Schadensminderungsobliegenheit nach § 254, Gläubigerverzug nach §§ 293 ff., kaufmännische Untersuchungs- und Rügeobliegenheit nach § 377 HGB etc. Zu beachten ist aber, dass der Schuldnerverzug nach § 286, anders als der Gläubigerverzug, eine Pflichtverletzung darstellt. ■

## III. Vertragsfreiheit und ihre Grenzen

### 1. Umfang und Inhalt der Vertragsfreiheit

15 Im Schuldrecht gilt das Prinzip der Vertragsfreiheit. Die Vertragsfreiheit wird in § 311 Abs. 1 vorausgesetzt. Sie umfasst die Abschlussfreiheit, die Inhaltsfreiheit und die Formfreiheit. **Abschlussfreiheit** bedeutet, dass es jedermann freisteht, ob und mit wem er einen Vertrag abschließt[4]. Kontrahierungsverbote und Kontrahierungszwänge finden sich v.a. außerhalb des BGB.[5]

16 Nach dem Grundsatz der **Formfreiheit** können Rechtsgeschäfte grundsätzlich ohne Einhaltung einer Form abgeschlossen werden. Dieser Grundsatz ist aber vielfach durchbrochen. Wichtige Fälle, wo das Gesetz eine bestimmte Form vorschreibt, sind z.B. § 311b Abs. 1 (Grundstücksgeschäfte), § 518 Abs. 1 (Schenkungsversprechen), § 766 (Bürgschaft) etc.

17 **Inhaltsfreiheit** bedeutet, dass die Parteien den Inhalt des Vertrages innerhalb der gesetzlichen Grenzen (z.B. §§ 134, 138) und der Grenzen des zwingenden Rechts (z.B. § 551 Abs. 4) frei bestimmen können.

Besondere Grenzen bei der inhaltlichen Gestaltung von Verträgen ergeben sich bei der Verwendung allgemeiner Geschäftsbedingungen (AGB).

### 2. Grenzen der Vertragsfreiheit bei der Verwendung von AGB

18 Allgemeine Geschäftsbedingungen sind nach § 305 Abs. 1 S. 1 alle für eine Vielzahl von Verträgen vorformulierten Vertragsbedingungen, die eine Vertragspartei (der Verwender) der anderen Vertragspartei bei Vertragsschluss stellt.

4 *Looschelders* Schuldrecht § 3 Rn. 2.

5 Z.B. § 1 SchwarzArbG, § 22 PBefG.

Da das „Kleingedruckte" vor Vertragsschluss häufig nicht gelesen wird, und wenn es gelesen wird, meist nicht verstanden wird, ist der Vertragspartner des Verwenders schutzwürdig, so dass das Gesetz der Inhaltsfreiheit hier Grenzen setzt.

Die Prüfung der wirksamen Einbeziehung von AGB in den Vertrag erfolgt in fünf Schritten:

### a) Anwendbarkeit der §§ 305–310

Nach § 310 Abs. 4 S. 1 finden die §§ 305 ff. generell keine Anwendung auf die in diesem **19**
Absatz aufgeführten Verträge. Dies sind Verträge auf dem Gebiet des Erb-, Familien- und Gesellschaftsrechts, sowie Tarifverträge, Betriebs- und Dienstvereinbarungen.

Gem. § 306a sind die §§ 305 ff. dagegen auch anwendbar auf Umgehungsgeschäfte. Ein Umgehungsgeschäft liegt z.B. dann vor, wenn ein Unternehmer seine Abnehmer veranlasst, ihm die von ihm selbst entworfenen AGB zu „stellen"[6].

### b) AGB i.S.v. § 305 Abs. 1

Es müssen AGB im Sinne der o.g. Definition vorliegen. Dabei kommt es nicht darauf an, ob der **20**
Verwender selbst beabsichtigt, diese in einer Vielzahl von Fällen zu verwenden. Ausreichend ist, dass die Vertragsbedingungen dafür gemacht wurden damit sie (egal durch wen) in einer Vielzahl von Fällen verwendet zu werden. Erwirbt z.B. jemand in einem Schreibwarengeschäft ein vorgedrucktes Vertragsformular, um es beim Verkauf seines privaten PKW zu verwenden, dann handelt es sich um AGB, die der Inhaltskontrolle nach §§ 307–309 unterliegen.

Diese müssen dem Vertragspartner von dem Verwender gestellt worden sein. Bei einem Vertrag zwischen einem Unternehmer (§ 14) und einem Verbraucher (§ 13) also bei einem sog. **„Verbrauchervertrag"** ist § 310 Abs. 3 Nr. 1 zu beachten. Danach gelten AGB als vom Unternehmer gestellt, es sei denn, dass unstreitig oder erwiesen ist, dass sie vom Verbraucher in den Vertrag eingeführt worden sind.

### c) Einbeziehung in den Vertrag

Für die Einbeziehung gelten die §§ 145 ff., die aber durch § 305 Abs. 2 verschärft werden. **21**
Erforderlich ist danach zunächst, dass der Verwender seinen Vertragspartner darauf hinweist, dass seine AGB in den Vertrag einbezogen werden sollen. Dieser Hinweis muss grundsätzlich ausdrücklich geschehen. Ausnahmsweise reicht ein deutlich sichtbarer Aushang am Ort des Vertragsschlusses, wenn ein ausdrücklicher Hinweis wegen der Art des Vertragsschlusses nur unter unverhältnismäßigen Schwierigkeiten möglich ist.

**Beispiel** Lösen einer Parkkarte am Parkscheinautomaten. ■

Es muss ferner die Möglichkeit zumutbarer Kenntnisnahme bestehen und der Vertragspartner muss sich mit der Geltung der AGB einverstanden erklären.

Bei den in § 305a genannten Rechtsgeschäften (z.B. Verträge auf der Grundlage von behördlich genehmigten Beförderungsbedingungen) richtet sich die Einbeziehung nur nach §§ 145 ff. Eine weitere Ausnahme enthält § 310 Abs. 1 für AGB, welche gegenüber einem Unternehmer, einer juristischen Person des öffentlichen Rechts oder einem öffentlich-rechtli-

6 Grüneberg-*Grüneberg* § 306a Rn. 2.

chen Sondervermögen verwendet werden. Bei Arbeitsverträgen ist § 305 Abs. 2 und 3 ebenfalls nicht anzuwenden (vgl. § 310 Abs. 4 S. 2 Hs. 2).

Nach § 305b darf keine vorrangige Individualabrede vorliegen.

**Beispiel** Händler H verkauft seinem Kunden K einen gebrauchten PKW. H versichert dem K auf Rückfrage ausdrücklich, der Wagen sei unfallfrei. In den AGB des H ist die Gewährleistung ausgeschlossen. Hier ergibt sich aus § 305b, dass sich der Gewährleistungsausschluss nicht auf die Unfallfreiheit erstreckt.[7] ■

Nicht in den Vertrag einbezogen werden auch überraschende oder mehrdeutige Klauseln (§ 305c). Gem. § 305c Abs. 2 gehen Zweifel bei der Auslegung von AGB zu Lasten des Verwenders. Zu beachten ist dabei § 310 Abs. 3 Nr. 2, wonach bei einem Verbrauchervertrag § 305c Abs. 2 auch dann anwendbar ist, wenn die vorformulierte Vertragsbedingung nur zur einmaligen Verwendung bestimmt ist, soweit der Verbraucher aufgrund ihrer Vorformulierung auf ihren Inhalt keinen Einfluss nehmen konnte.

#### d) Inhaltskontrolle, §§ 307–309

**22** Die Inhaltskontrolle richtet sich nach §§ 307–§ 309.

##### aa) Die Generalklausel des § 307

**23** Die Anwendbarkeit dieser Vorschrift setzt nach § 307 Abs. 3 voraus, dass die verwendete AGB-Klausel vom Gesetz abweicht, oder die gesetzliche Vorschrift ergänzt. Nach § 307 Abs. 1 S. 1 sind Bestimmungen in Allgemeinen Geschäftsbedingungen unwirksam, wenn sie den Vertragspartner des Verwenders entgegen den Geboten von Treu und Glauben unangemessen benachteiligen. Diese Generalklausel wird durch das Transparenzgebot in § 307 Abs. 1 S. 2 und durch die Regelbeispiele in § 307 Abs. 2 näher konkretisiert.

Nach § 307 Abs. 2 Nr. 1 ist eine unangemessene Benachteiligung im Zweifel auch dann anzunehmen, wenn eine Bestimmung mit wesentlichen Grundgedanken der gesetzlichen Regelung, von der abgewichen wird, nicht zu vereinbaren ist.

**Beispiel** Verbraucher V schließt mit der B-Bank einen Darlehensvertrag mit einer Laufzeit von 5 Jahren. Als Zins werden 5 % vereinbart. In den AGB ist geregelt, dass für die Darlehensgewährung zusätzlich eine Bearbeitungsgebühr von 350 € zu zahlen ist.

Muss V die Bearbeitungsgebühr zahlen?

Mit dieser Frage hatte sich der *BGH* in zwei Entscheidungen vom 13.5.2014 auseinander zu setzen.[8] Nach § 307 Abs. 3 unterliegen nur solche Klauseln der Inhaltskontrolle die vom dispositiven Recht abweichen oder dieses ergänzen. Die beklagte Bank hatte nämlich argumentiert, bei der Bearbeitungsgebühr handele es sich um einen Teil der Gegenleistung für die Darlehensgewährung, welche als vertragswesentlicher Bestandteil nicht der Inhaltskontrolle unterliege. Der *BGH* hat dem entgegengehalten, dass nach dem gesetzlichen Leitbild des § 488 Abs. 1 S. 2 der Darlehensgeber anfallende Kosten für die Kreditbearbeitung und -auszahlung durch den laufzeitabhängig bemessenen Zins zu decken habe. Es stelle daher einen Verstoß gegen einen wesentlichen Grundgedanken des § 488 dar, wenn **daneben** noch ein laufzeit**unabhängiges** Bearbeitungsentgelt verlangt werde. ■

---

7 BGHZ 50, 306.

8 *BGH* XI ZR 405/12 und XI ZR 170/13.

Eine unangemessene Benachteiligung liegt nach § 307 Abs. 2 Nr. 2 im Zweifel auch dann vor, wenn wesentliche Rechte oder Pflichten, die sich aus der Natur des Vertrags ergeben, so eingeschränkt werden, dass die Erreichung des Vertragszwecks gefährdet ist. Der Zweck der Regelung besteht darin, zu verhindern, dass sog. **„Kardinalpflichten"** des Vertrages formularmäßig ausgehöhlt werden. Die Vorschrift betrifft vor allem die Pflichten, deren Einhaltung die ordnungsgemäße Erfüllung des Vertrages erst ermöglicht und auf deren Beachtung der Vertragspartner des Verwenders daher vertrauen darf. So kann sich z.B. der Betreiber eines Kühlhauses nicht formularmäßig von der Verpflichtung zum sorgfältigen Umgang mit den einzufrierenden Lebensmitteln freizeichnen.[9]

#### bb) Die speziellen Klauselverbote nach §§ 308, 309

Für Verträge **mit Nichtunternehmern** wird die Generalklausel durch die §§ 308, 309 näher **24**
konkretisiert. Dabei unterscheidet das Gesetz zwischen Klauselverboten ohne Wertungsmöglichkeit (§ 309) und Klauselverboten mit Wertungsmöglichkeit (§ 308). Die in § 308 aufgeführten Klauselverbote enthalten unbestimmte Rechtsbegriffe (z.B. „unangemessen", „ohne sachlichen Grund" etc.). Zur Feststellung eines Verstoßes ist daher immer zusätzlich eine umfassende Interessenabwägung erforderlich. In der Klausur sollte daher zweckmäßigerweise § 309 vor § 308 geprüft werden.

Die §§ 308, 309 betreffen die verschiedensten Rechtsgebiete und sollen daher nicht an dieser Stelle, sondern in den Skripten dargestellt werden, die sich mit diesen Themenbereichen befassen.

### e) Rechtsfolgen der Nichteinbeziehung oder Unwirksamkeit, § 306

In Abweichung zu § 139 bestimmt § 306 Abs. 1, dass bei Nichteinbeziehung oder Unwirksam- **25**
keit einzelner Klauseln der Vertrag im Übrigen wirksam bleibt. Der Vertragsinhalt richtet sich gem. § 306 Abs. 2 in diesem Falle nach den gesetzlichen Vorschriften. Nur ausnahmsweise ist der Vertrag nach § 306 Abs. 3 insgesamt unwirksam, wenn ein Festhalten an ihm auch unter Berücksichtigung der nach § 306 Abs. 2 vorgesehenen Änderung für eine Vertragspartei eine unzumutbare Härte bedeuten würde.

Ist eine Klausel nach §§ 307–309 nichtig, so ist eine geltungserhaltende Reduktion unzulässig. Ansonsten könnte nämlich der Verwender risikolos testen, bis zu welcher Grenze er gehen könnte. So kann z.B. eine unzulässig hohe Vertragsstrafe nicht auf eine angemessene herabgesetzt werden.[10]

Anderes gilt für teilbare Klauseln. Enthält die Klausel neben der unwirksamen auch unbedenkliche sprachlich und inhaltlich abtrennbare Bestimmungen, bleiben diese wirksam, auch wenn sie den gleichen Sachkomplex betreffen.[11]

Voraussetzung hierfür ist, dass nach Wegstreichen der unwirksamen Teilregelung ein aus sich selbst heraus verständlicher Klauselrest verbleibt (sog. ***„blue pencil-test"***).[12]

---

9 BGHZ 89, 363.
10 *EuGH* NJW 2013, 2579.
11 Grüneberg-*Grüneberg* § 306 Rn. 7 m.w.N.
12 *BAG* NZA 2009, 783.

## B. Der Gläubiger

26 Gläubiger ist der Beteiligte, der aus dem Schuldverhältnis eine Leistung fordern kann, § 241 Abs. 1, oder derjenige, demgegenüber eine Rücksichtnahmepflicht aus § 241 Abs. 2 besteht. Bei ihm muss die Leistung bewirkt werden, damit Erfüllung eintreten kann, vgl. § 362 Abs. 1. Er entscheidet, ob auch eine andere Leistung an Erfüllungs statt angenommen wird, § 364 Abs. 1. Ihm gegenüber ist die Aufrechnung zu erklären, § 388 und er entscheidet maßgeblich über den Erlass der Forderung, § 397. Der Gläubiger ist „Herr des Anspruchs" und hat dessen Schicksal in der Hand.

### I. Ausgangspunkt

27 Gläubiger wird derjenige, zu dessen Gunsten der Anspruch entstanden ist. Das steht im Ergebnis der ersten Ebene Ihrer Anspruchsprüfung „Anspruch entstanden?" fest. Sie fragen im Gutachten immer, ob zugunsten einer bestimmten Person ein Anspruch entstanden ist.

Beim vertraglichen Schuldverhältnis wird in der Regel der Vertragspartner der Gläubiger und beim gesetzlichen Schuldverhältnis derjenige, der kraft des gesetzlichen Tatbestandes die Leistung verlangen kann.

28 Abgesehen von diesem Ausgangspunkt gibt es aber auch besondere Situationen, die die Bestimmung des Gläubigers auf der ersten Ebene Ihrer Anspruchsprüfung („Anspruch entstanden?") etwas komplizierter machen. Sehen wir uns diese Konstellationen an:

### II. Echter Vertrag zugunsten Dritter

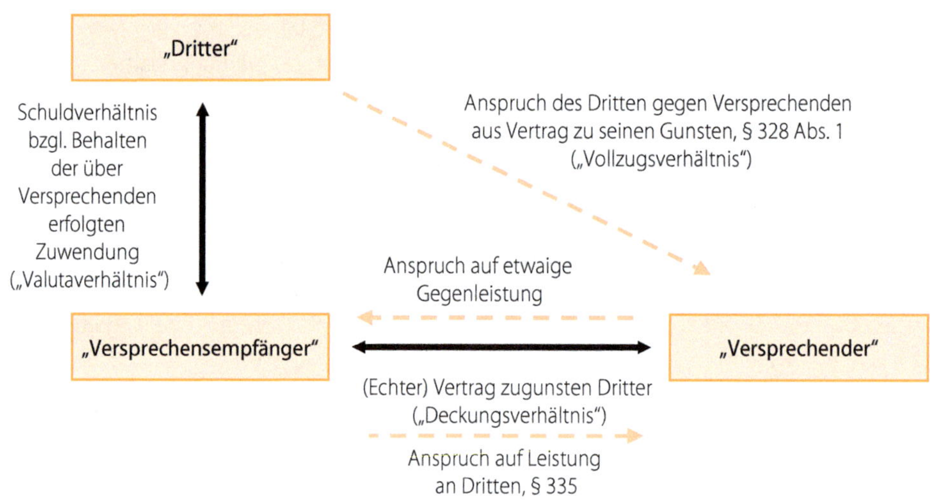


29 Bei einem vertraglichen Schuldverhältnis muss der Vertragspartner nicht zwingend auch Gläubiger der vereinbarten Leistung sein. Gemäß § 328 Abs. 1 kann durch Vertrag eine Leistung an einen Dritten mit der Wirkung vereinbart werden, dass der Dritte unmittelbar das Recht erwirbt, die Leistung zu fordern. Der Dritte wird durch den Vertragsschluss, ohne selbst zum Vertragspartner zu werden, unmittelbar Gläubiger, ohne dass es eines weiteren rechtsgeschäftlichen Aktes bedarf.[13]

13 Grüneberg-*Grüneberg* § 328 Rn. 5; *Petersen* Allgemeines Schuldrecht Rn. 458.

### Hinweis

Aus dem Wortlaut des § 328 folgt, dass es Verträge zugunsten Dritter nur bei Schuldverträgen gibt und nicht bei dinglichen Verträgen. Es gibt also keine Übereignung oder Abtretung zugunsten Dritter.

Der Vertrag zugunsten Dritter ist **kein eigener Vertragstyp** neben anderen Typen des besonderen Schuldrechts wie etwa Kaufvertrag, Werkvertrag oder Mietvertrag. Vielmehr handelt es sich um eine besondere Ausprägung eines schuldrechtlichen Vertrages, ohne an der Zuordnung des Vertrages zu einem Typus des Besonderen Schuldrechts etwas zu ändern. Daher hat der Gesetzgeber auch die §§ 328 ff. im Schuldrecht AT eingeordnet.

Man spricht vom sog. „echten" Vertrag zugunsten Dritter, um eine Abgrenzung zu den Fällen des (bloßen) Vertrages mit „Schutzwirkung zugunsten Dritter" zu schaffen.[14] Ob ein Vertrag i.S.d. § 328 Abs. 1 vorliegt, ist nach § 328 Abs. 2 durch Auslegung zu bestimmen.[15]

### JURIQ-Klausurtipp

Im Gutachten müssen Sie bei der Frage „Anspruch entstanden?" prüfen, wer nach dem Inhalt des Vertrages Gläubiger des geprüften Anspruches sein soll.

Der Einstieg in die Thematik könnte wie folgt formuliert werden:

*„Zwar ist zwischen A und B selbst kein Vertrag zustande gekommen. Der A könnte jedoch aus dem zwischen B und C geschlossenen Vertrag unmittelbar einen Anspruch gegen den B auf (Zahlung, Beförderung, etc.) erworben haben. Zu prüfen ist deshalb, ob ein solcher Vertrag zu seinen Gunsten i.S.d. § 328 Abs. 1 vereinbart worden ist. Ausdrücklich haben B und C dies nicht vereinbart. Möglicherweise sind ihre Erklärungen aber dahin auszulegen, dass dem A ein eigenes Forderungsrecht gegen den B zustehen soll. (...)"*

Um die beteiligten Personen auseinanderhalten zu können, verwendet das Gesetz folgende **30**
Bezeichnungen:

Die am Vertragsschluss nicht beteiligte Person, die den Anspruch kraft des Vertrages erwirbt, ist **„Dritter"** (vgl. § 328 Abs. 1).

Die Person, die nach dem Vertrag zur Leistung an den Dritten verpflichtet wird, heißt **„Versprechender"** (vgl. §§ 332, 333, 334), da er dem Vertragspartner die Leistung an den Dritten verspricht.

Die Person, die den Vertrag mit dem Versprechenden zugunsten des Dritten geschlossen hat, ist der **„Versprechensempfänger"** (vgl. §§ 331, 332, 335).

14 S. zum Vertrag mit Schutzwirkung zugunsten Dritter Grüneberg-*Grüneberg* § 328 Rn. 13 ff.
15 Auslegungshilfen geben die §§ 329 ff.

31 Auch hinsichtlich der verschiedenen Beziehungen der Parteien zueinander werden besondere Begriffe verwendet:

Den Vertrag zwischen Versprechenden und dem Versprechensempfänger, der den Anspruch des Dritten begründet, nennt man **„Deckungsverhältnis"** oder „Grundverhältnis".[16] Warum? Der Vertrag zwischen dem versprechenden Schuldner und dem Versprechensempfänger schafft nicht nur den Schuldgrund für die Leistung, sondern sorgt zugleich für die „wirtschaftliche Deckung" in Form einer Gegenleistung, die der Versprechensempfänger dem Versprechenden für die versprochene Leistung in der Regel schuldet.

Der Vertrag zugunsten des Dritten wird nicht von ungefähr geschlossen, sondern hat seinerseits einen rechtlichen Hintergrund. Der Versprechensempfänger will dem Dritten etwas durch den versprechenden Schuldner zuwenden lassen, weil er dem Dritten dazu verpflichtet ist. Man nennt die Beziehung zwischen Drittem und Versprechensempfänger **„Valutaverhältnis"**, weil dort die Rechtfertigung für das endgültige Behalten des Wertes („Valuta"[17]) des Leistungsgegenstandes begründet wird.[18]

**Beispiel 1** Das auf den Namen eines Dritten angelegte Sparkonto stellt einen Sparvertrag zugunsten des Dritten dar, wenn dieser nach den Vereinbarungen mit der Bank tatsächlich Anspruchsinhaber werden soll. Als Valutaverhältnis (Warum soll der Dritte ein Sparguthaben bekommen?) kommt etwa eine Schenkung des Versprechensempfängers an den Dritten in Betracht.[19] ■

Es bleibt noch die Beziehung zwischen dem versprechenden Schuldner und dem Dritten, die man als **„Vollzugsverhältnis"** bezeichnet. Durch den Anspruch des Dritten gegen den Versprechenden besteht ein auf die versprochene Leistung gerichtetes Schuldverhältnis („im engeren Sinne") und damit auch wechselseitige Rücksichtspflichten nach § 241 Abs. 2. Ein Vertrag kommt zwischen beiden Parteien jedoch nicht zustande, da der Dritte am Vertragsschluss ja nicht beteiligt ist.

## III. Gläubigerwechsel durch Abtretung (§ 398)

32 Nach § 398 S. 1 kann eine Forderung von dem Gläubiger durch Vertrag mit einem Dritten auf diesen übertragen werden. Die Abtretung ist ein **Verfügungsvertrag**, vergleichbar mit der Übereignung einer Sache. Gemeinsamkeit beider Rechtsgeschäfte ist, dass ein bestehendes Recht durch Rechtsgeschäft unmittelbar übertragen werden soll.

16 Grüneberg-*Grüneberg* Einf. v. § 328 Rn. 3.
17 Vom Lateinischen „valere" = „wert sein".
18 Grüneberg-*Grüneberg* Einf. v. § 328 Rn. 4.
19 *BGH* NJW 2005, 980 und NJW 2005, 2222.

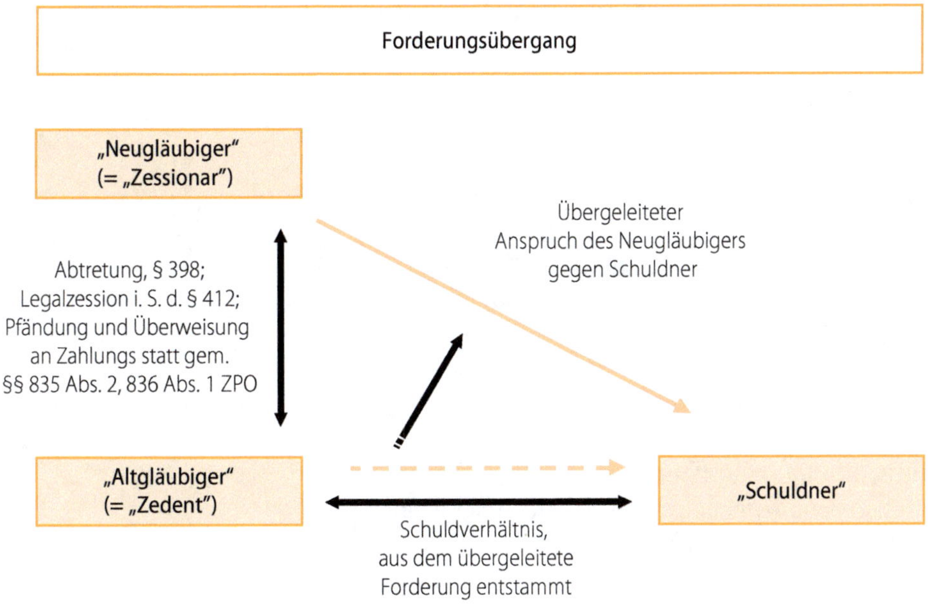


Übereignung einer Sache nach § 929 S. 1 und Abtretung einer Forderung haben daher gemeinsam, dass hierfür zunächst eine **Einigung** der Parteien erforderlich ist (Abtretungsvertrag). Während sich im Falle des § 929 S. 1 die Parteien über die Übertragung des Eigentums einigen, hat im Falle des § 398 die Einigung die Übertragung der Forderung zum Gegenstand.

Ein wichtiger Unterschied besteht jedoch: Bei Übereignung einer beweglichen Sache nach § 929 S. 1 ist noch ein Vollzugselement (Übergabe oder Besitzkonstitut bzw. Vindikationszession) erforderlich, bei der Forderungsabtretung dagegen nicht.

In beiden Fällen muss der Verfügende aber **„Berechtigter“** sein. Dies ist bei Übereignung einer beweglichen Sache entweder der „verfügungsbefugte Eigentümer“ oder der „verfügungsbefugte Nichteigentümer“. Im Falle des § 398 ist dies der „verfügungsbefugte Inhaber“ oder der „verfügungsbefugte Nichtinhaber“ der Forderung.

33 Gemeinsam haben daher beide Verfügungsgeschäfte die Einigung der Parteien und die Berechtigung des Übertragenden. Daraus ergibt sich für die Forderungsabtretung folgendes Klausurprüfschema:

PRÜFUNGSSCHEMA

## Die Übertragung einer Forderung durch Abtretung nach § 398

**I. Einigung über die Abtretung der Forderung**
1. Beachtung des Bestimmtheitsgrundsatzes Rn. 39 ff.
2. Allgemeine Wirksamkeitsvoraussetzungen
   a) keine verbotswidrige Abtretung Rn. 46
   b) keine sittenwidrige Abtretung Rn. 47 ff.

**II. Berechtigung des Zedenten**
1. Zedent verfügungsbefugter Forderungsinhaber
   a) Forderungsinhaber
      - Mehrfache Abtretung Rn. 50
      - Vorausabtretung Rn. 51 ff.
   b) Keine Verfügungsbeschränkungen
      aa) Verbot wegen inhaltlicher Veränderung (§ 399 Var. 1)
         - Abtretung eines Befreiungsanspruchs Rn. 57 ff.
      bb) Vertraglich vereinbartes Abtretungsverbot (§ 399 Var. 2)
         - Sonderfälle des § 405 Var. 2 und § 354a Abs. 1 S. 1 HGB Rn. 52 ff.
      cc) Abtretungsverbot wegen Unpfändbarkeit (§ 400)
      dd) Besondere Verbotstatbestände (z.B. § 717)
2. Zedent verfügungsbefugter Nichtinhaber der Forderung
   Gesetzliche oder rechtsgeschäftliche Ermächtigung des Zedenten
3. Erwerb trotz fehlender Verfügungsbefugnis
   a) Die Forderung besteht nicht: Sonderfall des § 405 Alt. 1
   b) Die Forderung besteht, aber es fehlt die Verfügungsbefugnis
      aa) Gutgläubiger Forderungserwerb vom Erbscheinserben, § 2366
      bb) Heilung der fehlenden Verfügungsbefugnis, §§ 185 Abs. 2

### Hinweis

**Wie für alle Prüfungsschemata gilt auch hier:** Bei dem oben vorgeschlagenen Prüfungsschema handelt es sich um ein gedankliches Prüfungsraster. Keinesfalls müssen Sie in einer Klausur zu allen Punkten Ausführungen machen, sondern nur zu denjenigen, die nach dem Sachverhalt einschlägig sein könnten und deshalb Anlass für eine nähere Befassung geben.

Lassen Sie uns vorab noch ein paar wichtige Aufbaufragen klären:

34 Wenn Sie **den Anspruch des neuen Gläubigers** (= „Zessionars“) prüfen, spielt die Frage der Abtretung/Legalzession bereits bei der Anspruchsentstehung eine Rolle. Der Anspruch kann in der Person des neuen Gläubigers ja nur entstanden sein, wenn auch die Voraussetzungen der Abtretung bzw. Legalzession vorliegen.

**JURIQ-Klausurtipp**

Der „Einstiegssatz" könnte wie folgt lauten:

*„Dem A könnte ein Anspruch gegen B aus abgetretenem/übergeleitetem Recht des C zustehen."*

In das Normenzitat sollte dabei ein „i.V.m. § 398" bzw. der jeweilige gesetzliche Übertragungstatbestand (z.B. „§ 426 Abs. 2") angehängt werden, um dem Korrektor deutlich zu machen, dass Sie einen abgeleiteten Anspruch prüfen.

Hier stellt sich aufbautechnisch die Frage, ob man erst die Abtretung bzw. den gesetzlichen Zessionstatbestand oder zuerst die Entstehung der Forderung und dann anschließend den Übertragungstatbestand prüft. Hier sind zwei Varianten möglich:

Sie können mit dem Übertragungstatbestand beginnen und inzident das Bestehen der Forderung bei Abtretung unter dem Gesichtspunkt der Verfügungsbefugnis des Zedenten prüfen.[20] Ist das Abtretungsgeschäft aus anderen Gründen unwirksam bzw. die Voraussetzung einer Legalzession nicht erfüllt, kommt es auf den Bestand der Forderung nicht mehr an.

Ebenso gut können Sie aber auch erst einmal das Entstehen der Forderung untersuchen und sodann den Übertragungstatbestand entlang der unter Rn. 33 vorgestellten Prüfungspunkte begutachten.

**Nach der Übertragung** liegende Einwendungen sind sodann auf der zweiten Stufe 35
„Anspruch erloschen" zu prüfen. Hier ist insbesondere an die Tatbestände der §§ 406, 407 zu denken.[21]

Prüfen Sie den **Anspruch des Abtretenden** (= Zedenten) führt eine wirksame Abtretung zu 36
einem Erlöschen des Anspruches in der Person des bisherigen Gläubigers und stellt insoweit eine selbstständige rechtsvernichtende Einwendung dar. Die Abtretung ist dann unter dem zweiten Prüfungsschritt „Anspruch erloschen" zu behandeln.

**JURIQ-Klausurtipp**

Der „Einstiegssatz" könnte hier folgendermaßen lauten:

*„Möglicherweise ist der Anspruch des A aber durch Abtretung gem. § 398 auf den C übergegangen. Ein solcher Übergang hätte zur Folge, dass das zwischen A und B entstandene Schuldverhältnis insoweit erloschen ist."*

### 1. Einigung über die Abtretung der Forderung

Gemäß § 398 S. 1 kommt die Abtretung durch Vertragsschluss zwischen dem bisherigen 37
Gläubiger („Zedent") und dem neuen Gläubiger („Zessionar") zustande. Nach § 398 S. 2 tritt der neue Gläubiger mit dem Abschluss des Vertrages an die Stelle des bisherigen Gläubigers. Der Schuldner wird an diesem Rechtsgeschäft nicht beteiligt. Die Abtretung kann deshalb auch „still hinter seinem Rücken" vollzogen werden.

**» Wiederholen Sie an dieser Stelle noch einmal die Regeln über das Zustandekommen von Verträgen. «**

20 Vgl. *Petersen* Allgemeines Schuldrecht Rn. 413.
21 Dazu nachfolgend unter Rn. 218 ff. und 263 ff.

**Hinweis**

Beachten Sie noch einmal: Wegen der unmittelbaren Wirkung der Abtretung handelt es sich um ein Verfügungsgeschäft. Eine „Abtretung zugunsten Dritter" ist deshalb nicht möglich.[22]

38 Der Vertragsschluss folgt den allgemeinen Regeln.[23] Inhaltlich ist die Abtretung von der sog. „Einziehungsermächtigung" (vgl. § 362 Abs. 2 i.V.m. § 185 Abs. 1) abzugrenzen. Bei dieser wird die Forderung nicht übertragen. Vielmehr wird einer Person die Befugnis erteilt, die Forderung im eigenen Namen geltend zu machen und die Leistung an Stelle des Gläubigers als Erfüllung entgegenzunehmen.

Der Abtretungsvertrag kann (nicht muss!) auch durch nicht empfangsbedürftige Annahme des Erwerbers nach § 151 S. 1 geschlossen werden. Danach kommt der Vertrag durch ein nicht empfangsbedürftiges Annahmeverhalten zustande, wenn der Antragende auf den Zugang einer Annahmeerklärung verzichtet hat oder der Zugang einer Annahmeerklärung nach der Verkehrssitte nicht zu erwarten ist.[24] Eine derartige Verkehrssitte besteht nach dem Vorbild des § 516 Abs. 2 regelmäßig bei solchen Rechtsgeschäften, die für den Antragsempfänger lediglich vorteilhaft sind.[25] Das Abtretungsangebot ist zumindest dann für den Erwerber lediglich vorteilhaft, wenn die Forderung werthaltig ist, so dass in diesen Fällen eine Annahme nach § 151 genügt.[26] Die für die Annahme nach § 151 erforderliche Betätigung des Annahmewillens bestimmt sich aus der Sicht eines objektiven Dritten nach § 133. Sie liegt nach dem Vorbild des § 516 Abs. 2 regelmäßig dann vor, wenn der Erklärungsempfänger das für ihn lediglich vorteilhafte Angebot nicht durch eine nach außen erkennbare Willensäußerung abgelehnt hat.[27]

**Beispiel** A übersendet dem B ein Schreiben, nach dem er ihm seine Kaufpreisforderungen gegen den C abtritt. B nimmt das Schreiben entgegen und reagiert nicht weiter. Hier liegt eine Annahme des Abtretungsangebots seitens B nach § 151 S. 1 vor, da er das Schreiben widerspruchslos entgegen genommen und behalten hat. ■

#### a) Beachtung des Bestimmtheitsgrundsatzes

39 Die auf Abschluss des Abtretungsvertrages gerichteten Erklärungen, Angebot und Annahme müssen zumindest die essentialia negotii des Abtretungsvertrages umfassen, da sonst eine Abtretung nicht zustande kommen kann. Zu den Essentialia des Abtretungsvertrages gehören die Person des Zedenten (Altgläubiger), die Person des Zessionars (Neugläubiger) und die Forderung, die Gegenstand der Abtretung sein soll. Dabei genügt es – wie immer – wenn diese **Essentialia eindeutig bestimmbar** sind.[28]

22 Grüneberg-*Grüneberg* Einf. v. § 328 Rn. 8 f.
23 Siehe dazu im Skript „BGB AT I" unter Rn. 238 ff.
24 Dazu ausführlich im Skript „BGB AT I" unter Rn. 262 ff.
25 *BGH* NJW 2000, 276, 277 unter Ziff. II 2a.
26 *BGH* NJW 2000, 276, 277 unter Ziff. II 2a.
27 *BGH* NJW 2000, 276, 277 unter Ziff. II 2a.
28 Siehe dazu im Skript „BGB AT I" Rn. 251 ff.

Dabei merken wir uns folgende Sonderfälle:

### aa) Blankozession

Bei der sog. „Blankozession" steht der Erwerber der Forderung („Zessionar") bei Abschluss der Abtretungsvereinbarung noch nicht eindeutig fest. Vielmehr ist vereinbart, dass der Vertragspartner des Zedenten einen Dritten als Erwerber festlegen darf.[29] Mit der Festlegung erwirbt die benannte Person die Forderung – die Festlegung wirkt aber nicht auf den Vertragsschluss zurück, sondern erst ex nunc ab Festlegung.[30] 40

Die Blankozession lässt sich deshalb mit dem Bestimmtheitsgrundsatz vereinbaren, weil es danach genügt, wenn der Erwerber anhand der Vereinbarungen eindeutig bestimmbar ist. Bei der Blankozession besteht kein Zweifel darüber, dass derjenige die Forderung erwirbt, der vom Vertragspartner des Zedenten dazu bestimmt worden ist.

### bb) Teilabtretung

Bei der Teilabtretung soll eine teilbare Forderung nicht vollständig, sondern nur teilweise übertragen werden. Eine solche Teilabtretung führt dazu, dass der Zedent seine Forderung teilweise behält. Der Schuldner steht nun zwei Gläubigern gegenüber, dem Zedenten und dem Zessionar. Deshalb muss die Abtretungsvereinbarung die eindeutige Bestimmbarkeit des abgetretenen Forderungsteils nicht nur zwischen den Vertragspartnern ermöglichen. Vielmehr wird aus Schuldnerschutzgründen gefordert, dass dem Schuldner eine Nachprüfung der Gläubigerlage anhand der Vereinbarung mit zumutbarem Aufwand möglich sein muss.[31] Entsprechendes gilt für die Fälle, in denen ein Teil aus einer Mehrheit verschiedener Forderungen abgetreten werden soll. 41

**Beispiel 1** Die Vereinbarung zwischen einem Händler und seinem Lieferanten in einem sog. „verlängerten Eigentumsvorbehalt",[32] wonach der Händler seinem Lieferanten die Kaufpreisforderungen gegen seine Abnehmer aus Weiterveräußerung der gelieferten Ware „in Höhe des Rechnungswertes der gelieferten Ware" abtritt, genügt dem Bestimmtheitsgrundsatz.[33] Auch dem Schuldner ist eine Nachprüfung des Abtretungsumfangs anhand der Rechnungsbelege zumutbar.[34]

**Beispiel 2** Zu unbestimmt und damit ohne Wirkung ist eine Vereinbarung, wonach der Händler seinem Lieferanten Kaufpreis**forderungen** gegen seine Abnehmer aus Weiterveräußerung der gelieferten Waren „in Höhe eines Gesamtbetrages von 60 000 €" abtritt. Hier lässt sich nicht klären, welche Forderung in welcher Höhe von der Abtretung betroffen sein soll, um den Gesamtbetrag abzudecken.[35]

29 Grüneberg-*Grüneberg* § 398 Rn. 3.
30 Grüneberg-*Grüneberg* § 398 Rn. 3.
31 *BGH* NJW 2000, 276, 278 unter Ziff. III m.w.N.; Grüneberg-*Grüneberg* § 398 Rn. 15.
32 Zum Eigentumsvorbehalt siehe ausführlich im Skript „Sachenrecht II" Rn. 145 ff.
33 *BGH* Urteil vom 11. Mai 2006 (Az: VII ZR 261/04) unter Tz. 15 = BGHZ 167, 133 ff. = NJW 2006, 2845 ff.
34 Dazu *BGH* NJW 2000, 276, 278 unter Ziff. III.
35 *OLG Köln* Urteil vom 19. Januar 2005 (Az: 11 U 79/04) – abrufbar unter www.justiz.nrw.de.

» Sind Ihnen die allgemeinen Wirksamkeitserfordernisse und -hindernisse für Verträge noch geläufig? Wenn nicht, wiederholen Sie jetzt noch einmal die Grundzüge. «

#### b) Allgemeine Wirksamkeitserfordernisse und -hindernisse

42 Wegen des im deutschen Recht geltenden „Trennungs- und Abstraktionsprinzips" ist bei der Prüfung der Abtretung streng zwischen der Abtretung gemäß § 398 als Verfügungsgeschäft und dem Rechtsverhältnis zu trennen, dessen Erfüllung die Abtretung dient und auf dessen Grundlage die Abtretung vorgenommen wurde (z.B. Forderungskauf (§ 453) oder Sicherungsvereinbarung). Auch wenn das zugrunde liegende Kausalgeschäft unwirksam ist, führt das nicht zwangsläufig dazu, dass auch die Abtretung den gleichen Wirksamkeitsmängeln unterliegt („Abstraktionsprinzip"). Vielmehr führt die Unwirksamkeit des Grundgeschäftes regelmäßig nur dazu, dass die abgetretene Forderung nach § 812 Abs. 1 S. 1 Var. 1 wieder zurück übertragen werden muss. Ist umgekehrt nur die Abtretung unwirksam, ist das Kausalgeschäft in der Regel wirksam, aber noch nicht erfüllt.

##### aa) Allgemeine Wirksamkeitserfordernisse

43 Wie für jeden Vertrag, gelten auch für den Abtretungsvertrag nach § 398 die allgemein für Verträge geltenden Wirksamkeitserfordernisse, insbesondere die §§ 164, 177 im Fall der Stellvertretung bei Abschluss des Abtretungsvertrages sowie die §§ 107, 108 im Fall der Beteiligung eines beschränkt Geschäftsfähigen.

##### bb) Allgemeine Wirksamkeitshindernisse

44 Für die Abtretungsvereinbarung gelten selbstverständlich auch die allgemein für Verträge geltenden Wirksamkeitshindernisse.

###### (1) Form (§ 125 S. 1)

45 An eine Formnichtigkeit nach § 125 S. 1 wegen Verletzung eines gesetzlichen Formgebots ist nur ausnahmsweise zu denken. Die Abtretung nach § 398 ist grundsätzlich formfrei möglich, so dass sie selbst durch schlüssiges Handeln vorgenommen werden kann. Eine Ausnahme findet sich für die Übertragung der **Ansprüche aus einer Anweisung** nach § 792 Abs. 1 sowie für die **Abtretung einer durch Hypothek gesicherten Forderung** nach § 1154 Abs. 1. In beiden Fällen ist die Erklärung des Abtretenden („Zedent") in schriftlicher Form zu erteilen. Die Erklärung des Erwerbers („Zessionars") ist hingegen formfrei möglich.

Betrachten wir näher die Tatbestände der verbots- oder sittenwidrigen Abtretung.

###### (2) Verbotswidrige Abtretung (§ 134)

46 Eine Abtretung kann gegen ein Verbotsgesetz i.S.d. § 134 verstoßen und deshalb nichtig sein.

Insbesondere ist an die Fälle zu denken, in denen es dem Zedenten wegen einer gesetzlichen **Pflicht zur Verschwiegenheit** verboten ist, ohne Zustimmung des Schuldners Forderungen abzutreten. Denn § 402 verpflichtet den Zedenten, dem Zessionar die Unterlagen auszuhändigen und Informationen zu erteilen, die zur Geltendmachung der Forderung benötigt werden. Genau dadurch würde der Zedent aber seine Schweigepflicht verletzen. Dabei soll es für die Nichtigkeitsfolge ausnahmsweise keine Rolle spielen, ob auch der subjektive (Vorsatz-)Tatbestand des § 203 StGB erfüllt ist.[36] Die Nichtigkeitsfolge bezieht sich nicht nur auf die Abtretung, sondern auch auf das Verpflichtungsgeschäft (z.B. Forderungskauf).[37]

36 Ausführlich zu § 134 im Skript „BGB AT II" Rn. 441 ff.

37 *BGH* NJW 1996, 775 f. unter Ziff. I 2; Grüneberg-*Ellenberger* § 134 Rn. 22a.

**Beispiel 1** Arzt A tritt ohne Zustimmung seines Privatpatienten P seine Honorarforderung aus einer Behandlung an den C ab. Eine solche Abtretung verstößt gegen § 203 Abs. 1 Nr. 1 StGB und ist deshalb nach § 134 nichtig.[38] Wegen der aus § 402 folgenden umfassenden Informationspflicht gegenüber dem neuen Gläubiger hat die Abtretung von Honorarforderungen von Ärzten die Preisgabe von anvertrauten Geheimnissen zur Folge. Bereits die Tatsache, dass sich eine Person in Behandlung befunden hat, stellt einen nach § 203 StGB geschützten Umstand dar. ■

#### (3) Sittenwidrige Abtretung (§ 138)

Die Problematik einer sittenwidrigen Abtretung taucht meistens im Zusammenhang mit 47
einer sog. **„Globalzession"** auf. Bei dieser wird eine Vielzahl von gegenwärtigen und künftigen Forderungen zur Sicherheit abgetreten. Der Zedent verliert also einen beträchtlichen Teil seines Vermögens an den Zessionar, dem diese Forderungen als Sicherheit für einen Anspruch gegen den Zedenten oder auch gegen Dritte dienen. Aus diesen Forderungen kann sich der Zessionar befriedigen, falls der gesicherte Anspruch nicht erfüllt wird.

Wenn **bei der Abtretung** bereits feststeht, dass in einem etwaigen – zeitlich noch ungewissen – Verwertungsfall ein auffälliges Missverhältnis zwischen dem realisierbaren Wert der Sicherheit und der gesicherten Forderung bestehen wird, kann die Abtretung wegen **anfänglicher Übersicherung** sittenwidrig und damit nichtig sein. Das Nähere zu diesem Thema wird im Skript „Sachenrecht III" S. 71 ff. dargestellt.

Außerdem ist eine Globalzession künftig entstehender Kundenforderungen wegen Verstoßes gegen die guten Sitten nichtig, wenn diese Abtretung erkennbar auch Forderungen umfasst, die der Schuldner seinen Lieferanten aufgrund verlängerten Eigentumsvorbehalts künftig abtreten muss.[39] Andernfalls wird der Zedent zum **Vertragsbruch** verleitet, weil er eine Forderung nicht zweimal abtreten kann. Da die zunächst vereinbarte Globalzession nach dem Grundsatz der Priorität von Verfügungen vorginge, steht fest, dass die mit dem Lieferanten später im Rahmen des verlängerten Eigentumsvorbehalts vereinbarte Abtretung von (bereits abgetretenen) Kundenforderungen ins Leere geht. Will sich der Zedent vertragstreu verhalten, muss er auf eine Lieferung von solchen Lieferanten verzichten, die dazu nur unter verlängertem Eigentumsvorbehalt bereit sind. Dadurch wird ihm der Warenbezug entweder unmöglich gemacht oder doch erheblich erschwert. Diese Thematik wird ebenfalls im Skript „Sachenrecht III" behandelt.

## 2. Berechtigung des Zedenten

Wie jedes Verfügungsgeschäft, kennt auch die Abtretung als **besondere Wirksamkeitsvo-** 48
**raussetzung** die **Verfügungsbefugnis** des Abtretenden (= Zedenten). Die Abtretung durch eine nicht berechtigte Person ist unwirksam.

38 *BGH* NJW 1996, 775 f. unter Ziff. I 2.
39 Siehe dazu im Skript „Sachenrecht III" Rn. 239.

### a) Zedent verfügungsbefugter Forderungsinhaber

#### aa) Forderungsinhaber

49 Zur Abtretung ist grundsätzlich der Gläubiger der abgetretenen Forderung berechtigt. Steht die Forderung mehreren Personen gemeinschaftlich zu, sind diese nur gemeinsam zur Abtretung berechtigt.

**Beispiel** Gesamthänderisch gebundene Nachlassforderung der Miterben (§ 2040 Abs. 1), Forderungen einer Bruchteilsgemeinschaft (§ 747 S. 2). ■

> **JURIQ-Klausurtipp**
>
> Unter dem Punkt „Verfügungsbefugnis des Zedenten" ist somit zu prüfen, ob die abgetretene Forderung **zum Zeitpunkt der Abtretung** noch zugunsten des Zedenten besteht.[40]
>
> Prüfen Sie die Abtretung auf der ersten Ebene „Anspruch (des Zessionars) entstanden?", ist spätestens an dieser Stelle inzident die gesamte Entstehung des abgetretenen Anspruches und der Fortbestand des Anspruches in der Hand des Gläubigers (des Zedenten) **bis zur Abtretung** zu prüfen (zu den Aufbauvarianten siehe oben unter Rn. 34 ff.). Ergibt Ihre Prüfung, dass der Anspruch nicht entstanden ist, geht die Abtretung von vorneherein ins Leere.
>
> Ist die Forderung zugunsten des Zedenten einmal entstanden, ist an dieser Stelle weiter zu untersuchen, ob der Zedent die Forderung vor der Abtretung an eine andere Person durch **vorherige** Verfügung verloren hat oder ob die Forderung zuvor erloschen ist.

##### (1) Rechtslage bei mehrfacher Abtretung

50 Bei mehrfacher Abtretung gilt das so genannte **„Prioritätsprinzip"**: Grundsätzlich ist nur die zeitlich erste Abtretung maßgebend und verbraucht die Verfügungsbefugnis des Zedenten. Das gilt sowohl für die Abtretung bestehender als auch für die Abtretung künftiger Forderungen.[41]

Bei der Abtretung bestehender Forderungen ist dies unmittelbar einsichtig: Mit Abschluss der Abtretungsvereinbarung wechselt die Forderung auf den neuen Gläubiger (Zessionar), § 398 S. 2. Bei jeder nachfolgenden Abtretung kann der bisherige Zedent keine Verfügungsmacht mehr haben.

> **JURIQ-Klausurtipp**
>
> Beachten Sie, dass nur eine wirksame Abtretung eine zeitlich spätere Abtretung nach dem Prioritätsprinzip ausschließen kann. Die zeitlich frühere Abtretung kann sich nur dann durchsetzen, wenn sämtliche Wirksamkeitsvoraussetzungen vorliegen. An den erforderlichen Wirksamkeitsvoraussetzungen ändert das Prioritätsprinzip nichts. Ist die erste Abtretung unwirksam, kommt die zweite Abtretung zum Zuge.

40 *Schreiber* JURA 2007, 266, 267 unter Ziff. II.

41 *BGH* Urteil vom 14. Juli 2004 (Az: XII ZR 257/01) unter Ziff. II 1 = NJW 2005, 1192; Grüneberg-*Grüneberg* § 398 Rn. 24.

Bei einer Vorausverfügung ist also inzident deren Wirksamkeit zu untersuchen. Die Einleitung könnte wie folgt lauten:

„Möglicherweise war der A bei Abtretung aber nicht mehr zur Verfügung über die Forderung berechtigt. Er könnte seine Verfügungsmacht durch die zeitlich vorausgegangene Abtretung der Forderung an den B verloren haben. Nach dem Prioritätsprinzip schließt die zeitlich erste Verfügung die Wirksamkeit einer nachfolgenden Verfügung durch dieselbe Person über den identischen Gegenstand aus. Dies gilt allerdings nur, wenn die zeitlich vorausgehende Abtretung ihrerseits wirksam ist. Der Wirksamkeit der vorausgegangenen Abtretung der Forderung an B könnte der Einwand der (z.B. Sittenwidrigkeit nach § 138 Abs. 1) entgegenstehen …"

### (2) Rechtslage bei Vorausabtretung

Eine Abtretung kann auch in Bezug auf **künftige** Forderungen vereinbart werden. Dies ergibt sich aus § 185 Abs. 2 S. 1 Var. 2: Wenn die Verfügung eines Nichtberechtigten wirksam wird, wenn er das Recht später erwirbt, muss eine solche Verfügung auch von Anfang an für diesen Fall vereinbart werden können.[42] Auch hier muss der Forderungskreis so genau beschrieben werden, dass die Forderung **bei ihrer Entstehung** eindeutig der Abtretung zugeordnet werden kann.[43] **51**

**Beispiel 1** Als klassischer Fall kann uns wieder der „verlängerte Eigentumsvorbehalt" dienen, bei dem der Händler seinem Lieferanten die Kaufpreisforderungen gegen seine Abnehmer aus Weiterveräußerung der gelieferten Ware abtritt. Anhand der Vereinbarung lässt sich eindeutig bestimmen, welche Forderungen erfasst werden, nämlich nur (1) Forderungen aus Kaufverträgen (2) des Händlers (3) mit seinen Abnehmern (4) über die „gelieferte Ware". Forderungen des Händlers wegen des Verkaufs anderer Waren fallen also nicht unter die Abtretungsvereinbarung. Zu unbestimmt und deswegen wirkungslos wäre eine Vereinbarung, wonach künftig entstehende Forderungen gegen „Premiumkunden" abgetreten werden. Hier lässt sich anhand der Bezeichnung „Premiumkunde" der jeweilige Schuldner nicht hinreichend sicher bestimmen. ■

Entsprechend § 185 Abs. 2 S. 1 Var. 2 wird die Vorausabtretung erst in dem Moment wirksam, in dem der Zedent die Forderung erwirbt.[44] Erst dann kann das verwirklicht werden, was § 398 S. 2 beschreibt, nämlich, dass der Zessionar an die Stelle des alten Gäubigers (Zedenten) tritt. Die §§ 398, 413 erlauben die Übertragung von Forderungen und anderen Rechten, aber nicht die Abtretung von Erwerbsaussichten.[45] Der Zedent muss also zumindest für eine juristische Sekunde selbst die Gläubigerstellung einnehmen, um überhaupt etwas abtreten zu können. Im Grundsatz führt die Vorausabtretung also zu einem **„Durchgangserwerb"** vom Zedent zum Zessionar. **52**

Kein Durchgangserwerb, sondern **Direkterwerb** des Zessionars soll aber dann gelten, wenn der Zedent bei Abtretung schon mehr hat als eine bloße Erwerbsaussicht: Bei **aufschiebend bedingt begründeten Forderungen** ist die Forderung vor Bedingungseintritt zwar noch nicht entstanden. Es existiert aber schon ihre Rechtsgrundlage, weshalb § 161 bereits Verfügungen über ein derart angelegtes Recht gestattet. Daraus folgt, dass eine bedingt begrün- **53**

42 Grüneberg-*Grüneberg* § 398 Rn. 11; *Schreiber* JURA 2007, 266, 267 unter Ziff. I 2.
43 *BGH* NJW 2000, 276, 278 unter Ziff. III; Grüneberg-*Grüneberg* § 398 Rn. 14.
44 Grüneberg-*Grüneberg* § 398 Rn. 11.
45 Grüneberg-*Grüneberg* § 398 Rn. 11.

dete Forderung vor Bedingungseintritt wirksam abgetreten werden kann mit der Folge, dass der Zessionar die Forderung direkt erwirbt, wenn die Bedingung eintritt.[46]

**Beispiel** V hat mit K einen notariell beurkundeten Kaufvertrag über sein Grundstück abgeschlossen, das V an den M vermietet hat. Gleichzeitig wurde die Auflassung erklärt. Mit Eintragung im Grundbuch (vgl. § 873) tritt K gem. §§ 566, 578 in die Rechte und Pflichten des zwischen V und M bestehenden Mietverhältnisses ein. Tritt K seine künftigen Mietforderungen gegen den M vor Eintragung an den C ab, wird C bei Eintragung des K unmittelbar Gläubiger der ab diesem Zeitpunkt fälligen Mietforderungen. ■

54 Bei der Vorausabtretung künftiger Forderungen gilt ebenfalls das Prioritätsprinzip, obwohl dies nicht zwingend erscheint: Schließlich hat der Zedent im Zeitpunkt der Einigung über die Vorausabtretung selbst noch keine Forderung und damit noch keine Verfügungsmacht. Man kann sich das Prioritätsprinzip hier aber wieder damit erklären, dass der Gläubiger mit der ersten Vorausabtretung seine künftige Verfügungsmacht „verbraucht" hat. Wenn der Gläubiger eine bestehende Forderung nur einmal abtreten kann, kann er diese Verfügung auch im Voraus nur einmal treffen. Dies finden Sie im Gesetz in § 185 Abs. 2 S. 2 wieder.

55 Die Verfügungsmacht kann dem Gläubiger ausnahmsweise **kraft Gesetzes entzogen** worden sein. Dieser hat dann trotz Gläubigerstellung keine Verfügungsbefugnis.

**Beispiele** Anordnung der Nachlassverwaltung (§ 1984 Abs. 1 S. 1), Testamentsvollstreckung (§ 2211 Abs. 1), Pfändung der Forderung (§ 829 ZPO) oder auch nach der Insolvenzordnung wegen Eröffnung des Insolvenzverfahrens über das Gläubigervermögen (§§ 80, 81 InsO). ■

Dann sind kraft Gesetzes besondere Verwalter bestimmt, die anstelle des Gläubigers zur Verfügung berechtigt sind.

### b) Keine Verfügungsbeschränkungen

56

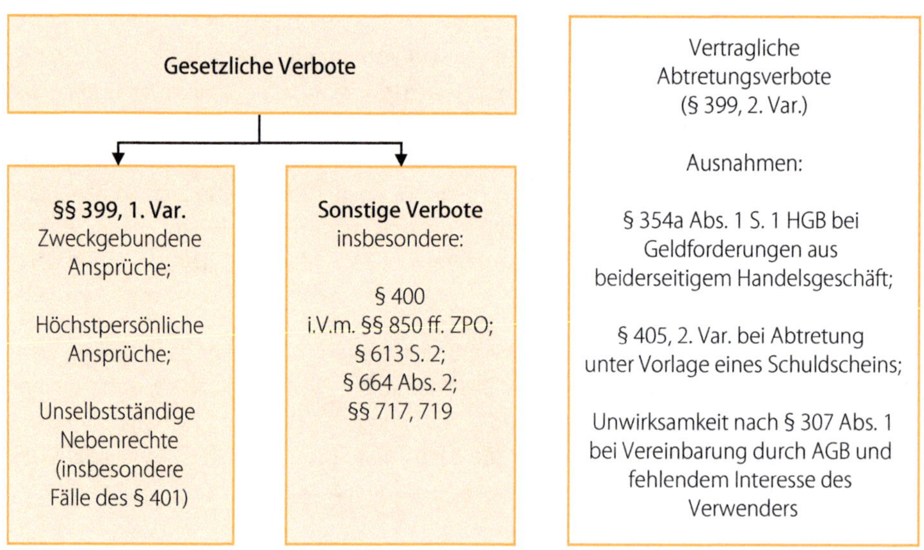


46 Grüneberg-*Grüneberg* § 398 Rn. 11.

Als **besonderes Wirksamkeitshindernis** kennt das Abtretungsrecht außerdem noch besondere Abtretungsverbote. Die Abtretung einer Forderung unter Verstoß gegen ein Abtretungsverbot führt zur Unwirksamkeit der Abtretung. In diesen Fällen fehlt dem Zedenten die Verfügungsbefugnis[47].

**JURIQ-Klausurtipp**

Haben Sie wegen Verstoßes gegen ein Abtretungsverbot die Nichtigkeit der Abtretung festgestellt, ist an eine Umdeutung der gescheiterten Abtretung nach § 140 in eine Einziehungsermächtigung, also eine Ermächtigung zur Geltendmachung des abzutretenden Rechts im eigenen Namen zu denken.[48] Dies stellt in der Regel keine unzulässige Umgehung der Abtretungsverbote dar, da die Forderung beim bisherigen Gläubiger verbleibt und dieser die Ermächtigung nach § 183 jederzeit widerrufen kann, also noch „Herr des Anspruchs" bleibt.

#### (1) Verbot wegen inhaltlicher Veränderung (§ 399 Var. 1)

Eine Forderung kann nach § 399 Var. 1 nicht abgetreten werden, wenn die Leistung an einen anderen als den ursprünglichen Gläubiger „nicht ohne Veränderung ihres Inhalts" erfolgen kann. **57**

Eine solche Inhaltsänderung wird bei Zweckbindung eines Anspruches, bei höchstpersönlichen Ansprüchen und unselbstständigen akzessorischen Ansprüchen angenommen.[49]

**Fall 1: Zweckbindung**

Wegen Zweckbindung kann beispielsweise der Anspruch auf **Befreiung von einer bestimmten Verbindlichkeit** grundsätzlich nicht abgetreten werden. **58**

**Beispiel** Angenommen, der A kauft als „Strohmann" im Auftrag des B im eigenen Namen ein Grundstück durch Abschluss eines notariell beurkundeten Kaufvertrags mit V. Der Kaufpreis soll nach Eintragung einer Auflassungsvormerkung im Grundbuch gezahlt werden. Vor Zahlung des Kaufpreises kann A wegen der bereits begründeten Verbindlichkeit nach §§ 670, 257 von B Befreiung von seiner Zahlungspflicht verlangen. Tritt A nun diesen Befreiungsanspruch an C ab, liefe der Befreiungsanspruch ins Leere. Den C trifft keine Verbindlichkeit aus dem Kaufvertrag, von der ihn der B befreien könnte.[50] Folglich ist der Befreiungsanspruch grundsätzlich unabtretbar. ■

Davon lässt man jedoch eine Ausnahme zu. Der Befreiungsanspruch kann an den Gläubiger der freizustellenden Verbindlichkeit abgetreten werden, im *Beispiel* also an den V. Er wandelt sich dann in einen Anspruch auf die diesem geschuldete Leistung um, im *Beispiel* also in einen Zahlungsanspruch.[51] Zwar stellt auch dies eine inhaltliche Änderung dar – diese wird **59**

47 Grüneberg-*Grüneberg* § 399 Rn. 12; Grüneberg-*Ellenberger* § 137 Rn. 137 Rn. 2.

48 *BGH* Urteile vom 12. April 2007 (Az: VII ZR 50/06) unter Tz. 27 ff. = NJW 2007, 1957 ff. und vom 7. Dezember 2001 (Az: V ZR 65/01) unter Ziff. II 1 = NJW 2002, 2038; Grüneberg-*Ellenberger* § 140 Rn. 9.

49 *BGH* Urteil vom 2. Juli 2003 (Az: XII ZR 34/02) unter Ziff. 3a = NJW 2003, 2987 f.; *Schreiber* JURA 2007, 266, 267 unter Ziff. III.

50 *Looschelders* Schuldrecht AT § 14 Rn. 4.

51 St. Rspr.; z.B. *BGH* Urteil vom 4. November 2009 (Az: III ZR 113/09) unter Tz. 10 = ZIP 2010, 1299 ff.; Grüneberg-*Grüneberg* § 399 Rn. 4.

jedoch nicht als wesentlich angesehen. Schließlich muss der Schuldner dem neuen Gläubiger im Ergebnis das leisten, was er auch zur Befreiung des alten Gläubigers hätte bewirken müssen:[52] Um den A im vorstehenden *Beispiel* von seiner Zahlungsverpflichtung zu befreien, hätte B im Ergebnis den Kaufpreis ohnehin an V zahlen müssen.

**60** Die Zweckbindungsfälle lassen sich dem Wortlaut des § 399 Var. 1 gut zuordnen, so dass die Fälle leicht zu erkennen sind.

**Fall 2: Höchstpersönliche Ansprüche**

**61** Die Fallgruppe der Unabtretbarkeit höchstpersönlicher Ansprüche ist eng mit den Fällen der Zweckbindung verbunden – die Grenzen sind fließend.

**Beispiele** Anspruch auf Herstellung der ehelichen Lebensgemeinschaft aus § 1353 Abs. 1 S. 2; Anspruch auf Beistand und Rücksichtnahme aus § 1618a; familienrechtliche Unterhaltsansprüche; Ansprüche des Arbeitnehmers auf Urlaub; Anspruch eines Beleidigten gegen den Beleidiger auf Unterlassung von weiteren ehrverletzenden Äußerungen. ■

**Fall 3: Unselbstständige akzessorische Ansprüche**

**62** Aus § 401 Abs. 1 folgt, dass die dort genannten **„akzessorischen" Nebenrechte** nicht selbstständig übertragen werden können. Sie können nur zusammen mit der gesicherten Forderung übertragen werden. Zwar werden diese Fälle häufig als Anwendungsfall des § 399 Var. 1 begriffen.[53] Sie können aber ebenso auf § 401 Abs. 1 bzw. die spezialgesetzlichen Regeln zu bestimmten akzessorischen Sicherungsrechten, nämlich §§ 1153 Abs. 2, 1250 Abs. 1 S. 2 abstellen.

**Beispiele** Nicht selbstständig abtretbar sind deshalb die Ansprüche aus einer Hypothek (vgl. auch § 1153), aus einer Bürgschaft sowie aus einem Pfandrecht an beweglichen Gegenständen (vgl. auch § 1250). ■

**JURIQ-Klausurtipp**

Wenn Sie den Übergang eines akzessorischen Rechts wie z.B. der Bürgschaft prüfen wollen, müssen Sie folglich immer auf den Übergang der gesicherten Hauptforderung abstellen und zunächst diesen prüfen. Erst wenn der Übergang der Forderung feststeht, ist im Anschluss zu fragen, ob das akzessorische Nebenrecht beim Forderungsübergang noch bestand. Im Normzitat ist der Übergang z.B. einer Bürgschaft durch Abtretung durch die Aufnahme des § 401 Abs. 1 kenntlich zu machen, also „Übergang nach §§ 398, 401 Abs. 1". Beim gesetzlichen Forderungsübergang zitieren Sie „§§ 412, 401 Abs. 1".

**63** Wegen ihrer untrennbaren Verbindung mit dem Stammrecht sind auch die **Ansprüche zur Verwirklichung absoluter Rechte**, insbesondere des Eigentums, nicht abtretbar. Daher können die Ansprüche aus §§ 894, 985 und 1004 nicht selbstständig ohne das Eigentum übertragen werden.[54]

---

52 *Looschelders* Schuldrecht AT § 52 Rn. 24 ff.

53 Vgl. Grüneberg-*Grüneberg* § 399 Rn. 7; *Schreiber* JURA 2007, 266, 267 unter Ziff. III.

54 Grüneberg-*Herder* § 894 Rn. 5, § 985 Rn. 1 und § 1004 Rn. 2.

Wegen besonderer Verbindung zu einem bestimmten Anspruch werden schließlich auch der **Anspruch auf Erteilung einer Quittung** aus § 368 und der **Anspruch auf Rechnungslegung** (etwa aus § 666 als Hilfsanspruch zum Hauptanspruch aus § 667) als unselbstständig und damit nicht isoliert abtretbar angesehen.[55] **64**

### (2) Vertraglich vereinbartes Abtretungsverbot (§ 399 Var. 2)

Nach § 399 Var. 2 kann die Abtretung durch Vereinbarung zwischen dem bisherigen Gläubiger und dem Schuldner ausgeschlossen worden sein (sog. Vinkulierung[56]). Nach ganz h.M. stellt die zweite Variante des § 399 eine Ausnahme zu § 137 S. 1 dar. Nach § 137 S. 1 kann einer Person ihre Macht zur Verfügung über ihr zustehende Rechte durch Vertrag nicht genommen werden. Dies erlaubt § 399 Var. 2 aber **für Forderungen**. Die Forderung ist bei vereinbartem Abtretungsverbot also – wie in den sonstigen Fällen der §§ 399, 400 – ein unübertragbares Recht. Dies wird mit dem Wortlaut „**kann** nicht abgetreten werden" eingangs des § 399 begründet.[57] **65**

Das Zustandekommen einer Vereinbarung über ein Abtretungsverbot folgt den allgemeinen Regeln.[58] **66**

Die Vereinbarung über das Abtretungsverbot kann formlos geschlossen und auch in AGB wirksam vereinbart werden. Etwas anderes gilt nur dann, wenn ein schützenswertes Interesse des Verwenders an dem Abtretungsverbot nicht besteht oder besondere Belange des Vertragspartners an der freien Abtretbarkeit vertraglicher Ansprüche das entgegenstehende Interesse des Verwenders überwiegen. Dann verstößt das Abtretungsverbot gegen § 307 Abs. 1 S. 1 und ist wegen unangemessener Benachteiligung des Vertragspartners unwirksam.[59]

**Beispiel**[60] A beliefert B mit Baustoffen unter verlängertem Eigentumsvorbehalt. Darin lässt sich A die Werklohnforderungen in Höhe des Rechnungswertes abtreten, die B gegen seine Auftraggeber wegen Bauleistungen hat, bei denen Baustoffe des A verwendet wurden. Einen Teil der von A gelieferten Baustoffe verwendete B für die Errichtung eines Wohnhauses für die C GbR. In dem zwischen B und C geschlossenen Werkvertrag – einem von C gestellten Mustertext – heißt es: „Forderungsabtretungen sind unzulässig." Da B Rechnungen der A für die Baustofflieferungen nicht bezahlt, macht A Werklohnforderungen gegen C aus abgetretenem Recht des B geltend. C meint, die Abtretung sei wegen vereinbarter Unabtretbarkeit der Werklohnforderungen des B unwirksam.

Das vereinbarte Abtretungsverbot verstößt nicht gegen die guten Sitten und ist deswegen nicht nach § 138 Abs. 1 nichtig. Schließlich macht die C damit von einem in § 399 Var. 2 gesetzlich eröffneten Instrument Gebrauch. Möglicherweise benachteiligt die von C gestellte Klausel aber den B unangemessen und ist deshalb nach § 307 Abs. 1 S. 1

---

55 Grüneberg-*Grüneberg* § 398 Rn. 7.

56 Lat. Vinculum = die Fessel.

57 *BGH* NJW 1997, 3434, 3435 unter Ziff. 1a m.w.N.; *Schreiber* JURA 2007, 266, 267 unter Ziff. III.

58 Vgl. dazu Skript „BGB AT I".

59 *BGH* Urteil vom 13. Juli 2006 (Az: VII ZR 51/05) unter Tz. 13 ff. = NJW 2006, 3486; *AG Frankfurt* (Az: 31 C 3120/05-17) = ZGS 2006, 210 ff. zur Abtretung von Ansprüchen auf Teilnahme an einem Fußballspiel – das Interesse der FIFA am Abtretungsverbot wurde vor allem mit einem Schutz vor Hooligans begründet (sehr lesenswert!).

60 *BGH* Urteil vom 13. Juli 2006 (Az: VII ZR 51/05) = NJW 2006, 3486.

unwirksam. Dies ist dann der Fall, wenn ein schützenswertes Interesse der C an dem Abtretungsverbot nicht besteht oder besondere Belange des Vertragspartners (B) an der freien Abtretbarkeit vertraglicher Ansprüche das entgegenstehende Interesse des Verwenders überwiegen. Bei einem Abtretungsverbot geht es dem Verwender mangels sonstiger Anhaltspunkte regelmäßig darum, für eine klare und übersichtliche Vertragsabwicklung zu sorgen. Dieses Interesse ist schützenswert, da ihm andernfalls eine Inanspruchnahme durch unbekannte Neugläubiger droht, deren Berechtigung erst geklärt werden muss.[61] Ein das schützenswerte Interesse der C GbR überwiegender Belang des B kann nicht allein darin gesehen werden, dass dieser als Werkunternehmer vorleistungspflichtig und darum regelmäßig auf Lieferantenkredite angewiesen ist, um den Vertrag mit der C GbR überhaupt erfüllen zu können. Dies ist wegen § 641 die typische Interessen- und Sachlage beim Werkvertrag. Wenn man dies ausreichen lässt, würde man für den gesamten Bereich des Werkvertragsrechts ein Klauselverbot begründen und damit die berechtigten Interessen des Bestellers verkürzen. Die Kollision mit einem verlängerten Eigentumsvorbehalt genügt daher nicht, um eine unangemessene Benachteiligung zu bejahen.[62] Die Abtretung ist damit in Bezug auf die gegen C gerichtete Werklohnforderung unwirksam. ■

67 Das Abtretungsverbot kann einmal uneingeschränkt („Die Abtretung von Ansprüchen aus diesem Vertrag ist ausgeschlossen") oder unter Zustimmungsvorbehalt vereinbart werden („Die Abtretung von Ansprüchen aus diesem Vertrag bedarf zu ihrer Wirksamkeit unserer Zustimmung"). Auch im letzteren Fall ist eine Abtretung – wenn sie ohne Zustimmung des Schuldners erfolgt – endgültig unwirksam.[63]

Allerdings darf der Schuldner seine Zustimmung zur Abtretung des Gläubigers nicht unbillig verweigern.[64] Wenn ein schützenswertes Interesse des Verwenders an dem Abtretungsverbot im Einzelfall nicht mehr besteht oder besondere Belange des Vertragspartners an der freien Abtretbarkeit vertraglicher Ansprüche das entgegenstehende Interesse des Verwenders nachträglich überwiegen, muss der Schuldner der Abtretung zustimmen. Er kann sich ab dem Moment, wo diese Voraussetzungen vorliegen, nach § 162 Abs. 1 nicht mehr auf die fehlende Zustimmung berufen.

68 Ein vertraglich wirksam vereinbartes Abtretungsverbot steht in zwei Sonderfällen der **Wirksamkeit der Abtretung nicht entgegen**:

Nach **§ 354a Abs. 1 S. 1 HGB** ist die Abtretung einer **Geldforderung** in bestimmten Fällen trotz wirksam vereinbarten Abtretungsverbotes wirksam. Die Vorschrift lautet:

*Ist die Abtretung einer Geldforderung durch Vereinbarung mit dem Schuldner gemäß § 399 des Bürgerlichen Gesetzbuchs ausgeschlossen und ist das Rechtsgeschäft, das diese Forderung begründet hat,* ***für beide Teile ein Handelsgeschäft****, oder ist der Schuldner eine juristische Person des öffentlichen Rechts oder ein öffentlich-rechtliches Sondervermögen, so ist die Abtretung gleichwohl wirksam.*

Die Vorschrift ist im nichtkaufmännischen Verkehr mangels planwidriger Regelungslücke nicht analog anwendbar.[65]

61 *BGH* NJW 1997, 3434, 3425 unter Ziff. 2a.
62 *BGH* Urteil vom 13. Juli 2006 (Az: VII ZR 51/05) unter Tz. 16 f. = NJW 2006, 3486.
63 *BGH* NJW 1988, 1210, 1211 unter Ziff. III 1c.
64 *BGH* NJW-RR 2000, 1220 unter II 2c.
65 *BGH* Urteil vom 13. Juli 2006 (Az: VII ZR 51/05) unter Tz. 10 ff. = NJW 2006, 3486 f.

§ 354a Abs. 1 S. 1 HGB löst damit im kaufmännischen Verkehr den Konflikt zwischen einem vereinbarten Abtretungsverbot und einer Vorausabtretung – insbesondere in verlängerten Eigentumsvorbehalten – zugunsten des Gläubigers einer Geldforderung auf. Ihm soll damit die Möglichkeit erhalten bleiben, Waren unter verlängertem Eigentumsvorbehalt beziehen zu können, auch wenn er Abtretungsverbote seiner Kunden „schlucken muss".

**Hinweis**

§ 354a Abs. 2 HGB macht davon aber sogleich wieder eine Ausnahme: Danach gilt die Regelung in § 354a Abs. 1 HGB nicht für eine Forderung aus einem Darlehensvertrag, deren Gläubiger ein Kreditinstitut im Sinne des Kreditwesengesetzes (KWG) ist.

Außerdem soll ein vereinbartes Abtretungsverbot dann gegenüber einem ahnungslosen Zessionar[66] keine Geltung beanspruchen, wenn der Schuldner über die Forderung eine **Urkunde ausgestellt hat, die dazu schweigt** und wenn die Abtretung unter Vorlage dieser Urkunde vorgenommen wurde, **§ 405 Var. 2**.

**Hinweis**

Vor der Pfändung und Überweisung einer Forderung im Wege der Zwangsvollstreckung nach §§ 829, 835 f. ZPO vermag ein vereinbarter Abtretungsausschluss ebenfalls nicht zu schützen, § 851 Abs. 2 ZPO.

Ist eine Abtretung wegen Verstoßes gegen § 399 Var. 2 eigentlich unwirksam, gibt es eine **69**
Heilungsmöglichkeit, indem sich der Schuldner **nachträglich mit der vereinbarungswidrigen Abtretung einverstanden erklärt**.

Umstritten ist dabei allerdings, ob eine solche „Genehmigung" analog §§ 184, 185 Abs. 2 auf den **Zeitpunkt** der Abtretung zurückwirkt („ex tunc") oder erst für den Zeitpunkt der Genehmigung, also „ex nunc" wirksam ist. Nach wohl h.M. handelt es sich bei der „Genehmigung" des Schuldners letztendlich um eine Annahme des durch Abtretung des Gläubigers schlüssig erklärten Angebots zur Aufhebung des vertraglich vereinbarten Abtretungsverbotes. Die einvernehmliche Aufhebung wirkt **ex nunc** und nicht zurück.[67] Gegen eine Anwendung der §§ 184, 185 Abs. 2 spricht entscheidend, dass der Schuldner gerade nicht der Berechtigte ist, dessen Genehmigung § 185 Abs. 2 aber voraussetzt.[68]

### (3) Abtretungsverbot wegen Unpfändbarkeit (§ 400)

§ 400 verbietet die Abtretung unpfändbarer Forderungen. Welche Forderungen unpfändbar **70**
sind, ergibt sich vor allem aus §§ 850 ff. ZPO. Der Sinn und Zweck des § 400 besteht darin, im öffentlichen Interesse zu verhindern, dass der Gläubiger durch eine Abtretung seine wirtschaftliche Lebensgrundlage verliert. Wegen dieses Schutzzwecks des § 400 soll die Vorschrift aber dann nicht anwendbar sein, wenn der Zedent vom Zessionar eine „wirtschaftlich

66 Vgl. § 405 a.E.

67 *BGH* Urteil vom 2. Februar 2006 (Az: IX ZR 67/02) unter Tz. 31 = NJW 2006, 1800 ff.; *BGH* NJW 1990, 109, 110 f. unter Ziff. 3; Grüneberg-*Grüneberg* § 399 Rn. 12.

68 *BGH* NJW 1990, 109, 110 f. unter Ziff. 3.

gleichwertige" Leistung erhält.[69] Dies ist insbesondere dann anzunehmen, wenn ein Dritter dem Gläubiger die Leistung anstelle des Schuldners bereits wirtschaftlich verschafft hat und nun mit Hilfe der abgetretenen Forderung beim Schuldner Regress nehmen will.

**Beispiel** Auch der unpfändbare Teil des Arbeitseinkommens kann an eine Gewerkschaft abgetreten werden, wenn und soweit diese eine Streikunterstützung gezahlt hat, die den vom Arbeitgeber wegen des Streiks einbehaltenen Lohn ausgleicht.[70] ■

#### (4) Sonstige Abtretungsverbote

71 Die Abtretungsverbote in den §§ 399, 400 sind nicht abschließend. Vielmehr sieht der Gesetzgeber auch an anderer Stelle Abtretungsverbote vor.

**Beispiel** Nach § 711a sind etwa Ansprüche der Gesellschafter aus dem Gesellschaftsverhältnis nicht isoliert übertragbar. Nach § 711 kann ein Gesellschafter allein außerdem seinen Anteil am Gesellschaftsvermögen nicht übertragen.

Übertragbar ist allein der Gesellschaftsanteil als solcher, d.h. der Inbegriff aller Rechte und Pflichten in der Gesellschaft.[71] Allerdings müssen die anderen Gesellschafter im Zweifel zustimmen, da mit der Übertragung eine Änderung des Gesellschaftsvertrages (Kreis der Gesellschafter) verbunden ist.[72] ■

Manche gesetzlichen Abtretungsverbote gelten nur „im Zweifel". In diesen Fällen können die Parteien die Abtretbarkeit ausdrücklich zulassen. Das Abtretungsverbot ist hier also nicht zwingend.

**Beispiele** Anspruch auf Dienstleistung (§ 613 S. 2) oder Ausführung eines Auftrags (§ 664 Abs. 2). ■

#### c) Zedent verfügungsbefugter Nichtinhaber der Forderung

72 Besteht die Forderung, steht diese aber nicht dem Zedenten zu, kann sich seine Berechtigung noch aus § 185 Abs. 1 ergeben. Die tatsächliche Gläubiger kann ihn vorher durch empfangsbedürftige Willenserklärung **ermächtigt haben** (§§ 182, 183, 185 Abs. 1), seine Forderung im eigenen Namen abzutreten.

### 3. Überwindung fehlender Forderung oder Verfügungsbefugnis

73 Besteht die Forderung bei Abtretung nicht oder besitzt der Zedent bei Abtretung nicht die erforderliche Verfügungsbefugnis, ist die Abtretung grundsätzlich unwirksam. Einen gutgläubigen Forderungserwerb sieht das BGB nur in ganz engen Ausnahmefällen vor, weil hier ein tragfähiger Rechtsscheinträger, anders als bei den Sachenrechten (§§ 891, 892: Grundbuch; § 1006: Eigenbesitz), fehlt.[73]

---

69 Grüneberg-*Grüneberg* § 400 Rn. 3.

70 *BAG* NJW 80, 1652, Grüneberg-*Grüneberg* § 400 Rn. 3.

71 Grüneberg-*Sprau* § 719 Rn. 2, 6 ff.

72 Grüneberg-*Sprau* § 719 Rn. 2, 6.

73 *Lucka* BRJ 2/211, 177 ff.

#### a) Forderung besteht nicht (§ 405 Var. 1)

Hat Ihre Prüfung eines Anspruchs ergeben, dass abgetretener Anspruch nicht entstanden ist oder zum Zeitpunkt der Abtretung nicht mehr besteht, geht die Abtretung von vorneherein ins Leere. Eine Scheinforderung kann grundsätzlich nicht gutgläubig erworben werden. Etwas anderes gilt aber unter den Voraussetzungen des § 405 Var. 1, wenn der Entstehung eines abgetretenen vertraglichen Anspruches die **Nichtigkeit wegen Scheingeschäfts** nach § 117 entgegenstand.[74] Nach § 405 Var. 1 ist demjenigen Schuldner, der über die Forderung zum Zwecke ihres Beweises selber eine Urkunde ausgestellt hat, die Berufung auf den Einwand des § 117 verwehrt, wenn seine Urkunde bei Abtretung vorgelegt wurde und deshalb einen zuverlässigen Rechtsschein der beurkundeten Forderung entfalten konnte. Das gilt nicht, wenn der Erwerber (= Zessionar) bösgläubig ist (vgl. § 405 a.E.) oder dem Schuldner die Urkunde vorher abhanden gekommen war (vgl. Parallele in § 935 Abs. 1). Insofern ist ausnahmsweise also ein gutgläubiger Erwerb einer nicht bestehenden Forderung möglich[75]. 74

#### b) Forderung besteht, aber Verfügungsbefugnis fehlt

##### aa) Gutgläubiger Erwerb vom Erbscheinserben

Wie eingangs dargestellt, scheidet ein gutgläubiger Erwerb einer Forderung grundsätzlich aus, da es bei Forderungen, anders als bei beweglichen Sachen (dort § 1006) und Grundstücksrechten (dort § 891) an einem Rechtsscheinsträger fehlt, der einen gutgläubigen Erwerb rechtfertigen könnte. Anders verhält es sich aber, wenn der Zedent zwar nicht Erbe ist, aber ihm ein Erbschein ausgestellt wurde. Hier spricht die Vermutung des § 2365 für die Erbenstellung und damit für die Rechtsinhaberschaft des Scheinerben. 75

**Beispiel** Erblasser A ist verstorben. Sein Alleinerbe ist E. Zum Nachlass gehört eine Kaufpreisforderung des A gegen K. Dem X, der sich für den Erben hält, wurde vom Nachlassgericht ein Erbschein erteilt. X tritt die Kaufpreisforderung an D ab, der den X für den Erben hält. Nach §§ 398, 2366 erwirbt D die Forderung gutgläubig vom Nichtberechtigten, da es sich bei der Forderung um einen „Erbschaftsgegenstand" (dies können nicht nur Sachen, sondern auch Rechte, insbesondere Forderungen sein) handelt. ■

##### bb) Heilung nach § 185 Abs. 2

Besteht zwar die Forderung, war der Zedent aber nicht verfügungsberechtigt, kann dieser Mangel einmal in den Fällen des § 185 Abs. 2 geheilt werden, insbesondere nachträglich im Wege der Genehmigung durch den Verfügungsberechtigten (§§ 182, 184, 185 Abs. 2) oder durch Forderungserwerb im Fall der Vorausabtretung. 76

## IV. Gesetzlicher Forderungsübergang

Ein Gläubigerwechsel kann auch kraft Gesetzes angeordnet werden. 77

**Beispiele** Forderungsübergang bei Leistung eines Gesamtschuldners nach § 426 Abs. 2; Forderungsübergang bei Zahlung eines Bürgen gem. § 774 Abs. 1; Forderungsübergang bei Zahlung des Verpfänders gem. § 1225. ■

---

74 Siehe zu § 117 im Skript „BGB AT I" Rn. 224 ff.

75 Einen weiteren Fall regelt § 2366 für den Fall der Abtretung einer Nachlassforderung durch einen durch Erbschein legitimierten (vgl. § 2365) Scheinerben.

In diesen Fällen finden die Vorschriften der §§ 399 ff. nach § 412 Anwendung. Die §§ 405 und 411 sind allerdings nicht anwendbar, da sie sich ihrem Inhalt nach lediglich auf den Fall der rechtsgeschäftlichen Abtretung beziehen können.

## V. Mehrheit von Gläubigern

78 Keineswegs gibt es immer nur einen Gläubiger. Vielmehr können auch mehrere Personen als Gläubiger berechtigt sein. Dies gilt natürlich auch für die Schuldnerseite, auf die wir später noch eingehen werden.

**Beispiel** Die Eheleute A und B schließen als Vermieter einen Mietvertrag über eine Wohnung mit den Mietern C und D. Hier haben wir sowohl auf Gläubiger- als auch auf Schuldnerseite jeweils zwei Personen, die aus dem Mietvertrag berechtigt bzw. verpflichtet sind. ■

Bei der Ausgestaltung einer Gläubigermehrheit sind verschiedene Varianten denkbar:

### 1. Gesamtgläubiger (§ 428)

79

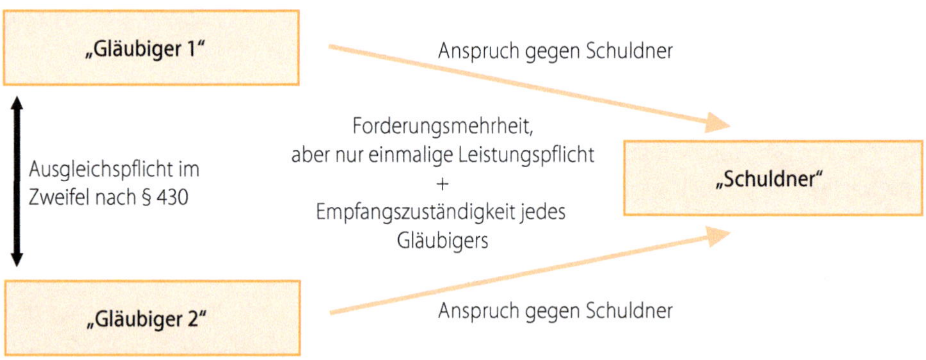


Eine Gesamtgläubigerschaft liegt nach § 428 vor, wenn mehrere Personen eine Leistung in der Weise zu fordern berechtigt sind, dass jeder die ganze Leistung fordern kann, der Schuldner aber die Leistung nur einmal zu bewirken verpflichtet ist. In diesem Fall kann der Schuldner nach seinem Belieben an jeden der Gläubiger leisten, § 428 S. 1 Hs. 2. Gegenüber dem Schuldner ist also **jeder einzelne Gläubiger für die gesamte Leistung empfangszuständig.** Dies wird noch einmal klargestellt durch § 429 Abs. 3 S. 1, der auf § 422 verweist. Nach dessen Abs. 1 S. 1 wirkt die Erfüllung bei einem Gläubiger auch gegenüber dem anderen Beteiligten.

**Hinweis**

Im Innenverhältnis zwischen den beiden Gläubigern muss bei Leistung an einen Gläubiger der Ausgleich im Zweifel zu gleichen Anteilen erfolgen, § 430. Der eine Gläubiger kann vom anderen Gläubiger somit einen Anteil an der Leistung des Schuldners verlangen.

80 Bei der Gesamtgläubigerschaft stehen den Gläubigern jeweils eigene Ansprüche zu. Die Forderungen sind also selbstständig und nur durch die Gesamtwirkung der §§ 429, 430 miteinander verbunden. Die Lage ist insoweit spiegelbildlich zur Gesamtschuldnerschaft i.S.d. § 421 (dazu sogleich mehr).

**Beispiel 1** Haben mehrere Personen ein gemeinschaftliches Konto errichtet mit der Maßgabe, dass jeder von ihnen alleine verfügungsberechtigt ist (sog. „Oder-Konto"), sind sämtliche Inhaber Gesamtgläubiger i.S.d. § 428, jedoch mit der Besonderheit, dass der Schuldner an den Fordernden leisten muss.[76] ■

**Beispiel 2** Wohl überwiegend wird vertreten, in den Fällen des § 1357 Abs. 1, in denen ein Ehegatte durch Vornahme eines Geschäfts zur angemessenen Deckung des Lebensbedarfs mitberechtigt wird, entstehe eine Gesamtgläubigerschaft.[77] ■

## 2. Mitgläubigerschaft (§ 432)

81

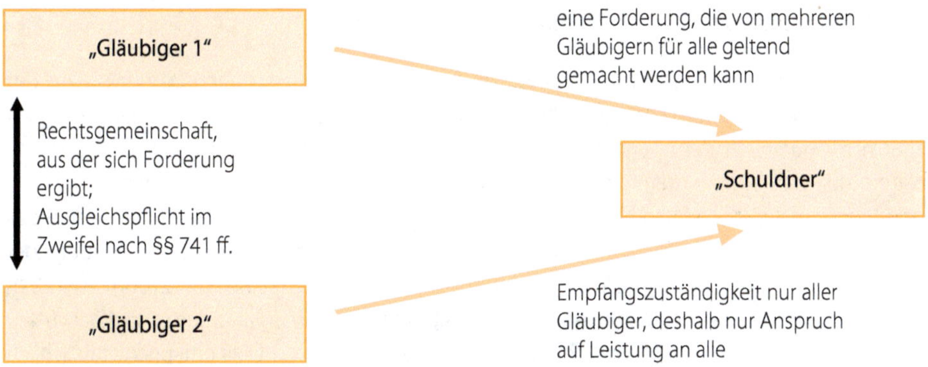


Die Mitgläubigerschaft ist in § 432 geregelt. Danach liegt Mitgläubigerschaft dann vor, wenn der Schuldner zu einer **unteilbaren Leistung** verpflichtet ist und **kein Fall der Gesamtgläubigerschaft** vorliegt. Nach § 432 Abs. 1 S. 1 kann der Schuldner hier nur **an alle Gläubiger gemeinschaftlich** leisten und jeder Gläubiger umgekehrt **nur die Leistung an alle** fordern.

### a) (Un-)Teilbarkeit der Leistung

Eine Leistung ist teilbar, wenn sie ohne Wertminderung und ohne Beeinträchtigung des Leistungszwecks in Teilleistungen zerlegt werden kann.[78] 82

**Beispiel** A und B haben dem M eine Wohnung vermietet.

Hinsichtlich des Anspruchs auf Zahlung der Miete liegt keine unteilbare Leistung vor, da der zu zahlende Geldbetrag in Teilbeträge aufgeteilt werden kann.

Hinsichtlich des Anspruchs auf Räumung und Herausgabe der Wohnung aus § 546 Abs. 1 liegt hingegen eine unteilbare Leistung vor. ■

### b) Keine Gesamtgläubigerschaft

Wie wir oben gesehen haben, zeichnet sich die Gesamtgläubigerschaft dadurch aus, dass die einzelnen Gläubiger jeweils eigenständige Ansprüche gegen den Schuldner haben. Die Mitgläubigerschaft unterscheidet sich dadurch von der Gesamtgläubigerschaft, dass hier lediglich eine einheitliche Forderung besteht, die zur Leistung an alle Mitgläubiger verpflichtet. 83

76 *BGH* NJW 2002, 3093.
77 *Looschelders* Schuldrecht AT § 54 Rn. 8; Grüneberg-*Siede*.
78 Grüneberg-*Grüneberg* § 420 Rn. 1.

Eine Mitgläubigerschaft ist immer dann anzunehmen, wenn die Gläubiger im Innenverhältnis eine Bruchteilsgemeinschaft an dem Anspruch nach §§ 741 ff. bilden oder sich der Anspruch aus einem gemeinsamen Recht der Gläubiger ergibt.[79]

**Beispiel** Herausgabeanspruch von Miteigentümern aus § 985 (vgl. § 1011). ■

84 Bei **Gesamthandsgemeinschaften,** die ihrerseits nicht rechtsfähig sind, wird § 432 weitgehend durch Sonderregelungen verdrängt. Sie merken sich hier die Sonderregel des **§ 2039** für die (nicht rechtsfähige) Erbengemeinschaft und **§§ 1422 ff.** für die eheliche Gütergemeinschaft.

### c) Mitgläubigerschaft trotz Teilbarkeit der Leistung

85 Wann immer teilbare Leistungen verlangt werden können, scheidet nach dem Wortlaut des § 432 eine Mitgläubigerschaft aus. Nach herrschender Ansicht ist die Frage der Teilbarkeit aber nicht nur nach dem Leistungsgegenstand zu bestimmen. Vielmehr soll auch das Verhältnis der Gläubiger untereinander entscheidend sein. Eine nach ihrem Leistungsgegenstand teilbare Leistung wird deshalb dann als unteilbar i.S.d. § 432 angesehen, **wenn das Verhältnis der Gläubiger untereinander einer Teilung entgegensteht.** Dem liegt folgender Gedanke zugrunde: Wenn mehrere Personen gemeinschaftlich eine Forderung erworben haben, deren Gegenstand teilbar ist, wäre die Alternative zur Mitgläubigerschaft nach § 432 ein Forderungsrecht jedes Teilberechtigten in Höhe seines Anteils. Dies entspricht tatsächlich der Figur des § 420 (sog. „Teilgläubigerschaft“). Ein solches Forderungsrecht, d.h. das Recht jedes beteiligten Gläubigers „seinen Anteil“ zu fordern, kollidiert aber mit den Regeln über bestimmte Gemeinschaftsverhältnisse an Rechten.

86 Bei der Bruchteilsgemeinschaft i.S.d. § 741 steht ein Recht mehreren gemeinschaftlich zu, sofern sich aus dem Gesetz nicht ein anderes ergibt. Die Verwaltung des gemeinschaftlichen Gegenstandes obliegt nach § 744 Abs. 1 den Teilhabern „gemeinschaftlich“ und nicht jedem für seinen Anteil alleine. Dann entspricht die Annahme einer Mitgläubigerschaft dem Innenverhältnis besser, so dass § 432 zur Anwendung kommt.[80]

**Beispiel 1** Ansprüche mehrerer Vermieter/Verpächter auf Zahlung des Miet- bzw. Pachtzinses. ■

**Beispiel 2** Anspruch mehrerer Mieter auf Kautionsrückzahlung. ■

87 Neben den Bruchteilsgemeinschaften an einer Forderung (sog. „Forderungsgemeinschaft“) ist auch eine Gesamthandsberechtigung denkbar. Allerdings haben wir oben ja bereits festgestellt, dass hinsichtlich bestimmter Gesamthandsgemeinschaften, nämlich der Erbengemeinschaft und der ehelichen Gütergemeinschaft Sonderregelungen gelten. Als bedeutsame Gesamthandsgemeinschaft bleibt dann (nur noch) die GbR. Da die GbR als Außen-GbR gem. § 705 Abs. 2 Alt. 1 rechtsfähig ist, ist sie selbst und allein Gläubigerin. Mehrere Gläubiger gibt es hier nicht, da die Gesellschafter selbst ja nicht die Gläubigerstellung einnehmen, sondern die Gesellschaft.

---

79 Grüneberg-*Grüneberg* § 432 Rn. 2, 3.

80 *BGH* NJW 2005, 3781 f.

### 3. Teilgläubigerschaft (§ 420)

88

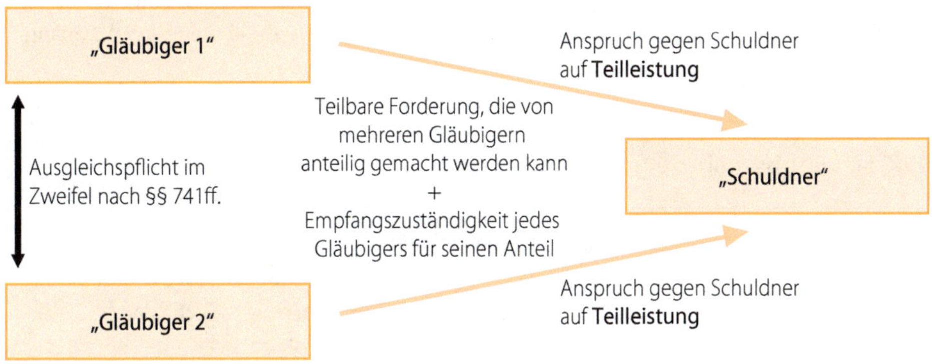


Es bleibt schließlich noch die Teilgläubigerschaft nach § 420 übrig. Diese soll immer dann anzunehmen sein, wenn mehrere Personen **eine teilbare Leistung** zu fordern haben. Im Zweifel soll dann jeder Gläubiger in Höhe seines Anteils forderungsberechtigt sein.

Wie wir gerade bei der Mitgläubigerschaft festgestellt haben, findet die Mitgläubigerschaft 89
nach § 432 auch bei teilbaren Leistungen Anwendung. Da fast immer eine gemeinschaftliche Empfangszuständigkeit der Gläubiger wegen bestehender Bruchteils- bzw. Gesamthandsgemeinschaft vorliegen wird, bleibt für die Teilgläubigerschaft kein nennenswerter Anwendungsbereich mehr übrig. Der Fall, dass mehrere eine teilbare Leistung zu fordern berechtigt sind, ohne im Innenverhältnis zumindest eine Bruchteilsgemeinschaft zu bilden, wird in der Praxis kaum vorkommen.

Sie merken sich also, dass auch bei teilbaren Leistungen die Mitgläubigerschaft nach 90
§ 432 die Regel ist und – entgegen seinem Wortlaut – § 420 diesbezüglich regelmäßig ausscheidet.

## C. Der Schuldner

### I. Ausgangspunkt

Die Person des Schuldners bestimmt sich nach Ihrer Prüfung unter „Anspruch entstanden". 91
Das ist grundsätzlich derjenige, der aufgrund eines Vertrages oder kraft Gesetzes unmittelbar zur Leistung oder zur Beachtung von Rücksichtnahmepflichten (vgl. § 241 Abs. 2) verpflichtet ist.

Wie bei der Bestimmung der Person des Gläubigers sind auch hier wieder Besonderheiten zu beachten, die wir uns im Folgenden näher ansehen.

### II. Vertragliche Schuldübernahme

Ebenso wie auf der Gläubigerseite kann auch die Person des Schuldners durch Vertrag aus- 92
gewechselt werden. Man nennt dies eine „befreiende Schuldübernahme".

Im Verhältnis zwischen Gläubiger und dem bisherigen Schuldner erlischt der Anspruch. Die Schuldübernahme stellt in diesem Verhältnis somit eine rechtsvernichtende Einwendung dar, die unter „Anspruch erloschen" geprüft wird. Die Schuldübernahme ist in zwei Varianten denkbar:

### 1. Schuldübernahme gemäß § 414

93

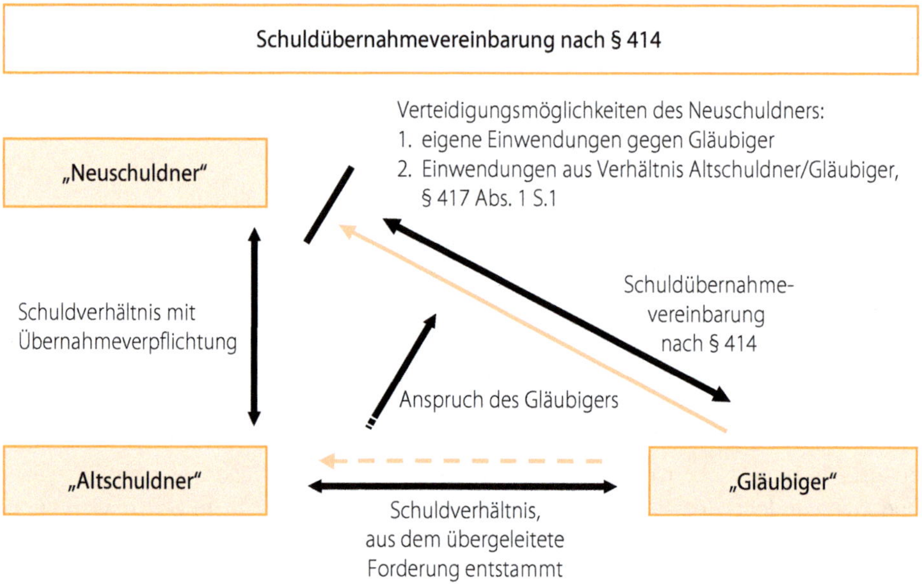


Die Schuldübernahme kann entweder in der Weise vorgenommen werden, dass sich der Gläubiger mit einem Dritten dahingehend einigt, dass der Dritte an die Stelle des bisherigen Schuldners treten soll, § 414.

94 Wie die Abtretung ist auch die Schuldübernahme als mehrseitiges Rechtsgeschäft in Form eines Vertrages nach den gedanklichen Prüfungsschritten **Zustandekommen, Wirksamkeitserfordernisse und Wirksamkeitshindernisse** zu prüfen. Es gelten die allgemeinen Regeln. Eine Formnichtigkeit wegen Verletzung eines gesetzlichen Formgebotes nach § 125 S. 1 kommt nur ausnahmsweise in Betracht, denn die Schuldübernahme bedarf grundsätzlich keiner besonderen Form. Eine Ausnahme gilt für den Fall, dass die übernommene Verpflichtung ihrerseits formbedürftig ist. Dies kommt insbesondere bei der Übernahme einer Verpflichtung zur Übertragung von Grundstückseigentum wegen § 311b Abs. 1 in Betracht.

95 Ebenso wie die Abtretung ist auch die Schuldübernahme gleichzeitig ein **Verfügungsgeschäft,** da damit die bisherige Rechtslage unmittelbar verändert wird.

Die Schuldübernahme beruht regelmäßig auf einem Kausalgeschäft zwischen dem bisherigen Schuldner und dem Übernehmer. Aufgrund des **Trennungs- und Abstraktionsprinzips** führt die Unwirksamkeit der Schuldübernahme jedoch nicht zur Unwirksamkeit des Kausalgeschäfts und umgekehrt. Dies zeigt sich auch an der Regelung des § 417 Abs. 2, nach dem der Übernehmer dem Gläubiger etwaige (rechtshindernde oder rechtsvernichtende) Einwendungen aus dem Kausalgeschäft nicht entgegenhalten kann. Daraus folgt, dass die Schuldübernahme gesondert vom Kausalgeschäft begutachtet werden muss.

**Hinweis**

Ist das Kausalgeschäft unwirksam, kann der Übernehmer seine Leistung, die in der Übernahme der Verpflichtung gegenüber dem Gläubiger besteht, nach § 812 Abs. 1 S. 1 Var. 1 herausverlangen. Die Herausgabe der Schuldübernahme geschieht durch Aufhebung der Übernahmevereinbarung. Wenn der Gläubiger dem nicht zustimmt oder der neue Schuldner bereits an den Gläubiger geleistet hat, kann er Wertersatz nach § 818 Abs. 2 fordern.[81]

## 2. Schuldübernahme nach § 415

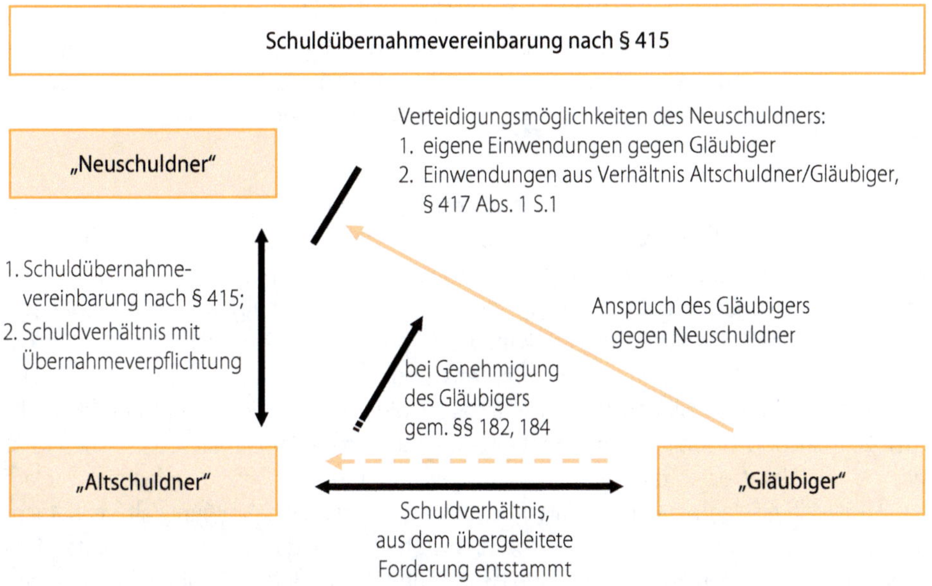
 96

Die Schuldübernahme kann auch in der Weise vereinbart werden, dass sich der **Dritte mit dem bisherigen Schuldner** dahingehend verständigt, dass er nun an die Stelle des bisherigen Schuldners treten soll.

Als mehrseitiges Rechtsgeschäft in der **Form** des Vertrages unterliegt auch diese Form der Schuld- 97 übernahme den allgemeinen Regeln über das Zustandekommen und die Wirksamkeit.

Im Fall des § 415 Abs. 1 kommt allerdings ein besonderes Wirksamkeitserfordernis hinzu, 98 denn nach § 415 Abs. 1 S. 1 hängt die Wirksamkeit der Schuldübernahme von der **Genehmigung des Gläubigers** ab. Die Genehmigung ist ein einseitiges Rechtsgeschäft, auf das die §§ 182, 184 sowie die allgemeinen Regeln über empfangsbedürftige Willenserklärungen Anwendung finden.

Das in § 415 vorgesehene Genehmigungserfordernis dient dem Schutz des Gläubigers. Schließlich bekommt er jetzt einen neuen Schuldner und der Wert seiner Forderung hängt maßgeblich von der Bonität des Dritten ab. Bis zur Erteilung der Genehmigung ist die Schuldübernahme daher noch nicht wirksam. Der bisherige Schuldner bleibt Schuldner, der Dritte ist noch nicht zur Leistung verpflichtet.

81 *Medicus/Lorenz* Schuldrecht I § 61 Rn. 9.

99 Wie wir aber bereits gesehen haben, hängt die Wirksamkeit der Schuldübernahme grundsätzlich nicht von der Wirksamkeit des Kausalgeschäftes ab und umgekehrt. Die Tatsache, dass die Schuldübernahme jetzt noch nicht wirksam ist, hat also auf das Kausalgeschäft zwischen dem Schuldner und dem übernehmenden Dritten keinen Einfluss. Um die Rechte zwischen diesen Parteien in dieser Schwebezeit näher auszufüllen, hat das Gesetz **Auslegungsregeln** vorgesehen.

Nach § 415 Abs. 3 ist der Dritte dem Schuldner gegenüber bei schwebender oder – wegen Verweigerung der Genehmigung – unwirksamer Schuldübernahme verpflichtet, den Gläubiger rechtzeitig zu befriedigen. Die fehlgeschlagene Schuldübernahme gilt daher als **Erfüllungs**übernahme. Der Schuldner hat also einen Anspruch gegen den Dritten, für die Erfüllung der Verbindlichkeit rechtzeitig zu sorgen. Diese Verpflichtung begründet aber keinen eigenen (zusätzlichen) Anspruch des Gläubigers gegen den Dritten. Die Vereinbarung zwischen Schuldner und Übernehmer ist also kein echter Vertrag zugunsten des Gläubigers. Dies ergibt sich aus der Auslegungsregel des § 329. Die Verpflichtung des Dritten besteht allein gegenüber dem bisherigen Schuldner.

100 Schuldner und Übernehmer haben ein berechtigtes Interesse an rechtzeitiger Klarheit über den Umfang ihrer Verpflichtung und ihre Beziehungen zueinander. Der Übernehmer möchte möglichst schnell wissen, ob der Gläubiger ihn nun in Anspruch nehmen kann. Der Schuldner möchte wissen, ob er weiterhin zur Erfüllung verpflichtet oder von der Erfüllung frei geworden ist. Hier hilft das Gesetz mit einem Mechanismus, den wir schon aus den Vorschriften der §§ 108 Abs. 2 und 177 Abs. 2 kennen. Die an der Schuldübernahme beteiligten Personen, also der bisherige Schuldner und der Übernehmer, können den Gläubiger unter **Fristsetzung** zur Genehmigung auffordern. Dies führt nach § 415 Abs. 2 dazu, dass der Gläubiger die Genehmigung jetzt nur bis zum Ablauf der Frist erklären kann. Läuft die Frist fruchtlos ab, gilt die Genehmigung als verweigert. Wenn die Genehmigung verweigert wird, bleibt es also dabei, dass der Dritte dem Schuldner gegenüber zur Befriedigung verpflichtet ist und der Gläubiger gegen den Dritten keine eigenen Ansprüche hat (§ 329).

Anders entscheidet hingegen § 416 für den Fall, dass die Forderung mit einem **Grundpfandrecht**[82] gesichert ist. Hier ist der Gläubiger nicht so sehr schutzwürdig, da sein Ausfallrisiko durch ein Pfandrecht abgesichert ist. Deswegen ordnet § 416 Abs. 1 S. 2 an, dass die Genehmigung als erteilt gilt, wenn nach Mitteilung sechs Monate verstrichen sind.

82 § 416 spricht nur von der „Hypothek" – nach wohl überwiegender Ansicht findet § 416 aber auch auf solche Forderungen Anwendung, für die eine Sicherungsgrundschuld bestellt ist: Grüneberg-*Grüneberg* § 416 Rn. 3 m.w.N.

## III. Vertragliche Vertragsübernahme

101

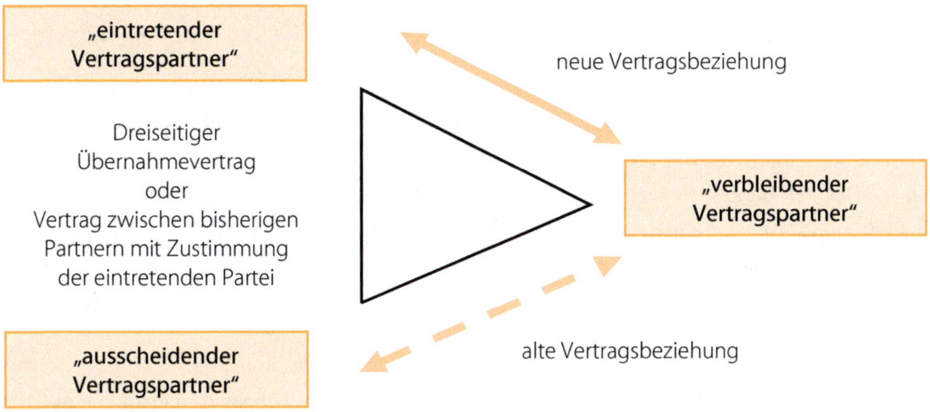


Die Übernahme eines Vertrages mit seinen Rechten und Pflichten ist gesetzlich nicht geregelt. Anders als bei der bloßen Schuldübernahme i.S.d. §§ 414, 415, geht es bei der Vertragsübernahme nicht nur darum, auf der Schuldnerseite einen Personenwechsel herbeizuführen, sondern das vertragliche Schuldverhältnis mit seinen gesamten Rechten und Pflichten auf eine andere Person zu übertragen. Es handelt sich dabei um ein einheitliches Rechtsgeschäft eigener Art, das in zwei Varianten denkbar ist:

Entweder kann der Vertrag unter Beteiligung aller betroffenen Personen, also der bisherigen Vertragspartner und des „Übernehmers“ geschlossen werden. Der Vertrag kann aber auch zwischen den bisherigen Vertragspartnern geschlossen und von der Zustimmung des Dritten abhängig gemacht werden. Für die Zustimmung des Übernehmers gelten dann die §§ 182 ff.[83]

## IV. Vertraglicher Schuldbeitritt

102

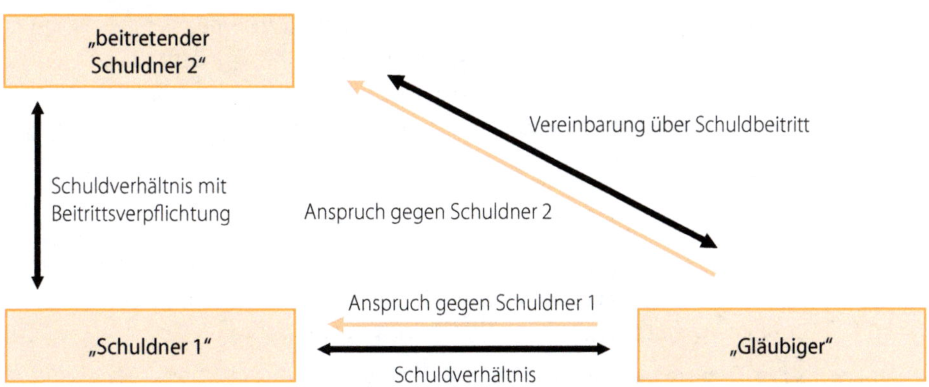


Ebenfalls nicht geregelt ist der rechtsgeschäftliche Schuldbeitritt. Während die Schuldübernahme nach §§ 414, 415 den Fall betrifft, dass der alte Schuldner aus seiner Verpflichtung entlassen und der neue Schuldner in dessen Rolle wechseln soll, geht es bei dem Schuldbeitritt darum, dass der Gläubiger **zusätzlich** einen neuen Schuldner erhält. Eine solche Vereinbarung ist nach dem Grundsatz der Privatautonomie gem. § 311 Abs. 1 möglich.

83 Grüneberg-*Grüneberg* § 398 Rn. 41 ff.

103 Für den Abschluss des Schuldbeitritts ist ein Vertrag zwischen dem Gläubiger und dem Beitretenden erforderlich. Alternativ ist ein Vertrag zwischen dem bisherigen Schuldner und dem Beitretenden als echter Vertrag zugunsten Dritter i.S.d. § 328 möglich.[84]

Es gelten die allgemeinen Regeln über das Zustandekommen, Wirksamkeitserfordernisse und Wirksamkeitshindernisse für Verträge. Besondere Formvorschriften gelten dann, wenn der Beitretende einem vertraglichen Schuldverhältnis als Schuldner beitritt und dieses vertragliche Schuldverhältnis einer besonderen Form unterworfen ist. Ist dies nicht der Fall, ist der Schuldbeitritt formlos wirksam. **Die für Bürgen geltende Formvorschrift des § 766 ist weder direkt noch analog anwendbar.**[85]

**Hinweis**

Vom Schuldbeitritt ist die Bürgschaft abzugrenzen. Welches von beiden vorliegt, ist nicht durch die Bezeichnung der Parteien, sondern durch Auslegung gemäß §§ 133, 157 zu ermitteln. Entscheidend ist, ob nach dem Willen der Parteien durch das Rechtsgeschäft eine eigene Schuld mit unmittelbarer Haftung des Beitretenden oder eine lediglich subsidiäre Ausfallhaftung als Bürge begründet werden sollte. Im Zweifel ist von einer Bürgschaft auszugehen, da diese den Dritten weniger stark belastet (vgl. §§ 767 ff.).[86] Deshalb kann eine formnichtige Bürgschaft nicht in einen Schuldbeitritt umgedeutet werden (§ 140), weil der dazu erforderliche mutmaßliche Wille des Dritten fehlt.[87]

## V. Gesetzliche Anordnung einer Schuldnerstellung

104 Veränderungen oder Erweiterungen auf Schuldnerseite können sich auch kraft Gesetzes ergeben. Hier sollen drei wichtige Fälle vorgestellt werden:[88]

105 Hat der Vermieter von Räumen oder Grundstücken nach Überlassung an den Mieter das Mietobjekt an einen Dritten veräußert, so tritt der Erwerber anstelle des Vermieters in die sich während der Dauer seines Eigentums aus dem Mietverhältnis ergebenden Rechte und Pflichten ein, **§ 566 Abs. 1** (ggf. i.V.m. § 578). Die Vorschrift findet über §§ 581 Abs. 2, 593b auch auf Pachtverträge über Räume und Grundstücke Anwendung.

**Hinweis**

Die Überschrift „Kauf bricht nicht Miete" in § 566 ist irreführend. Der Übergang der Rechte und Pflichten findet nicht bereits mit Abschluss des Kaufvertrages, sondern ab dem „Stichtag" des Eigentumserwerbes statt.

Der Erwerber ist nunmehr aus dem Mietverhältnis berechtigt und verpflichtet. Der bisherige Vermieter haftet lediglich noch wegen Pflichtverletzungen des Erwerbers und der sich daraus ergebenden Schadensersatzansprüche wie ein Bürge, § 566 Abs. 2.

84 Grüneberg-*Grüneberg* Überbl. v. § 414 Rn. 2.
85 Grüneberg-*Grüneberg* Überbl. v. § 414 Rn. 3.
86 *BGH* NJW 1986, 580 f.
87 Grüneberg-*Grüneberg* Überbl. v. § 414 Rn. 4.
88 Vgl. zu weiteren Tatbeständen die Aufzählung bei Grüneberg-*Grüneberg* Überbl. v. § 414 Rn. 2.

Veräußert ein Arbeitgeber seinen Betrieb oder einen Teil davon an einen Dritten, so tritt der Erwerber nach **§613a Abs. 1 S. 1** in die Rechte und Pflichten aus den im Zeitpunkt des Übergangs bestehenden Arbeitsverhältnissen des betroffenen Betriebes ein. **106**

Zur Errichtung einer rechtsfähigen Personengesellschaft (vgl. §11 Abs. 2 Nr. 1 InsO) muss kein Stammkapital aufgebracht werden. Der „Preis" für diese einfache und billige Gründungsmöglichkeit besteht in einer automatischen **akzessorischen Mithaftung der persönlich haftenden Gesellschafter**. Für die Gesellschafter einer OHG folgt dies direkt aus **§§ 126 ff. HGB**, für die persönlich haftenden Gesellschafter (Komplementäre) einer KG aus §§ 161 Abs. 2, 126 ff. HGB und für die Gesellschafter einer eingetragenen Partnerschaftsgesellschaft aus §8 PartGG. Für die rechtsfähige Außen-GbR ergibt sich dies aus §§ 721 ff. **107**

Weitere Fälle eines gesetzlichen Schuldbeitritts finden sich in den **firmenrechtlichen Regeln** des HGB, nämlich in §§ 25, 27 Abs. 1 und 28 HGB.

## VI. Schuldnermehrheiten

Auf Schuldnerseite gibt es einmal die Gesamtschuld, die Teilschuld und die gemeinschaftliche Schuld. Wegen der besonderen Bedeutung der Gesamtschuld beginnen wir mit dieser. **108**

### 1. Gesamtschuld

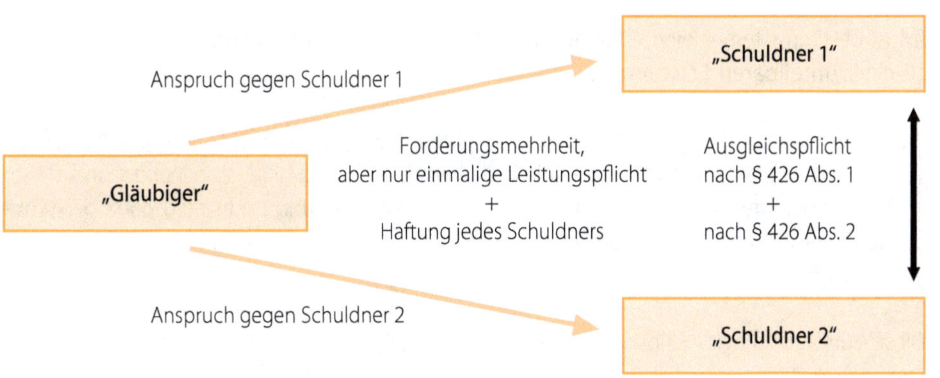


#### a) Wirkung

Die Gesamtschuld ist in §421 derart beschrieben, dass mehrere Personen eine Leistung in der Weise schulden, dass jeder die ganze Leistung zu bewirken verpflichtet, der Gläubiger die Leistung aber nur einmal zu fordern berechtigt ist. In dieser Situation kann der Gläubiger die Leistung nach seinem Belieben von jedem der Schuldner ganz oder zum Teil fordern. Bis zur Bewirkung der Gesamtleistung bleiben sämtliche Schuldner verpflichtet, §421 S. 2. **109**

Für die Frage der Erfüllung bedeutet dies zunächst, dass im Falle einer Gesamtschuldnerschaft nicht etwa jeder Schuldner nur einen Teil zu leisten verpflichtet ist, sondern die gesamte Leistung schuldet.

**§422 Abs. 1 S. 1** beschreibt die Wirkung der Erfüllung durch einen Gesamtschuldner in der Weise, dass sie auch für die übrigen Schuldner wirkt. Dies spricht dafür, dass durch die Erfüllung seitens eines Gesamtschuldners Erfüllung gegenüber sämtlichen Gesamtschuldnern eintritt. Dies ist aber nicht richtig. Vielmehr werden die übrigen Gesamtschuldner von der **110**

Leistung gegenüber dem Gläubiger „wie durch Erfüllung" frei. Sie sind diesem also nicht mehr zur Leistung verpflichtet. Ihnen steht der rechtsvernichtende Einwand aus § 422 Abs. 1 S. 1 zu. Gleichwohl besteht der gegen sie gerichtete Anspruch fort. Dies ergibt sich daraus, dass bei Leistung eines Gesamtschuldners die Forderung des Gläubigers gegen die übrigen Gesamtschuldner gemäß § 426 Abs. 2 S. 1 auf den leistenden Gesamtschuldner zum Zwecke des Regresses übergeht. Dies wäre aber ausgeschlossen, wenn die Forderung des Gläubigers durch Erfüllung erloschen wäre.

**111** Die Wirkung weiterer Tatsachen ist in den §§ 422 ff. geregelt (lesen!). Wir kommen darauf später wieder zurück.

### b) Entstehung der Gesamtschuld

#### aa) Gemeinschaftliche vertragliche Verpflichtung

**112** Verpflichten sich mehrere durch Vertrag gemeinschaftlich zu einer **teilbaren Leistung**, so haften sie nach § 427 im Zweifel als Gesamtschuldner.

**Beispiel** Die Eheleute M und F schließen mit dem Vermieter V einen Mietvertrag über eine gemeinschaftlich genutzte Wohnung. Hier haften sie im Hinblick auf die Pflicht zur Zahlung des vereinbarten Mietzinses gemäß § 427 als Gesamtschuldner. ■

**113** § 431 bestimmt ferner eine Gesamtschuldnerstellung bei Verpflichtung mehrerer Schuldner zu einer **unteilbaren Leistung**.

**Beispiel** Wenn die Eheleute M und F einen Mietvertrag über die gemeinschaftlich genutzte Wohnung gemeinsam mit dem Vermieter V abgeschlossen haben und dieser Vertrag beendet wird, sind sie nach § 546 Abs. 1 zur Räumung und Herausgabe der Wohnung verpflichtet. Auch insoweit besteht eine Gesamtschuldnerschaft, die in § 431 angeordnet ist. ■

Diese Vorschrift scheint selbstverständlich zu sein. Sieht man jedoch genauer hin, zeigt sich ihre „ganze Härte". Wandeln wir das vorherige *Beispiel* wie folgt ab:

**Beispiel** M und F haben mit V einen Mietvertrag über die gemeinschaftlich genutzte Wohnung geschlossen. M trennt sich nun von F und zieht aus der gemeinsamen Wohnung aus. Eine Änderung des Mietvertrages findet jedoch nicht statt. Nachdem V das Mietverhältnis wirksam durch Kündigung beendet hat, verlangt er von M Räumung und Herausgabe der Wohnung. M meint, dass ihm das nicht möglich sei, da er ja schon aus der Wohnung ausgezogen und deshalb das seinerseits zur Leistung Erforderliche getan habe.

Aus §§ 421, 431 folgt jedoch, dass der Vermieter V auch von M die gesamte Leistung, also die vollständige Räumung und Herausgabe der Wohnung verlangen kann. Durch den Auszug des M ist der Anspruch gemäß § 362 Abs. 1 nicht erfüllt, da dazu die vollständige Räumung der Wohnung gehört und der Auszug des M allein noch keine vollständige Räumung darstellt. Auch ein Fall der Unmöglichkeit nach § 275 Abs. 1 liegt im Hinblick auf M nicht vor, da er F möglicherweise – z.B. durch finanzielle Mittel – zur Rückgabe der Wohnung an den Vermieter bewegen könnte, um den gegen ihn gerichteten Anspruch aus § 546 Abs. 1 zu erfüllen.[89] Außerdem steht dem M gegen F ein Anspruch aus § 426 Abs. 1 S. 1 auf Mitwirkung bei der Erfüllung der gegen beide gerichteten Ansprüche zu. ■

Bei der Pflicht zur Herausgabe einer unteilbaren Leistung ist also regelmäßig „Teamarbeit" notwendig, die jeder Gesamtschuldner nach § 426 Abs. 1 S. 1 von seinen Mit-Gesamtschuldnern erzwingen kann. 114

**Hinweis**

Auch wenn sich aus § 426 Abs. 1 S. 1 der Charakter einer Anspruchsgrundlage nicht eindeutig ergibt, so ist diese Wirkung allgemein anerkannt.[90] Jeder Gesamtschuldner kann von den übrigen Gesamtschuldnern Mitwirkung bei der Befreiung von der Verbindlichkeit in Höhe des jeweils zu tragenden Anteils verlangen.

### bb) Gesetzliche Anordnungen

Außerhalb des allgemeinen Schuldrechts kennt das BGB ausdrückliche Gesamtschuldanordnungen in § 769 (Mit-Bürgen), § 840 Abs. 1 (Verantwortlichkeit mehrerer Personen auf Schadensersatz wegen unerlaubter Handlung), die Haftung der Mit-Erben nach § 2058 sowie eine Gesamtschuldnerschaft nach §§ 42 Abs. 2 S. 2, 53, 1664 Abs. 2, 1833 Abs. 2 S. 1, 1908i Abs. 1 S. 1 und 2219 Abs. 2. 115

Außerhalb des BGB merken Sie sich noch die wichtigen Gesamtschuldanordnungen des § 115 Abs. 1 S. 4 VVG (Haftung des Pflichthaftpflichtversicherers neben dem ersatzpflichtigen Versicherungsnehmer) sowie aus § 126 ff HGB in Bezug auf die Haftung der persönlich haftenden Gesellschafter einer Personengesellschaft.

Auf diese Sondertatbestände werden wir im jeweiligen Sachzusammenhang in den speziellen Skripten näher eingehen.

### cc) Sonstige Gesamtschuldfälle nach § 421

Umstritten ist, unter welchen Voraussetzungen sich § 421 und seiner Beschreibung der Gesamtschuldsituation weitere, im Gesetz nicht ausdrücklich angeordnete Gesamtschuldfälle entnehmen lassen. Nach inzwischen h.M. in Rechtsprechung und Lehre kann § 421 eine Gesamtschuld auch in den gesetzlich nicht besonders geregelten Fällen entnommen werden, wenn die Verpflichtungen **inhaltlich gleichartig** und **auf einer Stufe** („gleichrangig") liegen.[91] 116

An der Gleichstufigkeit fehlt es, wenn objektiv einer der Verpflichteten den Leistungsaufwand nicht zu tragen hat, sondern nach der gesetzlichen Wertung der gesamte Aufwand einer anderen Person zugewiesen ist. 117

89 *BGH* NJW 1996, 515, 516 f. unter Ziffer III 2.

90 Grüneberg-*Grüneberg* § 426 Rn. 4 m.w.N.

91 *BGH* Urteil vom 28. Juni 2006 (Az: VI ZR 136/05) unter Tz. 17 = NJW 2007, 1208.

**Hinweis**

Achtung: Auf die Vereinbarungen im Innenverhältnis und eine sich daraus ergebende Verteilung der Last kommt es in diesem Zusammenhang nicht an!

Eine solche Wertung erkennen Sie immer dort, wo der Gesetzgeber außerhalb des § 426 an anderer Stelle anordnet, dass einer von mehreren zur Leistung verpflichteten Personen bei einem Mitverpflichteten vollen Regress nehmen kann. Dann besteht keine „Gleichstufigkeit", da im Ergebnis der zum vollen Regress verpflichtete Schuldner den gesamten Aufwand tragen soll.

**Beispiele** Forderungsübergang bei Zahlung eines Bürgen gemäß § 774 Abs. 1 zum Zwecke des Regresses beim Schuldner; Forderungsübergang des Versicherers bei Erstattung von Krankheitskosten nach § 86 VVG/§ 116 SGB X zum Zwecke des Regresses beim Schädiger. ■

**JURIQ-Klausurtipp**

Schulden mehrere Personen einem Gläubiger gleichartige Leistungen, die das identische Leistungsinteresse des Gläubigers befriedigen sollen, müssen Sie sich immer fragen, ob die Anwendung des § 426 nach der objektiven gesetzlichen Wertung sinnvoll ist oder nicht. Sie ist nicht sinnvoll, wenn das Gesetz den Regress bereits anderweitig und abschließend geregelt hat. Im Übrigen ist es eine Frage der Wertung, ob ein Rückgriff eines Schuldners gegen einen anderen von vornherein ausgeschlossen sein soll.

**118** Der Schuldgrund muss für die Anwendung der §§ 421 ff. nicht einheitlich sein. Vielmehr kann sich der Schuldgrund auch aus verschiedenen Schuldverhältnissen ergeben.

**Beispiele** Eine Gesamtschuld liegt vor, wenn jemand der Schuld eines anderen beitritt, so dass der ursprüngliche Schuldner aus dem zunächst entstandenen (gesetzlichen oder vertraglichen) Schuldverhältnis haftet und der Beitretende erst aus der Schuldbeitrittsvereinbarung.

Bei Mängeln der Kaufsache sind Verkäufer und Hersteller möglicherweise aus Kaufvertrag bzw. unerlaubter Handlung zum Schadensersatz verpflichtet. Insoweit besteht eine Gesamtschuld. ■

#### c) Innenausgleich

**119** Wer als Gesamtschuldner seine Verpflichtung ganz oder teilweise erfüllt, befreit insoweit die übrigen Gesamtschuldner im Außenverhältnis zum Gläubiger gem. § 422 Abs. 1. Dem Gesamtschuldner stehen wegen seiner Leistung verschiedene Ausgleichansprüche zu:

#### aa) Anspruchsgrundlagen

**120** Der leistende Gesamtschuldner kann einmal nach § 426 Abs. 1 bei den übrigen Gesamtschuldnern Regress nehmen.

**Hinweis**

§ 426 Abs. 1 ist eine **eigenständige Anspruchsgrundlage** und legt – wie man es nach dem Wortlaut meinen könnte – nicht nur eine Vermutungsregel für die Regressquote im Innenverhältnis fest.[92]

Der Anspruch entsteht gleichzeitig mit der Gesamtschuld und ist zunächst auf **anteilige Mitwirkung** jedes Mitschuldners auf Befriedigung des Gläubigers gerichtet (anteilige Freistellung jedes Gesamtschuldners).[93] Er wandelt sich inhaltlich nach Leistung eines Gesamtschuldners an den Gläubiger auf **anteilsmäßige Erstattung** der Leistung (regelmäßig Zahlung) gegenüber den anderen Gesamtschuldnern. Beachte daher: Gesamtschuldner sind im **Innen**verhältnis **Teil**schuldner i.S.v. § 420.

Der Anspruch wird fällig, sobald der Gläubiger im Außenverhältnis vom Gesamtschuldner die Leistung verlangen kann. Er richtet sich also nach der Fälligkeit im Außenverhältnis.[94] Er unterliegt der allgemeinen Regelverjährung nach §§ 195, 199.[95]

Weiter lässt das Gesetz zur Bestärkung des Regressrechts des Ausgleichsberechtigten die im **121**
Außenverhältnis bestehenden Ansprüche des Gläubigers gegen die anderen Gesamtschuldner nach § 426 Abs. 2 auf den Leistenden Gesamtschuldner in Höhe seiner Ausgleichsquote übergehen (gesetzlicher Forderungsübergang = „cessio legis"). Damit besteht ein **zweiter Anspruch aus gesetzlich übergeleitetem Recht des Gläubigers**.

Durch diesen Anspruch können dem Gesamtschuldner wegen §§ 412, 401 etwaige akzessorische Sicherheiten des Gläubigers in den Schoß fallen. Das ist einer der wesentlichen Vorzüge dieses Anspruches. Die Durchsetzbarkeit dieses Anspruches, insbesondere Fälligkeit und Verjährung richten sich nach den für den übergeleiteten Anspruch geltenden Regeln. An diesen Bestimmungen ändert sich durch die Überleitung nichts (§§ 412, 404!).

Schließlich können dem leistenden Gesamtschuldner außerhalb der Gesamtschuldregeln ste- **122**
hende vertragliche oder gesetzliche Ansprüche z.B. aus Geschäftsführung ohne Auftrag oder Bereicherung gegen die anderen Gesamtschuldner zustehen. Aus der Formulierung in § 426 Abs. 1 („soweit nicht ein anderes bestimmt ist") folgt, dass das Gesetz den Ausgleich der **Gesamtschuldner in § 426 nicht abschließend geregelt hat**.[96]

Alle genannten Ansprüche sind selbstständige Ansprüche, die auf unterschiedlichen **123**
Rechtsgründen beruhen, verschiedene Voraussetzungen haben und in **Anspruchskonkurrenz** zueinander stehen.[97] Allerdings folgt aus dem Wortlaut des § 426 Abs. 1 und Abs. 2, dass die **Höhe der Regressforderung einheitlich bestimmt wird**. Insoweit werden die Ansprüche also wechselseitig angeglichen. Dabei richtet sich die Höhe der Quote in erster Linie nach den Regelungen außerhalb des § 426, also nach den „anderen Bestimmungen" i.S.d. § 426 Abs. 1.

92 Vgl. *BGH* Urteil vom 6. Oktober 2009 (Az: VI ZR 24/09) Tz. 10 = NJW-RR 2010, 831 ff.
93 *BGH* Urteil vom 18. Juni 2009 (Az: VII ZR 167/08) unter Tz. 12 = BGHZ 181, 310 ff. = NJW 2010, 60 ff.
94 *Medicus/Lorenz* Schuldrecht I § 66 Rn. 18 m.w.N.
95 Grüneberg-*Grüneberg* § 426 Rn. 4.
96 *BGH* Urteil vom 6. Oktober 2009 (Az: VI ZR 24/09) Tz. 10 = NJW-RR 2010, 831 ff.
97 *BGH* Urteil vom 6. Oktober 2009 (Az: VI ZR 24/09) Tz. 10 = NJW-RR 2010, 831 ff.

**Hinweis**

Hinsichtlich des Regresses sind die Gesamtschuldner im Innenverhältnis nur noch Teilschuldner (§ 420) und haften nur in Höhe ihrer jeweiligen Quote. Eine Ausnahme macht § 426 Abs. 1 S. 2, der bei Ausfall (= Zahlungsunfähigkeit) eines Gesamtschuldners die Regressquote aller übrigen Gesamtschuldner – einschließlich des Regressberechtigten – anteilig erhöht.[98] Ist der ausgefallene Gesamtschuldner später wieder vermögend, muss er den anderen Gesamtschuldnern die übernommenen Anteile seiner Quote erstatten.[99]

### bb) Umfang

124 Die Höhe der Regressforderungen bestimmt sich nach der im Innenverhältnis geltenden Ausgleichsquote – nur im Zweifel gilt die „Kopfteilsregel" des § 426 Abs. 1. Die Kopfteilsregelung bildet eher die Ausnahme als die Regel. Meistens ist „etwas anderes" bestimmt.

125 Eine abweichende Bestimmung kann sich **aus einem Vertrag** der Gesamtschuldner im Innenverhältnis ergeben.

**Beispiel** A, B und C mieten von V eine gemeinsame Wohnung und schulden damit im Zweifel jeder einzeln im Außenverhältnis die volle Miete (§§ 421, 427). Da A aber 1/2 der Wohnung belegt, vereinbaren sie im Innenverhältnis, dass A vom Mietzins 1/2 tragen muss, während sich B und C die restliche Miete hälftig teilen. Sie vereinbaren weiter, dass A den Mietzins in voller Höhe auf das Vermieterkonto überweist. Zahlt A den gesamten Mietzins an V, kann er von B und C in Höhe von jeweils 1/4 Erstattung aus § 426 Abs. 1, §§ 426 Abs. 2, 535 Abs. 2 und aus § 709 – wenn man eine Innengesellschaft verneint: aus § 670 – verlangen. Fällt C aus, erhöhen sich die Anteile von A und B um einen verhältnismäßigen Zuschlag der auf C entfallenden Quote von 1/4. Diese ist im Verhältnis der Anteile von A und B zueinander aufzuteilen: 2:1. Das auf C entfallende Viertel wird also zunächst in drei Teile aufgeteilt = 3/12. Davon werden 2 dem A und 1 dem B zugeschlagen. A trägt nun also 1/2 + 2/12 des Mietzinses = 8/12 = 2/3. B trägt 1/4 + 1/12 = 4/12 = 1/3. ■

Im Falle einer gesamtschuldnerischen (akzessorischen) **Haftung der Gesellschafter einer rechtsfähigen Personengesellschaft** nach § 126 HGB bestimmt sich die Regressquote im Zweifel nach der im **Gesellschaftsvertrag vereinbarten Verlustbeteiligung**.[100]

126 Fehlt eine vertragliche Regelung, sieht das Gesetz häufig abweichende Bestimmungen vor, insbesondere im Unterhalts- und Haftungsrecht.

**Beispiel 1** Wird durch ein Geschäft zur Deckung des täglichen Lebensbedarfs nach § 1357 Abs. 1 eine Gesamtschuld begründet, richtet sich der Ausgleich der Ehegatten im Innenverhältnis nach der jeweiligen Unterhaltspflicht. Aus § 1360 S. 2 folgt, dass auf den haushaltsführenden Ehegatten im Zweifel gar keine Quote entfällt, weil der andere Ehegatte durch Zahlung des Gesamtaufwandes seiner Unterhaltspflicht nachkommen muss.[101] ■

98 Grüneberg-*Grüneberg* § 426 Rn. 7.
99 MüKo-*Bydlinski* § 426 Rn. 36.
100 Grüneberg-*Grüneberg* § 426 Rn. 9.
101 *Medicus/Lorenz* Schuldrecht I § 66 Rn. 17.

**Beispiel 2** Bei Schadensersatzansprüchen richtet sich die Innenquote nach Maßgabe einer analog § 254 vorzunehmenden Abwägung.[102] Bei der Gefährdungshaftung wird dies im Gesetz in § 17 Abs. 1, 3 StVG und § 5 ProdHG ausdrücklich ausgesprochen. In manchen Fällen befreit das Gesetz einen Gesamtschuldner im Innenverhältnis sogar ganz, vgl. §§ 840 Abs. 1, Abs. 2, 841. ■

### d) „Gestörte" Gesamtschuld

Das Entstehen einer Gesamtschuld kann entweder durch eine vertragliche Regelung oder durch das Gesetz selber vereitelt werden. Ein verantwortlicher Schädiger und damit potentieller Schuldner wird aufgrund einer vertraglichen Vereinbarung mit dem (potentiellen) Gläubiger oder kraft gesetzlicher Haftungsbeschränkung „verschont". 127

**Beispiel 1** K kauft vom Händler H einen PKW, der sich aufgrund eines produktionsbedingten Fehlers als mangelhaft erweist. Wir unterstellen Folgendes: Den Fehler hat der Produzent P infolge Fahrlässigkeit verursacht. H hat die mangelhafte Lieferung ebenfalls infolge von Fahrlässigkeit zu vertreten. Infolge des Mangels erleidet K einen Unfall, bei dem Fahrzeug und Gepäck des K total zerstört werden. K hatte im Kaufvertrag mit H wirksam einen Haftungsausschluss vereinbart, so dass keine Ansprüche aus §§ 437 Nr. 3, 280 Abs. 1, 823 Abs. 1 und ggfs. § 831 entstehen konnten. Es bestehen aber Ansprüche gegen P aus § 1 ProdHG und § 823 Abs. 1, die nicht ausgeschlossen sind. ■

**Beispiel 2** In dem von der F-GmbH betriebenen Freizeitpark erleidet das minderjährige Kind des V einen Unfall, weil F ihren Verkehrssicherungspflichten nicht nachgekommen ist. V ist zwar ebenfalls Fahrlässigkeit vorzuwerfen, er handelte aber mit eigenüblicher Sorgfalt (bzw. Nachlässigkeit) i.S.d. § 1664. Ansprüche des Kindes gegen die Stadt ergeben sich aus §§ 280 Abs. 1, 241 Abs. 2 (Vertrag mit Schutzwirkung zugunsten Dritter), aus §§ 823 Abs. 1, 31 analog und ggfs. aus § 831. Ansprüche gegen den Vater sind trotz dessen Verschuldens wegen § 1664 ausgeschlossen. ■

In diesen Fällen muss der nicht privilegierte Schuldner alleine bzw. zumindest ohne die privilegierte Person haften. Ihm können mangels Gesamtschuld keine Ausgleichansprüche aus §§ 426 Abs. 1, Abs. 2 gegen die privilegierte Person zustehen. Statt von „gestörter" Gesamtschuld sollte man besser von „vereitelter" Gesamtschuld sprechen.

Der Umgang mit diesen Fällen ist im Einzelnen umstritten. Vorzugswürdig dürfte folgender Ansatz sein:

Bei **gesetzlicher Haftungsbeschränkung** steht das Gesetz selber der Entstehung eines Gesamtschuldverhältnisses entgegen, das „gestört" werden könnte. Ein Gesamtschuldverhältnis mit der haftungsbefreiten Person ist also im Gesetz gar nicht vorgesehen. Im Zweifel bleibt es dann dabei und es findet keine Korrektur statt.[103] Im *Beispiel 2* haftet die F also alleine und kann bei V keinen Regress nehmen. 128

Bei **vertraglicher Haftungsbeschränkung** wirkt die Haftungsbeschränkung im Ergebnis als Vertrag zu Lasten anderer Personen, die ebenfalls für den Schaden verantwortlich sind. Sie werden sozusagen um ihre Regressmöglichkeit aus § 426 „betrogen". Das gilt natürlich nur 129

102 Grüneberg-*Grüneberg* § 426 Rn. 14.

103 Vgl. *BGH* Urteile vom 15. Juni 2004 (Az: VI ZR 60/03) unter Tz. 18 = BGHZ 159, 318 ff. = NJW 2004, 2892 ff. und in BGHZ 103, 338 ff. unter Ziff. 3 = NJW 1988, 2667 ff.

dann, wenn die Haftung der durch Vertrag freigezeichneten Person nicht an anderen Gründen scheitert (etwa fehlendes Verschulden). Würde die freigezeichnete Person eigentlich haften, bedarf die Situation nach ganz überwiegender Auffassung einer Korrektur. Dafür bieten sich zwei Wege an:

Entweder lässt man den Regress zu und fingiert für das Innenverhältnis eine Gesamtschuld.[104] Im *Beispiel 1* könnte P dann auf H zurückgreifen, wenn er von K in Anspruch genommen wird. Der Haftungsausschluss würde insoweit ausgeblendet, so dass auch H als Gesamtschuldner anzusehen ist. Über ein derart fingiertes Gesamtschuldverhältnis werden dann die Regressansprüche aus §§ 426 Abs. 1, Abs. 2 begründet.

Alternativ besteht die Möglichkeit den Anspruch des Geschädigten gegen den/die im Außenverhältnis allein haftenden Schuldner um den Teil zu kürzen, für den der in Anspruch genommene Schuldner ohne Haftungsausschluss im Innenverhältnis regressberechtigt wäre. Aufbautechnisch ist diese Kürzung am besten am Ende der Anspruchsentstehung als eigener Einwand (§ 242) gegen den Schadensersatzanspruch zu untersuchen.[105] Ich empfehle, dieser Variante zu folgen. Für diesen Ansatz spricht, dass der Geschädigte durch seinen Haftungsverzicht seine eigenen Interessen abgewertet hat. Wer auf seine Schadensersatzansprüche von vorneherein verzichtet hat, dem ist ein Teilabzug von seinem Schadensersatzanspruch, mit dem er regelmäßig ohnehin nicht gerechnet hat, zuzumuten. Umgekehrt widerspricht es der Privatautonomie, sich über eine wirksam vereinbarte Haftungsfreizeichnung hinwegzusetzen und die dadurch begünstigte Person mit einem Regress „zu überfallen".

Im *Beispiel 1* stünde dem K gegen P dann nur ein gekürzter Anspruch zu. Im Zweifel beträgt die Regressquote noch § 426 Abs. 1 50 %, so dass der Ersatzanspruch des K um 50 % zu kürzen wäre.

## 2. Teilschuld (§ 420)

130 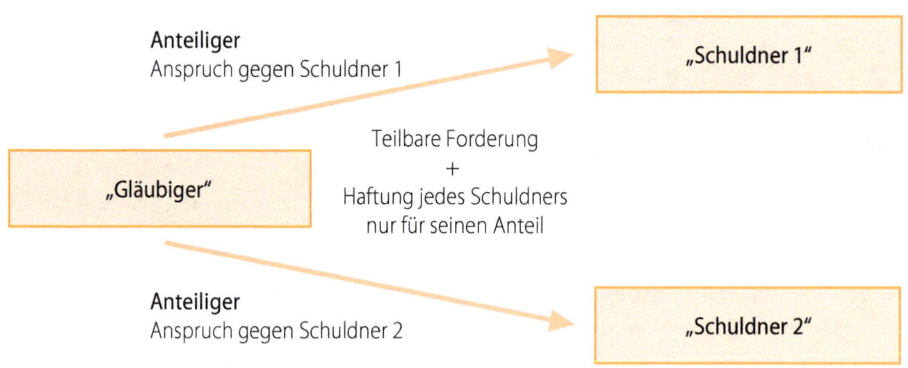


Nach § 420 liegt eine Teilschuld vor, wenn mehrere Schuldner eine **teilbare Leistung** bewirken müssen. Dann soll nach § 420 jeder Schuldner nur zu einem gleichen Anteil verpflichtet sein, wenn nicht ein anderes bestimmt ist. Umgekehrt kann der Gläubiger nur von jedem Schuldner einen Teil verlangen. Hauptanwendungsfall des § 420 scheint wieder die Verpflichtung mehrerer Schuldner zur Zahlung eines Geldbetrages zu sein. **Jedoch wird in den meis-**

104 Vgl. *Medicus/Lorenz* Schuldrecht I § 66 Rn. 22 ff.
105 *Medicus/Lorenz* Schuldrecht I § 66 Rn. 22 ff.

**ten Fällen eine Gesamtschuld wegen gleichstufiger Verpflichtung oder gesetzlicher Anordnung, insbesondere nach §§ 427, 840 Abs. 1 vorliegen.**

Für die Teilschuldnerschaft nach § 420 bleiben im Wesentlichen nur noch Unterhaltsver- **131**
pflichtungen (vgl. § 1606 Abs. 3 S. 1) und der Gesamtschuldnerausgleich nach § 426 übrig. Dort ist ja jeder Gesamtschuldner im Innenverhältnis nur zur Leistung entsprechend seines Anteils verpflichtet.

## Online-Wissens-Check

**Wann wird die Vorausabtretung einer Forderung wirksam?**

Überprüfen Sie jetzt online Ihr Wissen zu den in diesem Abschnitt erarbeiteten Themen. Unter **www.juracademy.de/skripte/login** steht Ihnen ein Online-Wissens-Check speziell zu diesem Skript zur Verfügung, den Sie kostenlos nutzen können. Den Zugangscode hierzu finden Sie auf der Codeseite.

# 3. Teil
# Erfüllung nach § 362

PRÜFUNGSSCHEMA

132 **Erfüllung nach § 362**

**I. Person des Empfängers**

1. Aktueller Gläubiger
   - Empfangszuständigkeit Rn. 139 ff.
2. Hilfsperson oder Zahlstelle des Gläubigers
3. Berechtigter Dritter

**II. Bewirken der geschuldeten Leistung**

1. Art und Weise des geschuldeten Erfolges
2. Eintritt des Erfolgs am Erfolgsort
3. Eintritt des Erfolgs zum Zeitpunkt der Erfüllbarkeit
4. Zuordnung zum Anspruch
   - mehrmals geschuldete Leistung Rn. 171
   - Nachholung einer Tilgungsbestimmung Rn. 172
   - Leistung unter Vorbehalt Rn. 175 ff.

**III. Person des Leistenden**

1. Schuldner
2. Dritter
   a) Keine höchstpersönliche Verpflichtung des Schuldners
   b) Fremdtilgungswille
   c) Keine Ablehnung gemäß § 267 Abs. 2

## A. Wirkung des § 362 Abs. 1

133 Nach § 362 Abs. 1 erlischt das Schuldverhältnis, „wenn die geschuldete Leistung an den Gläubiger bewirkt wird." Es handelt sich folglich um eine rechtsvernichtende Einwendung, die im Rahmen der Anspruchsprüfung auf der zweiten Prüfungsebene „Anspruch erloschen" geprüft wird.

**JURIQ-Klausurtipp**

§ 362 Abs. 1 bildet den Einstieg in Ihre Prüfung, da er in der Rechtsfolge das Erlöschen des Schuldverhältnisses und damit den rechtsvernichtenden Charakter dieses Einwendungstatbestandes ausspricht. In einer Klausur könnte der Einstieg wie folgt formuliert werden:

*„Der Anspruch des A könnte durch Erfüllung gem. § 362 Abs. 1 erloschen sein. Dies setzt voraus, dass …"*

Allerdings ist die Formulierung insoweit etwas missverständlich, als in § 362 Abs. 1 nicht von „Anspruch" oder „Forderung" gesprochen wird, sondern von „Schuldverhältnis". Gemeint ist damit aber das sog. „Schuldverhältnis im engeren Sinne", also **der konkrete Anspruch** bzw.

die Forderung des Gläubigers.[1] Wenn der Käufer beispielsweise den Kaufpreis an den Verkäufer zahlt und damit seine Pflicht gem. § 433 Abs. 2 erfüllt, erlischt damit natürlich nicht das gesamte kaufvertragliche Schuldverhältnis! Schließlich muss der Käufer für sein Geld ja auch Besitz und Eigentum an der verkauften Sache im mangelfreien Zustand erhalten (§ 433 Abs. 1).

Ein Anspruch erlischt idealerweise durch Erfüllung – die Erfüllung ist das Ziel einer **134**
Anspruchsbeziehung.

Wie Sie dem Tatbestand des § 362 Abs. 1 auch entnehmen können, stellt diese Norm nicht darauf ab, wer die Leistung bewirkt („*bewirkt wird*") . Es scheint also für die Frage der Erfüllung egal zu sein, ob die Leistung durch den Schuldner oder eine andere Person bewirkt wird.

Wenn wir nun die einzelnen Tatbestandsmerkmale des § 362 Abs. 1 durchgehen, müssen wir uns fragen, wer Gläubiger ist, wann die geschuldete Leistung beim Gläubiger bewirkt ist und wer die Leistung an den Gläubiger bewirken kann.

## B. Maßgeblicher Empfänger

### I. Gläubiger

Gemäß § 362 Abs. 1 muss die Leistung zur Erfüllung an den Gläubiger bewirkt werden. **135**

Die Bestimmung der Person des Gläubigers haben wir im ersten Teil bereits untersucht. Wir können uns hier kurz fassen:

Gläubiger ist derjenige, zu dessen Gunsten der Anspruch bei Bewirken der Leistung besteht. Das wird im Normalfall die Person sein, zu deren Gunsten der Anspruch entstanden ist. Das ist das Ergebnis auf der ersten Ebene Ihrer Anspruchsprüfung („Anspruch entstanden"). Beim vertraglichen Schuldverhältnis ist der Vertragspartner in der Regel der Gläubiger und beim gesetzlichen Schuldverhältnis derjenige, der kraft des gesetzlichen Tatbestandes die Leistung verlangen kann.

Veränderungen können sich durch ***Abtretung*** oder ***Legalzession*** ergeben haben.

Beim ***echten Vertrag zugunsten Dritter*** kann Erfüllung nach § 362 Abs. 1 nur eintreten, wenn **136**
die Leistung ***an den Dritten*** bewirkt wird. Er ist der Gläubiger der versprochenen Leistung i.S.d. § 362 Abs. 1. Die Tatsache, dass der Versprechensempfänger nach § 335 im Zweifel ein eigenes Forderungsrecht hat, ändert daran nichts. Denn er kann nach § 335 nur Leistung ***an den Dritten*** und nicht an sich selbst fordern.[2] Man kann sagen, dass der Versprechensempfänger der Gläubiger ohne eigene „Empfangszuständigkeit" ist. Dass die Empfangszuständigkeit eine (ungeschriebene) Erfüllungsvoraussetzung ist, werden wir gleich noch untersuchen (siehe Rn. 139 ff.).

1 Grüneberg-*Grüneberg* § 362 Rn. 1.

2 Zwischen Dritten und Versprechensempfänger besteht eine Forderungsgemeinschaft eigener Art, Grüneberg-*Grüneberg* § 335 Rn. 1.

137 Bei der Frage der Erfüllung kann ein Gläubigerwechsel durch Abtretung/Legalzession noch einmal zu berücksichtigen sein, wenn der zu erfüllende Anspruch nach seiner Entstehung und vor Leistung auf einen Dritten übergegangen ist. Ist die Leistung dennoch an den bisherigen Gläubiger erfolgt, kann jedenfalls keine Erfüllung nach § 362 Abs. 1 eintreten. Die Abtretung/Legalzession muss in dieser Konstellation beim Merkmal „Gläubiger" in § 362 Abs. 1 untersucht werden. Es gilt das im ersten Teil vorgestellte Prüfungsschema zur Abtretung (siehe vor Rn. 32).

**JURIQ-Klausurtipp**

Sie könnten in einem solchen Sonderfall folgendermaßen formulieren:

*„Vorliegend hat A den geschuldeten Kaufpreis an B gezahlt. Dadurch kann eine Erfüllung nach § 362 Abs. 1 aber nur eingetreten sein, wenn der B zu diesem Zeitpunkt noch Gläubiger der Forderung gewesen ist. Möglicherweise stand der Anspruch bei Zahlung aber bereits dem C zu, so dass A nicht an den tatsächlichen Gläubiger geleistet hätte. In Betracht kommt hier ein Forderungsübergang durch Abtretungsvereinbarung zwischen B und C gem. § 398.(…)"*

138 Dem Gläubiger stehen seine Empfangsgehilfen gleich. Ebenfalls in die Sphäre des Gläubigers gehört seine kontoführende Bank, soweit es um die Erfüllung von Geldschulden durch Überweisung auf das Konto des Gläubigers geht. Die Bank nimmt mit der Entgegennahme des Betrages und der gleich hohen Gutschrift nur eine „technische" Hilfsfunktion im Rahmen des Zahlvorgangs als „Zahlstelle" und Leistungsmittlerin des Gläubigers wahr.[3] Sie ist also nicht etwa „Dritte" i.S.d. § 362 Abs. 2.

## II. Empfangszuständigkeit

139 Da die Erfüllung gem. § 362 Abs. 1 zum Erlöschen einer Forderung führt und damit den Forderungsbestand unmittelbar verändert, hat die Annahme einer Leistung eine verfügungsähnliche Wirkung. Es ist deshalb anerkannt, dass dem Gläubiger eine Verfügungsmacht zustehen muss. Man nennt dies auch „Empfangszuständigkeit".[4] Fehlt dem Gläubiger die Empfangszuständigkeit, führt die Leistung an ihn nicht zur Erfüllung nach § 362 Abs. 1.[5] Vielmehr muss an einen Vertreter geleistet werden, der über die notwendige Empfangszuständigkeit verfügt. Denkbar ist es auch, dass der Vertreter den Gläubiger nach dem Rechtsgedanken der §§ 362 Abs. 2, 185 vorher oder nachträglich zur Entgegennahme der Leistung ermächtigt.[6]

140 Die Empfangszuständigkeit steht demjenigen zu, der die Verfügungsmacht über die Forderung hat. Das ist in der Regel der Rechtsinhaber, also der Gläubiger selbst. Ist die Verfügungsmacht dem Gläubiger ausnahmsweise entzogen, fehlt automatisch seine Empfangszuständigkeit.

3 *BGH* Urteil vom 5. Dezember 2006 (Az: XI ZR 21/06) unter Ziff. II 1a = BGHZ 170, 121 = NJW 2007, 914.
4 Grüneberg-*Grüneberg* § 362 Rn. 4.
5 Grüneberg-*Grüneberg* § 362 Rn. 4.
6 *Looschelders* Schuldrecht AT § 17 Rn. 4.

**Beispiele** Die Verfügungsmacht kann dem Gläubiger durch Anordnung der Nachlassverwaltung (§ 1984 Abs. 1 S. 1), aufgrund einer Testamentsvollstreckung (§ 2211 Abs. 1), Pfändung der Forderung (§ 829 ZPO i.V.m. §§ 136, 135) oder auch nach der Insolvenzordnung wegen Eröffnung des Insolvenzverfahrens über das Gläubigervermögen (§§ 80, 81 InsO) entzogen worden sein. ■

In diesen Fällen sind anstelle des Gläubigers andere Personen zur Entgegennahme der Leistung befugt.

Es gibt auch Fälle, in denen der Gläubiger zwar seine Verfügungsmacht behält und ihm „nur" die Empfangszuständigkeit entzogen wird. 141

Im Falle der rechtsgeschäftlichen Verpfändung der **Forderung** ist der Gläubiger der verpfändeten Forderung nicht mehr empfangszuständig, sondern der Pfandgläubiger, also derjenige, zu dessen Gunsten die Forderung verpfändet wurde (§ 1282 Abs. 1). Im Übrigen bleibt die Verfügungsmacht aber beim Forderungsinhaber (vgl. § 1282 Abs. 2).

Nicht empfangszuständig ist auch der nicht voll Geschäftsfähige. Die Leistung hat nur dann Erfüllungswirkung, wenn sie an den gesetzlichen Vertreter oder mit dessen Zustimmung gegenüber dem nicht voll Geschäftsfähigen vorgenommen wird.[7]

**Hinweis**

Nach wohl herrschender Meinung ist die Wirksamkeit des Erfüllungsgeschäfts (z.B. die **Übereignung** der gem. § 433 Abs. 1 geschuldeten Sache nach §§ 929 ff.) unabhängig von der Erfüllungswirkung zu prüfen. Demnach kann ein beschränkt Geschäftsfähiger nach § 107 auch ohne Zustimmung des gesetzlichen Vertreters ein Erfüllungsgeschäft zu seinen Gunsten wirksam vornehmen, wenn es – abgesehen von der Tilgungswirkung – keine sonstigen rechtlichen Nachteile mit sich bringt. Es tritt aber trotz wirksamen Erfüllungsgeschäfts keine Erfüllung ein, solange der gesetzliche Vertreter nicht zustimmt.[8] Bei Ausbleiben der Zustimmung erfolgt eine Rückabwicklung der Leistung nach §§ 812 ff.

## III. Berechtigter Dritter gem. §§ 362 Abs. 2, 185 Abs. 1

In bestimmten Fällen tritt Erfüllungswirkung auch dann ein, wenn der Schuldner nicht an den Gläubiger, sondern an einen Dritten leistet, der weder Hilfsperson noch Zahlstelle des Gläubigers ist. Zu unterscheiden sind die Fälle, in denen die Erfüllungswirkung durch Leistung an einen berechtigten Dritten eintritt und Fälle, wo der Schuldner – ausnahmsweise – auch durch Leistung an einen nichtberechtigten Dritten von seiner Verpflichtung befreit wird. 142

7 Grüneberg-*Grüneberg* § 362 Rn. 4.
8 Grüneberg-*Grüneberg* § 362 Rn. 4.

Wir betrachten hier die Erfüllung durch Leistung an einen berechtigten Dritten und gehen später auf die Erfüllungswirkung durch Leistung an einen nichtberechtigten Dritten ein.

### 1. Empfangszuständigkeit eines Dritten kraft Gesetzes

**143** In bestimmten Fällen fehlt dem Gläubiger die Empfangszuständigkeit. Darauf sind wir oben bereits eingegangen. Wenn aber dem Gläubiger kraft Gesetzes die Empfangszuständigkeit entzogen wird, muss das Gesetz die Empfangszuständigkeit einer anderen Person zuordnen, damit überhaupt Erfüllung eintreten kann.

**144** Bei nicht voll geschäftsfähigen Gläubigern steht die Empfangszuständigkeit ihrem gesetzlichen Vertreter zu.

**145** Im Falle der Verpfändung einer Forderung steht die Empfangszuständigkeit dem Pfandgläubiger zu, § 1282 Abs. 1 S. 1.

**146** Im Falle einer Pfändung und Überweisung zur Einziehung im Wege der Zwangsvollstreckung ist nunmehr der Pfandgläubiger (Vollstreckungsgläubiger) berechtigt, §§ 835 Abs. 1 Var. 1, 836 Abs. 1 ZPO.

**147** Im Falle einer Nachlassverwaltung bzw. Testamentsvollstreckung steht die Empfangszuständigkeit dem Nachlassverwalter bzw. Testamentsvollstrecker zu, §§ 1984 Abs. 1, 1985, 2211.

**148** Im Falle der Eröffnung eines Insolvenzverfahrens über das Gläubigervermögen ist die Empfangszuständigkeit nach §§ 80 ff. InsO dem Insolvenzverwalter zugewiesen.

### 2. Rechtsgeschäftliche Empfangszuständigkeit

**149** Wie sich aus § 362 Abs. 2 i.V.m. § 185 Abs. 1 ergibt, kann der Gläubiger auch einen Dritten ermächtigen, die Leistung als Erfüllung an seiner Stelle anzunehmen.

> **Hinweis**
>
> Fehlt dem Gläubiger die Empfangszuständigkeit, kann die Ermächtigung nur durch die empfangszuständige Person erteilt werden.

Die Zustimmung zur Übernahme der „Gläubigerrolle bei Erfüllung" folgt den allgemeinen Regeln der §§ 182, 183 sowie den allgemeinen Regeln über einseitige Rechtsgeschäfte.

Es gelten daher die allgemeinen Regeln über das Zustandekommen, die Wirksamkeitserfordernisse und Wirksamkeitshindernisse über einseitige Rechtsgeschäfte.[9] Die Zustimmungserklärung kann nach § 183 sowohl gegenüber dem Schuldner als auch dem Dritten erklärt werden.

9 Ausführlich dazu im Skript „BGB AT II".

## C. Bewirken der geschuldeten Leistung

### I. Leistungshandlung und Erfolg

150

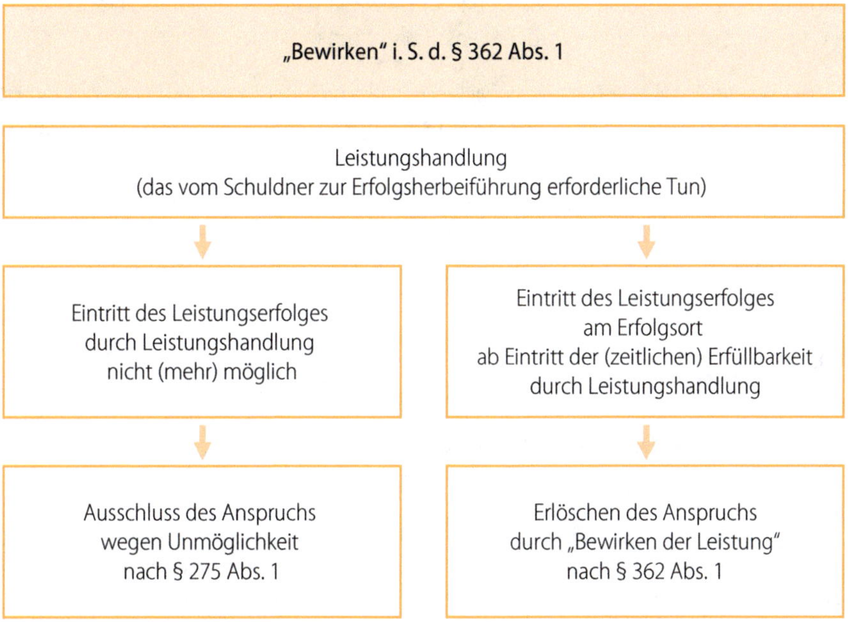


Damit Erfüllung eintreten kann, muss die Leistung beim Gläubiger oder einem sonst empfangszuständigen Dritten „bewirkt" worden sein. Mit „Leistungsbewirkung" ist die Herbeiführung des geschuldeten Leistungserfolges durch Vornahme der Leistungshandlung gemeint.[10]

**Bewirkt** ist eine Leistung dann, wenn der Leistungserfolg durch Vornahme der Leistungshandlung eintritt.

Der Eintritt des geschuldeten Leistungserfolges **ohne Vornahme der Leistungshandlung** seitens des Schuldners genügt nicht. Tritt der Erfolg ohne Zutun des Schuldners durch Zufall ein, fehlt es an einem **Bewirken** i.S.d. § 362 Abs. 1. Vielmehr liegt dann ein Fall der **„Zweckerreichung"** vor, der zur Unmöglichkeit (§ 275 Abs. 1) führt, da in diesem Fall der durch Zufall bereits eingetretene Leistungserfolg aus logischen Gründen vom Schuldner nicht mehr bewirkt werden kann.[11]

**Beispiel** A ist mit seinem neu von V gekauften Pkw auf der Autobahn „liegen geblieben". Der Wagen springt aus unerklärlichen Gründen nicht an. A ruft den ADAC an und beauftragt die Reparatur des Wagens durch den mobilen Mitarbeiter M („Gelber Engel"). Dieser repariert den Wagen. Als Ursache stellt sich ein produktionsbedingter Fehler in der Motorelektronik heraus. Mit der Reparatur des Wagens ist der von V geschuldete Erfolg, nämlich die nach §§ 437 Nr. 1, 439 Abs. 1 geschuldete Mängelbeseitigung eingetreten. Da V die Leistungshandlung aber nicht vorgenommen hat und M auch nicht als Erfüllungsgehilfe des V

10 Grüneberg-*Grüneberg* § 362 Rn. 2.
11 Grüneberg-*Grüneberg* § 275 Rn. 18 ff.

tätig gewesen ist, hat V seine Nacherfüllungspflicht nicht erfüllt. Wegen des Erfolgseintritts liegt insoweit jetzt aber Unmöglichkeit in Form der Zweckerreichung vor.[12] ■

151 Umgekehrt reicht die Vornahme der Leistungshandlung als solche nur aus, wenn kein darüber hinausgehender Erfolg geschuldet ist. Der zu bewirkende „Erfolg" besteht dann aber immerhin in dem termingerechten Anbieten der Dienste und Vornahme der Leistungshandlung.

**Beispiel** Während der Verkäufer einer Sache gemäß § 433 Abs. 1 dem Käufer Besitz und Eigentum an dem Kaufobjekt in mangelfreiem Zustand verschaffen muss – also einen bestimmten Erfolg –, schuldet der im Rahmen eines Dienstvertrages gemäß § 611 zur Dienstleistung Verpflichtete nur die Vornahme seiner Dienstleistung. Ein über diese (Dienst-) Leistungshandlung hinausgehender Erfolg ist nicht zu bewirken. Der Arbeitnehmer beispielsweise erfüllt seine Pflichten also auch dann, wenn seine Arbeitsleistung im Ergebnis unbrauchbar ist – Anwesenheit und pflichtgemäßes Bemühen natürlich vorausgesetzt. ■

## II. Art und Weise des geschuldeten Erfolges

### 1. Inhaltliche Bestimmung des Erfolges

152 Nur die „geschuldete" Leistung kann das Schuldverhältnis zum Erlöschen bringen. Welche Anforderungen diesbezüglich an die Leistung bzw. den herbeizuführenden Leistungserfolg zu stellen sind, ergibt sich bei **vertraglichen** Ansprüchen zunächst aus der vertraglichen Vereinbarung und ggf. aus dispositivem Gesetzesrecht (z.B. aus §§ 242 ff.). Außerdem ist eine Konkretisierung der Leistungshandlungen bzw. des Leistungserfolges durch ergänzende Vertragsauslegung nach §§ 133, 157 möglich.

Bei **gesetzlichen** Schuldverhältnissen ist die Leistungshandlung bzw. der herbeizuführende Erfolg immer nach den einschlägigen gesetzlichen Regelungen zu bestimmen.

Das haben Sie im Gutachten alles schon unter dem logisch vorhergehenden Prüfungsabschnitt „Anspruch entstanden" festgestellt. Sie knüpfen bei der Frage der Erfüllung insoweit also an Ihr bereits gefundenes Zwischenergebnis an.

Zu **Teilleistungen** ist der Schuldner gem. § 266 nur berechtigt, wenn dies besonders vereinbart wurde oder wenn er von der restlichen Leistung aus anderen Gründen (insbesondere nach § 275) befreit ist.[13] Außerdem mag sich eine Berechtigung aufgrund der besonderen Umstände noch aus § 242 ergeben.

**Beispiel** Wer 1000 Flaschen derselben Weinsorte am Sitz des 500 km entfernten Gläubigers übereignen muss und nur 999 Flaschen liefert, darf mit diesen Flaschen erfüllen und die restliche 1 Flasche binnen angemessener Frist nachsenden (§ 242). Handelt es sich bei den 999 Flaschen hingegen auch noch um Wein der falschen Sorte, kann der Gläubiger die gesamte Leistung ablehnen, ohne in Annahmeverzug zu geraten. Hier wurde die Leistung noch nicht einmal teilweise angeboten. Ist 1 Flasche unterwegs zerbrochen und eine Nachlieferung nach § 275 Abs. 1 ausgeschlossen (etwa wegen Erschöpfung der Sorte), sind nur noch 999 Flaschen geschuldet. Werden diese angeboten, liegt keine Teilleistung i.S.d. § 266 vor, sondern das Angebot vollständiger Erfüllung.[14] ■

12 Vgl. dazu *Lorenz* NJW 2003, 1417 ff. (sehr lesenswert!).

13 *Medicus/Lorenz* Schuldrecht I § 15 Rn. 2 ff.

14 *Medicus/Lorenz* Schuldrecht I § 15 Rn. 3.

## 2. Leistungs- und Erfolgsort

153

| | **Holschuld** (§ 269) | **Schickschuld** (§ 270 Abs. 1; § 447) | **Bringschuld** |
|---|---|---|---|
| **Leistungsort** = Ort der Leistungshandlung | Sitz des Schuldners | Sitz des Schuldners | Sitz des Gläubigers |
| **Erfolgsort** = Ort des Erfolgseintritts | Sitz des Schuldners | Sitz des Gläubigers | Sitz des Gläubigers |

Wegen der Unterscheidung zwischen Leistungshandlung und Erfolgseintritt muss zwischen Leistungs- und Erfolgsort unterschieden werden. Erfüllung kann nur am Erfolgsort eintreten – dieser steht nicht statisch fest, sondern kann von den Parteien aufgrund ihrer privatautonomen Selbstbestimmungsfreiheit auch nachträglich verändert werden. Dies ergibt sich auch aus der Subsidiaritätsregel in § 269 Abs. 1. Die Lage beider Orte hat ganz entscheidenden Einfluss auf die Frage, was der Schuldner im Einzelnen wo tun muss, um den Leistungserfolg herbeizuführen.

**Leistungsort** ist der Ort, an dem der Schuldner die Leistungshandlung vornehmen muss.[15]
**Erfolgsort** ist der Ort, an dem der geschuldete Erfolg eintreten soll.

### a) Bestimmung des Leistungsortes

Die Bestimmung des Leistungsortes ergibt sich zunächst aus den **vertraglichen Vereinbarungen**. Fehlen diese, hilft das Gesetz mit verschiedenen Hilfsnormen. 154

Zunächst gibt es **gesetzliche Sonderregelungen** über den Leistungsort.

**Beispiele** §§ 697, 700 Abs. 1 S. 3, 811 Abs. 1. ■

Greift keine gesetzliche Sonderregelung ein, ist nach § 269 Abs. 1 zu klären, ob sich aus den **„Umständen"**, insbesondere aus der „Natur des Schuldverhältnisses" eine Konkretisierung des Leistungsortes ergibt. 155

**Beispiel** Beim Arbeitsvertrag ist mangels ausdrücklicher Vereinbarung der Ort der Arbeitsstätte der Ort zur Vornahme der geschuldeten Dienstleistungen.[16] ■

Ergibt sich aus den Vereinbarungen oder den Umständen nichts anderes, ist gemäß § 269 der **Wohnsitz des Schuldners** zur Zeit der Entstehung des Schuldverhältnisses bzw. – in den Fällen des Abs. 2 – der **Ort der gewerblichen Niederlassung des Schuldners** Leistungsort. Ein späterer Sitzwechsel ändert am Leistungsort grundsätzlich nichts. Hier kommt allenfalls eine Korrektur aufgrund der Umstände in Betracht.[17] 156

15 Grüneberg-*Grüneberg* § 269 Rn. 1.
16 *BAG* in BAGE 110, 182–187.
17 Grüneberg-*Grüneberg* § 269 Rn. 18.

**Beispiel** Verlegt der Arbeitgeber seinen Sitz an einen anderen Ort, so ist dieser Ort für die Vornahme der Arbeitsleistung maßgeblich. ■

**Hinweis**

Wenn im Gesetz vom „Erfüllungsort" die Rede ist (z.B. §§ 447, 644 Abs. 2, § 29 ZPO), ist der **Leistungs(handlungs)**ort und **nicht** der Erfolgsort gemeint.[18]

Das ist angesichts dessen, dass für die Erfüllung i.S.d. § 362 der Eintritt des Leistungserfolges maßgeblich ist, sprachlich unglücklich, aber (leider) nicht zu ändern.

#### b) Bestimmung des Erfolgsortes

157 Der Leistungsort kann, muss aber nicht mit dem Ort zusammenfallen, an dem der Leistungserfolg eintreten soll. Ob Leistungs- und Erfolgsort auseinanderfallen, hängt wieder in erster Linie von den Parteivereinbarungen und den sonstigen Umständen ab. Dabei können drei Grundtypen der Schuld bestimmt werden:

##### aa) Holschuld

158 Bei der sog. „**Hol**schuld" fallen Leistungs- und Erfolgsort zusammen. Beide Orte befinden sich am **Sitz des Schuldners.** Daraus folgt, dass der Schuldner den Leistungsgegenstand erst einmal **aussondern** und **bereitstellen** sowie den Gläubiger – falls ein Abholtermin nicht vereinbart wurde – hiervon unterrichten muss.[19] Erst wenn der Gläubiger erscheint, muss der Schuldner noch einmal tätig werden. Zum Beispiel beim Kaufvertrag über eine bewegliche Sache muss er jetzt die Sache dem anwesenden Gläubiger übergeben und seine auf Übereignung gerichtete Willenserklärung (vgl. § 929) abgeben.

Im Zweifel folgt aus § 269, dass nicht nur der Leistungs-, sondern auch der Erfolgsort am Sitz des Schuldners liegt. **Das Gesetz geht im Zweifel also von einer Holschuld aus.**[20]

##### bb) Bringschuld

159 Bei der „Bringschuld" fallen Leistungs- und Erfolgsort ebenfalls zusammen. Diese liegen hier aber am **Sitz des Gläubigers.**[21] Der Schuldner kann sich hier nicht mit der Aussonderung des Leistungsgegenstandes begnügen, sondern muss nun auch den Transport zum Gläubiger übernehmen und dort alles tun, was seinerseits zur Herbeiführung des Leistungserfolges notwendig ist.[22]

##### cc) Schickschuld

160 Bei der „Schickschuld" **fallen Leistungs- und Erfolgsort auseinander**. Der Leistungs(handlungs)ort liegt am Sitz des Schuldners, während sich der Erfolgsort am Sitz des Gläubigers befindet.[23] Die erforderliche Leistungs**handlung** erschöpft sich hier in der Übergabe des

18 Grüneberg-*Grüneberg* § 269 Rn. 1.
19 Grüneberg-*Grüneberg* § 243 Rn. 5.
20 *Medicus/Lorenz* Schuldrecht I § 15 Rn. 16.
21 Grüneberg-*Grüneberg* § 269 Rn. 1.
22 Grüneberg-*Grüneberg* § 243 Rn. 5.
23 Grüneberg-*Grüneberg* § 269 Rn. 1.

mangelfreien Leistungsgegenstandes an eine geeignete Transportperson und ihre Beauftragung mit dem Transport an die Zieladresse des Gläubigers (vgl. § 447).[24] Den Transport schuldet der Schuldner hier nicht.

**Hinweis**

Die **Transportperson** ist deshalb bei der Schickschuld **kein Erfüllungsgehilfe** des Schuldners i.S.d. § 278, weil der Transport nicht mehr zur Leistungshandlung des Schuldners gehört! [25]

Aus § 269 Abs. 3 folgt, dass allein die Verpflichtung zur Versendung und die Übernahme von Versandkosten noch keine ausreichende Vermutung für eine Bringschuld begründet.

**Beispiel** Wer sich als Verkäufer zur Versendung des Kaufgegenstandes verpflichtet und die Versandkosten zu tragen bereit ist, vereinbart mit dem Schuldner im Zweifel noch keine Bringschuld, sondern nur eine Schickschuld i.S.d. § 447. Dies gilt nach wohl h.M. auch im reinen Versandhandel, da § 269 Abs. 3 insoweit keine Unterschiede macht und im Zweifel anzunehmen ist, der Verkäufer wolle nur die weniger einschneidenden Leistungspflichten der Schickschuld übernehmen.[26] Zur Frage der Gefahrtragung beim Verbrauchsgüterkaufvertrag beachte aber die Sonderregel des § 475 Abs. 2 (bitte lesen). ■

### 3. Sonderfall: Geldschulden

Besteht die Verpflichtung des Schuldners in der Zahlung einer Geldsumme, besteht der geschuldete Erfolg darin, dem Gläubiger den geschuldeten Geldbetrag endgültig zur freien Verfügung zu verschaffen.[27] **161**

Das Gesetz geht regelmäßig von der Erfüllung einer Geldschuld durch Übereignung von Barmitteln aus.[28]

Bei einer Banküberweisung wird der zur Erfüllung erforderliche Leistungserfolg dann erzielt, wenn der Gläubiger den geschuldeten Geldbetrag endgültig zur freien Verfügung erhält und dann im Ergebnis so gestellt wird, wie er bei Erhalt von Barmitteln stehen würde.[29] Dies ist dann der Fall, wenn der überwiesene Betrag dem Konto des Gläubigers gutgeschrieben wird.[30]

---

24 *BGH* Urteil vom 16. Juli 2003 (Az: VIII ZR 302/02) unter Ziff. II 3 = NJW 2003, 3341; Grüneberg-*Grüneberg* § 243 Rn. 5.

25 Grüneberg-*Grüneberg* § 278 Rn. 15; *Lorenz* JuS 2007, 983, 984 unter Ziff. II 2b.

26 *BGH* Urteil vom 16. Juli 2003 (Az: VIII ZR 302/02) unter Ziff. II 3 = NJW 2003, 3341; a.A. Grüneberg-*Grüneberg* § 269 Rn. 12.

27 *BGH* NJW 1999, 210 f.; BGHZ 98, 24, 29 f. = NJW 1986, 2428, 2429.

28 *Medicus/Lorenz* Schuldrecht I § 16 Rn. 5.

29 *BGH* NJW 1999, 210.

30 St. Rspr. des *BGH*, vgl. *BGH* NJW 1999, 210 m.w.N.

**Hinweis**

Für den Fall einer Zahlung durch Überweisung gelten folgende Grundsätze:

1. Die Zulässigkeit einer Überweisung zum Zwecke der Erfüllung einer Geldschuld setzt das Einverständnis des Gläubigers voraus. Dieses kann stillschweigend erteilt werden und liegt i.d.R. in der Bekanntgabe des Girokontos auf Briefen, Rechnungen und dergleichen an den Schuldner, nicht aber in der bloßen Tatsache der Eröffnung und des Führens eines solchen Kontos.[31]
2. Die Überweisung auf ein anderes als das angegebene Konto hat keine Erfüllungswirkung.[32]
3. Die Erfüllung tritt mit der Gutschrift auf dem Empfängerkonto ein.[33]

**162** Nach § 270 ist der Schuldner eines Geldbetrages verpflichtet, den Betrag auf eigenes Risiko an den Gläubiger zu übermitteln. Dies scheint der Sache nach eine Bringschuld zu begründen, da ja der Erfolgsort zwingend beim Gläubiger liegt und der Schuldner außerdem das Übermittlungsrisiko tragen soll. Jedoch ergibt sich aus § 270 Abs. 4, dass die Vorschrift an der in § 269 bestimmten Verteilung von Leistungs- und Erfolgsort nichts ändern möchte. Leistungsort ist bei einer Geldschuld also gemäß § 269 im Zweifel ebenfalls der Wohnsitz des Schuldners bzw. der Sitz seiner gewerblichen Niederlassung. Die Bedeutung des § 270 Abs. 1 besteht lediglich darin, dass der Schuldner abweichend vom Grundmodell der §§ 275 Abs. 1, 243 Abs. 2 nach § 270 Abs. 1 auch die Gefahr des zufälligen Untergangs bei der Übermittlung des Geldes trägt. Man spricht bei der Geldschuld deshalb auch von einer „qualifizierten Schickschuld".[34]

**Hinweis**

Bei Zahlung durch (vom Gläubiger gebilligte!) Überweisung besteht die Leistungshandlung des Schuldners darin, einen Zahlungsdienstvertrag (§ 675f) mit seiner Bank zu schließen und für die Kontodeckung zu sorgen.[35]

Die vertragliche Situation einer Überweisung stellt sich wie folgt dar: Der Überweisende schließt mit seiner Bank einen Zahlungsdienstvertrag als Sonderfall eines Geschäftsbesorgungsvertrages i.S.d. §§ 675c ff. über den beabsichtigten **Zahlungsvorgang** (vgl. Legaldefinition in § 675f Abs. 4) ab. In der Folge schreibt die Bank des Empfängers den überwiesenen Betrag dem Konto des Empfängers im Rahmen des mit diesem abgeschlossenen „Zahlungsdiensterahmenvertrages" (§ 675f Abs. 2) gut. Dazu ist sie gemäß § 675t Abs. 1 unverzüglich nach der bei ihr erfolgten Gutschrift verpflichtet (Anspruch des Empfängers **auf** die Gutschrift). Erst aus der erfolgten Gutschrift entsteht schließlich ein Anspruch des Empfängers gegen seine Bank aus einem abstrakten Schuldversprechen gemäß §§ 780, 781 (Anspruch **aus** der – erfolgten – Gutschrift).

---

31 BGHZ 98, 24, 30 = ZIP 1986, 1042 f.

32 BGHZ 98, 24, 30 = ZIP 1986, 1042 f.

33 BGHZ 103, 143, 146 = NJW 1988, 1320 f.

34 *Looschelders* Schuldrecht AT § 13 Rn. 32, a.A. Grüneberg-*Grüneberg* § 270 Rn. 1 (Schickschuld mit den Besonderheiten des § 270 Abs. 4).

35 *BGH* NJW 1964, 499; *OLG Karlsruhe* NJW-RR 1998, 1483.

Die Gutschrift (also das Schuldanerkenntnis) wird wirksam, sobald die Bank durch einen Organisationsakt die Daten der Gutschrift auf dem Konto dem Kunden zugänglich macht.[36] Dies kann durch vorbehaltlose Absendung bzw. Bereitstellung der Kontoauszüge oder dadurch geschehen, dass dem Kunden der ihn betreffende Datenbestand durch die Bank, z.B. über einen Kontoauszugsdrucker, vorbehaltlos zur Verfügung gestellt wird.[37] Da die Bank Kaufmann ist, ist dieses Schuldanerkenntnis entgegen §§ 780, 781 gem. § 350 HGB formlos, d.h. auch ohne Unterschrift, vgl. § 126, gültig.

## III. Leistungszeit

Erfüllung setzt weiter voraus, dass die Forderung in zeitlicher Hinsicht überhaupt erfüllbar **163**
ist.[38] Dabei ist begrifflich genau zwischen der „Erfüllbarkeit" einerseits und der „Fälligkeit" andererseits zu unterscheiden.

Unter **Fälligkeit der Leistung** ist allgemein der Zeitpunkt zu verstehen, von dem an der Gläubiger die Leistung verlangen kann.[39]

Eine **betagte** Forderung ist eine Forderung, die zwar schon entstanden, aber noch nicht fällig ist.[40]

**Erfüllbarkeit** meint den Zeitpunkt, ab dem der Schuldner leisten **darf** und der Gläubiger bei Nichtannahme in Annahmeverzug gem. §§ 293 ff. gerät.[41]

Der Zeitpunkt der Erfüllbarkeit richtet sich – wie sonst auch – in erster Linie nach Vereinba- **164**
rungen der Parteien und den sonstigen Umständen des Schuldverhältnisses.

Haben sich die Parteien bei Vertragsschluss auf einen Termin verständigt, ist nach der Ausle- **165**
gungsregel des § 271 Abs. 2 im Zweifel anzunehmen, dass der Gläubiger die Leistung nicht vor dieser Zeit verlangen, der Schuldner sie aber vor dieser Zeit bewirken kann. Damit erhält die Auslegungsregel des § 271 Abs. 2 dem Schuldner im Zweifel die Möglichkeit, den Anspruch freiwillig vorher zu erfüllen, indem der Anspruch im Zweifel sofort und vor dem vereinbarten Termin erfüllbar ist.

Eine vorzeitige Erfüllbarkeit nach der Auslegungsregel des § 271 Abs. 2 kommt nicht zum Zuge, wenn sich aus den Umständen des Schuldverhältnisses oder aus dem Gesetz etwas anderes ergibt und damit die „Zweifel" des § 271 Abs. 2 beseitigt werden. Das ist immer dann der Fall, wenn der Gläubiger durch vorzeitige Leistungen des Schuldners seinerseits Rechte verlieren oder in seinen Interessen erheblich beeinträchtigt würde.

**Beispiel 1** Aus § 488 Abs. 3 S. 3 ergibt sich, dass die Rückzahlung eines verzinslichen Darlehens vor Fälligkeit ausgeschlossen ist. Andernfalls würde der Darlehensgeber seine Zinsansprüche vorzeitig verlieren. Beim unverzinslichen Darlehen stellt sich dieser Rechtsverlust nicht, weshalb eine vorzeitige Rückzahlung dort erlaubt ist.

---

36 Grüneberg-*Grüneberg* § 675f Rn. 35.

37 Grüneberg-*Grüneberg* § 675f Rn. 35.

38 *Medicus/Lorenz* Schuldrecht I § 24 Rn. 11.

39 *BGH* Urteil vom 1. Februar 2007 (Az: III ZR 159/06) unter Tz. 16 = NJW 2007, 1581; *Herresthal* JURA 2008, 561, 563 unter Ziff. III 1c.

40 *BGH* Urteil vom 4. November 2009 (Az: XII ZR 170/07) unter Tz. 18; MüKo-*Krüger* § 271 Rn. 13.

41 Grüneberg-*Grüneberg* § 271 Rn. 1.

Eine Ausnahme gilt beim verzinslichen Verbraucherdarlehen, wo § 500 Abs. 2 eine jederzeitige Erfüllung erlaubt. Die Bank kann dann aber nach § 502 eine angemessene Vorfälligkeitsentschädigung verlangen. Bei Teilzahlungsgeschäften i.S.d. § 506 Abs. 1, 3 gehen die Privilegien des Verbrauchers noch weiter: Er kann vorzeitig erfüllen (§§ 506 Abs. 1, 500 Abs. 2), ohne eine Vorfälligkeitsentschädigung zahlen zu müssen (§ 507 Abs. 3 S. 3). ■

**Beispiel 2** Der Käufer einer Einbauküche hat im Zweifel kein Interesse, die Küche vor Fälligkeit geliefert zu bekommen, da er bis zur Fälligkeit möglicherweise erst noch die Voraussetzungen für die neue Küche (Beseitigung der alten Küche, Installation von Anschlüssen etc.) schaffen muss und über keine Lagerkapazitäten für die neue Küche verfügt.[42]

Etwas anderes gilt beim Kauf eines Pkws, da der Käufer hier keine Vorbereitungen in seiner Sphäre schaffen muss, um den Wagen entgegenzunehmen und in der Regel seinen Altwagen bereits in Zahlung gegeben oder anderweitig veräußert hat.[43] ■

166 Wenn ein Fälligkeitstermin weder vertraglich vereinbart noch gesetzlich besonders bestimmt ist, treten Fälligkeit einerseits und Erfüllbarkeit andererseits nach § 271 Abs. 1 grundsätzlich sofort mit Entstehung des Anspruchs ein.

## IV. Zuordnung der Leistung

### 1. Grundregeln

167 Nach der herrschenden **„Theorie der realen Leistungsbewirkung"** ist eine Zweckbestimmung des Schuldners – und damit ein subjektives Element – zwar möglich, aber für die Erfüllung nicht zwingend erforderlich.[44]

Denn § 362 Abs. 1 lässt sich nicht entnehmen, dass für die Erfüllungswirkung der Leistung eine Zweckbestimmung erforderlich ist. Vielmehr ergibt sich aus § 366 Abs. 1 und Abs. 2, dass eine solche Zweckbestimmung möglich (§ 366 Abs. 1), aber eben gerade nicht notwendig ist. Andernfalls ließe sich die Existenz des § 366 Abs. 2, der eine gesetzliche Regelung zur Erfüllungswirkung gerade für den Fall vorsieht, dass keine Zweckbestimmung erfolgt ist, nicht erklären.

168 Voraussetzung für eine Erfüllung ist aber stets, dass **die Leistung einem bestimmten Schuldverhältnis zugeordnet werden kann.**[45]

169 Trifft der Schuldner eine **ausdrückliche Zweckbestimmung** (auch „Tilgungsbestimmung" genannt), entscheidet diese über die Zuordnung der Leistung.

42 *BGH* Urteil vom 25. Oktober 2006 (Az: VIII ZR 23/06) unter Tz. 9 ff. = NJW 2007, 1198.

43 *BGH* Urteil vom 27. September 2000 (Az: VIII ZR 155/99) unter Ziff. II 3a = BGHZ 145, 203, 209 = NJW 2001, 292 f.

44 *BGH* Urteil vom 17. Juli 2007 (Az: X ZR 31/06) unter Tz. 17 = NJW 2007, 3488; Grüneberg-*Grüneberg* § 362 Rn. 7 m.w.N.

45 *BGH* Urteil vom 17. Juli 2007 (Az: X ZR 31/06) unter Tz. 17 = NJW 2007, 3488.

**Hinweis**

Die Tilgungsbestimmung ist ein einseitiges Rechtsgeschäft, das durch empfangsbedürftige Willenserklärung vorgenommen wird und auf das die allgemeinen Regeln zur Anwendung kommen.[46]

Da besondere Formgebote nicht bestehen, kann die Tilgungsbestimmung schlüssig abgegeben werden und ist gem. §§ 133, 157 vom Empfängerhorizont (= Leistungsempfänger) auszulegen. Sie ist unter den Voraussetzungen der §§ 119 ff. anfechtbar.[47]

Die Tilgung kann auch zum Gegenstand einer **vertraglichen Vereinbarung („Tilgungsabrede")** gemacht werden. Sie muss also nicht zwingend durch einseitiges Rechtsgeschäft erfolgen.[48] In einem solchen Fall hat sich der Schuldner verbindlich festgelegt und kann von der vertraglichen Vereinbarung **durch einseitige Tilgungsbestimmungen ohne Zustimmung des Gläubigers nicht mehr abweichen.**[49]

Wenn es **keine ausdrückliche Zweckbestimmung** gibt, lässt sich die Leistung immer dann einem Schuldverhältnis zuordnen, wenn es sich dabei um die allein geschuldete Leistung handelt und keine andere gleichartige Schuld besteht, auf welche die Leistung daneben oder stattdessen erbracht worden sein könnte.[50] Keine Zuordnungsschwierigkeiten ergeben sich ferner, wenn der Schuldner einem einzigen Gläubiger aus mehreren Schuldverhältnissen verpflichtet ist und das Geleistete zur Tilgung aller Verbindlichkeiten ausreicht.[51] 170

Letztlich liegt in diesen Fällen aus der maßgeblichen Sicht des Empfängers (= Gläubigers) eine mit der Leistung schlüssig erklärte Tilgungsbestimmung vor, deren Auslegung die Zuordnung erlaubt.

In folgenden Fällen ist die Zuordnung aber problematisch, weil die Leistung mehreren Schuldverhältnissen zugeordnet werden kann:

## 2. Verschiedene Gläubiger einer mehrmals geschuldeten Leistung

Wenn der Schuldner mehreren Gläubigern eine gleichartige Leistung schuldet, sie aber nur einmal ohne ausdrückliche Zweckbestimmung erbringt, können Zweifel an der richtigen Zuordnung auftauchen. Dies ist insbesondere dann der Fall, wenn der Erfolgsort nicht am Sitz des Gläubigers liegt. Hier entscheidet **eine Auslegung nach redlichem Verständnis vom Horizont beider möglichen Leistungsempfänger gem. §§ 133, 157.**[52] 171

**Beispiel**[53] A verpflichtet den B (werk-)vertraglich zum Aushub von Erdreich und der fachgerechten Entsorgung des ausgehobenen Bodens von der Baustelle.

46 Grüneberg-*Grüneberg* § 366 Rn. 7.
47 BGHZ 106, 163 ff. unter Ziff. 2a = NJW 1989, 1792 f.
48 Grüneberg-*Grüneberg* § 362 Rn. 7.
49 Grüneberg-*Grüneberg* § 362 Rn. 7.
50 *BGH* Urteil vom 17. Juli 2007 (Az: X ZR 31/06) unter Tz. 17 = NJW 2007, 3488.
51 *BGH* Urteil vom 17. Juli 2007 (Az: X ZR 31/06) unter Tz. 17 = NJW 2007, 3488.
52 So im Ergebnis der *BGH* Urteil vom 17. Juli 2007 (Az: X ZR 31/06) unter Tz. 17 = NJW 2007, 3488.
53 Nach Urteil des *BGH* Urteil vom 17. Juli 2007 (Az: X ZR 31/06) unter Tz. 17 = NJW 2007, 3488.

B schließt seinerseits einen Vertrag mit C, nach dem C den Aushub und die Entsorgung übernimmt (sog. „Subunternehmervertrag"). C führt die Baggerarbeiten durch und stellt die Arbeiten dann vor Entsorgung des Bodens ein, weil B die vereinbarten Abschläge nicht bezahlt. A will den Boden schnell entsorgt haben und verpflichtet den C seinerseits, die Entsorgung gegen Zahlung der insoweit zwischen A und B vereinbarten Vergütung vorzunehmen. C tut dies und wird von A bezahlt. Nach Abschluss der Arbeiten stellt C dem B sodann auch seine Entsorgungsarbeiten in Rechnung. B meint, C könnte sich insoweit nur an A halten, da C seine Arbeiten insoweit direkt und allein für A erbracht habe. Es sei deswegen dem C unmöglich geworden, die Leistung noch einmal an ihn, B, zu erbringen.

Der vertragliche Vergütungsanspruch gem. § 631 Abs. 1 des C gegen B könnte hier wegen Unmöglichkeit nach § 326 Abs. 1 S. 1 teilweise, nämlich in Bezug auf die Entsorgung des Erdreichs entfallen sein.[54] Mit Entsorgung des Bodens ist die dem B geschuldete Leistung möglicherweise durch Zweckerreichung i.S.d. § 275 Abs. 1 unmöglich geworden. Im Verhältnis zur Restleistung ist diese Verpflichtung teilbar, da mit ihr ein gegenüber dem Aushub selbstständiger Zweck verfolgt wird. Allerdings kommt Unmöglichkeit dann nicht in Betracht, wenn C seine Leistung auch insoweit an B erbracht hat und damit vollständige Erfüllung in ihrem Schuldverhältnis nach § 362 Abs. 1 eingetreten ist. Erfüllung und Unmöglichkeit schließen sich gegenseitig aus. Entscheidend ist deshalb, wem gegenüber der C seine Entsorgungsarbeiten erbringen wollte. Da C zu diesen Arbeiten sowohl dem A als auch dem B vertraglich verpflichtet war, kommen beide Schuldverhältnisse für die Zuordnung in Betracht. Da eine ausdrückliche Tilgungsbestimmung nicht getroffen wurde, ist entscheidend, wie die beteiligten Personen den Leistungszweck verstehen durften. Würde man die Leistung dem Vertragsverhältnis zwischen B und C zuordnen, träte in ihrem Verhältnis Erfüllung ein. Dann wäre auch die Verpflichtung des B gegenüber A durch Erfüllung erloschen, da C insoweit als Erfüllungsgehilfe des B angesehen werden müsste. Das wiederum hat zur Konsequenz, das A dem B die Vergütung auch für die Entsorgungsarbeiten schuldet. A droht dann sowohl eine Inanspruchnahme durch den B als auch durch den C, mit dem er einen eigenen Werkvertrag geschlossen hat. Allein wegen dieser Möglichkeit entspricht es einer interessengerechten Auslegung, dass ein solches Haftungsrisiko des A nicht gewollt ist. Schließlich hat dieser eine Lösung für die ins Stocken geratenen Bauarbeiten angeboten und soll für seine Initiative nicht „bestraft" werden. Derartige Nachteile lassen sich dadurch vermeiden, dass die Leistung des C dem direkt zwischen ihm und A geschlossenen Vertrag zugeordnet wird. Dann kann B insoweit keine Vergütung von A verlangen, weil weder er noch C als sein Erfüllungsgehilfe tätig geworden sind (vgl. § 641 Abs. 1).

Somit liegt im Verhältnis zwischen B und C Unmöglichkeit durch Zweckerreichung vor. Ob der Vergütungsanspruch des C gegen B ausnahmsweise nach § 326 Abs. 2 S. 1 aufrecht zu erhalten ist, kann dahingestellt bleiben. Denn C müsste sich in jedem Fall die von A erhaltene Entlohnung anrechnen lassen, § 326 Abs. 2 S. 2. Da diese laut Sachverhalt wertmäßig gleich hoch sind, besteht im Ergebnis kein Zahlungsanspruch des C wegen der Entsorgungsarbeiten gegen den B. ■

54 Dazu ausführlich im Skript „Schuldrecht AT II".

### 3. Verdeckte Gläubigermehrheit

172 Zuordnungsprobleme können sich auch bei unerkannter Gläubigermehrheit ergeben, wenn eine teilbare Leistung unerkannt in Teilen auf einen oder mehrere andere Gläubiger übergegangen ist und der Schuldner nur einen Teilbetrag an einen ihm bekannten Gläubiger leistet. Hier erlaubt man dem Schuldner, seine Tilgungsbestimmung unverzüglich nachzuholen, wenn ihm die Aufteilung der Forderung auf verschiedene Gläubiger bekannt wird.[55]

**Beispiel** Händler A beliefert den Automechaniker B unter verlängertem Eigentumsvorbehalt mit Waren, die der B bei seinen Reparaturen verwendet. Dies ist ihm gestattet, jedoch tritt der B dem A dafür seine Werklohnforderungen aus den Reparaturverträgen mit seinen Kunden ab, bei denen er unter Eigentumsvorbehalt stehendes Material des A verwendet hat. Die Abtretung erfolgt in Höhe des von A in Rechnung gestellten Wertes des verwendeten Materials. Bei einer für C durchgeführten Reparatur verwendet der B Materialien des A im Rechnungswert von 200 €. Die Werklohnforderung des B beträgt 400 €. C zahlt auf die Forderung eine Anzahlung von 300 €. Hier weiß C nichts von der Aufspaltung der Forderung im Wege der Teilabtretung, nämlich in Höhe von 200 € an den A. Ihm wird durch die nicht offen gelegte Teilabtretung der gegen ihn gerichteten Forderung die Möglichkeit entzogen, bei der Leistung gemäß § 366 Abs. 1 zu bestimmen, wie seine Teilleistung auf die infolge der Abtretung auf verschiedene Gläubiger aufgeteilte Forderung angerechnet werden soll.[56] Nach Anzeige der Teilabtretung besteht kein rechtfertigender Grund, es dem Schuldner zu verwehren, in entsprechender Anwendung des § 366 Abs. 1 sein Leistungsbestimmungsrecht nachträglich auszuüben. Erst die Anzeige eröffnet ihm die Möglichkeit, von seinem Wahlrecht, wie es § 366 Abs. 1 gewährt, Gebrauch zu machen.

Für die Einräumung eines nachträglichen Leistungsbestimmungsrechts spricht auch der sich aus §§ 404 ff. ergebende Grundsatz, den Schuldner durch die Abtretung der gegen ihn gerichteten Forderung nicht schlechter zu stellen, als er ohne diese stehen würde. Der Schuldner darf sein Wahlrecht des § 366 Abs. 1 daher bei Offenlegung der Gläubigersituation nachholen.

173 Um die mit der Befugnis zu einer nachträglichen Tilgungsbestimmung verbundene Unsicherheit für den Zessionar auszugleichen, ist der Schuldner entsprechend dem **§ 121 Abs. 1** zugrunde liegenden Rechtsgedanken allerdings gehalten, sein Leistungsbestimmungsrecht **unverzüglich** auszuüben, nachdem er von der Teilabtretung Kenntnis erhalten hat.[57] Er darf bei der Ausübung des nachträglichen Tilgungsbestimmungsrechts nicht besser stehen, als er im Falle einer Irrtumsanfechtung einer nach § 366 Abs. 1 bei der Leistung getroffenen Tilgungsbestimmung gestanden hätte.

### 4. Mehrere gleichartige Forderungen eines Gläubigers

174 Zuordnungsschwierigkeiten ergeben sich schließlich dann, wenn der Schuldner dem Gläubiger mehrere gleichartige Leistungen schuldet, aber seine Leistung nicht zur Bewirkung aller geschuldeten Leistungserfolge ausreicht und er keine Tilgungsbestimmung getroffen hat. Im Zweifel bestimmen nun die §§ 366 Abs. 2, 367 die Tilgung in der dort vorgesehenen Reihenfolge.

55 *BGH* Urteil vom 11. Mai 2006 (Az: VII ZR 261/04) = NJW 2006, 2845.
56 So ausdrücklich der *BGH* Urteil vom 11. Mai 2006 (Az: VII ZR 261/04) = NJW 2006, 2845.
57 *BGH* Urteil vom 11. Mai 2006 (Az: VII ZR 261/04) = NJW 2006, 2845.

**Tilgungswirkung nach §§ 366 Abs. 2, 367 Abs. 1**

Mehrere gleichartige Forderungen und inhaltlich unzureichende Leistung ohne Zweckbestimmung des Schuldners

↓

§ 366 Abs. 2 (Rangfolge verschiedener Hauptforderungen)

1. **fällige** Schulden zuerst;
2. unter mehreren fälligen Schulden: **unsichere** Schulden zuerst
   a) erst die ohne Sicherungsrechte: Schuld mit kürzerer Zeitspanne für Durchsetzbarkeit (kürzere Verjährung oder Ausschlussfrist) zuerst;
   b) bei bestehenden Sicherungsrechten: Wert der Sicherheit entscheidend
3. unter mehreren gleich (un-) sicheren Schulden: dem Schuldner **lästigere** zuerst (Schuld mit den wirtschaftlich schärfsten Folgen bei Verzug ist am „lästigsten" – z.B. hoher Zinssatz oder Vertragsstrafe);
4. unter mehreren gleich lästigen Schulden: nach Entstehungszeit **älteste** Schuld zuerst;
5. unter Schulden mit gleichem Alter: verhältnismäßige Tilgung

↓

Bestehen auch Nebenforderungen, gilt in jedem Rang des § 366 Abs. 2 die Reihenfolge des § 367 Abs. 1: erst (Rechtsverfolgungs) **Kosten-**, dann **Zins-**, dann **Hauptforderung** (Ausnahme: § 497 Abs. 3: Kosten, Hauptforderung, Zinsen)

## 5. Leistung unter Vorbehalt

175 Erbringt der Schuldner seine Leistung unter einem erklärten Vorbehalt, stellt sich die Frage, ob trotz des erklärten Vorbehalts Erfüllung vorliegen kann. Praktisch relevant ist eine solche Leistung unter Vorbehalt, wenn der Schuldner nicht sicher ist, ob die gegen ihn gerichtete Forderung überhaupt besteht.

176 Ein mit der Leistung verknüpfter Vorbehalt ist für die Erfüllungswirkung unschädlich, soweit es dem Schuldner nur darum geht, die Wirkungen des § 814 auszuschließen.[58]

**Beispiel** Der Mieter M zahlt seine am Anfang des Monats fällige Miete unter Vorbehalt der Rückforderung, falls bestehende Mängel nicht beseitigt werden. Wenn sich die Monatsmiete dann wegen fortbestehender Mängel nach § 536 Abs. 1 reduziert, kann M den Minderungsbetrag nach § 812 Abs. 1 S. 2 Var. 1 zurückfordern, ohne dass ihm der Einwand des § 814 entgegengehalten werden könnte. ■

Der Gläubiger bekommt auch bei der Leistung unter Vorbehalt das, was ihm zusteht. Auf die Wirkung des § 814 hat er keinen Anspruch: Der Schuldner muss nur die Leistung erbringen; Anspruch auf ein Schuldanerkenntnis hat der Gläubiger dagegen nicht.

177 Anders liegt es, wenn der Vorbehalt deutlich macht, der Gläubiger müsse die Forderung erst noch nachweisen.[59] Hier kann der Gläubiger die Zahlung zurückweisen, ohne in Annahmeverzug zu geraten. Die Leistung wurde nicht so, wie sie tatsächlich zu bewirken ist angeboten (vgl. §§ 293, 294).

58 *BGH* Urteil vom 24. November 2006 (Az: Lw ZR 6/05) unter Tz. 19 f. = NJW 2007, 1269.

59 *BGH* Urteil vom 24. November 2006 (Az: Lw ZR 6/05) unter Tz. 19 f. = NJW 2007, 1269; Grüneberg-*Grüneberg* § 362 Rn. 14.

**Beispiel** Der Schuldner zahlt an den zur Entgegennahme berechtigten Anwalt des Gläubigers unter der Bedingung, dass dieser die Forderung seines Mandanten (= Gläubigers) nachweist. ■

# D. Person des Leistenden

Wie sich bereits aus dem Tatbestand des § 362 Abs. 1 ergibt, ist für die Frage der Erfüllung 178
grundsätzlich nicht entscheidend, dass die Leistung durch den Schuldner bewirkt wird. Allerdings ist der Schuldner nach § 241 Abs. 1 diejenige Partei eines Schuldverhältnisses, die zur Erfüllung aufgrund des Schuldverhältnisses verpflichtet ist. Der Schuldner muss daher für die Erfüllung einstehen. Er ist zur Leistung nicht nur berechtigt, sondern auch verpflichtet.

## I. Schuldner

Mit der Person des Schuldners haben wir uns oben beschäftigt. Die Person steht zunächst im 179
Ergebnis ihrer Prüfung unter „Anspruch entstanden“ fest. Etwaige Veränderungen könnten sich durch Schuld- oder Vertragsübernahmen ergeben (siehe oben unter Rn. 92 ff.).

## II. Leistung durch Dritte

Neben dem Schuldner können noch andere Personen den Leistungserfolg bewirken und 180
damit den Anspruch des Gläubigers gemäß § 362 Abs. 1 zum Erlöschen bringen.

### 1. Dritter als Leistungserbringer

„Dritter“ kann nur sein, wer weder Schuldner noch Erfüllungsgehilfe des Schuldners ist. Erfül- 181
lungsgehilfe ist nach der Formulierung des § 278 eine Person, deren sich der Schuldner „zur Erfüllung seiner Verbindlichkeit bedient“.[60]

> **Erfüllungsgehilfe** ist, wer nach den tatsächlichen Verhältnissen mit dem Willen des Schuldners bei der Erfüllung einer diesen treffenden Verbindlichkeit als seine Hilfsperson tätig wird.[61]

### 2. Keine höchstpersönliche Verpflichtung des Schuldners

Die Leistung eines Dritten hat keine Erfüllungswirkung, wenn die Parteien vertraglich eine 182
höchstpersönliche Verpflichtung des Schuldners vereinbart hatten oder der Schuldner aufgrund einer gesetzlichen Regel zur höchstpersönlichen Leistung verpflichtet ist.

**Beispiel** Höchstpersönliche Leistungspflichten ergeben sich beim Dienstvertrag im Zweifel aus § 613, beim Auftrag aus § 664, bei der Verwahrung aus § 691. ■

---

60 Dazu ausführlich im Skript „Schuldrecht AT II“.

61 St. Rspr. des *BGH* z.B. Urteil vom 25. Oktober 2006 (Az: VIII ZR 102/06) unter Ziff. II 3a, Tz. 22 = NJW 2007, 428.

### 3. Fremdtilgungswille

183 Während der Schuldner auch ohne Tilgungsbestimmung durch Herbeiführung des realen Erfolges erfüllen kann, genügt dies bei Dritten nicht. Denn hier bestehen regelmäßig Unklarheiten darüber, ob der Dritte tatsächlich auf fremde Schuld leisten will, als Hilfsperson des Schuldners oder nur versehentlich an den Empfänger geleistet hat, etwa weil er glaubte diesem gegenüber verpflichtet zu sein.[62]

Deshalb ist hier eine zumindest konkludente Tilgungsbestimmung bei Vornahme der Leistungshandlung notwendig, aus der sich nach der maßgeblichen Sicht des Leistungsempfängers (§§ 133, 157!) ergibt, dass der Dritte anstelle des Schuldners leisten will.

Da die Leistung auf fremde Schuld ungewöhnlich ist, sind an die Begründung eines Fremdtilgungswillens strenge Anforderungen zu stellen. Ist ein solcher Wille nicht feststellbar oder zweifelhaft, tritt keine Erfüllung ein. Der Dritte kann vom Gläubiger nach § 812 Abs. 1 S. 1 Var. 1 seine Zuwendung wieder kondizieren.[63]

Wird für die Ausführung eines Zahlungsvorgangs eine Bank eingeschaltet, so stellt § 675f Abs. 4 S. 1 klar, dass die Bank hierbei unabhängig von der zugrunde liegenden Rechtsbeziehung zwischen Zahler und Zahlungsempfänger tätig wird. Die Bank will mit der Ausführung des Zahlungsvorgangs ausschließlich ihre Verpflichtung aus dem Zahlungsdiensterahmenvertrag (Girovertrag, § 675f Abs. 2) mit ihrem Kunden erfüllen und ist somit **nicht** „Drittleistende" i.S.v. § 276.[64]

### 4. Keine Ablehnung gemäß § 267 Abs. 2

184 Die Leistung des Dritten hat weiter keine Erfüllungswirkung, wenn sowohl Gläubiger als auch Schuldner der Leistung durch den Dritten widersprechen, § 267 Abs. 2.

Allerdings steht Dritten in den Fällen des § 268 ein Sonderablösungsrecht zu, das nicht durch Erklärungen von Gläubiger oder Schuldner ausgeschlossen werden kann.

**Beispiel** Der Pächter eines Grundstücks tilgt die Restschuld des Verpächters bei dessen Bank, die bereits die Verwertung ihrer Sicherungsgrundschuld angedroht hat. Denn im Falle der Versteigerung des Grundstücks hätte der Erwerber nach § 57a ZVG ein Kündigungsrecht, was den Verlust des Besitzrechts nach sich zöge. ■

## E. Sonderfall: Erfüllung eines Gesamtschuldners (§ 422 Abs. 1 S. 1)

185 Bei Gesamtschuldnern besteht die Besonderheit, dass die Erfüllung der Schuld eines Gesamtschuldners auf die Schuldverhältnisse der übrigen Gesamtschuldner zum Gläubiger „durchschlägt". Nach **§ 422 Abs. 1 S. 1** wirkt die Erfüllung durch einen Gesamtschuldner in der

62 *BGH* Urteil vom 5. November 2002 (Az: V ZR 83/07) unter Tz. 28 ff. = ZIP 2008, 1911 ff.; Grüneberg-*Grüneberg* § 267 Rn. 3.

63 Grüneberg-*Grüneberg* § 267 Rn. 3.

64 *BGH* Urteil vom 16.6.2015 (Az: XI ZR 243/13).

Weise, dass sie im Außenverhältnis auch die übrigen Schuldner befreit (siehe dazu bereits oben unter Rn. 110). Die Schuld der übrigen Gesamtschuldner wird dadurch nicht erfüllt, denn der leistende Gesamtschuldner tilgt ja regelmäßig nur seine eigene Verbindlichkeit. Es tritt im Außenverhältnis aber eine erfüllungsgleiche Wirkung ein.

Die gegen die befreiten Gesamtschuldner gerichteten Ansprüche bestehen zu Regresszwecken teilweise fort. Sie gehen in Höhe der Ausgleichsquote gemäß § 426 Abs. 2 S. 1 auf den leistenden Gesamtschuldner zum Zwecke des Regresses über (siehe oben Rn. 121). **186**

## F. Sonderfall: Leistung an Erfüllungs statt (§ 364 Abs. 1)

### I. Wirkung der Leistung an Erfüllungs statt

Gläubiger und Schuldner können den Gegenstand ihrer Leistung nach dem Prinzip der Privatautonomie jederzeit ändern. Im Falle einer solchen Änderung ist dann die nach dem Inhalt des Änderungsvertrages bestimmte neue Leistung geschuldet. **187**

Einen besonderen Fall stellt insoweit die Leistung an Erfüllungs statt gem. § 364 Abs. 1 dar, da hier Änderungsvereinbarung und Erfüllung zeitlich zusammenfallen.

**Beispiel** Weinhändler V verkauft dem K am Telefon 20 Flaschen Weißburgunder, die K später abholen soll. Als K erscheint, entschuldigt sich V, weil er keine ausreichende Zahl auf Lager habe. V bietet ihm dafür auf der Basis des bisherigen Preises 20 Flaschen Grauburgunder an, die er bereits herausgesucht hat. K akzeptiert die 20 Flaschen Grauburgunder (= Annahme an Erfüllungs statt).

Allerdings kann K den Kaufpreis nicht ganz in bar aufbringen, da er vergessen hat, genügend Bargeld einzustecken. Da V keine Kreditkarten akzeptiert, schlägt K ihm vor, er lege seine zuvor an anderer Stelle erworbene Pralinenschachtel „oben drauf". V kann dem nicht widerstehen und akzeptiert dies seinerseits (= Annahme an Erfüllungs statt). ■

Der Schuldner haftet für den an Erfüllungs statt gegebenen Gegenstand gem. § 365 wie ein Verkäufer. Im *Beispiel* ändert sich für den V dadurch im Ergebnis nicht viel – seine Haftung bezieht sich nun auf die 20 Flaschen Grauburgunder und nicht auf den Weißburgunder. K hingegen haftet nach §§ 434 ff. wegen etwaiger Mängel der Pralinen. **188**

Die Parteien können vorab auch eine besondere Variante wählen. Sie können nämlich vereinbaren, dass der Schuldner anstelle der geschuldeten Leistung die Möglichkeit hat, eine andere Leistung mit Erfüllungswirkung bewirken zu können. Man nennt eine solche Möglichkeit auch **„Ersetzungsbefugnis"** oder „facultas alternativa". Diese Figur ist insbesondere bei der Inzahlunggabe gebrauchter Sachen von großer Bedeutung. **189**

**Beispiel** V verkauft dem K einen Neuwagen für 40 000 €. Beiden einigen sich darauf, dass K seinen Altwagen für 10 000 € in Zahlung geben darf und somit nur noch 30 000 € zahlen muss.

Der *BGH*[65] und Teile der Literatur[66] nehmen bei einer solchen Inzahlunggabe einer gebrauchten Sache im Zweifel an, dass der Abschluss eines einheitlichen Kaufvertrages mit ***Ersetzungsbefugnis*** gewollt ist. Andere Gerichte[67] und Autoren[68] gehen in Fällen wie diesen demgegenüber von einem einheitlichen aus Kauf- und Tauschelementen bestehenden gemischten Vertrag aus.

Der Unterschied zeigt sich dann, wenn der Altwagen mangelhaft ist. Dann kann der Verkäufer bei Annahme eines Kaufvertrages mit Ersetzungsbefugnis nach § 365 i.V.m. §§ 437 Nr. 1, 439 Abs. 1 vom Käufer Nachbesserung verlangen. Ist dies nicht möglich oder unzumutbar oder bleibt die Forderung des V nach Fristsetzung erfolglos, kann V nach § 365 i.V.m. §§ 437 Nr. 2, 323 bzw. 326 Abs. 5 von der Inzahlunggabe zurücktreten und die Zahlung des Restkaufpreises verlangen.

Dass der restliche Kaufpreisanspruch bei Annahme einer Ersetzungsbefugnis durch die Ausübung des Rücktritts ipso iure wiederauflebt, ist nicht selbstverständlich. Wendet man § 346 Abs. 1 wortlautgetreu an, ergibt sich nur ein Anspruch des V auf Aufhebung der Erfüllungswirkung und damit auf Neubegründung der Restforderung in Höhe von 10 000 €. Diese Rechtsfolge wäre in der Praxis aber kaum durchzuhalten, da im Streitfalle zunächst auf Neubegründung der Forderung geklagt werden müsste und erst anschließend die Zahlung des Geldbetrages eingefordert werden könnte. Eine ipso iure eintretende Neuentstehung der Forderung ist deshalb die vorzugswürdige Konstruktion.[69] Die wohl herrschende Meinung hält demgegenüber noch daran fest, dass die Forderung zwar nicht automatisch wieder entsteht, der Verkäufer aber im Prozess unmittelbar auf Erfüllung der wiederzubegründenden Forderung klagen darf.[70]

Das halten die Vertreter der Gegenmeinung für unbillig, da der Käufer nie bereit war, den gesamten Kaufpreis bar aufzubringen. Deshalb sei die Annahme eines typengemischten Vertrages interessengerechter, so dass der V bei Mängeln des Altwagens nur insgesamt vom ganzen Vertrag zurücktreten könne. Dann muss der Käufer aber auch nur das herausgeben, was er erhalten hat (Neuwagen und ggf. Nutzungen).

Beide Ansichten sind gut vertretbar. ■

## II. Wirkung der Leistung erfüllungshalber

190 Von der Leistung an Erfüllungs statt ist die **Leistung erfüllungshalber** streng zu unterscheiden. Hier tritt überhaupt keine Erfüllung ein. Vielmehr nimmt der Gläubiger freiwillig eine andere als die geschuldete Leistung entgegen und verspricht, dass er sich um eine Befriedigung aus diesem Gegenstand bemüht.[71]

191 Auf die Pflichten des Gläubigers finden die Vorschriften über den Auftrag entsprechende Anwendung. Bei seinem Bemühen um Verwertung des erfüllungshalber gegebenen Gegen-

65 Z.B. *BGH* Urteil vom 30. Oktober 2002 (Az: VIII ZR 119/02) = NJW 2003, 504 f.; *BGH* NJW 1995, 518 = BGHZ 128, 111 ff.; BGHZ 46, 338 (Ausgangsentscheidung).

66 *Binder* NJW 2003, 393 ff.

67 *LG Wuppertal* NJW-RR 1997, 1416; *OLG Oldenburg* NJW-RR 1995, 689.

68 Z.B. *Medicus/Lorenz* Schuldrecht I § 22 Rn. 17 ff.

69 Vgl. *Binder* NJW 2003, 393, 397.

70 Grüneberg-*Grüneberg* § 365 Rn. 2 m.w.N.

71 Grüneberg-*Grüneberg* § 364 Rn. 7.

standes hat der Gläubiger auf die Interessen des Schuldners gem. § 241 Abs. 2 Rücksicht zu nehmen. Verletzt er diese Rücksichtspflicht, schuldet er nach § 280 Schadensersatz.[72]

Erfüllung tritt erst ein, wenn und soweit sich der Gläubiger aus dem angenommenen Gegenstand befriedigt hat. Einen etwaigen Mehrerlös aus der Verwertung des Gegenstandes hat der Gläubiger an den Schuldner entsprechend § 667 herauszugeben.[73] Etwaigen Aufwand hat der Schuldner nach § 670 zu erstatten. 192

**Beispiel 1** A schuldet dem B 1000 €. Er tritt dem B seine Forderung gegen den C in Höhe von 1500 € zum Zwecke der Einziehung und Erfüllung ab. Wenn B dies widerspruchslos entgegennimmt, ist im Zweifel davon auszugehen, dass B die Forderung nur erfüllungshalber übernimmt. Schließlich will er das Ausfallrisiko in der Regel nicht tragen und „zur Not" wieder auf seine Forderung gegen A zurückgreifen. Zieht der B die Forderung in voller Höhe ein, muss er dem A den übersteigenden Mehrerlös in Höhe von 500 € nach § 667 herausgeben.

Lässt B die Forderung verjähren und beruft C sich darauf, schuldet B dem A Schadensersatz aus §§ 280 Abs. 1, 241 Abs. 2 wegen Verletzung seiner Rücksichtspflicht gegenüber A. Hätte B vor Eintritt der Verjährung die Forderung in voller Höhe durchsetzen können, beträgt der Schaden 1500 €. ■

**Beispiel 2** A schuldet dem B Zahlung von 1000 € und übergibt ihm einen Scheck über den Forderungsbetrag. Mit Hingabe des Schecks begründet A eine selbstständige Verbindlichkeit aus Art. 40 ScheckG. Nach § 362 Abs. 2 wird vermutet, dass die Begründung einer neuen Verbindlichkeit – wie hier – nicht an Erfüllungs statt, sondern nur erfüllungshalber akzeptiert wird. ■

Die ursprüngliche Forderung wird entweder gestundet, bis Erfüllung eintritt oder der Versuch einer anderweitigen Befriedigung misslingt. Statt einer Stundung kann auch ein sog. „pactum de non petendo" (= einvernehmlicher und vorübergehender Ausschluss der gerichtlichen Geltendmachung) vereinbart werden. Dieser bietet den Vorteil, dass die Verzugswirkungen (Zinsanspruch aus §§ 288, 286, Schadensersatz aus §§ 280 ff. und Haftungsverschärfung nach § 287) eintreten, was bei der Stundung wegen Verschiebung der Fälligkeit nicht möglich ist.[74] **Im Zweifel ist deshalb von einem bloßen pactum de non petendo auszugehen.**[75] 193

72 Grüneberg-*Grüneberg* § 364 Rn. 7.
73 Grüneberg-*Grüneberg* § 364 Rn. 7.
74 Vgl. dazu die Darstellung im Skript „Schuldrecht AT II".
75 Grüneberg-*Grüneberg* § 364 Rn. 8.

## G. Übungsfall Nr. 1

194 **„Tilgungsmöglichkeiten"**

Die Goldmann Bank AG (G) hatte der Schulz GmbH (S) einen Kredit in Höhe von 100 000 € eingeräumt. Die S nahm diesen Kredit in der Folge in voller Höhe in Anspruch.

Der privat aufgrund diverser Erbschaften sehr vermögende Gesellschafter der S, Bernhard Bürger (B), hatte sich mit der G unter Beachtung aller Formvorschriften dahingehend geeinigt, dass er der G als Bürge selbstschuldnerisch für die Erfüllung der Verbindlichkeiten der S aus diesem Kredit bis zum Höchstbetrag von 100 000 € einsteht.

Als G den Kreditvertrag mit der S ordnungsgemäß kündigte, befriedigte B die G wegen ihrer Forderung auf Rückzahlung des Kredits wie folgt: Er nahm bei G einen ihm persönlich in Höhe von 100 000 € eingeräumten Kredit in Anspruch und glich damit das Kreditkonto der S bei der G aus.

In der Folge schied er wegen einiger Unstimmigkeiten als Gesellschafter der S aus. Nach seinem Ausscheiden einigte sich B mit der G, dass diese Inhaberin sämtlicher Regressforderungen des B gegen S wird und sich im Hinblick auf die zwischenzeitlich fällig gewordene Rückzahlung des dem B persönlich eingeräumten Kredits zunächst aus der Regressforderung befriedigen soll. Hinsichtlich verbleibender Restbeträge solle B den Rückzahlungsanspruch der G persönlich begleichen.

Die G verlangt nun von der S aus abgetretenem Recht des B die Zahlung von 100 000 €. S weist diese Forderung zurück und meint, es sei doch schon längst alles getilgt, ihr Konto sei ja inzwischen wieder ausgeglichen.

Welche Zahlungsansprüche stehen der G gegen S und B zu?

195 **Lösung**

### A. Anspruch der G gegen S aus §§ 774 Abs. 1 S. 1, 488 Abs. 1 S. 2 i.V.m. § 398

Der G könnte gegen S ein Anspruch auf Zahlung von 100 000 € aus abgetretenem Recht des B zustehen. Indem B das Rückzahlungsinteresse der G durch Rückführung des Kredits auf dem Kreditkonto der S befriedigte, könnte der Rückzahlungsanspruch der G auf den B kraft Gesetzes gem. § 774 Abs. 1 S. 1 übergegangen und sodann von B an die G abgetreten worden sein.

#### I. Anspruchsentstehung

#### 1. Entstehung eines Zahlungsanspruches B gegen S

In Betracht kommt hier ein Regressanspruch aus § 774 Abs. 1 S. 1 i.V.m. § 488 Abs. 1 S. 2.

##### a) Bürgschaftsvertrag

Ein solcher Anspruch setzt zunächst den Abschluss eines Bürgschaftsvertrages voraus, kraft dessen der B sich verpflichtet hatte, für die Kreditverbindlichkeit der S gegenüber G einzustehen.

Nach dem Sachverhalt einigte sich B formgerecht mit G über den Abschluss eines Bürgschaftsvertrages zur Sicherung der Kreditverbindlichkeit der S gegenüber G in Höhe von 100 000 €.

##### b) Zahlung des B als Bürge

Notwendige Voraussetzung ist weiter, dass B die Zahlung der 100 000 € auf das Konto der S bei der G als Bürge zur Erfüllung seiner Bürgenhaftung geleistet hat und nicht als Dritter i.S.v. § 267 zur Tilgung der verbürgten Kreditverbindlichkeit.

Entscheidend ist in erster Linie eine ausdrückliche Zweckbestimmung des Leistenden bei der Leistung, die B hier aber unterlassen hat. Mangels ausdrücklicher Leistungsbestimmung entscheidet nun das Verständnis eines redlichen Empfängers, da die Tilgungsbestimmung als empfangsbedürftige Willenserklärung gem. §§ 133, 157 vom objektiven Empfängerhorizont auszulegen ist. Dabei spielen die erkennbaren Interessen des Leistenden eine entscheidende

Rolle. Im Falle einer Leistung als Bürge auf die Bürgenverbindlichkeit würde die Forderung der G nicht erlöschen, sondern mit etwaigen Nebenrechten auf B übergehen (§§ 774 Abs. 1 S. 1, 412, 401 Abs. 1). Leistete B dagegen als Dritter, würde die Kreditverbindlichkeit der S erlöschen. Zwar entfällt dann auch die Bürgschaft (§ 767 Abs. 1 S. 1) des B, dieser würde dann aber gerade nicht die verbürgte Kreditforderung der G gegen S zum Zwecke des Regresses nach § 774 Abs. 1 S. 1 einschließlich etwaiger Nebenrechte (§§ 412, 401) erhalten können. Aus diesem Grunde kann B erkennbar kein Interesse an einer Leistung als Dritter, sondern nur an einer Leistung als Bürge gehabt haben. Der für eine Leistung als Dritter „erforderliche Fremdtilgungswille" war folglich erkennbar nicht gegeben, so dass eine Zahlung des B als Bürge auf die eigene Bürgenschuld aus dem Bürgschaftsvertrag zu bejahen ist.

#### c) Bestand der verbürgten Hauptverbindlichkeit

Weiter müsste die verbürgte Hauptverbindlichkeit tatsächlich bestanden haben, da sie andernfalls kraft Gesetzes nicht auf B übergehen kann. Dies ist aber unproblematisch der Fall, da zwischen S und G ein Kreditvertrag über 100 000 € geschlossen und der Kredit vollständig an S ausgezahlt wurde. Der Rückzahlungsanspruch der G war damit entstanden und vor der Zahlung des B auch nicht wieder erloschen.

#### d) Zwischenergebnis

Vor der Abtretungsvereinbarung ist damit eine übertragbare Regressforderung des B gegen die S auf Zahlung von 100 000 € aus § 774 Abs. 1 S. 1 i.V.m. § 488 Abs. 1 S. 2 entstanden.

### 2. Wirksame Abtretung zwischen B und G

Die Inanspruchnahme aus abgetretenem Recht des B setzt gem. § 398 weiter eine wirksame Abtretungsvereinbarung zwischen G und B voraus.

#### a) Abtretungsvereinbarung

G und B waren sich darüber einig, dass B der G „seine Regressforderungen" zum Zwecke der Erfüllung seiner eigenen Rückzahlungsverpflichtungen gegenüber der G überträgt. Dabei kann zunächst offenbleiben, ob es sich insoweit um eine Übertragung an Erfüllungs statt oder erfüllungshalber handelte. Auch im letzteren Fall vereinbarten die Parteien im Zweifel, dass der Gläubiger die vollständige Rechtsinhaberschaft am erfüllungshalber hingegebenen Gegenstand erwirbt.[76]

Zwar bezeichnet die Vereinbarung den Schuldgrund der abgetretenen Regressforderung nicht. Dies steht einer wirksamen Abtretungsvereinbarung aber nicht entgegen, da im Hinblick auf die notwendige Bestimmtheit nur erforderlich ist, dass die abgetretene Forderung anhand der Vereinbarung eindeutig individualisiert werden kann. Dies ist unproblematisch der Fall, da B der G nach der Vereinbarung sämtliche seiner Regressforderungen gegenüber der S überträgt, so dass jede Regressforderung – gleich aus welchem Rechtsgrund – von der Abtretungsvereinbarung erfasst wird.

Von einer wirksamen Vertretung der G ist auszugehen.

#### b) Verfügungsberechtigung des B

Die Abtretungsvereinbarung führt nur dann zum unmittelbaren Übergang der Forderung, wenn B zur Abtretung auch uneingeschränkt befugt war. Die Befugnis, über ein Recht zu verfügen, steht grundsätzlich dem Rechtsinhaber zu. B war zum Zeitpunkt der Abtretung neuer Gläubiger des Rückzahlungsanspruches, da er diese nach § 774 Abs. 1 S. 1 aufgrund seiner Bürgenleistung kraft Gesetzes erhalten hatte. Daran hatte sich bis zum Abschluss der Abtretungsvereinbarung nichts geändert. Da besondere Verfügungsbeschränkungen und Abtretungsverbote nach §§ 399, 400 nicht ersichtlich sind, konnte B die Forderung wirksam an die G abtreten.

## II. Ergebnis

G ist folglich Inhaberin der Forderung des B gegen S auf Zahlung von 100 000 € geworden. Rechtsvernichtende Einwendungen sind nicht ersichtlich. Einreden wurden seitens S nicht erhoben und liegen auch dem Grunde nicht vor.

76 Grüneberg-*Grüneberg* § 364 Rn. 8.

G hat somit einen durchsetzbaren Anspruch gegen S auf Zahlung von 100 000 €.

### B. Anspruch der G gegen B auf Zahlung von 100 000 € gem. § 488 Abs. 1 S. 2

G könnte gegen den B einen Anspruch auf Zahlung von 100 000 € aus einem mit ihm geschlossenen Kreditvertrag zustehen.

#### I. Anspruch entstanden

Nach dem Sachverhalt haben G und B einen Kreditvertrag über die Einräumung eines persönlichen Kredits in Höhe von 100 000 € geschlossen. Der Kredit wurde von B auch in voller Höhe in Anspruch genommen, so dass ein Rückzahlungsanspruch der G in dieser Höhe gem. § 488 Abs. 1 S. 2 entstanden ist.

#### II. Rechtsvernichtende Einwendungen

Möglicherweise ist der Anspruch aber dadurch erloschen, dass B der G seine gegenüber der S GmbH bestehende Regressforderung aus §§ 774 Abs. 1 S. 1 i.V.m. § 488 Abs. 1 S. 2 übertragen hat.

Ein Erlöschen durch Erfüllung gem. § 362 scheidet aus, da B gegenüber der S zur Zahlung verpflichtet war und mit der Übertragung einer Forderung folglich nicht die geschuldete Leistung bewirkt wurde.

In Betracht kommt aber ein Erlöschen durch eine Annahme der Forderung als Leistung an Erfüllungs statt, § 364 Abs. 1. Dies setzt eine entsprechende Tilgungsvereinbarung zwischen G und B voraus. Aus dem Sachverhalt ergibt sich jedoch, dass sich G vorbehielt, wegen etwaiger Fehlbeträge aus der Inanspruchnahme der S GmbH aus der abgetretenen Forderung den B persönlich in Haftung zu nehmen. Das mit einer Annahme der abgetretenen Forderung an Erfüllungs statt verbundene Ausfallrisiko wollte G somit gerade nicht übernehmen. Den Erklärungen der Parteien lässt sich eine Annahme der Forderung an Erfüllungs statt im Ergebnis nicht entnehmen. Vielmehr ist von einer Abtretung erfüllungshalber auszugehen, so dass ein Erlöschen nach § 364 Abs. 1 damit ausscheidet. Sonstige Erlöschensgründe sind nicht ersichtlich.

#### III. Durchsetzbarkeit

Die zur Durchsetzbarkeit der Rückzahlungsforderung erforderliche Fälligkeit war nach dem Sachverhalt bereits eingetreten.

Aus den Abreden der Parteien ergibt sich aber, dass G zunächst die Befriedigung aus der abgetretenen Forderung suchen sollte. Die Erklärungen sind als Leistung erfüllungshalber auszulegen, bei der die zu tilgende Verbindlichkeit des B gestundet oder zumindest durch einen sog. pactum de non petendo nicht einklagbar sein sollte. Mangels abweichender Vereinbarung soll die Durchsetzbarkeit im Zweifel mit der erfolgreichen Verwertung der erfüllungshalber übertragenen Forderung durch G enden oder sobald der Verwertungsversuch der G endgültig misslingt.

Dabei kann offenbleiben, ob eine den Verzug beseitigende Stundung oder nur ein Ausschluss der Klagbarkeit gewollt war. Da die eben genannten Voraussetzungen für die uneingeschränkte Durchsetzbarkeit noch nicht eingetreten sind, ist die Durchsetzbarkeit in jedem Fall zu verneinen.

# 4. Teil
# Erlass, Aufhebung, Hinterlegung und Konfusion

## A. Erlass (§ 397)

### I. Grundregeln

Das Schuldverhältnis erlischt nach § 397 Abs. 1, wenn der Gläubiger dem Schuldner die Schuld durch Vertrag erlässt. Die gleiche Wirkung hat es, wenn der Gläubiger durch Vertrag mit dem Schuldner anerkennt, dass das Schuldverhältnis nicht besteht, § 397 Abs. 2 (sog. „negatives Schuldanerkenntnis"). Die folgenden Ausführungen gelten für beide Varianten gemeinsam. **196**

Beim Erlass handelt es sich um ein **mehrseitiges Rechtsgeschäft in Form eines Vertrages.** Es gelten daher die allgemeinen Prüfungsschritte zum vertraglichen Rechtsgeschäft: Zustandekommen, Wirksamkeitserfordernisse und Wirksamkeitshindernisse.[1] **197**

Wegen der unmittelbaren Erlöschenswirkung ist der **Erlass ein Verfügungsgeschäft.** Es muss demnach wiederum streng unterschieden werden zwischen dem Erlass als Verfügungsgeschäft und dem zugrundeliegenden Rechtsgeschäft, das den Rechtsgrund für den Erlass bildet. Beide Rechtsgeschäfte sind streng voneinander zu trennen („Trennungsprinzip") und in ihrer Wirksamkeit grundsätzlich voneinander unabhängig („Abstraktionsprinzip"). Ist der Erlass ohne Rechtsgrund erfolgt, ist seine befreiende Wirkung nach § 812 Abs. 1 S. 1 Var. 1 durch Wiederbegründung der Forderung „herauszugeben".[2] **198**

**Beispiel** A erklärt dem B, er erlasse ihm die Kaufpreisforderung, weil er sich in letzter Zeit so nett um ihn gekümmert habe. B bedankt sich daraufhin. Hier ist ein Erlassvertrag zustande gekommen. Den Rechtsgrund für den Erlass bildet ein Schenkungsvertrag. Dieser erfordert zu seiner Wirksamkeit nach § 518 Abs. 1 zwar die notarielle Beurkundung des Schenkungsversprechens, also der Erklärung des Schenkers. Wenn es – wie hier – daran fehlt, wird dieser Formmangel aber durch den sofortigen Vollzug der Schenkung geheilt, § 518 Abs. 2. Gegenstand der Schenkung war der Erlass der Forderung. Mit gleichzeitigem Abschluss des Erlassvertrages ist dieser Schenkungsvertrag erfüllt worden, so dass der zunächst gegebene Formmangel sofort geheilt worden und der Schenkungsvertrag wirksam geworden ist. A kann somit von B keine Wiederbegründung der Forderung nach § 812 Abs. 1 S. 1 Var. 1 verlangen. ■

Wegen seines dinglichen Charakters ist ein Erlass durch Vertrag zugunsten Dritter nicht möglich[3] (siehe oben Rn. 29). Denkbar ist hier aber ein Vertrag zugunsten eines Schuldners (Dritter), mit dem sich der Gläubiger (Versprechender) verpflichtet, seinen Anspruch nicht geltend zu machen.

---

1 Vgl. dazu ausführlich in den Skripten „BGB AT I" und „BGB AT II".

2 Grüneberg-*Grüneberg* § 397 Rn. 2.

3 *BGH* Urteil vom 26. Oktober 2009 (Az: II ZR 222/08) unter Tz. 16 = NJW 2010, 64 f.

199 Der Erlassvertrag kommt durch Angebot und Annahme nach den allgemeinen Regeln zustande. Dabei gehört zu den essentialia negotii des Erlassvertrages, dass die Vertragspartner, der Erlasswille und die zu erlassene Forderung in eindeutig bestimmbarer Weise Gegenstand der Erklärungen sind. Insbesondere an den Erlasswillen sind strenge Anforderungen zu stellen, da es sich beim freiwilligen Verzicht um einen ungewöhnlichen Vorgang handelt. Die Annahme kann nach § 151 erfolgen, wobei es der Verkehrssitte entspricht, wenn der Schuldner auf ein Erlassangebot nicht durch eine ausdrückliche Annahmeerklärung gegenüber dem Gläubiger reagieren muss.[4]

200 Große Bedeutung hat diese Konstellation für die sog. **„Erlassfalle"**. Hier bietet der Schuldner dem Gläubiger einen Scheck über einen Teilbetrag an und stellt die Einlösung des Schecks unter die Bedingung, dass damit gleichzeitig „alles", also auch die Restschuld, „erledigt" ist. Er bietet also hinsichtlich des Restbetrages den Abschluss eines Erlassvertrages i.S.d. § 397 an. Außerdem verzichtet er in seinem Anschreiben gem. § 151 ausdrücklich auf eine ausdrückliche Annahmeerklärung ihm gegenüber. Löst der Gläubiger den Scheck ein, tappt er häufig in die vom Schuldner gestellte „Erlassfalle": In der Regel wird die Einlösung des Schecks als Annahmeverhalten gewertet, so dass der Erlassvertrag durch Angebot (des Schuldners) und Annahme (des Gläubigers) zustande gekommen ist.

Treibt es der Schuldner zu bunt, scheitert seine Konstruktion – dies zeigt nachfolgendes *Beispiel*.

**Beispiel**[5] M schuldet seinem Vermieter V Mietzins in Höhe von 148 000 € aus der Vermietung einer Immobilie.

M schreibt dem V am 31. März:

„Trotz aller Bemühungen um Vertragstreue werde ich diesen Rückstand leider nicht begleichen können. Ich möchte Ihnen deshalb von mir aus und im Rahmen meiner finanziellen Möglichkeiten folgendes anbieten: Um alle Verbindlichkeiten ein für alle Mal abzuwenden, zahle ich Ihnen 1000 €.

Ich füge Ihnen aus diesem Grunde einen Verrechnungsscheck in Höhe von 1000 € bei. Von dem Scheck möchten Sie bitte zum Zwecke der endgültigen Abwicklung der Angelegenheit Gebrauch machen.

Für mich ist die Sache damit erledigt. Eine Antwort auf dieses Schreiben erwarte ich nicht."

Dem Schreiben war der darin erwähnte Verrechnungsscheck beigefügt. Er trug den Vermerk: „Verwendungszweck: Schreiben vom 31. März". V löste den Scheck bei seiner Bank ein. Das Schreiben des M vom 31. März beantwortet V zunächst nicht.

4 Grüneberg-*Grüneberg* § 397 Rn. 5.
5 *BGH* Urteil vom 10. Mai 2001 (Az: XII ZR 60/99) = NJW 2001, 2324.

Fraglich ist allein, ob durch eine Annahme des V der von M beantragte Erlass der Restschuld in Höhe von 147 000 € zustande gekommen ist. In der Einlösung des Schecks durch V kann eine Annahme nach § 151 gesehen werden, weil die Einlösung des Schecks an die Annahme des Angebots von M gekoppelt war. Da von der Redlichkeit des Empfängers auszugehen ist, ist bei Auslegung seines Verhaltens vom Standpunkt eines objektiven Dritten nach § 133[6] grundsätzlich davon auszugehen, dass er vom Scheck nur in der vorgeschlagenen Weise, also nur bei Einverständnis mit der Gesamterledigung Gebrauch machen will. Bei einem – wie hier – derart krassen Missverhältnis zwischen Restforderung und Ablösungsbetrag tritt dieser Aspekt jedoch in den Hintergrund. Der M konnte hier nicht ernsthaft erwarten, dass V sich auf seinen Vorschlag tatsächlich einlassen würde. Wenn eine Annahme auch aus Sicht des M nichts als blanke Unvernunft des V zum Ausdruck brächte, kann die Einlösung des Schecks einen Erlassvertrag nicht zustande bringen. Ihr kommt nur die Bedeutung zu, dass V sich einen Teilbetrag der Forderung sichern und im Übrigen an seiner Restforderung festhalten will. Dass V sich damit über den Verwendungszweck im Scheck hinwegsetzt, steht dem nicht entgegen. M kann bei einem derart indiskutablen Angebot nicht damit rechnen, dass seiner Verwendungsbestimmung maßgebliche Bedeutung zukommt. ■

## II. Erlass und Gesamtschuld (§ 423)

Im Falle einer **Gesamtschuld** hat der zwischen dem Gläubiger und einem Gesamtschuldner vereinbarte Erlass nach § 423 nur dann befreiende Wirkung auch für die übrigen Schuldner, wenn die Vertragschließenden das gesamte Schuldverhältnis aufheben wollten. Dies ist anhand der Vereinbarung – ggfs. durch Auslegung – im Einzelfall zu bestimmen. **201**

**Beispiel** V vermietet eine Wohnung an den A und seine Freundin B. Als A und B die Miete schuldig bleiben, bittet V den A zum Gespräch. A schildert dem V seinefinanzielle Notlage. V hat Mitleid mit der Situation und sagt gegenüber A, er verzichte auf die Mietforderung und hoffe, damit zur finanziellen Besserung der Situation beizutragen. Hier ergibt sich aus den Umständen, dass auch B aus der gesamtschuldnerischen Haftung gemäß §§ 421, 427 entlassen sein soll. ■

## III. Erlass und Aufhebungsvertrag

Anders als beim Erlass vereinbaren die Parteien bei einem Aufhebungsvertrag nicht nur die Aufhebung einer einzelnen Forderung, sondern die **Aufhebung des gesamten Schuldverhältnisses** (im weiteren Sinne). Dies kommt in der Praxis vor allem bei Dauerschuldverhältnissen vor, wenn eine Kündigung zu unsicher erscheint oder aus zeitlichen Gründen (zu lange Kündigungsfrist) nicht gewünscht wird. Die Möglichkeit, vertragliche Schuldverhältnisse insgesamt aufheben zu können, ist zwar in § 311 Abs. 1 nicht eigens ausgesprochen, ergibt sich aber aus dem Grundsatz der Privatautonomie.[7] **202**

**Hinweis**

Aufgehoben werden können nur Schuldverhältnisse, nicht Verfügungsgeschäfte. Ein vollendetes Verfügungsgeschäft muss gegenläufig wiederholt werden, um seine Wirkungen „aufzuheben“ (Rückübertragung des Eigentums, Rückabtretung einer Forderung, etc.).[8]

6 Vgl. dazu das Skript „BGB AT I“.
7 Grüneberg-*Grüneberg* § 311 Rn. 7.
8 Grüneberg-*Grüneberg* § 311 Rn. 7.

Der Aufhebungsvertrag ist ebenfalls Verfügungsgeschäft, da er den Ansprüchen aus dem Schuldverhältnis den „Rechtsboden“ entzieht: Er verhindert entweder die Entstehung der Ansprüche oder hebt zumindest die bereits betagten Forderungen wieder auf.[9] Er kann je nach Parteiwillen zurück (ex tunc) oder nur für die Zukunft (ex nunc) wirken.[10]

**Hinweis**

Im Fall einer vereinbarten Rückwirkung ist durch Auslegung zu bestimmen, ob bereits ausgetauschte Leistungen nach den §§ 346 ff. zurückgewährt werden sollen oder ob es bei den Kondiktionen nach § 812 Abs. 1 S. 2 Var. 2 verbleiben soll.[11] Im Zweifel ist von einer Anwendung der §§ 346 ff. auszugehen.[12]

Die Parteien können die Aufhebung auch in der Weise vereinbaren, dass die alte Schuld durch einen anderen Schuldgrund ersetzt wird. Man nennt dies „Novation“,[13] etwa die Ersetzung einer Kaufpreisforderung gem. § 433 Abs. 2 durch einen Anspruch auf Rückzahlung desselben Betrages als Darlehen gem. § 488 Abs. 1 S. 2.

Der Aufhebungsvertrag bedarf zu seiner Wirksamkeit grundsätzlich keiner besonderen **Form**, und zwar auch dann nicht, wenn der aufgehobene Vertrag seinerseits formbedürftig war.[14]

Etwas anderes gilt bei der **Aufhebung von Arbeitsverträgen** wegen der in § 623 angeordneten Schriftform[15]. Eine **notarielle Beurkundung** kann nach § 311b Abs. 1 erforderlich sein, wenn **ein bereits vollzogener Vertrag** über die Übertragung von **Grundeigentum** aufgehoben und im Aufhebungsvertrag zugleich eine Pflicht zur Rückübertragung des Grundeigentums geregelt ist.[16]

## B. Hinterlegung

203 Der Schuldner gerät in Schwierigkeiten, wenn sich der Gläubiger in Annahmeverzug befindet oder sich nicht ausfindig machen lässt. Der Schuldner kann den Leistungserfolg nicht bewirken und damit keine Erfüllung herbeiführen. In bestimmten Fällen hält das Gesetz mit der Hinterlegung nach den §§ 372 ff. Lösungsmöglichkeiten für den Schuldner bereit:

204 Ist der Schuldner aus einem in der Person des Gläubigers liegenden Grund oder infolge einer von ihm nicht zu vertretenden Ungewissheit über die Person des Gläubigers nicht in der Lage, seine Verbindlichkeiten mit Sicherheit zu erfüllen (§ 372 S. 2), so kann er hinterlegungsfähige Wertgegenstände i.S.d. § 372 S. 1 für den Gläubiger hinterlegen. Sonstige, nicht hinterlegungsfähige Sachen kann er unter den weiteren Voraussetzungen des § 383 versteigern, ggf. auch freihändig verkaufen (§ 385), und den Erlös für den Gläubiger hinterlegen.

9 *BGH* Urteil vom 4. November 2009 (Az: XII ZR 170/07) unter Tz. 22 = NJW-RR 2010, 483 f.
10 Grüneberg-*Grüneberg* § 311 Rn. 7.
11 Grüneberg-*Grüneberg* § 311 Rn. 7.
12 Grüneberg-*Grüneberg* § 311 Rn. 7.
13 Grüneberg-*Grüneberg* § 311 Rn. 8.
14 Grüneberg-*Grüneberg* § 311 Rn. 7.
15 *BAG* NJW 2006, 938.
16 *Medicus/Lorenz* Schuldrecht I § 46 Rn. 4 .

Ist die Rücknahme der hinterlegten Sache ausgeschlossen (§ 376 Abs. 2), so hat die rechtmäßige Hinterlegung dieselbe Wirkung wie eine Leistung an den Gläubiger (§ 378), es tritt also Erfüllungswirkung ein. 205

## C. Sonderfall: Konfusion

Die Beschreibung des Schuldverhältnisses in § 241 Abs. 1 macht deutlich, dass das Schuldverhältnis mit dem Gläubiger einerseits und dem Schuldner andererseits zwei miteinander nicht identische Rechtsträger voraussetzt. Wenn nun beide Positionen in einer Person zusammenfallen, kann nach diesem Modell kein Schuldverhältnis bestehen. Es erlischt dann durch eine sog. „Konfusion". 206

**Beispiel** A schuldet dem B noch die Rückzahlung eines Darlehens. B stirbt und hat A zu seinem Alleinerben bestimmt. Da hier die Forderung des B gegen den A gemäß § 1922 auf den A übergeht, erlischt damit gleichzeitig das Schuldverhältnis aus dem zwischen A und B geschlossenen Darlehensvertrag und die sich daraus ergebende Rückzahlungsforderung gemäß § 488 Abs. 1 S. 2. ■

Die „Konfusion" ist im BGB nicht besonders geregelt. Ihre Wirkung ist aber vom Gesetzgeber als selbstverständlich vorausgesetzt, wie sich insbesondere aus § 425 Abs. 2 ergibt, wonach die Vereinigung der Schuldner- und Gläubigerposition in der Person eines **Gesamtschuldners** nur zugunsten dieses Gesamtschuldners gilt und die Verpflichtung der übrigen Gesamtschuldner unberührt lässt.

Hätten sich also neben dem Erben im vorigen *Beispiel* noch andere Personen als Gesamtschuldner zur Rückzahlung des Darlehens verpflichtet, hätte nun der Erbe den Rückzahlungsanspruch gegen diese Gesamtschuldner. Allerdings muss er sich die im Innenverhältnis auf ihn entfallende Quote (im Zweifel 1/3 gem. § 426 Abs. 1 S. 1) auf die Forderung abziehen lassen.[17] Nach wohl h.M. haften ihm die übrigen Gesamtschuldner ebenfalls nur noch in Höhe ihrer Quote als Teilschuldner (im Zweifel also nur in Höhe von jeweils 1/3) – die Verteilung im Innenverhältnis schlägt also auf die Forderung im Außenverhältnis durch.[18]

### Hinweis

Etwas anderes gilt wegen § 1976 bei Anordnung einer Nachlassverwaltung, die zu einer fiktiven Trennung von Nachlassvermögen und Erbenvermögen führt. Der Nachlassverwalter ist diejenige Person, die die Verfügungsberechtigung über den Nachlass vom Erben übernimmt, vgl. § 1984 Abs. 1.

Bei dinglichen Rechten an einem Grundstück nennt man den Konfusionsfall anders, nämlich „Konsolidation": Eigentum und dingliches Recht stehen derselben Person zu. § 889 stellt klar, dass die dingliche Belastung in dieser Situation nicht erlischt. Der Eigentümer kann also etwa an seinem eigenen Grundstück eine Grundschuld haben.[19] Er schuldet sich dann „selber" die Duldung der Zwangsvollstreckung (§§ 1192 Abs. 1, 1147).

17 Grüneberg-*Grüneberg* § 425 Rn. 7.

18 Grüneberg-*Grüneberg* § 425 Rn. 7 m.w.N. auch zur Gegenansicht.

19 Ausnahmen von § 889 sind wiederum in §§ 914 Abs. 3, 1107, 1178 Abs. 1 und 1200 Abs. 1 vorgesehen.

# 5. Teil
# Erfüllungswirkung bei Leistung an unberechtigten Dritten

## A. Erfüllungsmöglichkeit nach § 354a Abs. 1 S. 2 HGB

207 Oben haben wir uns mit § 354a Abs. 1 S. 1 HGB schon beschäftigt (Rn. 68). Die Vorschrift gestattet in den dort genannten Fällen die wirksame Abtretung einer Forderung, obwohl dies zwischen Gläubiger und Schuldner ausgeschlossen wurde (§ 399 Var. 2). Wir kehren zu § 354a Abs. 1 HGB nun wieder zurück, und zwar zu seinem zweiten Satz. Dieser erlaubt nämlich dem Schuldner, mit befreiender Wirkung an den bisherigen Gläubiger zu leisten, auch wenn ihm die Abtretung und der Gläubigerwechsel bekannt ist. Auf § 407 Abs. 1 kommt es also nicht an. Damit wird dem Umstand Rechnung getragen, dass sich der frühere Gläubiger über das vereinbarte Abtretungsverbot hinwegsetzen konnte. Der neue Gläubiger kann die Leistung dann jedenfalls über § 816 Abs. 2 beim bisherigen Gläubiger kondizieren.

## B. Rechtsscheinstatbestände

208 Abgesehen vom Sondertatbestand des § 354a Abs. 1 HGB hat die Leistung an einen Nichtberechtigten auch dann unmittelbar eine erfüllungsgleiche Wirkung, wenn ein schutzwürdiges Vertrauen in die Berechtigung des Empfängers bestand.

209 Wie alle sonstigen Rechtsscheinstatbestände folgen auch die nachfolgenden Normen den allgemeinen Grundprinzipien. Wir benötigen also einen Rechtsscheinsträger, der den Rechtsschein einer Empfangszuständigkeit vermittelt, die Zurechnung dieses Rechtsscheins gegenüber dem wahren Gläubiger und das schutzwürdige Vertrauen des Leistenden auf den Rechtsschein.

210 Der wahre Gläubiger muss sich die Leistung vom scheinbar berechtigten Empfänger selbst beschaffen. Dafür steht ihm der Anspruch aus § 816 Abs. 2 zur Verfügung.

Alle Tatbestände, insbesondere des Handelsrechts, können hier nicht aufgenommen werden, sondern werden im jeweiligen Sachzusammenhang an anderer Stelle erörtert. Wir konzentrieren uns hier auf die Fälle des Allgemeinen Schuldrechts.

### I. Leistung an Überbringung einer Quittung (§ 370)

211 Im Fall des § 370 glaubt der Leistende, dass der Leistungsempfänger im Hinblick auf eine von ihm mitgebrachte und vorgelegte Quittung des Gläubigers über eine Einzugsermächtigung gemäß § 362 Abs. 2 i.V.m. § 185 Abs. 1 verfügt. Dies ist aber tatsächlich nicht der Fall. Die Annahme des Leistenden ist also falsch. Sofern der Leistungsempfänger auch gesetzlich nicht zur Annahme der Leistung ermächtigt ist, greift der Schutz des § 370 zugunsten des gutgläubig Leistenden ein.

**JURIQ-Klausurtipp**

Die „Anmoderation" des § 370 könnte wie folgt lauten:

*„Zwar war der B weder Gläubiger noch ein zur Entgegennahme der Leistung berechtigter Dritter. Jedoch könnte er nach § 370 als zur Empfangnahme der Leistung ermächtigt anzusehen sein. Dies hätte zur Folge, dass A durch seine Leistung an B befreit worden ist..."*

## 1. Überbringer einer Quittung

§ 370 setzt voraus, dass der Leistungsempfänger nicht selbst der Gläubiger ist und von diesem auch nicht ermächtigt wurde. Andernfalls müsste man auf § 370 nicht zurückgreifen. **212**

Der Empfänger muss vor Entgegennahme der Leistung dem Leistenden eine Quittung i.S.d. **213**
§ 368 vorgelegt haben. Nach § 368 versteht das Gesetz unter einer Quittung ein schriftliches Empfangsbekenntnis des Gläubigers. Dieses schriftliche Empfangsbekenntnis muss dem Leistenden vorgelegt worden sein. Eine Übergabe ist hingegen nicht erforderlich.[1]

**Hinweis**

Die Zurechenbarkeit des durch Vorlage der Quittung geschaffenen Rechtsscheins findet in § 370 keine ausdrückliche Erwähnung – wie meistens bei den Rechtsscheinstatbeständen. Sie folgt einfach daraus, dass der Gläubiger dem Überbringer eine von ihm unterschriebene bzw. in elektronischer Form nach § 126a erstellte Quittung übergeben hat. Anders als im Fall des § 172 oder § 405 greift der Rechtsscheinstatbestand des § 370 nach herrschender Meinung auch dann, wenn die Quittung dem Gläubiger abhanden gekommen ist.[2]

Dies lässt sich damit rechtfertigen, dass der Gläubiger durch Abgabe einer schriftlichen bzw. elektronischen Quittung vor Erhalt der Leistung eine derart starke Ursache für den später eingetretenen Vertrauenstatbestand geschaffen hat, die durch das Abhandenkommen nicht vollständig ausgeräumt wird. In der Abwägung des schutzwürdigen Vertrauens einerseits und dem Verursachungsbeitrag des Gläubigers andererseits überwiegt die verhältnismäßig unvorsichtige Vorgehensweise des Gläubigers.

## 2. Bewirken der geschuldeten Leistung

§ 370 gilt nur dann, wenn die geschuldete Leistung bewirkt wird, **nicht bei Leistung an** **214**
**Erfüllungs statt oder anderen Erfüllungssurrogaten.**

Schließlich kann sich aus der Quittung nicht ergeben, dass der Dritte auch ermächtigt sei, andere Leistungen als die quittierten entgegenzunehmen. Der Schein der Ermächtigung kann eben nicht weiter reichen als ihr Rechtsscheinsträger, die Quittung.

Sie müssen hier prüfen, ob alle Voraussetzungen vorliegen, die im Falle einer Berechtigung des **215**
Dritten zur Erfüllung geführt hätten. Auch die Leistung durch einen Dritten i.S.d. § 267 genügt, da § 370 nicht auf eine höchstpersönliche Leistungserbringung durch den Schuldner abstellt.[3]

---

1 Grüneberg-*Grüneberg* § 370 Rn. 3.
2 Grüneberg-*Grüneberg* § 370 Rn. 3.
3 Grüneberg-*Grüneberg* § 370 Rn. 5.

### 3. (Keine) Entgegenstehende Kenntnis des Leistenden

216 Eine Leistungsbefreiung findet nach § 370 Hs. 2 nicht statt, wenn dem Leistenden Umstände bekannt waren, die der Annahme einer Empfangsermächtigung des ihm gegenüber stehenden Dritten entgegenstehen. Das Gesetz lässt hier die Tatsachenkenntnis genügen. Kennenmüssen genügt dagegen nach dem ausdrücklichen Wortlaut nicht.

217 Bei der Leistungserbringung durch einen Dritten nach § 267 ist hier auf die Kenntnis des Dritten abzustellen.[4]

## II. Leistungsbefreiung gemäß § 407 Abs. 1

218

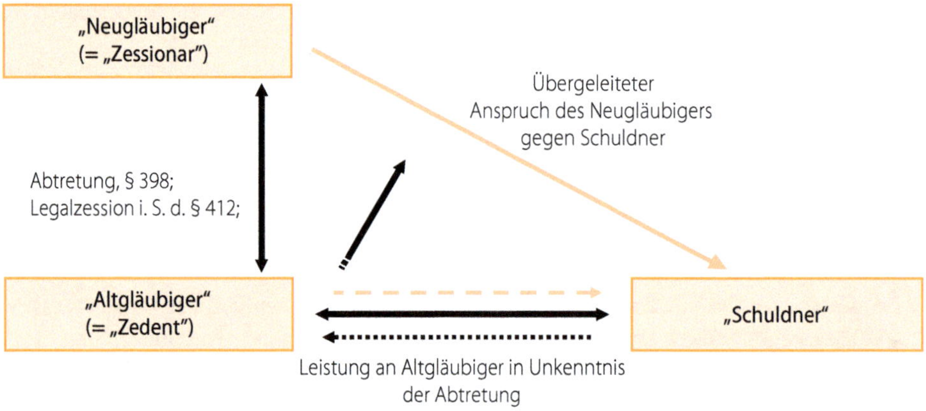


§ 407 Abs. 1 betrifft die Fälle, in denen der Schuldner keine Kenntnis von einer bereits vollzogenen Abtretung erlangt hat und deshalb an den Altgläubiger leistet, den er mangels besserer Kenntnis immer noch für seinen Gläubiger halten muss.

### 1. Anknüpfungspunkt: Wirksamer Gläubigerwechsel

219 Zunächst setzt die Anwendung des § 407 Abs. 1 voraus, dass die Forderung, zu deren Erfüllung die Leistung vorgenommen wurde, vom bisherigen Gläubiger an einen Dritten abgetreten wurde oder die Forderung kraft Gesetzes auf den Dritten übergegangen ist (vgl. §§ 412, 407). Die Abtretung muss wirksam sein, da es andernfalls des Zugriffs auf § 407 Abs. 1 nicht bedarf. Bei Unwirksamkeit der Abtretung ist ja der Empfänger nach wie vor der richtige Gläubiger, da ein Wechsel nicht stattgefunden hat.

220 Hinsichtlich der Begutachtung des Gläubigerwechsels können wir auf die allgemeine Darstellung oben unter Rn. 32 ff. zurückgreifen. Das dort vorgestellte Prüfungsschema kommt hier zur Anwendung.

221 Wenn Sie den Anspruch **des alten Gläubigers (Zedenten)** prüfen, taucht das Thema bei der Frage der Erfüllung nach § 362 auf. Dort müssen Sie ja fragen, ob mit der Leistung an den Anspruchssteller tatsächlich die Leistung an den Gläubiger oder zumindest einen berechtigten Dritten bewirkt wurde. Wird dies wegen wirksamer Abtretung verneint, ist das Schuldverhältnis bereits in diesem Verhältnis wegen der Abtretung erloschen (siehe Rn. 36). Auf § 407 Abs. 1 kommt es insoweit nicht an.

4 Grüneberg-*Grüneberg* § 370 Rn. 5.

Prüfen Sie den Anspruch **des neuen Gläubigers (Zessionars)** haben Sie unter „Anspruch entstanden?" den Forderungsübergang bereits prüfen müssen (siehe oben unter Rn. 34 ff.). Auf der zweiten Ebene „Anspruch erloschen?" ist vorrangig die Erfüllung zu begutachten. In den Fällen des § 407 stellen Sie hier zwangsläufig fest, dass die Leistung weder an den neuen Gläubiger (= Anspruchssteller) noch an einen berechtigten Dritten bewirkt wurde. Sodann gehen Sie auf § 407 Abs. 1 ein.

**JURIQ-Klausurtipp**

Der Einstieg in § 407 könnte dann wie folgt lauten:

„(...) *Eine Erfüllung gegenüber dem neuen Gläubiger C nach § 362 konnte durch die Leistung an den Altgläubiger B mangels Berechtigung nicht eintreten. Möglicherweise muss der C die an B bewirkte Leistung des A aber nach § 407 Abs. 1 gegen sich gelten lassen, so dass A von seiner Leistungspflicht ihm gegenüber frei geworden ist. Dies ist dann der Fall, wenn der A bei seiner Leistung keine Kenntnis von der Abtretung des Anspruchs an C hatte und deshalb den B unverändert für seinen Gläubiger hielt ...*"

## 2. Bewirken der Leistung nach Forderungsübergang an Altgläubiger

Weiter muss der **Schuldner bzw. sein Erfüllungsgehilfe** die Leistung nach Übergang der Forderung an den Altgläubiger bewirkt haben. 222

Es müssen also alle Voraussetzungen vorliegen, die sonst zur Erfüllung geführt hätten.

**Hinweis**

Wie sich aus der Formulierung des § 407 Abs. 1 ergibt, sind **Dritte i.S.d. §§ 267, 268 hier nicht geschützt.**

§ 407 Abs. 1 bezieht sich aber nicht nur auf den Fall der Leistung, sondern spricht auch davon, der Gläubiger müsse jedes Rechtsgeschäft „in Ansehung der Forderung" zwischen Schuldner und Zedenten (Altgläubiger) gegen sich gelten lassen. **Deshalb gilt § 407 auch für den Fall der Leistung an Erfüllungs statt, Aufrechnung und Erlass.**[5] 223

**Hinweis**

Weitere Rechtsgeschäfte „in Ansehung der Forderung" sind die Vereinbarung einer Leistung erfüllungshalber, die Stundung, Erlass sowie Aufhebung oder Kündigung eines Dauerschuldverhältnisses im Hinblick auf die sich aus dem Dauerschuldverhältnis ergebenden Forderungen.[6]

5 Grüneberg-*Grüneberg* § 407 Rn. 4.
6 Siehe dazu *BGH* Urteil vom 4. November 2009 (Az: XII ZR 170/07) = NJW-RR 2010, 64 f.

### 3. Keine Kenntnis von Forderungsübergang

224 Schließlich darf der Schuldner **bei Vornahme der Leistungshandlung bzw. eines Erfüllungssurrogats** keine Kenntnis vom Forderungsübergang gehabt haben. Gemeint ist die **Kenntnis** der Tatsachen, aus denen sich der durch Abtretung oder kraft Gesetzes bewirkte Forderungsübergang ergibt.[7] Kennenmüssen (vgl. § 122 Abs. 2) genügt nach der Formulierung des § 407 Abs. 1 nicht.

Auf eine **nachträgliche Kenntnis bei Eintritt des Leistungserfolges** kommt es naturgemäß nicht an, da der Schuldner dann ja schon das seinerseits Erforderliche getan hat und zu diesem Zeitpunkt schutzwürdig gewesen ist.[8]

## III. Leistungsbefreiung gemäß § 408

225

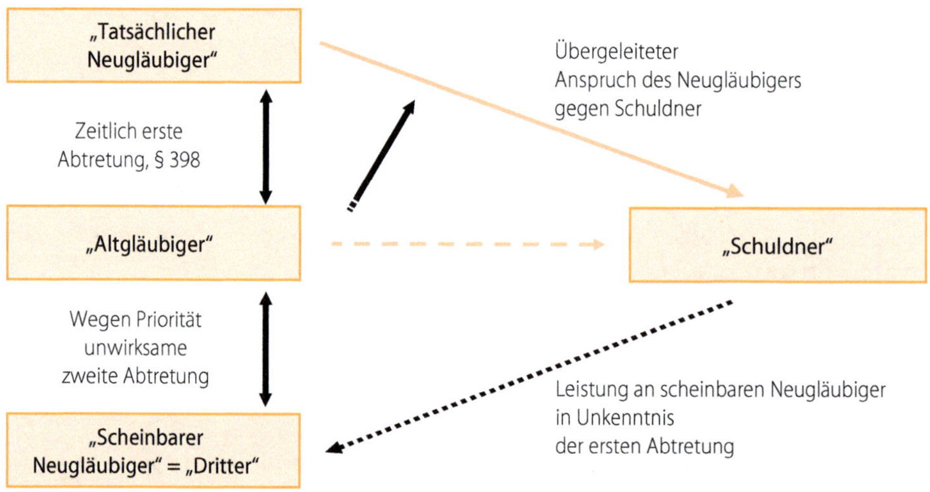


Im Fall des § 408 Abs. 1 hat der bisherige Gläubiger die Forderung **zweimal abgetreten**. Wegen des Prioritätsprinzips ist nur die zeitlich erste Abtretung wirksam, während die zweite Abtretung mangels Verfügungsbefugnis des abtretenden Veräußerers ins Leere geht (siehe oben unter Rn. 48). Der Schuldner hat in der von § 408 Abs. 1 geregelten Situation nur von der zweiten, zeitlich späteren und unwirksamen Abtretung Kenntnis erlangt und hält deshalb den Zessionar dieser Abtretung („Zweitzessionar" = „Dritter" i.S.d. § 408 Abs. 1) für seinen neuen Gläubiger.

### 1. Zweifache Abtretung der Forderung

226 Zunächst muss die Forderung, auf die der Schuldner geleistet hat, mehrfach hintereinander durch den Altgläubiger an einen Dritten abgetreten worden sein.

7 Grüneberg-*Grüneberg* § 407 Rn. 6.

8 *BGH* NJW 1989, 905; Grüneberg-*Grüneberg* § 407 Rn. 6.

### 2. Bewirken der Leistung an Dritten nach Übergang der Forderung auf „Erstzessionar“

Weiter ist erforderlich, dass der Schuldner an den seiner Ansicht nach berechtigten „Zweitzessionar“ leistet, der die Forderung allerdings wegen der ersten Abtretung nicht erhalten konnte. **227**

Die Leistung muss durch den **Schuldner bzw. seinen Erfüllungsgehilfen** vorgenommen worden sein. **Dritte** werden hier – wie im Fall des § 407 Abs. 1 – **nicht** geschützt. Im Übrigen gilt auch § 408 für Rechtsgeschäfte „in Ansehung der Forderung“, also zum Beispiel für die Leistung an Erfüllungs statt, die Aufrechnung und den Erlass.

### 3. Schutzwürdiges Vertrauen

Der Schutz des § 408 entfällt, wenn der leistende Schuldner bei Vornahme der Leistungshandlung bzw. des Rechtsgeschäfts in Ansehung der Forderung Kenntnis von der Erstabtretung hatte. **228**

## IV. Leistungsbefreiung gemäß § 409

Bei § 409 verhält es sich genau andersherum als bei §§ 407, 408: Der Schuldner erhält eine ausdrückliche Anzeige des Gläubigers von einer Abtretung, die in Wahrheit aber gar nicht (wirksam) erfolgt ist. Im Vertrauen auf die Richtigkeit der Anzeige leistet der Schuldner an den vermeintlichen „Zessionar“ (= neuer Gläubiger laut Urkunde). **229**

**Online-Wissens-Check**

**Was verbirgt sich hinter der sog. „Erlassfalle“?**

Überprüfen Sie jetzt online Ihr Wissen zu den in diesem Abschnitt erarbeiteten Themen. Unter **www.juracademy.de/skripte/login** steht Ihnen ein Online-Wissens-Check speziell zu diesem Skript zur Verfügung, den Sie kostenlos nutzen können. Den Zugangscode hierzu finden Sie auf der Codeseite.

# C. Heilung nach §§ 362 Abs. 2, 185 Abs. 2

§ 362 Abs. 2 verweist nicht nur auf § 185 Abs. 1, sondern auch auf § 185 Abs. 2.[9] Erfüllung bei Leistung an einen Nichtberechtigten kann danach also auch aufgrund nachträglicher Umstände eintreten. Darauf kommt es (nur) an, wenn die bisherigen Tatbestände nicht schon zu einem Erlöschen der Forderung geführt haben. **230**

9 Grüneberg-*Grüneberg* § 362 Rn. 6.

## I. Genehmigung des Berechtigten (§§ 362 Abs. 2, 185 Abs. 2 S. 1 Fall 1)

231 Der Gläubiger bzw. die an seiner Stelle berechtigte Person (siehe oben unter Rn. 139 ff.) können die Entgegennahme einer Leistung durch einen Nichtberechtigten mit Rückwirkung genehmigen, §§ 362 Abs. 2, 185 Abs. 2 Var. 1. Die Genehmigung wirkt nach § 184 Abs. 1 zurück, wobei Zwischenverfügungen und Zwangsvollstreckungsmaßnahmen (etwa eine Pfändungen der Forderung) nach § 184 Abs. 2 wirksam bleiben.

## II. Empfänger wird Gläubiger (§§ 362 Abs. 2, 185 Abs. 2 S. 1 Fall 2)

232 Erfüllung tritt ex nunc, also **nicht rückwirkend**,[10] ein, wenn der Empfänger selber Forderungsinhaber wird.

**Beispiel** Der Empfänger erwirbt die Forderung durch Abtretung. Für eine logische Sekunde erwirbt er zunächst die – noch nicht erfüllte – Forderung, die dann durch Eintritt der Erfüllungswirkung erlischt.[11]

## III. Gläubiger beerbt Empfänger (§§ 362 Abs. 2, 185 Abs. 2 S. 1 Fall 3)

233 Schließlich tritt Erfüllungswirkung, wieder ex nunc, ein, wenn der Gläubiger den Empfänger beerbt und für die Nachlassverbindlichkeiten uneingeschränkt haftet. Er kommt dann über den Erbgang im Ergebnis in den vollen Genuss des Leistungsgegenstandes.

10 Grüneberg-*Ellenberger* § 185 Rn. 11.

11 Vgl. Grüneberg-*Ellenberger* § 185 Rn. 11.

# D. Übungsfall Nr. 2

**„Rechner auf Raten"** **234**

Der im Handelsregister mit seiner Firma „CompiDompi Gerhard Vogel e.K." eingetragene Gerhard Vogel (V) betreibt einen Computer- und Softwarehandel. Die Autohaus Kaiser GmbH & Co. KG (K KG) will ihre Buchhaltung auf den neuesten technischen Stand bringen und wendet sich wegen der notwendigen Hardwareanschaffungen an V. Sie ist an dem Kauf eines Großrechners des Herstellers „Toll" interessiert, den V gerade auf Lager hat.

V hatte den Rechner von der „Toll Deutschland GmbH" (T GmbH) unter Eigentumsvorbehalt gekauft, aber den Kaufpreis von 2500 € (netto) noch nicht vollständig bezahlt. Zwischen der T GmbH und V wurde im Kaufvertrag unter anderem folgendes vereinbart:

*„(...)*

*§ 4 Eigentumsvorbehalt*

*Die von Toll gelieferte Ware bleibt bis zur vollen Tilgung unserer sämtlichen Forderungen aus der Geschäftsverbindung mit dem Käufer unser Eigentum.*

*Alle Forderungen des Käufers aus einer Weiterveräußerung von Ware, an der wir Eigentum haben, gehen bereits mit dem Abschluss dieses Kaufvertrages auf Toll über.*

*Der Käufer darf die an uns abgetretenen Forderungen einziehen, aber nicht abtreten. Die Einziehungsermächtigung darf bei Verzug des Käufers mit seinen gegenüber Toll bestehenden Verbindlichkeiten widerrufen werden.*

*Der Käufer darf die Ware, die in unserem Eigentum steht, nur im Rahmen des regelmäßigen Geschäftsganges veräußern.*

*(...)"*

Am 10. November bestellt Bernd Bräsig (B), Geschäftsführer der Komplementärin „Autohaus Kaiser VerwaltungsgmbH", im Namen der K KG schriftlich bei V den Rechner zu einem Preis von 3900 € und verweist dabei auch auf die umseitig abgedruckten „Einkaufsbedingungen" der K KG:

In diesen heißt es unter anderem:

*„(...)*

*§ 3 Abtretungsverbot*

*Die gegen uns begründeten Forderungen dürfen nicht an Dritte abgetreten oder verpfändet werden.*

*(...)"*

Der im Geschäft des V als Verkäufer angestellte Stephan Hillenkämper (H) bestätigt unter dem Briefkopf des V die Bestellung mit Fax vom gleichen Tage, ohne auf die „Einkaufsbedingungen" der K KG weiter einzugehen. Der Rechner wird zwei Tage später an die K KG geliefert.

3 Tage später kommt es zu Differenzen zwischen V und der T GmbH, weil V trotz Mahnungen mit seinen fälligen Zahlungen gegenüber der T GmbH in Rückstand bleibt. Nunmehr widerruft die T GmbH die dem V gewährte Einziehungsermächtigung. Weitere 4 Tage später legt sie gegenüber der K KG die Abtretungsvereinbarung mit V offen und verlangt von ihr Zahlung.

Die K KG hatte jedoch den Rechnungsbetrag 1 Tag zuvor bereits an V gezahlt.

Muss die K KG trotzdem an die T GmbH leisten?

## 235 Lösung

Anspruch T GmbH gegen K KG auf Zahlung des Kaufpreises in Höhe von 3900 € gem. § 433 Abs. 2 i.V.m. § 398.

### I. Anspruchsentstehung

Das Zahlungsverlangen der T setzt zunächst voraus, dass sie eine Kaufpreisforderung gegen die K wirksam von V durch Abtretung erlangt hat.

T ist als GmbH nach § 13 Abs. 1 GmbHG rechtsfähig und kann daher als Gesellschaft Trägerin eigener Ansprüche und Verpflichtungen sein. Die gleiche Fähigkeit folgt für die K als Kommanditgesellschaft im Außenverhältnis aus §§ 161 Abs. 2, 105 Abs. 2 HGB, 705 Abs. 2 BGB.

**Hinweis**

Die offene Handelsgesellschaft und Kommanditgesellschaft sind als Personengesellschaften im Gegensatz zur GmbH keine „juristische Personen", sondern „rechtsfähige Personengesellschaften" vgl. die ausdrückliche Klarstellung in § 11 Abs. 2 Nr. 1 InsO.[12] Ihre Fähigkeit, trotz fehlender eigener Rechtspersönlichkeit „unter ihrer Firma Rechte zu erwerben und Verbindlichkeiten einzugehen" wird in §§ 105 Abs. 2 HGB, 705 Abs. 2 BGB (i.V.m. § 161 Abs. 2 HGB) aber ausdrücklich angeordnet (sog. „(Teil-)Rechtsfähigkeit im Außenverhältnis").

#### 1. Abtretungsvereinbarung (Einigung über die Abtretung)

In dem zwischen T und V geschlossenen Vertrag wurde vereinbart, dass V bereits mit Abschluss des Kaufvertrages über die Lieferung des Rechners seine Forderung aus einer Weiterveräußerung dieses Rechners zur Sicherheit an die T abtritt, sofern dieser Rechner zum Zeitpunkt der Weiterveräußerung noch im Eigentum der T steht.

Wenn wie hier eine erst künftig durch Weiterveräußerung entstehende Forderung abgetreten werden soll, muss diese zumindest bestimmbar sein. Dabei genügt es, wenn in der Abtretungserklärung der Entstehungsgrund der künftigen Forderung und der Umfang der Abtretung so festgelegt sind, dass im Zeitpunkt der Entstehung der Forderung die Person des Drittschuldners und der Inhalt der Forderung festgestellt werden können und über ihre Zuordnung zur Abtretung kein Zweifel bestehen kann. V hatte der T **sämtliche** Kundenforderungen aus dem Verkauf derjenigen Waren abgetreten, die er von T unter Eigentumsvorbehalt geliefert bekommen hatte und die noch im Eigentum der T standen. Entstehungsgrund und Umfang der im Voraus abgetretenen Forderungen waren damit im Augenblick der Abtretungserklärung so festgelegt, dass im Entstehungszeitpunkt der Forderung kein Zweifel bestehen konnte, ob und in welchem Umfang sie von der Abtretungsvereinbarung erfasst sind.

Zu prüfen ist nun, ob der Zahlungsanspruch gegen K überhaupt Gegenstand der Vereinbarung sein kann. T behielt sich nach der Vereinbarung das Eigentum an der von ihr gelieferten Ware bis zur vollen Tilgung sämtlicher Forderungen aus der Geschäftsverbindung mit V vor. Gem. § 449 Abs. 1 ist daher davon auszugehen, dass T bei der Lieferung das Eigentum an dem Rechner nur unter der aufschiebenden Bedingung vollständiger Zahlung sämtlicher Forderungen aus der Geschäftsbeziehung mit V übertragen wollte. Da V nach dem Sachverhalt noch nicht alle Verbindlichkeiten gezahlt hat, ist diese Bedingung noch nicht eingetreten. Bei der Weiterveräußerung an K stand der Rechner folglich noch im Eigentum der T, so dass die Voraussetzung für die vereinbarte Abtretung erfüllt ist. Die Abtretungsvereinbarung erstreckt sich somit auch auf die hier geprüfte Kaufpreisforderung des V gegen die K.

Von einer wirksamen Vertretung der Parteien ist auszugehen.

12 Abgedruckt im *Schönfelder* unter Ordnungsnr. 110; alle unter § 11 Abs. 2 Nr. 1 InsO aufgeführten Zusammenschlüsse sind keine juristischen Personen (gute Merkhilfe!)!

### 2. Verstoß gegen die guten Sitten, § 138 Abs. 1

Möglicherweise ist die Abtretung aber wegen Verstoßes gegen die guten Sitten nichtig, § 138 Abs. 1. Ein solcher Vorwurf könnte sich hier daraus ergeben, dass die abgetretene Forderung aus der Weiterveräußerung die zu sichernde Forderung der T regelmäßig übersteigt und deshalb zu einer Übersicherung der T führt. Hinzu kommt, dass die Forderung aus der Weiterveräußerung des Rechners nach der vorliegenden Vereinbarung auch dann auf T übergeht, wenn V zwar den Kaufpreis für den Rechner bezahlt hat, aber irgendeine sonstige Zahlungsverpflichtung gegenüber der T noch nicht bedient hat, mag sie auch verhältnismäßig gering sein. Die Vereinbarung entzieht dem V unter Umständen Forderungen in voller Höhe ihres Nennwertes ohne ausreichendes Sicherungsbedürfnis der T. Eine Pflicht zur Freigabe geht aus der Klausel nicht hervor.

Allerdings ist in Rechtsprechung und Literatur nunmehr anerkannt, dass auch ohne ausdrückliche Freigaberegelung demjenigen, der Forderungen zur Sicherheit auf einen anderen überträgt, ein Freigabeanspruch zusteht, sobald der Zessionar kein schützenswertes Sicherungsinteresse mehr hat. Durch die Möglichkeit einer später eintretenden Übersicherung kann die Sittenwidrigkeit einer solchen Abtretungsvereinbarung folglich nicht mehr begründet werden. Sonstige Anhaltspunkte für eine Sittenwidrigkeit bestehen nicht.

### 3. Verfügungsbefugnis des V

V ist zur Abtretung befugt, wenn die Kaufpreisforderung gegen K zum Zeitpunkt der Abtretung zu seinen Gunsten bestand und seine Verfügungsbefugnis nicht aus sonstigen Gründen beschränkt ist.

Die abgetretene Verpflichtung der K auf Zahlung eines Betrages von 3900 € könnte sich hier aus einem mit V geschlossenen Kaufvertrag ergeben.

#### a) Kaufvertragsschluss zwischen K und V

Am 10.11. bestellte B im Namen der K bei V einen Rechner zum Preis von 3900 €.

V selbst hat die Bestellung der K nicht angenommen. Vielmehr hat für ihn der in seinem Unternehmen als Verkäufer angestellte H unter seinem Briefkopf noch am selben Tag die Annahme erklärt.

Zu prüfen ist schließlich, ob sich Angebots- und Annahmeerklärung inhaltlich decken, da ansonsten nach §§ 154, 155 kein Vertrag zustande gekommen ist. Hinsichtlich Kaufobjekt und Kaufpreis liegt eine Übereinstimmung vor. Allerdings hatte B zusätzlich auf der Geltung seiner „Einkaufsbedingungen" bestanden, wozu H keine ausdrückliche Erklärung abgegeben hat. B konnte als Empfangsvertreter der K KG (§ 164 Abs. 3) die Erklärung des H mangels Widerspruch aber nur so verstehen, dass seitens V gegen die gewünschte Einbeziehung der Einkaufsbedingungen der K keine Bedenken bestehen und der Kaufvertrag deshalb unter Einbeziehung der Einkaufsbedingungen geschlossen wurde.

Ein Kaufvertrag ist somit zwischen V und K zustande gekommen.

#### b) Wirksamkeit des Vertragsschlusses gem. §§ 164, 177

Da V und K selbst nicht handeln können, ist zu prüfen, ob die für sie handelnden Vertreter innerhalb der ihnen zustehenden Vertretungsmacht aufgetreten sind. Andernfalls hinge die Wirksamkeit des Vertrages nach § 177 Abs. 1 von einer Genehmigung seitens der ohne Vertretungsmacht vertretenen Partei ab.

##### aa) Vertretung der K durch B

Die Bestellung des B ist der K nach § 164 Abs. 1 zuzurechnen, da er gem. §§ 164 Abs. 2, 124 Abs. 1 HGB i.V.m. § 35 Abs. 1 GmbHG über die erforderliche Vertretungsmacht verfügte.

Bei der Kommanditgesellschaft sind nach § 170 Abs. 1 HGB nur die Kommanditisten (vgl. § 161 Abs. 1 HGB) von der Vertretung ausgeschlossen. Als vertretungsberechtigte Komplementärin kann auch eine juristische Person auftreten, die ihrerseits wieder – wie hier – von ihrem Organ, dem Geschäftsführer (§ 35 GmbHG), vertreten wird.

#### bb) Vertretung des V durch H

Im Hinblick auf das Handeln des H kommt hier allein eine rechtsgeschäftlich erteilte Vertretungsmacht (Vollmacht) in Betracht. In der Beschäftigung des H als Verkäufer ist die zumindest schlüssig gem. § 167 Abs. 1 Var. 1 gegenüber H erklärte Vollmacht zu sehen, den V beim Verkauf von Waren aus dem Unternehmen des V zu vertreten. Ansonsten könnte H gar nicht als Verkäufer tätig werden.

Über den Umfang der dem H eingeräumten Vertretungsmacht, insbesondere über bestimmte Einschränkungen, ist nach dem Sachverhalt allerdings nichts Näheres bekannt. Möglicherweise kann der Umfang der dem H erteilten Vollmacht über § 54 Abs. 1 HGB bestimmt werden. Danach erstreckt sich eine Handlungsvollmacht, die eine Person zur Vornahme einer bestimmten zu einem Handelsgewerbe gehörigen Art von Geschäften ermächtigt, im Zweifel auf alle Geschäfte und Rechtshandlungen, die der Betrieb eines derartigen Handelsgewerbes oder die Vornahme derartiger Geschäfte gewöhnlich mit sich bringt.

V betreibt mit seinem Computerhandel ein Gewerbe. Ob es sich bei diesem Gewerbe bereits nach seiner Art oder seinem Umfang nach um ein Handelsgewerbe i.S.d. § 1 Abs. 2 HGB handelt, kann dahinstehen. Denn aufgrund der Eintragung des V mit seiner Firma im Handelsregister gilt sein Gewerbe ohnehin über § 2 S. 1 HGB als Handelsgewerbe.

H erhielt zum Zwecke des Verkaufs der Waren des V somit eine Handlungsvollmacht i.S.d. § 54 Abs. 1 HGB. Bei dem Verkauf des Rechners an K handelte es sich auch nicht um eines der Sondergeschäfte, die nach § 54 Abs. 2 HGB von der Vermutungsregel ausgeschlossen sind. Im Ergebnis verfügte damit H über eine ausreichende Vertretungsmacht zur Abgabe der Annahmeerklärung gegenüber der K KG. Seine Erklärung ist dem V daher nach § 164 Abs. 1 zuzurechnen.

### c) Zwischenergebnis

Durch das Bestell- und Annahmeschreiben des B bzw. H ist somit ein wirksamer Kaufvertrag zwischen der K KG und V zustande gekommen, der die K zur Zahlung eines Kaufpreises in Höhe von 3900 € verpflichtet. Sonstige rechtshindernde Umstände, die gegen die Entstehung der Kaufpreisforderung sprechen könnten, sind nicht ersichtlich.

K war als Gläubigerin grundsätzlich berechtigt, über die Forderung durch Abtretung zu verfügen. Aus § 185 Abs. 2 S. 2 Var. 1 ergibt sich, dass eine Abtretung auch im Voraus für den Fall vereinbart werden kann, dass der Zedent die Forderung erst noch erwirbt.

## 4. Abtretbarkeit der Forderung

Möglicherweise scheitert die Übertragung der Kaufpreisforderung gegen die K KG aber daran, dass die K KG in ihren Einkaufsbedingungen ein Abtretungsverbot in Bezug auf die gegen sie begründeten Forderungen gerade ausgeschlossen hatte. Nach § 399 Var. 2 führt ein vertraglich zwischen Gläubiger und Schuldner vereinbartes Abtretungsverbot dazu, dass die Forderung nicht mehr übertragbar und jeder Abtretungsversuch unwirksam ist.

> **Hinweis**
>
> § 399 Var. 2 verdrängt in seinem Anwendungsbereich § 137 S. 1, wonach die Verfügungsmöglichkeit über ein Recht grundsätzlich nicht durch Rechtsgeschäft beschränkt werden kann.

### a) Einbeziehung der Verbotsklausel

Oben wurde bereits festgestellt, dass sich V und die K KG über die Geltung der Allgemeinen Einkaufsbedingungen geeinigt hatten. Gem. § 310 Abs. 1 S. 1 bedurfte es der Einhaltung der in § 305 Abs. 2 genannten besonderen Einbeziehungsvoraussetzungen hier nicht, da V bei Abschluss des Kaufvertrages mit K in Ausübung seiner gewerblichen Tätigkeit und damit als Unternehmer i.S.d. § 14 handelte.

### b) Wirkung der Verbotsklausel

Fraglich ist aber, ob das Abtretungsverbot hier tatsächlich gem. § 399 Var. 2 einen Übergang der Kaufpreisforderung auf die T verhindert. Einer solchen Wirkung könnte § 354a Abs. 1 S. 1 HGB entgegenstehen, ohne dass es auf die Problematik ankommt, ob die Verbotsklausel möglicherweise wegen unangemessener Benachteiligung der Vertragspartner von K nach § 307 Abs. 1, Abs. 2 unwirksam ist.

Gem. § 354a Abs. 1 S. 1 HGB ist die Abtretung einer Geldforderung aus einem beiderseitigen Handelsgeschäft trotz vereinbarten Abtretungsverbots wirksam. § 354a Abs. 1 HGB vereitelt also die Wirkung der Verbotsklausel, wenn die Kaufpreisforderung aus einem beiderseitigen Handelsgeschäft entstanden ist.

Die Kaufmannseigenschaft des V wurde bereits bejaht. Der Kaufvertrag mit K zählt zu den typischen Geschäften in seinem Gewerbebetrieb. Die K KG besitzt ihrerseits nach § 6 Abs. 1 HGB Kaufmannseigenschaft. Der Kaufvertrag stellte auch für sie ein Handelsgeschäft dar, da sie den Rechner für ihre Buchhaltung anschaffen wollte.

Damit konnte die Kaufpreisforderung nach § 354a Abs. 1 S. 1 HGB in jedem Fall wirksam an T abgetreten werden.

#### 5. Zwischenergebnis

Zugunsten der T ist damit ein Anspruch auf Zahlung der Kaufpreisforderung entstanden.

### II. Rechtsvernichtende Einwendungen

#### 1. Erfüllungseinwand

Der Einwand der Erfüllung setzt nach § 362 Abs. 1 voraus, dass die K die geschuldete Leistung an den Gläubiger bewirkt hat. Gläubigerin der Forderung war die T, da die Forderung mit ihrer Entstehung aufgrund der zwischen T und V getroffenen Vereinbarung auf T übergegangen ist. Mit der Zahlung an V konnte die K folglich keine Erfüllung der Forderung nach § 362 Abs. 1 bewirken. Eine Erfüllung nach § 362 Abs. 2 scheidet ebenfalls aus, da T die Einziehungsermächtigung des V nach § 183 vor Zahlung widerrufen hatte.

#### 2. Leistungsbefreiung gem. § 407 Abs. 1

Allerdings bestimmt § 407 Abs. 1, dass der neue Gläubiger eine Leistung an den alten Gläubiger gelten lassen muss, es sei denn, dass dem Schuldner die Abtretung bei Vornahme der Leistungshandlung bekannt war.

K hatte hier an den V und damit an ihren bisherigen Gläubiger gezahlt. Zum Zeitpunkt der Zahlung hatte sie von der Abtretung keine Kenntnis, so dass T die Zahlung gegen sich gelten lassen muss.

### III. Ergebnis

K ist gegenüber der T somit nach § 407 Abs. 1 von ihrer Zahlungsverpflichtung befreit worden und schuldet ihr keine Zahlung mehr.

# 6. Teil
# Aufrechnung

PRÜFUNGSSCHEMA

236 **Aufrechnung**

**I. Aufrechnungserklärung**
**II. Allgemeine Wirksamkeitsvoraussetzungen**
**III. Aufrechnungsbefugnis**
1. Aufrechnungslage
   a) Wechselseitige Forderungen
      (P) Ausnahmen bei Ablöseberechtigung und Abtretung Rn. 259 ff.
   b) Gleichartigkeit des Gegenstandes
   c) Fälligkeit der Forderung des Aufrechnenden
   d) Erfüllbarkeit der Forderung gegen den Aufrechnenden
2. Kein Aufrechnungsverbot
   a) aus Gesetz (§§ 390 ff.)
   b) aus Vertrag

Ein weiteres Erfüllungssurrogat stellt die Aufrechnung dar. Der Anspruch erlischt nicht durch Bewirken der geschuldeten Leistung, sondern dadurch, dass der Anspruchsgegenstand mit einem gleichartigen Gegenstand einer Gegenforderung verrechnet wird. Insgesamt erlöschen dadurch zwei Ansprüche, soweit sie sich inhaltlich decken. Abweichend von § 266 erlaubt die Aufrechnung damit auch eine Teilerfüllung einer Forderung.

Die Wirkung der Aufrechnung beschreibt § 389, wonach die Aufrechnung bewirkt, dass die Forderungen, **soweit** sie sich decken, als **in dem Zeitpunkt** als erloschen gelten, **in welchem sie zur Aufrechnung geeignet einander gegenübergetreten sind.**

237 Mit der Aufrechnung ist damit also auch eine **Rückwirkung** verbunden. Diese Verrechnung gleichartiger Leistungen geschieht grundsätzlich nicht kraft Gesetzes, sondern erst durch einen entsprechenden Gestaltungsakt einer Partei. Die Aufrechnung ist damit ein einseitiges Rechtsgeschäft und wegen ihres Verfügungscharakters auch gleichzeitig ein Gestaltungsrecht. Die Aufrechnung ist also **einseitiges Rechtsgeschäft, sowie Gestaltungs- und Verfügungsgeschäft.**

**JURIQ-Klausurtipp**

In die Aufrechnungsthematik steigen Sie – wie immer – mit dem Tatbestand ein, der die Wirkung anordnet, hier § 389:

*„Der Anspruch könnte jedoch durch Aufrechnung nach § 389 erloschen sein.(...)"*

Als **einseitiges Rechtsgeschäft** prüfen wir die Aufrechnung wieder nach den allgemeinen Prüfungsschritten: Zustandekommen und Wirksamkeitsvoraussetzungen.[1]

---

1 Vgl. ausführlich dazu Skript „BGB AT I".

# A. Aufrechnungserklärung

## I. Allgemeine Anforderungen

Als einseitiges Rechtsgeschäft kommt die Aufrechnung durch eine wirksame Aufrechnungserklärung zustande. Die Aufrechnungserklärung ist eine **empfangsbedürftige Willenserklärung,** die durch **Zugang beim Aufrechnungsgegner** wirksam wird (§ 130 Abs. 1 S. 1). Aufrechnungsgegner ist der Gläubiger, gegen dessen Forderung die Aufrechnung erfolgen soll, mit anderen Worten, der Gläubiger, dessen Forderung durch die Aufrechnung zum Erlöschen gebracht werden soll. Es gelten im Übrigen die allgemeinen Regeln über Abgabe, Zugang, Auslegung und Nichtigkeitsgründe einer Willenserklärung.[2] **238**

## II. Inhaltliche Anforderungen

Inhaltlich muss die Aufrechnungserklärung ergeben, dass die Aufrechnung gewollt ist. Das versteht sich von selbst. Sie muss darüber hinaus auch deutlich machen, gegen welche Forderung aufgerechnet werden soll. Ergibt sich dies aus der Aufrechnungserklärung nicht, lässt sich anhand der Erklärung also nicht bestimmen, gegen welche bzw. mit welcher Forderung aufgerechnet werden soll, kommt die Aufrechnung gleichwohl zustande.[3] Diese Bestimmungslücke wird nämlich durch § 396 Abs. 1 S. 2 und Abs. 2 geschlossen, der die §§ 366 Abs. 2, 367 für entsprechend anwendbar erklärt. Es gilt dann, die sich aus **diesen Vorschriften ergebende Tilgungsreihenfolge**. **239**

Dabei besteht gegenüber der Erfüllung eine Besonderheit. Nach § 396 Abs. 1 S. 2 kann der Aufrechnungsgegner der Tilgungsbestimmung des Aufrechnenden widersprechen und damit seinerseits die gesetzliche Tilgungsreihenfolge herbeiführen. Dies setzt voraus, dass er einer entsprechenden Aufrechnungserklärung unverzüglich widerspricht.

Damit soll der Aufrechnungsgegner die Möglichkeit erhalten, die Aufrechnung auf eine inzwischen verjährte, bei Eintritt der Aufrechnungslage aber noch unverjährte Forderung zu lenken (§ 215). Denn eine solche Forderung könnte er anders als durch Aufrechnung nicht mehr verwerten. Sie wäre also für den Aufrechnungsgegner praktisch verloren, wenn § 396 Abs. 1 S. 2 ihm kein entsprechendes Selbsthilferecht gewähren würde.

Außerdem ist wichtig, dass die Aufrechnungserklärung nach § 388 S. 2 nicht unter einer Bedingung oder Zeitbestimmung abgegeben werden darf. Diese **Bedingungsfeindlichkeit** ist der Preis dafür, dass der andere Teil die einseitige Gestaltung über sich ergehen lassen muss und ihr ausgesetzt ist. Die in § 388 S. 2 ausgesprochene Bedingungs- und Befristungsfeindlichkeit ist daher ein allgemeines Prinzip, das auf die Ausübung sämtlicher Gestaltungsrechte übertragen werden kann.[4] Davon lässt man eine **Ausnahme im Prozess** zu. Im Prozess kann die Aufrechnung vom Beklagten unter der Bedingung erklärt werden, dass sich die eingeklagte Hauptforderung dem Grunde nach als berechtigt erweist. Diese Bedingung schafft hier keine für den anderen Teil unzumutbare Unsicherheit, weil die Frage des Eintritts dieser Bedingung im Verfahren ja ohnehin geklärt wird und bis zum Abschluss des Verfahrens auch der andere Teil auf seine Forderung nicht sicher vertrauen darf. Möglicherweise **240**

2 Vgl. ausführlich dazu Skript „BGB AT I".

3 *BGH* Urteil vom 19. November 2008 (Az: XII ZR 123/07) unter Tz. 11 ff. = BGHZ 179, 1 ff. = NJW 2009, 1071 ff.

4 *BGH* BGHZ 97, 264, 267.

dringt ja der beklagte Schuldner mit seinen sonstigen Verteidigungsmöglichkeiten durch. Erst nach dem (rechtskräftigen) Urteil besteht Klarheit über den Bestand der wechselseitigen Ansprüche.

## B. Allgemeine Wirksamkeitsvoraussetzungen

241 Auf die Aufrechnung finden die allgemeinen Wirksamkeitsvoraussetzungen für einseitige Rechtsgeschäfte Anwendung.[5] Hier sind insbesondere die §§ 111, 174, 180 zu beachten. Da der Schuldner durch die Aufrechnung seine eigene Forderung verliert, stellt sich die Aufrechnung regelmäßig als rechtlich nachteiliges Rechtsgeschäft dar, so dass bei einer Aufrechnung durch nicht voll geschäftsfähige Personen stets die **Einwilligung,** d.h. die **vorherige** Zustimmung (vgl. § 183 S. 1), des gesetzlichen Vertreters erforderlich ist (§ 107). Fehlt diese, so ist die Aufrechnung nach § 111 S. 1 unwirksam.

Eine Formnichtigkeit nach § 125 S. 1 scheidet hingegen aus, da die Aufrechnung formlos vorgenommen werden kann.

## C. Aufrechnungsbefugnis

242 Die Aufrechnungsbefugnis ist eine besondere Wirksamkeitsvoraussetzung der Aufrechnung. Ihr Fehlen stellt ein Wirksamkeitshindernis dar, das nicht geheilt werden kann. Eine Aufrechnung ohne Aufrechnungsbefugnis ist endgültig unwirksam. Die Aufrechnungsbefugnis muss zu dem Zeitpunkt vorliegen, zu dem die Aufrechnungserklärung wirksam wird. Als empfangsbedürftige Willenserklärung wird die Aufrechnungserklärung mit Zugang wirksam – entscheidend ist also der Zeitpunkt des Zugangs beim Aufrechnungsgegner.

243 Die Aufrechnungsbefugnis setzt sich zusammen aus dem Bestehen einer Aufrechnungslage (§ 387) und dem Fehlen von Aufrechnungsverboten, die in §§ 390 f. gesetzlich normiert sind, aber auch vertraglich vereinbart werden können.

### I. Aufrechnungslage

244

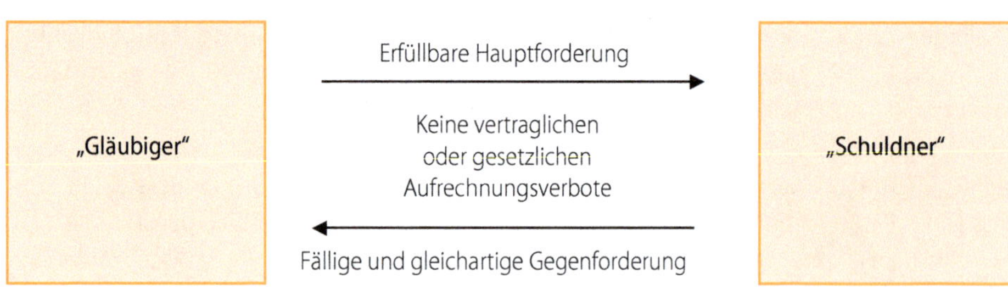


Die Aufrechnungslage bestimmt sich nach § 387.

5 S. dazu ausführlich im Skript „BGB AT II".

Nach § 387 besteht eine Aufrechnungslage, wenn dem Schuldner eine Forderung gegen den Gläubiger zusteht, die ihrem Gegenstand nach gleichartig ist. Außerdem muss die Forderung fällig („sobald er die ihm gebührende Leistung fordern") und die Forderung des Gläubigers erfüllbar sein („und die ihm obliegende Leistung bewirken kann").

## 1. Wechselseitige Forderungen

Eine Wechselseitigkeit besteht dann, wenn der Schuldner selbst Gläubiger und der Gläubiger der gegen ihn gerichteten Forderung Schuldner seines Anspruches ist. Beide Personen nehmen also sowohl die Position des Gläubigers als auch des Schuldners ein. **245**

## 2. Gleichartigkeit des Gegenstandes

Eine Gleichartigkeit des Gegenstandes liegt regelmäßig bei Geldschulden vor. Sie kann theoretisch auch sonst bei Gattungsschulden gegeben sein. Man kann also Äpfel gegen Äpfel, aber nicht Äpfel gegen Birnen aufrechnen. **246**

Bei Ungleichartigkeit des Leistungsgegenstandes besteht keine Aufrechnungslage. Hier kommt allenfalls ein Zurückbehaltungsrecht, z.B. aus § 273 oder § 320 in Betracht.

**Hinweis**

Mit der Gleichartigkeit ist hingegen nicht Gleichartigkeit im Rechtsgrund gemeint. Es spielt also keine Rolle, ob die wechselseitig bestehenden Forderungen sich aus derselben Anspruchsgrundlage bzw. aus demselben rechtlichen Gesichtspunkt (vertraglicher Anspruch oder Anspruch aus gesetzlichem Schuldverhältnis) ergeben.

Außerdem setzt die Aufrechnungslage keine Gegenseitigkeit der Forderung i.S.d. § 320 oder eine „Konnexität" i.S.d. § 273 voraus.

## 3. Fälligkeit der Forderung des Aufrechnenden („Gegenforderung")

Da der Schuldner durch die Aufrechnung seine eigene Forderung befriedigt, muss seine Forderung fällig sein. Die Forderung ist fällig, wenn sie besteht und der Leistungstermin erreicht ist. Dass die Forderung bestehen muss, versteht sich von selbst. Ist der zur Aufrechnung gestellte Anspruch nicht entstanden bzw. vor Aufrechnung erloschen, besteht keine Aufrechnungslage. Das Erfordernis der Fälligkeit ergibt sich daraus, dass der Schuldner mit der Aufrechnung seine eigene Forderung durchsetzt. Er muss also in der Lage gewesen sein, die Forderung notfalls auch klageweise geltend machen zu können. **247**

## 4. Erfüllbarkeit der Forderung gegen den Aufrechnenden („Hauptforderung")

Die Forderung des Gläubigers gegen den aufrechnenden Schuldner (sog. „Hauptforderung") muss ihrerseits nicht fällig sein. Denn es geht nicht darum, dass diese Forderung durchgesetzt wird. Vielmehr muss in zeitlicher Hinsicht nur der Moment erreicht sein, ab dem der Schuldner die Forderung erfüllen kann.[6] **248**

6 Zum Unterschied zwischen Fälligkeit und Erfüllbarkeit vgl. oben Rn. 163 ff.

## II. Kein Aufrechnungsverbot

249 Schließlich darf der Aufrechnung kein Aufrechnungsverbot entgegenstehen. Aufrechnungsverbote können sich aus Gesetz oder aus Rechtsgeschäft ergeben. Wir beginnen mit den gesetzlichen Aufrechnungsverboten.

### 1. Einredebehaftung der Gegenforderung (§ 390)

250 Die Forderung des Aufrechnenden (sog. „Gegenforderung") muss nach § 390 einredefrei sein. Eine mit einer Einrede behaftete Forderung kann nicht aufgerechnet werden. Dies folgt wieder zwanglos aus dem Gedanken, dass der Schuldner in der Lage gewesen sein muss, seine Forderung uneingeschränkt durchsetzen zu können. Die objektive Einredelage schließt bereits die Aufrechnung aus, also auch dann, wenn der Aufrechnungsgegner sich nicht auf die Einrede beruft.

251 Bestimmte Einreden können allerdings kein Aufrechnungsverbot begründen. Zum einen kommen Zurückbehaltungsrechte nicht zum Tragen, die sich gerade daraus ergeben, dass beide Parteien sich wechselseitig etwas schulden. Wenn also beide Parteien ihre wechselseitigen Forderungen aus demselben wirtschaftlichen Verhältnis herleiten, steht jedem die Einrede aus § 273 zu. Dann wäre aber eine Aufrechnung mit diesen wechselseitigen Forderungen in einer Vielzahl von Fällen nicht möglich. Deshalb bleiben die sich aus dem wechselseitigen Bestand der Forderungen ergebenden Zurückbehaltungsrechte, insbesondere aus § 273, außer Betracht.[7]

252 Eine weitere Ausnahme sieht § 215 für die Einrede der Verjährung vor. Wenn die zur Aufrechnung gestellte Gegenforderung des Schuldners der Hauptforderung seines Gläubigers bereits aufrechenbar zu einem Zeitpunkt gegenüberstand, als diese Forderung noch nicht verjährt war, hindert die spätere Verjährung die Aufrechnung nicht. Das Gesetz will dem Gläubiger also die in unverjährter Zeit entstandene Aufrechnungsmöglichkeit erhalten. Auf diese Weise kann er seine verjährte Forderung also doch noch durchsetzen und ihren Wert damit „retten".

### 2. Verschiedenheit der Leistungsorte (§ 391 Abs. 2)

253 Nach § 391 Abs. 2 ist eine Aufrechnung ausgeschlossen, wenn vereinbart ist, dass die Leistung zu einer bestimmten Zeit an einem bestimmten Ort erfolgen soll und die zur Aufrechnung gestellte Gegenforderung an einem anderen Leistungsort zu erfüllen ist. Im Übrigen begründet eine Verschiedenheit der Leistungsorte keinen Ausschluss der Aufrechnung, § 391 Abs. 1 S. 1.

**Beispiel** A soll für B ein Gemälde ersteigern. Da auf der betreffenden Auktion nach Zuschlag bar bezahlt werden muss, vereinbaren A und B, dass A am Tag vor der Auktion von B in dessen Büro einen ausreichenden Barvorschuss erhält. Später fällt B ein, dass A ihm aus einem anderen Geschäft noch Geld schuldet und erklärt insoweit die Aufrechnung. Da für die Zahlungspflicht des A aus der zur Aufrechnung gestellten Gegenforderung nicht das Büro des B, sondern der Wohnsitz des A als Leistungsort anzusehen ist (§§ 269, 270 Abs. 4), fallen die Leistungsorte auseinander. Das Problem besteht für A nun

7 *BGH* NJW 1990, 3212.

darin, dass er sich das Geld für die Auktion kurzfristig anderweitig beschaffen müsste, worauf er sich aufgrund der vertraglichen Vereinbarung nicht eingestellt hat. § 391 Abs. 2 verbietet deshalb eine Aufrechnung. ■

### 3. Beschlagnahmte Hauptforderung (§ 392)

§ 392 verbietet eine Aufrechnung gegen eine beschlagnahmte Forderung, wenn der Schuldner seine Forderung nach der Beschlagnahme erworben hat oder wenn seine Forderung erst nach der Beschlagnahme und später als die in Beschlag genommene Forderungen fällig geworden ist. 254

Unter einer „Beschlagnahme" i.S.d. § 392 ist die Pfändung der Forderung im Wege der Zwangsvollstreckung gemeint. Die Pfändung einer Forderung führt dazu, dass der Gläubiger über die Forderung nicht mehr verfügen darf (§ 829 Abs. 1 S. 2 ZPO) und der Schuldner nicht mehr an den Gläubiger zahlen darf (§ 829 Abs. 1 S. 1 ZPO). Diese Vorschriften würden umgangen, wenn der Schuldner die beschlagnahmte Forderung im Wege der Aufrechnung tilgen könnte. Denn dann hätte der Vollstreckungsgläubiger im Ergebnis ja vergeblich die Forderung pfänden lassen. Allerdings wird der Schuldner in der Weise geschützt, dass eine vor Beschlagnahme entstandene Aufrechnungslage – ähnlich wie bei der Verjährung – nicht mehr entfällt, sondern den Schuldner weiterhin zur Aufrechnung berechtigt. Der vollstreckende Gläubiger ist hier mit seiner Pfändung sozusagen „zu spät gekommen". 255

### 4. Hauptforderung aus vorsätzlicher unerlaubter Handlung (§ 393)

§ 393 verbietet die Aufrechnung **gegen** eine Forderung aus einer vorsätzlich begangenen unerlaubten Handlung. Dadurch soll eine „Privatrache" eines Gläubigers gegenüber einem säumigen und nunmehr zahlungsunfähigen Schuldner verhindert werden. Mit einer solchen Forderung kann hingegen aufgerechnet werden. 256

**Beispiel** A hat gegen B eine Kaufpreisforderung, die der B schuldig geblieben ist. Aufgrund der katastrophalen Vermögenslage des B besteht keine Aussicht, diese Forderung in absehbarer Zeit eintreiben zu können. A ist darüber derart verärgert, dass er aus Wut die Reifen an dessen altem Pkw aufschlitzt. Gegen den nunmehr begründeten Schadensersatzanspruch des B aus § 823 Abs. 1 sowie § 823 Abs. 2 BGB i.V.m. § 303 StGB kann der A nicht mit seiner Kaufpreisforderung aufrechnen. ■

Bei dem Aufrechnungsverbot des § 393 bleibt es nach der h.M. auch dann, wenn die beiderseitigen Forderungen aus vorsätzlich unerlaubter Handlung und darüber hinaus sogar aus einem einheitlichen Lebenssachverhalt stammen (etwa Prügelei). Zwar steht der Vorwurf einer Privatrache durch eine erst später einseitig vom Gläubiger verübte unerlaubte Handlung gar nicht im Raum. Die h.M. beruft sich jedoch auf den Wortlaut und den Gesichtspunkt einer rechtssicheren Handhabung der Vorschrift. Anderenfalls ließe sich nicht mehr sicher genug erkennen, wann die Aufrechnung mit einer Forderung entgegen § 393 doch erlaubt sei.[8]

8 *BGH* Beschluss vom 15. September 2009 (Az: VI ZA 13/09) unter Tz. 4 ff. = NJW 2009, 3508 m.w.N.

### 5. Unpfändbarkeit der Hauptforderung (§ 394)

257 Nach § 394 S. 1 kann gegen eine unpfändbare Forderung nicht aufgerechnet werden. Pfändungsverbote finden sich insbesondere in §§ 850 ff. ZPO. Es handelt sich hierbei um Forderungen, die dem Schuldner als Existenzminimum belassen werden müssen. Deshalb können die Forderungen nicht im Wege der Zwangsvollstreckung gepfändet werden und stehen auch nicht für eine Abtretung zur Verfügung (§ 400). Aus demselben Grunde soll auch eine „Privatvollstreckung" durch Aufrechnung ausgeschlossen sein.

### 6. Hauptforderung öffentlich-rechtlicher Körperschaften (§ 395)

258 Nach § 395 kann gegen eine (Haupt-)Forderung des Bundes oder eines Landes sowie gegen eine Forderung einer Gemeinde oder eines anderen Kommunalverbandes nicht aufgerechnet werden, wenn die Leistung an eine andere Kasse zu erfolgen hat, aus der die Forderung des Aufrechnenden zu berichtigen ist.

**Beispiel** A ist wegen überhöhter Geschwindigkeit mit einem Bußgeld verwarnt worden. Er kann gegen diese Bußgeldforderung nicht die Aufrechnung mit einem Rückzahlungsanspruch wegen überzahlter Einkommensteuer aufrechnen. ■

## D. Ausnahmen vom Wechselseitigkeitsprinzip

259 Wie wir gesehen haben, erfordert die Aufrechnungslage nach § 387 eine Wechselseitigkeit der Haupt- und Gegenforderung. Andernfalls besteht mangels Aufrechnungslage keine Aufrechnungsbefugnis. Von diesem Grundsatz macht das Gesetz aber Ausnahmen.

### I. Aufrechnungsbefugnis eines ablösungsberechtigten Dritten

260 Nach **§ 268 Abs. 2** kann ein ablösungsberechtigter Dritter gegenüber der Hauptforderung des Gläubigers mit einer ihm zustehenden Forderung gegen dessen Schuldner aufrechnen. Obwohl hier keine Wechselseitigkeit besteht, lässt das BGB eine Aufrechnung zu, um die Interessen des Dritten an einer Vermeidung der Zwangsvollstreckung zu wahren. Einzelheiten dazu betrachten wir im Sachen- und Vollstreckungsrecht.

### II. Aufrechnung nach Abtretung

261 Auch im Falle der Abtretung wird die Wechselseitigkeit „auseinander gerissen". Da der Schuldner an der Abtretung nicht beteiligt wird, kann ihm dadurch eine einmal entstandene Aufrechnungslage unfreiwillig wieder entzogen werden. Das Gesetz schützt ein begründetes Vertrauen des Schuldners in die bereits entstandene Aufrechnungslage, indem es die Aufrechnung gleichwohl zulässt.

262 Dabei sind zwei Konstellationen denkbar: Entweder erlaubt das Gesetz eine Aufrechnung gegenüber dem neuen Gläubiger oder eine Aufrechnung gegenüber dem alten Gläubiger.

## 1. Fälle des § 406 (Aufrechnung gegenüber dem neuen Gläubiger)

263

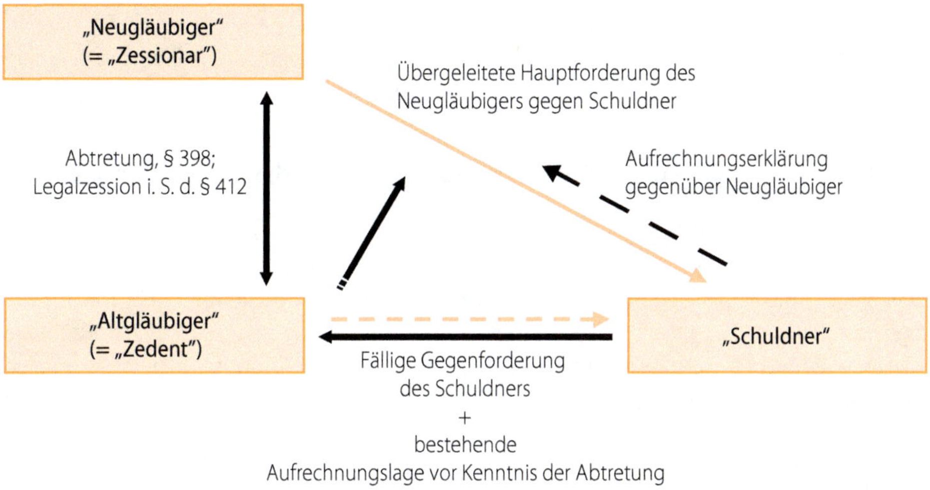


In den Fällen des § 406 hat der bisherige Gläubiger seine Forderung wirksam an einen Dritten abgetreten, der nunmehr die Position des neuen Gläubigers einnimmt. Hatte der Schuldner gegen den bisherigen Gläubiger eine wechselseitige Gegenforderung und lagen die sonstigen Voraussetzungen für eine Aufrechnung vor, wird die Aufrechnungsbefugnis durch die Abtretung „zerstört“. Denn jetzt fehlt es an der Wechselseitigkeit der Forderungen. § 406 erlaubt dem Schuldner grundsätzlich, mit seiner Gegenforderung gegen die Hauptforderung des neuen Gläubigers aufzurechnen. Davon gibt es jedoch Ausnahmen:

### a) Fall des § 406 Hs. 2 Var. 1

Nach § 406 Hs. 2 Var. 1 kann der Schuldner eine ihm gegen den bisherigen Gläubiger zuste- 264
hende Forderung auch dem neuen Gläubiger gegenüber aufrechnen, es sei denn, dass er bei dem Erwerb der (= seiner Gegen-)Forderung von der Abtretung Kenntnis hatte. In diesem Fall hat sich ein schutzwürdiges Vertrauen des Schuldners in eine Aufrechnungslage nie bilden können, da der Schuldner bei Entstehung der Aufrechnungslage bereits wusste, dass keine wechselseitigen Verpflichtungen bestehen.

**Beispiel** V hat M eine Wohnung vermietet. M schuldet V noch die Miete für den Monat Mai. Im Juni veräußert V das Mietobjekt an Z, der im Juli als neuer Eigentümer im Grundbuch eingetragen wird. Gleichzeitig tritt V dem Z die ausstehende Mietzinsforderung ab. Z zeigt die Abtretung dem M Ende Juli an. Im August veräußert M ein Bild aus seiner Sammlung an V. M kann nun mit seiner Kaufpreisforderung nicht gegen die noch offene Mietzinsforderung gegenüber Z aufrechnen, da er bei Erwerb seiner Kaufpreisforderung wusste, dass die Mietzinsforderung nunmehr dem Z zusteht. Umgekehrt können weder V noch Z die Aufrechnung gegen die Kaufpreisforderung erklären. ■

### b) Fall des § 406 Hs. 2 Var. 2

Nach § 406 Hs. 2 Var. 2 kann der Schuldner eine ihm gegen den bisherigen Gläubiger zuste- 265
hende Forderung auch dem neuen Gläubiger gegenüber aufrechnen, es sei denn, dass die Forderung erst nach der Erlangung der Kenntnis (von der Abtretung) und später als die abgetretene Forderung fällig geworden ist. Auch hier kann sich schutzwürdiges Vertrauen in eine Aufrechnungslage nicht gebildet haben, da der Schuldner erst nach Fälligkeit seiner For-

derung auf eine Aufrechnungslage vertrauen konnte. Zu diesem Zeitpunkt wusste er aber, dass keine wechselseitig bestehenden Forderungen mehr existieren.

**Beispiel** Stellen Sie sich vor, dass im vorherigen *Beispiel* M dem V das Bild noch im Juni verkauft, den Kaufpreis aber bis August gestundet hätte. ■

## 2. Fälle des § 407 Abs. 1 (Aufrechnung gegenüber dem alten Gläubiger)

**266** In den Fällen des § 407 Abs. 1 hatte der Schuldner zum Zeitpunkt seiner Aufrechnungserklärung noch keine Kenntnis von der Abtretung. Folgerichtig erklärt er die Aufrechnung gegenüber seinem bisherigen Gläubiger. Dieser ist aber bei wirksamer Abtretung nicht mehr Gläubiger, sondern der Zessionar. Eigentlich müsste die Aufrechnung mangels Aufrechnungslage ins Leere gehen. § 407 Abs. 1 schützt jedoch wiederum das Vertrauen des Schuldners in eine bestehende Aufrechnungslage.

**Beispiel** Stellen Sie sich vor, dass M im vorangegangenen *Beispiel* noch nicht gewusst hätte, dass V die Mietzinsforderung an Z abgetreten hat. Wenn er nun mit seiner Kaufpreisforderung gegen den Mietzinsanspruch gegenüber V die Aufrechnung erklärt, so führt das zur Leistungsbefreiung nach § 407 Abs. 1. ■

**267** Da die Leistungsbefreiung hier auf einer schuldnerschützenden Vorschrift beruht, ist überwiegend anerkannt, dass der Schuldner diesen Schutz in Anspruch nehmen kann, aber nicht muss. Er hat also ein **Wahlrecht**, ob er es bei der Befreiungswirkung nach § 407 Abs. 1 belässt oder ob er die Aufrechnung tatsächlich ins Leere gehen lässt.[9]

9 Grüneberg-*Grüneberg* § 407 Rn. 5.

# E. Übungsfall Nr. 3

„Her mit der Kaution" 268

Claudia Meier (M) und Tobias Floh (F) studieren Jura an der ehrwürdigen Ludwig-Maximilians-Universität in München und wohnen zusammen. Den Mietvertrag über die Wohnung haben beide gemeinsam mit der Vermieterin Vogel GmbH (V) geschlossen. Der Mietzins beträgt monatlich 1500 € inklusive Nebenkostenvorauszahlungen in Höhe von 200 €. Der Abrechnungszeitraum beginnt jährlich mit dem 1. August und endet am 31. Juli des Folgejahres.

In dem Formularvertrag, den V bei der Vermietung ihrer Wohnungen einsetzt, heißt es:

*„§ 6 Kaution*

*Die Mieter leisten bei Abschluss des Mietvertrages eine Kaution in Höhe von drei Monatsmieten (ohne Nebenkostenvorauszahlungen) = …………… Die Kaution wird der Vermieter auf ein gesondert zu führendes Kautionskonto entsprechend den gesetzlichen Vorgaben anlegen. Die Rückzahlung erfolgt einschließlich Zinsen drei Monate nach Beendigung des Mietverhältnisses.*

*(…)*

*§ 12 Aufrechnung*

*Den Mietern ist die Aufrechnung nur mit vom Vermieter anerkannten Forderungen möglich."*

Ein zuständiger Mitarbeiter der V, der das Formular in seinem Büro seinerzeit vorbereitet hatte, hatte in die Lücke unter § 6 die Kautionshöhe handschriftlich mit „4500 €" eingesetzt und dabei den Abzug der Nebenkostenvorauszahlungen vergessen.

M und F hatten die im Vertrag vorgesehene Kaution in Höhe von 4500 € bei Einzug an die V gezahlt. V hat die Kaution pflichtgemäß angelegt.

Als das Mietverhältnis durch ordnungsgemäße Kündigung der M und F zum 1. Oktober beendet wurde, stehen noch zwei Mietraten, nämlich für die Monate August und September zur Zahlung offen. M und F erklären „vorsorglich" im November die Aufrechnung mit ihrem Anspruch auf Rückzahlung der Kaution mit „etwaigen Mietrückständen". Der verbleibende Rest der Kaution möge bitte umgehend an sie ausgezahlt werden.

Kann V dennoch Zahlung der beiden Mietraten in voller Höhe verlangen?

Dabei ist davon auszugehen, dass das Kautionskonto Zinsen in Höhe von 5 % des Kautionsbetrages aufweist.

## Lösung 269

### Anspruch der V gegen M und F auf Zahlung der Miete gem. §§ 535 Abs. 2, 421

Die V könnte einen Anspruch gegen M und F als Gesamtschuldner auf Zahlung von Mietzins aus Mietvertrag für zwei Monate (August und September) gem. § 535 Abs. 2 haben.

#### I. Anspruchsentstehung

#### 1. Mietverhältnis zwischen V sowie M und F

Notwendige Anspruchsvoraussetzung ist zunächst, dass zwischen V einerseits und M sowie F andererseits ein Mietverhältnis bestand, das M und F als Gesamtschuldner zur Zahlung des Mietzinses verpflichtete.

Ein Mietvertrag wurde nach dem Sachverhalt unproblematisch zwischen V einerseits und M und F andererseits abgeschlossen und sah einen monatlichen Mietzins von insgesamt 1500 € vor. V kann als solche Trägerin eigener Rechte und Pflichten sein. Diese Rechtsfähigkeit folgt für V aufgrund ihrer Rechtsform aus § 13 Abs. 1 GmbHG. Von der wirksamen Vertretung der V ist auszugehen.

Gegen die Wirksamkeit des Vertragsschlusses bestehen im Übrigen keine Bedenken.

### 2. Gesamtschuldnerschaft von M und F

Die Gesamtschuldnerstellung von M und F folgt aus § 427, da M und F sich durch den gemeinschaftlich abgeschlossenen Mietvertrag zur Zahlung der monatlichen Miete verpflichtet haben. Diese stellt als auf Zahlung eines Geldbetrages gerichtete Schuld eine Pflicht zu einer teilbaren Leistung i.S.d. § 427 dar.

### 3. Zwischenergebnis

Der Anspruch auf Zahlung des Mietzinses gegen M und F als Gesamtschuldner ist durch wirksamen Abschluss eines Mietvertrages begründet worden.

## II. Erlöschen des Mietzinsanspruches durch Aufrechnung gem. § 389

Möglicherweise ist der Anspruch der V aber durch die Aufrechnung von M und F im November gem. § 389 erloschen.

### 1. Aufrechnungserklärung

M und F hatten die Aufrechnung mit einem Anspruch auf Rückzahlung der zu Beginn des Mietverhältnisses geleisteten Kaution erklärt.

Tilgungswirkung kann die Aufrechnungserklärung aber nur haben, wenn M und F zur Aufrechnung berechtigt waren. Dies bestimmt sich nach §§ 387 ff.

### 2. Aufrechnungsbefugnis

#### a) Gleichartiger Gegenanspruch

Nach § 387 setzt eine wirksame Aufrechnung einen gleichartigen und fälligen Gegenanspruch voraus.

Als solcher kommt der in der Aufrechnungserklärung genannte Anspruch auf Rückzahlung der Kaution einschließlich angefallener Zinsen in Betracht, der wie die Forderung der V ebenfalls auf Zahlung eines Geldbetrages gerichtet ist.

#### aa) Vertraglicher Rückzahlungsanspruch

Ein solcher Rückzahlungsanspruch ist im Mietvertrag unter § 6 ausdrücklich vorgesehen. Der Anspruch steht gem. § 432 M und F als Mitgläubigern zu.[10]

Nach der vertraglichen Regelung konnten M und F Rückzahlung aber erst drei Monate nach Beendigung des Mietverhältnisses verlangen. Bei Zugang der Aufrechnungserklärung war dieser Zeitpunkt noch nicht erreicht. Dabei kann offen bleiben, ob es sich beim vereinbarten Rückzahlungstermin um eine reine Fälligkeitsregelung i.S.d. § 271 oder um eine aufschiebende Bedingung i.S.d. § 158 Abs. 1 handelt. In beiden Fällen steht der Anspruch vor Erreichen des Termins nicht zur Aufrechnung zur Verfügung.

#### bb) Rückzahlungsanspruch aus § 812 Abs. 1 S. 1 Var. 1

Möglicherweise können M und F von V aber die Rückzahlung ihrer Kaution aus Leistungskondiktion nach § 812 Abs. 1 S. 1 Var. 1 wegen ungerechtfertigter Bereicherung verlangen.

**(1)** M und F haben an die V einen Kautionsbetrag in Höhe von 4500 € gezahlt, um damit ihre Zahlungsverpflichtung gem. § 6 der Vereinbarung zu erfüllen. V hat diesen Betrag damit durch eine Leistung von M und F erlangt.

**(2)** Fraglich ist allein, ob dies auch ohne rechtlichen Grund geschah. Dies ist dann der Fall, wenn die unter § 6 vorgesehene Verpflichtung zur Kautionszahlung unwirksam ist.

**(a)** Gem. § 551 Abs. 4 ist eine Vereinbarung unwirksam, die zum Nachteil des Mieters von den Absätzen Abs. 1–3 des § 551 abweicht.

Nach § 551 Abs. 1 darf die Kaution höchstens das Dreifache der auf einen Monat entfallenden Miete ohne die als Pauschale oder als Vorauszahlung ausgewiesenen Betriebskosten betragen. Im vorliegenden Fall hätte die Kaution folglich maximal 3900 € betragen dürfen, so dass die Vereinbarung insoweit zum Nachteil der Mieter M und F abweicht. Außerdem sieht § 551 Abs. 2 vor, dass der Mieter berechtigt ist, die Kaution in drei gleichen monatlichen Teilzahlungen zu leisten. Auch davon weicht die Klausel unter § 6 des Mietvertrages zum Nachteil der Mieter ab, indem er eine Fälligkeit der gesamten Kaution bei Abschluss des Mietverhältnisses vorsieht.

10 Grüneberg-*Weidenkaff* Einf. v. § 535 Rn. 126.

**(b)** Aus § 551 Abs. 4 folgt zunächst, dass die Fälligkeitsregelung „bei Abschluss des Mietvertrages" sowie die Präzisierung der Höhe der Kaution mit der handschriftlichen Angabe: „= 4500 €" unwirksam ist.

**(c)** Zu prüfen ist nun, ob die Unwirksamkeit dieser Bestimmungen insgesamt zur Nichtigkeit der vertraglichen Zahlungsverpflichtung führt. Möglicherweise ist die gesamte Kautionsregelung wegen der unwirksam vereinbarten Kautionshöhe nach § 139 nichtig. Allerdigs wird diese Vorschrift bei Verwendung Allgemeiner Geschäftsbedingungen durch § 306 verdrängt,[11] wonach die Unwirksamkeit einer Allgemeinen Geschäftsbedingung die Wirksamkeit des Vertrages im Übrigen nicht berührt.

§ 306 setzt voraus, dass es sich bei der von V in ihren Verträgen verwendeten Kautionsregelung um eine Allgemeine Geschäftsbedingung handelt. Daran könnte man hier allein im Hinblick auf den – handschriftlich eingesetzten – Betrag der Kaution zweifeln, da der Kautionsbetrag gerade von der im Einzelfall ausgehandelten Miete abhängt und es deshalb an der nach § 305 Abs. 1 S. 1 erforderlichen Absicht fehlen dürfte, diese Regelung für eine Vielzahl von Verträgen zu verwenden.

**Hinweis**

Denken Sie aber daran, dass auch handschriftliche Zusätze Allgemeine Geschäftsbedingungen sein können, wie sich aus § 305 Abs. 1 S. 2 ergibt. Auf die Form kommt es also nicht an.

Im vorliegenden Fall ist allerdings ergänzend § 310 Abs. 3 zu beachten, da V bei Vertragsschluss in Ausübung ihrer gewerblichen Tätigkeit handelte, während M und F den Mietvertrag für ihre privaten Zwecke schlossen und deshalb als Verbraucher anzusehen sind. Nach § 310 Abs. 3 Nr. 2 findet § 306 auch auf solche vorformulierten Klauseln Anwendung, die nur zur einmaligen Verwendung bestimmt sind und „soweit der Verbraucher aufgrund der Vorformulierung auf ihren Inhalt keinen Einfluss nehmen konnte." Letzteres ist im vorliegenden Fall zu bejahen, da nicht ersichtlich ist, dass M und F den von einem Mitarbeiter der V bereits ausgefüllten Vertrag seinem Inhalt nach noch ernsthaft hätten beeinflussen können.[12]

§ 139 wird folglich durch § 306 verdrängt. Ohne die gemäß § 551 Abs. 2 S. 1 unwirksame Fälligkeitsregelung „bei Abschluss des Mietvertrages" sowie die nichtige, weil drei Nettomonatsmieten übersteigende, zusätzliche Angabe der Höhe „= 4500 €", bleibt eine Abrede der Parteien über eine von M und F zu erbringende Sicherheitsleistung in Höhe von „drei Monatsmieten ohne Nebenkostenvorauszahlung" bestehen.

**(d)** Die Annahme einer solchen Restwirksamkeit der Kautionsvereinbarung könnte aber eine unzulässige geltungserhaltende Reduktion einer Formularklausel darstellen. Das Verbot einer geltungserhaltenden Reduktion Allgemeiner Geschäftsbedingungen betrifft Klauseln, die zulässige und unzulässige Tatbestände sprachlich nicht trennbar verbinden, bei denen daher die Ausgrenzung der unzulässigen und die Aufrechterhaltung der zulässigen Teile nur durch eine sprachliche und inhaltliche Umgestaltung erreicht werden könnte.[13] Hier geht es aber nicht darum, für eine unzulässige Klausel eine neue Fassung zu finden, die für den Verwender möglichst günstig, aber rechtlich gerade noch zulässig ist. Vielmehr wird eine sprachlich und inhaltlich teilbare Formularbestimmung ohne ihre unzulässigen Bestandteile mit ihrem zulässigen Inhalt aufrechterhalten.

Zu prüfen bleibt, ob die Teilwirksamkeit der Kautionsabrede auch mit dem Sinn und Zweck des § 551 vereinbar ist.

Würde man die Kautionsregelung insgesamt für unwirksam erklären, weil eine Teilregelung zur Fälligkeit und Höhe gegen das Gesetz verstößt, blieben die berechtigten Interessen

11 Grüneberg-*Grüneberg* § 306 Rn. 1.

12 Vgl. Grüneberg-*Grüneberg* § 310 Rn. 17.

13 *BGH* NJW 1984, 2816 unter II 3; BGHZ 136, 314, 322.

des Vermieters an einer Sicherheit und damit auch an der wirtschaftlichen Nutzbarkeit der Wohnung außer Acht. Für einen Vermieter besteht die Gefahr, dass die vermietete Wohnung durch den Mieter beschädigt wird und der Schaden bei Vertragsende nicht oder nicht vollständig von diesem beseitigt worden ist. Durch die Mietsicherheit ist der Vermieter zumindest teilweise gegen hieraus resultierende Schäden abgesichert. Demgegenüber kann ein Mieter in der Regel nicht erwarten, dass sich ein Vermieter zur Überlassung einer Wohnung ohne Stellung einer Mietsicherheit bereit erklärt. Die Leistung einer solchen Sicherheit entspricht der üblichen Praxis. Auch läuft die Bestimmung des § 551 Abs. 2 S. 1 nicht leer, wenn die Kautionsregelung trotz unwirksamer Fälligkeitsregelung im Übrigen als wirksam anzusehen ist. Der Mieter ist nicht verpflichtet, die Mietsicherheit vor der gesetzlichen Fälligkeit zu entrichten. Es steht ihm frei, die Kaution sofort zu bezahlen oder sie bis zu den in § 551 Abs. 2 bestimmten Fälligkeitszeitpunkten einzubehalten. Der Vermieter hat keine rechtliche Möglichkeit, die Zahlung der Kaution vor Fälligkeit zu erzwingen. Ein Mieter, von dem der Vermieter die vorzeitige Zahlung der vereinbarten Kaution verlangt, ist auch nicht ohne rechtlichen Schutz. Ihm steht nach dem Mietvertrag ein Anspruch auf Überlassung der Wohnung zu, den er notfalls gerichtlich durchsetzen kann. Schließlich ist zu berücksichtigen, dass die vom Vermieter durch eine zu frühe Leistung der gesamten Kaution erzielten Zinsen ohnehin dem Mieter zustehen, § 551 Abs. 3 S. 3.

Die Verpflichtung zur Kautionszahlung als solche ist damit wirksam[14] mit Ausnahme der Fälligkeitsregel sowie der zusätzlichen Bestimmung der Höhe des Kautionsbetrages.[15]

**Hinweis**

Im Falle einer Individualvereinbarung würde Folgendes gelten:

Nach § 139 wäre (nur) im Zweifel von Gesamtnichtigkeit auszugehen.

1. Soweit die Regelung in § 6 des Mietvertrages eine unzulässige Fälligkeitsbestimmung enthält, wird man sagen müssen, dass die Parteien bei Kenntnis der zwingenden gesetzlichen Regelung des § 551 Abs. 2 vermutlich die Kautionsabrede nach den gesetzlichen Vorgaben gestaltet hätten und den Mietvertrag nicht daran hätten scheitern lassen. § 139 würde hier also nicht zur Nichtigkeit führen.
2. Im Hinblick auf die fehlerhafte Präzisierung der Kautionshöhe ist die Vereinbarung der Parteien in sich widersprüchlich, da drei Monatsnettomieten nicht 4500 € ergeben, sondern nur 3900 €. Grundsätzlich ist aber davon auszugehen, dass die Parteien eine gesetzeskonforme Regelung gewollt haben.[16] Danach ist anzunehmen, dass die Parteien eine mit § 551 Abs. 1 in Übereinstimmung stehende Regelung treffen und damit eine Kaution von drei Monatsmieten ohne Vorauszahlungsbeträge vereinbaren wollten und es sich bei dem handschriftlichen Eintrag um ein Versehen ohne Rechtsfolgen handelt.

#### cc) Zwischenergebnis

Die Zahlung der Kaution an die V erfolgte deshalb in Höhe von 3900 € mit Rechtsgrund. Ein Bereicherungsanspruch besteht somit nur in Höhe von 600 €. Nach § 818 Abs. 1 schuldet V auch die Rückzahlung anteiliger Zinsen in Höhe von 30 €.

14 Urteile des *BGH* vom 30. Juni 2004 (Az: VIII ZR 243/03), vom 3. Dezember 2003 (Az: VIII ZR 86/03) = NZM 2003, 754 und 25. Juni 2003 (Az: VIII ZR 344/02) = NJW 2003, 2899.

15 Vgl. *BGH* Urteil vom 3. Dezember 2003 (Az: VIII ZR 86/03) = NZM 2003, 754.

16 *BGH* Urteil vom 3. Dezember 2003 (Az: VIII ZR 86/03) = NZM 2003, 754; Grüneberg-*Ellenberger* § 133 Rn. 25.

#### b) Fälligkeit des Gegenanspruches

Der Anspruch ist nach § 271 Abs. 1 mit Vorliegen der Anspruchsvoraussetzungen sofort zur Zahlung fällig.

#### c) Erfüllbarkeit der Hauptforderung

§ 387 verlangt schließlich, dass M und F die Mietzinsforderungen erfüllen können. Dies ist gem. § 271 Abs. 2 grundsätzlich sofort möglich.

#### d) Aufrechnungsverbote

Schließlich darf der Aufrechnung kein Aufrechnungsverbot entgegenstehen.

#### aa) Vertragliches Aufrechnungsverbot

In Betracht kommt hier das vertragliche Aufrechnungsverbot unter § 12 des Mietvertrages. Schließlich hat V den Rückzahlungsanspruch bislang nicht anerkannt. Allerdings sieht § 309 Nr. 3 vor, dass ein Aufrechnungsverbot formularmäßig nur dann wirksam vereinbart werden kann, wenn dem Vertragspartner des Verwenders die Befugnis erhalten bleibt, mit einer unbestrittenen oder rechtskräftig festgestellten Forderung aufzurechnen. Indem die Regelung unter § 12 des Vertrages die Aufrechnungsbefugnis auf anerkannte Forderungen beschränkt, bleibt sie hinter den Vorgaben des § 309 Nr. 3 zurück und ist deshalb unwirksam.[17]

#### bb) Aufrechnungsverbot gemäß § 390

Möglicherweise greift aber das Verbot der Aufrechnung mit einredebehafteter Forderung aus § 390. Der Durchsetzung des Rückzahlungsanspruchs könnte die Einrede des § 273 entgegenstehen, da V aus dem Mietverhältnis fällige Mietzinsansprüche gegen M und F zustehen. Da die Aufrechnung sich aber gerade gegen diese Ansprüche richtet, kann § 390 der Aufrechnung nicht entgegenstehen. Anderenfalls wäre die Aufrechnung gegen fällige Ansprüche aus demselben wirtschaftlichen Verhältnis stets ausgeschlossen.[18]

### 3. Wirkung

Da M und F die Aufrechnung gegen „die Mietzinsforderung" erklärt haben, bleibt unklar, welche Teilforderung der V nun erloschen ist. § 396 verweist im Hinblick auf die erfüllungsgleiche Wirkung der Aufrechnung auf §§ 366, 367. Bei Anwendung der in § 366 Abs. 2 genannten Kriterien ist der Anspruch auf die Miete für den Monat August als ältester Anspruch in Höhe von 630 € erloschen.

### III. Durchsetzbarkeit

Der restliche Anspruch der V auf Zahlung ausstehender Mieten in Höhe von 2370 € ist durchsetzbar, wenn er fällig ist und einredefrei besteht.

Gem. § 556b Abs. 1 ist die Zahlung zu Beginn, spätestens bis zum dritten Werktag eines Monats zu entrichten. Diese Termine sind für sämtliche Mieten verstrichen, die von V geltend gemacht werden.

Der Mietzinsanspruch der V ist auch durchsetzbar, da ihm keine Einreden von M und F entgegenstehen.

17 *BGH* NJW 1994, 657.

18 *BGH* NJW 1990, 3212.

# 7. Teil
# Der Verbraucherwiderruf

## A. Allgemeines

270 § 355 bestimmt: „Wird einem Verbraucher durch Gesetz ein Widerrufsrecht nach dieser Vorschrift eingeräumt, so sind der Verbraucher und der Unternehmer an ihre auf den Abschluss des Vertrags gerichteten Willenserklärungen nicht mehr gebunden, wenn der Verbraucher seine Willenserklärung fristgerecht widerrufen hat".

Abweichend von dem Grundsatz „pacta sunt servanda" räumt der Gesetzgeber aus Gründen des Verbraucherschutzes einem Verbraucher in bestimmten Sonderfällen das Recht ein, sich durch einfachen Widerruf, der vom Verbraucher nicht begründet werden muss, von der vertraglichen Bindung zu lösen. Entgegen verbreiteter Meinung kann nicht jeder Vertrag widerrufen werden. Die Anwendung des § 355 setzt vielmehr ein dem Verbraucher an anderer Stelle des BGB oder außerhalb des BGB eingeräumtes Widerrufsrecht voraus. Die einzelnen Widerrufsrechte werden wir unter F) behandeln.

**Beispiele** Widerrufsrecht bei „Außergeschäftsraumverträgen" nach §§ 312b, 312g Abs. 1 bei „Fernabsatzgeschäften" nach §§ 312c, 312g Abs. 1, bei „Verbraucherdarlehensverträgen" nach § 495 etc. ■

271 Das in § 355 vorausgesetzte Widerrufsrecht stellt eine rechtsvernichtende Einwendung dar. Rechtsfolge ist somit die Unwirksamkeit des zunächst wirksam zustande gekommenen Vertrags mit Wirkung ex nunc. Im Klausurprüfschema zum vertraglichen Erfüllungsanspruch ist daher der Prüfungspunkt „Anspruch erloschen" der richtige Prüfungsstandort.

Weitere Folge des Widerrufs ist die Entstehung eines Anspruchs auf Rückgewähr der wechselseitig empfangenen Leistungen. Dieser Anspruch ist für Außergeschäftsraum- und Fernabsatzverträge in §§ 355 Abs. 3, 357, für Verträge über Finanzdienstleistungen in §§ 355 Abs. 3, 357b geregelt. Bei diesen Ansprüchen ist die wirksame Ausübung des Widerrufsrechts unter dem Prüfungspunkt „Anspruch entstanden", Unterpunkt „Anspruchsvoraussetzungen" zu untersuchen.

Die nachfolgende Darstellung beschränkt sich aus Gründen der Klausurrelevanz auf die wichtigsten Verbraucherwiderrufsrechte. Dabei handelt es sich um das Widerrufsrecht bei Außergeschäftsraumverträgen (§§ 312b, 312g), bei Fernabsatzverträgen (§§ 312c, 312g) und bei Verbraucherdarlehensverträgen (§ 495) inklusive der in §§ 506, 510 genannten Verträge.

## B. Prüfungspunkte beim Verbraucherwiderruf

272 Bei jedem Verbraucherwiderrufsrecht können drei Problemkreise auftreten:

**Hinweis**

- Unter welchen tatbestandlichen Voraussetzungen entsteht ein Verbraucherwiderrufsrecht?
- Wie wird es wirksam ausgeübt?
- Was sind die Rechtsfolgen einer wirksamen Ausübung?

Zunächst sind die Voraussetzungen eines Widerrufsrechts nach der jeweiligen speziellen Gesetzesmaterie zu bestimmen, in der dieses geregelt ist. In einem zweiten Schritt ist die wirksame (insbesondere fristgemäße!) Ausübung des Widerrufsrechts nach § 355 zu untersuchen.

Entsprechend der klausurtypischen Behandlung des Prüfungsstoffes geht die folgende Darstellung zunächst von der Rechtsfolgenseite aus, da regelmäßig auch in der Klausur der Einstieg in die Problematik des Verbraucherwiderrufs über die Rechtsfolge erfolgen wird.

**Beispiel** V hat mit K einen Kaufvertrag abgeschlossen, bei welchem dem K ein Widerrufsrecht zusteht. Nachdem K den Kaufpreis gezahlt hat, erklärt er den Widerruf und verlangt von V die Rückzahlung des Kaufpreises.

Fallfrage: Kann K von V Rückzahlung des Kaufpreises verlangen?

Die Prüfung dieser Frage in der Klausur geht von der Rechtsfolgenseite aus, d.h., Sie müssen nach Rechtsnormen suchen, welche die konkrete Rechtsfolge (hier: Anspruch auf Rückzahlung des Kaufpreises) enthalten.

Die Fallfrage könnte aber auch lauten: Kann V von K Ersatz für eine eventuelle Beschädigung der gelieferten Sache oder Zahlung einer Nutzungsvergütung verlangen? ■

Damit Sie auch mit solchen Fragestellungen in der Klausur zurecht kommen, müssen Sie vorher wissen, ob sich aus einem ausgeübten Widerrufsrecht überhaupt derartige Rechtsfolgen ergeben können. Mit dieser Frage werden wir uns zuerst befassen.

Anschließend soll die Grundnorm des § 355 dargestellt werden, welche grundsätzlich einheitlich die Ausübung eines Widerrufsrechts regelt. Die Besonderheiten der einzelnen Widerrufsrechte werden in einem dritten Schritt angesprochen.

## C. Die Rechtsfolgen des Verbraucherwiderrufs

Mit der wirksamen Ausübung des Widerrufs wandelt sich das ursprüngliche Vertragsverhältnis in ein Rückgewährschuldverhältnis um. Dies bedeutet, dass die bisher erbrachten Leistungen zurück zu gewähren sind. **273**

### I. Besonderheiten bezüglich der Leistungszeit

Gegenüber der allgemeinen Vorschrift zur Leistungszeit (§ 271 „im Zweifel sofort") enthalten die §§ 355, 357 Abs. 1, 357b einige Besonderheiten: **274**

- Bei **Außergeschäftsraumverträgen** und Fernabsatzverträgen sind nach § 357 Abs. 1 die empfangenen Leistungen spätestens nach 14 Tagen zurück zu gewähren.
- Bei **Finanzdienstleistungsverträgen** beträgt die Rückgewährfrist 30 Tage (§ 357b Abs. 1).

**Hinweis**

Zu beachten ist, dass diese Fristen nicht mit der Widerrufsfrist verwechselt werden dürfen. Vielmehr setzen sie einen fristgerecht erklärten Widerruf voraus und regeln nur die Art und Weise der Rückgewähr der empfangenen Leistungen.

## II. Besonderheiten bezüglich des Leistungsorts

275 Die Grundregel hierfür trifft § 355 Abs. 3 S. 3. Danach ist die Ware vom Verbraucher an den Unternehmer zurückzusenden. Es handelt sich um eine Schickschuld,[1] bei der der Unternehmer nach § 355 Abs. 3 S. 4 die Verlustgefahr trägt. Die Parteien können zu Gunsten des Verbrauchers die Abholung durch den Unternehmer vereinbaren. Aus der Schickschuld wird dann eine Holschuld (vgl. § 357 Abs. 6).[2] Eine Modifizierung enthält § 357 Abs. 7. Bei Außergeschäftsraumverträgen, bei denen die Ware zum Zeitpunkt des Vertragsschlusses zur Wohnung des Verbrauchers geliefert worden ist, ist der Unternehmer verpflichtet, die Ware auf eigene Kosten abzuholen, wenn die Ware so beschaffen ist, dass sie nicht per Post zurückgesandt werden kann.

## III. Wertersatz

276 Bei Außergeschäftsraum- und Fernabsatzverträgen hat der Verbraucher nach § 357a Abs. 1 Wertersatz für Wertverlust der Ware zu leisten, wenn der Wertverlust auf einem Umgang mit der Ware zurückzuführen ist, der nicht zur Prüfung der Beschaffenheit, der Eigenschaften oder der Funktionsweise der Ware erforderlich war, sofern der Unternehmer den Verbraucher formgerecht über sein Widerrufsrecht unterrichtet hat. Grund: In diesem Fall kann sich der Verbraucher darauf einstellen, dass er die Ware möglicherweise wieder zurückgeben muss.

## IV. Ausschluss sonstiger Ansprüche/abweichende Vereinbarungen

277 § 361 Abs. 1 schließt weitergehende Ansprüche aus der Rückabwicklung des Vertrags, wie etwa aus §§ 280, 823 oder 812 aus. Hier liegt ein wichtiger Unterschied zum Rücktritt vom Vertrag (§ 346) vor. Im Falle des Rücktritts kann nämlich der Gläubiger bei einer (schuldhaften) Verletzung der Rückgewährpflicht neben dem reinen Wertersatz auch Schadensersatz nach §§ 346 Abs. 4, 280, 283 verlangen. Dieser Unterschied ist dann bedeutsam, wenn z.B. entgangener Gewinn geltend gemacht wird, der vom Wertersatzanspruch aus § 357a Abs. 1 nicht erfasst wird.

**Beispiel** Durch unsachgemäßen Umgang des Käufers mit der Ware vor Rücksendung wird diese beschädigt. Ohne die Beschädigung hätte der Verkäufer die Ware noch mit Gewinn weiterverkaufen können. Hat der Käufer seine Vertragserklärung widerrufen, so schuldet er dem Verkäufer nur Wertersatz, nicht aber Ersatz des entgangenen Gewinns. Anders wäre die Rechtslage, wenn der Verkäufer nach § 323 Abs. 1 wegen Nichtzahlung des Käufers nach Fristsetzung vom Vertrag zurück getreten wäre und der Käufer danach die Sache schuldhaft beschädigt hätte. In diesem Fall wäre der Käufer nach §§ 280 Abs. 1, 252, 346 Abs. 4 dem Verkäufer auch zum Ersatz des entgangenen Gewinns verpflichtet.

**Hinweis**

Anders, als beim Rücktritt (vgl. dort § 346 Abs. 1) schließt § 361 Abs. 1 auch Ansprüche auf **Nutzungsersatz** aus.

Nicht ausgeschlossen sind jedoch Ansprüche auf Schadensersatz aus Vertrag, Verschulden bei Vertragsverhandlungen oder Delikt, die sich unabhängig vom Widerrufsrecht ergeben.[3]

1 Grüneberg-*Grüneberg* § 355 Rn. 13.
2 Grüneberg-*Grüneberg* § 355 Rn. 13.
3 Grüneberg-*Grüneberg* § 361 Rn. 1.

**Beispiel** Der Verkäufer wurde bei Abschluss eines Außergeschäftsraumvertrages **durch den Käufer** arglistig getäuscht. Der Käufer hat den Vertrag inzwischen wirksam widerrufen, da er sich die Sache anders überlegt hat. Ohne die Täuschung hätte der Verkäufer die Sache zu einem höheren Preis an einen Dritten verkauft. Hier steht dem Verkäufer gegen den Käufer ein Anspruch aus §§ 280 Abs. 1, 241 Abs. 2, 311 Abs. 2 (cic) zu, der nicht durch § 361 Abs. 1 ausgeschlossen wird, da sich dieser Anspruch allein aus der **vorvertraglichen** Pflichtverletzung des Käufers, also unabhängig von der Ausübung des Widerrufsrechts durch den Käufer ergibt. ■

Ebenfalls von § 361 Abs. 1 unberührt bleiben Ansprüche der Vertragsparteien aus §§ 280 Abs. 1, 2, 286 wegen **verzögerter Erfüllung der Rückgewährpflichten** aus § 355 Abs. 3.[4]

Gem. § 361 Abs. 2 darf von den Vorschriften der §§ 355–360, soweit dort nicht ausdrücklich ein anderes bestimmt ist, nicht zum Nachteil des Verbrauchers abgewichen werden.

## D. Allgemeine Voraussetzungen der Verbraucherschutzrechte

Befassen wir uns zunächst mit der gesetzlichen Regelungssystematik, da Sie daraus Rückschlüsse für die Prüfung in der Klausur ableiten können. 278

Die **allgemeinen Voraussetzungen** finden sich in § 312. Damit folgt das Gesetz dem Grundprinzip des „vor die Klammer Ziehens“.

Nach § 312 Abs. 1 sind die Vorschriften des 1. und 2. Kapitels des Untertitels 2 nur auf Verbraucherverträge i.S.d. § 310 Abs. 3 anzuwenden, die eine *entgeltliche* Leistung des *Unternehmers* zum Gegenstand haben.

**Prüfungspunkte sind daher:**
- Verbrauchervertrag
- über eine entgeltliche Leistung des Unternehmers

### I. Verbrauchervertrag

Nach § 310 Abs. 3 liegt ein Verbrauchervertrag bei einem Vertrag zwischen einem **„Unternehmer“** und einem **„Verbraucher“** vor.

#### 1. Unternehmer

Der Begriff des **Unternehmers** ist in § 14 definiert. 279

Danach ist **Unternehmer** eine natürliche oder juristische Person (z.B. GmbH, Aktiengesellschaft etc.) oder eine rechtsfähige Personengesellschaft (z.B. oHG, KG, BGB-Gesellschaft etc.), die bei Abschluss eines Rechtsgeschäfts in Ausübung ihrer gewerblichen oder selbstständigen beruflichen Tätigkeit handelt.

4 Grüneberg-*Grüneberg* § 361 Rn. 1.

**Hinweis**

Außer der Definition des Unternehmers enthält § 14 damit gleichzeitig eine Aufzählung der denkbaren Rechtssubjekte des BGB (natürliche Personen, juristische Personen, rechtsfähige Personengesellschaften).

### 2. Verbraucher

280 **Verbraucher** ist nach § 13 jede natürliche Person, die ein Rechtsgeschäft zu einem Zweck abschließt, der weder ihrer gewerblichen noch ihrer selbstständigen beruflichen Tätigkeit zugerechnet werden kann.

**Verbraucher** ist nach dieser Definition also auch ein Kaufmann oder ein selbstständiger Arzt, der sich für Privatzwecke einen Laptop anschafft. Bei gemischter Nutzung reicht es aus, wenn die private Nutzung überwiegt.[5]

Andererseits schließt nicht jede berufliche Nutzung die Verbrauchereigenschaft aus, sondern nur die Nutzung zu selbstständigen beruflichen oder gewerblichen Zwecken. So ist z.B. auch ein Arbeitnehmer, der sich Berufskleidung anschafft, Verbraucher. Dagegen ist der selbstständige Rechtsanwalt, der sich eine Robe kauft, kein Verbraucher.

## II. Verpflichtung des Verbrauchers zur Zahlung eines Preises

281 Das Rechtsgeschäft muss nach § 312 Abs. 1 den Verbraucher zur Zahlung eines Preises verpflichten. Der Begriff des „Preises" ist weit auszulegen. Erfasst werden also nicht nur Kaufverträge, sondern Leistungen aller Art.[6] Diese können nach § 312 Abs. 1a auch in der Bereitstellung personenbezogener Daten bestehen.

Dabei ist auf die gesetzlich angeordnete Rollenverteilung zu achten. Der Erbringer der entgeltlichen Leistung muss der Unternehmer, nicht der Verbraucher sein.

282 Auf Bürgschaften ist § 312 mangels einer Gegenleistung des Unternehmers i.d.R. nicht (entsprechend) anwendbar.[7] Anders kann man allenfalls dann entscheiden, wenn der Bürge Verbraucher ist und für die Eingehung der Bürgschaft einen geldwerten Vorteil erhält.[8]

# E. Die Widerrufsrechte

283 Ein Widerrufsrecht bei Verbraucherverträgen besteht nur in den gesetzlich bestimmten Fällen. Es besteht also nicht bei allen Verbraucherverträgen.

5 Erwägungsgrund 17 zur RL 2001/83/EU.
6 Grüneberg-*Grüneberg* § 312 Rn. 3.
7 *BGH* NJW 2020, 3649.
8 Grüneberg-*Grüneberg* § 312 Rn. 5 a.E.

**Beispiel** Rentner K erwirbt im Möbelgeschäft des V eine Einbauküche. Hierbei handelt es sich zwar um einen „Verbrauchervertrag" i.S.d. § 310 Abs. 3, jedoch besteht für Verträge dieser Art kein gesetzliches Widerrufsrecht. ■

Im Folgenden werden wir uns näher mit den klausurrelevanten Widerrufsrechten, nämlich den Widerrufsrechten bei Außergeschäftsraumverträgen, Fernabsatzverträgen und Verbraucherdarlehensverträgen befassen.

## I. Außergeschäftsraumverträge, §§ 312b, 312g Abs. 1

### 1. Schutzzweck der §§ 312b, 312g

§ 312g bezweckt, den Verbraucher vor der spezifischen **Überrumpelungssituation** bei **284**
Geschäften in einer der in § 312b genannten Situationen zu schützen. Dem liegt die Überlegung zugrunde, dass der Verbraucher in solchen Verhandlungssituationen typischerweise zu übereilten Reaktionen neigt, sei es aus Überraschung, um den Verkäufer abzuwimmeln oder aus schlichter Höflichkeit.

### 2. Klausurprüfungspunkte

Beim Außergeschäftsraumvertrag nach § 312b sind folgende Punkte zu prüfen: **285**

**Der Widerruf beim Außergeschäftsraumvertrag**

PRÜFUNGS-SCHEMA

**I. Vertragsparteien: Verbraucher (§ 13) und Unternehmer (§ 14)**
**II. Vertragsgegenstand: Leistung des Unternehmers an den Verbraucher und Preiszahlungspflicht des Verbrauchers**
**III. Situationsbedingte Voraussetzungen des § 312b Abs. 1 S. 1 Nr. 1–4**

#### a) Vertragsparteien und Vertragsgegenstand

Es muss ein Vertrag zwischen einem **Verbraucher** i.S.v. § 13 und einem **Unternehmer** i.S.v. **286**
§ 14 über eine **Leistung** des **Unternehmers an den Verbraucher** gegen Zahlung eines Preises vorliegen. Insoweit sei auf die oben dargestellten Erläuterungen verwiesen.

#### b) Situationsbedingte Voraussetzungen des § 312b Abs. 1

§ 312b Abs. 1 enthält die Definition des Außergeschäftsraumvertrages in mehreren Varian- **287**
ten.

Ausgangspunkt ist, dass der Vertrag grundsätzlich **außerhalb eines Geschäftsraums abgeschlossen wurde. Der Begriff des „Geschäftsraums"** wird in § 312b Abs. 2 definiert. Das Gesetz unterscheidet dabei zwischen unbeweglichen und beweglichen Gewerberäumen.

**Geschäftsräume** sind danach zunächst unbewegliche Gewerberäume, in denen der Unternehmer seine Tätigkeit dauerhaft ausübt. Keine unbeweglichen Gewerberäume sind danach Geschäftsräume anderer Unternehmer, die der Unternehmer nur gelegentlich benutzt.

**Beispiel** Der Unternehmer hält in dem Konferenzraum eines Hotels eine Werbeveranstaltung ab. Werden bei einer solchen Veranstaltung entgeltliche Verträge mit Verbrauchern abgeschlossen, liegt ein Außergeschäftsraumvertrag nach § 312b Abs. 1 Nr. 1 vor. ■

Dagegen liegt **kein** Außergeschäftsraumvertrag vor, wenn der Vertrag in einem Raum abgeschlossen wurde, den der Unternehmer **auf Dauer** nutzt.

**Beispiel** Das R-Repetitorium hält im hierfür auf Dauer angemieteten Saal des Kolpinghauses an drei Tagen in der Woche Kurse zur Vorbereitung auf das 1. Juristische Staatsexamen ab. Jurastudent J meldet sich im Kursraum zur Kursteilnahme an. Hier liegt kein Außergeschäftsraumvertrag vor, so dass dem J kein Widerrufsrecht nach § 312g Abs. 1 zusteht. R hält die Kurse in den Räumen regelmäßig ab. R muss nicht Eigentümer des Grundstücks sein, auf dem sich das Gebäude befindet. Auch kommt es nicht auf den zeitlichen Umfang, sondern nur auf die Dauerhaftigkeit der Nutzung an.

**Gegenbeispiel:** Das R-Repetitorium hält eine Werbeveranstaltung in dem von der Verbindung V einmalig zu diesem Zweck zur Verfügung gestellten Saal ab. Student J meldet sich auf dieser Veranstaltung zum Kurs an. Hier handelt es sich um einen Außergeschäftsraumvertrag mit Widerrufsrecht nach § 312g Abs. 1. ■

Geschäftsräume sind aber auch **bewegliche** Gewerberäume, in denen der Unternehmer seine Tätigkeit **für gewöhnlich** ausübt. Hierunter fallen z.B. Marktbuden, Verkaufswagen und saisonale Verkaufsstätten.

#### aa) Fall 1: Vertragsschluss außerhalb der Geschäftsräume, § 312b Abs. 1 Nr. 1

288 § 312b Abs. 1 **Nr. 1** erfasst den Fall, dass das Rechtsgeschäft bei **gleichzeitiger körperlicher Anwesenheit** des Verbrauchers und des Unternehmers (Abgrenzung zum Fernabsatzvertrag) oder seines Beauftragten (§ 312b Abs. 1 S. 2) an einem Ort **geschlossen** wurde, der kein Geschäftsraum des Unternehmers ist. Für diese Variante kommt es auf den Ort **des Vertragsschlusses** an.

**Beispiel** Die Z-GmbH vertreibt Zeitschriften und unterhält hierfür vorübergehend einen Werbestand im Supermarkt S. Verbraucher V bestellt, nachdem er vom Zeitschriftenwerber angesprochen wurde, die Zeitschrift „Computer aktuell". Der Supermarkt ist zwar Geschäftsraum des Betreibers, aber nicht der Z. Die Willenserklärungen des V und der Z wurden im Supermarkt S abgegeben. Es liegt ein Außergeschäftsraumvertrag vor, da der Vertragsschluss außerhalb der Geschäftsräume der Z erfolgte. ■

**Gegenbeispiel** Die B vertreibt gewerblich Einbauküchen. Am 20.4. schloss Privatmann A auf der alle zwei Jahre stattfindenden „Messe Rosenheim" an dem Verkaufs- und Informationsstand der B einen schriftlichen Kaufvertrag über eine Einbauküche zum Gesamtpreis von 10 000 € ab. Eine Widerrufsbelehrung enthielt der Kaufvertrag nicht. Bei der „Messe Rosenheim" handelte es sich um eine klassische Verkaufsmesse, bei der neben Unternehmern, die einen Vertragsschluss auf der Messe erzielen wollten, auch vereinzelt Aussteller vertreten waren, die den Messestand primär oder ausschließlich zu Informationszwecken unterhielten. A widerrief den Vertragsschluss noch am gleichen Tage unter Hinweis auf §§ 312b, g.

Nach Ansicht des *BGH* steht dem A kein Widerrufsrecht nach § 312g zu, da es sich nicht um einen Außergeschäftsraumvertrag i.S.v. § 312b handelte.[9] Nach § 312b Abs. 2 S. 1 sind Geschäftsräume auch bewegliche Gewerberäume, in denen der Unternehmer seine Tätigkeit „für gewöhnlich" ausübt (klassischer Fall wäre die Verkaufsbude des Schaustellers auf Kirmesveranstaltungen). Darunter fällt nach Ansicht des *BGH* aber auch ein Messestand eines Unternehmers, an dem der Unternehmer seine Tätigkeit nur „an wenigen Tagen" im Jahr ausübt, wenn in Anbetracht aller Umstände ein normal informierter Verbraucher vernünftigerweise damit rechnen konnte, dass der Unternehmer ihn dort anspricht, um mit ihm einen Vertrag zu schließen. Der *BGH* berief sich hierbei auch auf die Interpretation des *EuGH*, wonach es in diesen Fällen an dem für das Widerrufsrecht maßgeblichen Überraschungsmoment fehle.[10] *BGH* und *EuGH* interpretieren den Begriff „für gewöhnlich" somit nicht nach der Häufigkeit der Verwendung eines Messestandes, sondern danach, ob es sich um einen Messestand handelt, der nicht nur zur Verbraucherinformation über das Produkt eingesetzt wird, sondern danach, ob er nach seinem Erscheinungsbild und den sonstigen Begleitumständen „für gewöhnlich" dazu dient, dass dort Verträge mit Verbrauchern abgeschlossen werden. Im Unterschied zum *Ausgangsbeispiel* (Werbestand im Supermarkt) muss der Verbraucher auf einer **Verkaufs**messe damit rechnen, dass der Unternehmer ihn nicht nur über sein Produkt informieren, sondern mit ihm einen Vertrag abschließen möchte. ■

### bb) Fall 2: Vertragsangebot des Verbrauchers außerhalb der Geschäftsräume, § 312b Abs. 1 Nr. 2

Alternativ stellt § 312b Abs. 1 **Nr. 2** darauf ab, ob der Verbraucher sein **Vertragsangebot** unter **289** den in Nr. 1 genannten Umständen abgegeben hat.

**Beispiel** Wie *Ausgangsbeispiel* (Werbestand im Supermarkt), doch kommt der Abonnementsvertrag erst durch Annahmebestätigung der Z zustande. Auch hier liegt ein Außergeschäftsraumvertrag vor. Es macht also keinen Unterschied, ob der Vertrag außerhalb der Geschäftsräume des Unternehmers sofort geschlossen wird oder ob der Verbraucher in dieser Verhandlungssituation lediglich sein Vertragsangebot abgegeben hat. Dies entspricht der ratio legis. Die Überrumpelungssituation, vor der der Verbraucher geschützt werden soll, ist dieselbe, wie beim sofortigen Vertragsschluss, da der Verbraucher nach § 145 bereits an sein Angebot gebunden ist. ■

### cc) Fall 3: Vertragsschluss in den Geschäftsräumen, nach vorheriger Ansprache des Verbrauchers außerhalb der Geschäftsräume, § 312b Abs. 1 Nr. 3

Im Fall des § 312b Abs. 1 **Nr. 3** wird der Vertrag **zwar in den Geschäftsräumen** des Unterneh- **290** mers oder unter Verwendung von Fernkommunikationsmitteln geschlossen; jedoch erfolgt bei dieser Variante der Vertragsschluss **unmittelbar** nachdem der Verbraucher zuvor außerhalb der Geschäftsräume vom Unternehmer oder dessen Beauftragten persönlich und individuell angesprochen wurde.

**Beispiel** Die Z-GmbH hat auf der Straße vor ihrem Geschäft einen Stand aufgebaut, an welchem Werbeprospekte für ihre Zeitschriften verteilt werden. Der Werber weist Ver-

---

9 *BGH* Urteil vom 10.4.2019 (Az: VIII ZR 82/17) BeckRS 2019, 7655.

10 *EuGH* Urteil vom 7.8.2018 (Az: C-485/17) WRP 2018, 1183.

braucher V darauf hin, dass er bei Bestellung im Laden ein Werbegeschenk erhält. Daraufhin begibt sich V sofort in das Geschäft, unterschreibt die Bestellung und erhält das Werbegeschenk. Hier liegt ebenfalls ein Außergeschäftsraumvertrag vor, obwohl sowohl der Unternehmer, als auch der Verbraucher ihre Willenserklärungen in den Geschäftsräumen der Z abgegeben haben.

**Gegenbeispiel:** V hat sich die Werbeprospekte zunächst mit nach Hause genommen, um die Angelegenheit erst einmal zu überschlafen. Erst am nächsten Tag unterschreibt er das Zeitschriftenabonnement im Geschäft der Z. Hier steht dem V kein Widerrufsrecht zu, weil er den Vertrag **nicht unmittelbar** nachdem er auf der Straße von dem Werber angesprochen worden ist, in den Geschäftsräumen der Z unterschrieben hat. Auch dies entspricht der ratio legis, da die von § 312b vorausgesetzte Überrumpelungssituation am Tag des Vertragsschlusses nicht mehr besteht. ■

#### dd) Fall 4: Vertragsschluss in den Geschäftsräumen des Unternehmers bei einer vom Unternehmer (mit) organisierten Ausflugsveranstaltung, § 312b Abs. 1 Nr. 4

**291** Nach § 312b Abs. 1 **Nr. 4** liegt ein Außergeschäftsraumvertrag auch dann vor, wenn der Vertrag auf einem Ausflug geschlossen wurde, der von dem Unternehmer oder mit seiner Hilfe organisiert wurde, um bei dem Verbraucher für den Verkauf von Waren oder die Erbringung von Dienstleistungen zu werben und mit ihm entsprechende Verträge abzuschließen.

Die Vorschrift erweitert den Anwendungsbereich des § 312b Abs. 1 S. 1 **Nr. 1**, indem er auch Verträge erfasst, die anlässlich einer Ausflugsveranstaltung **in den Geschäftsräumen des Unternehmers** geschlossen werden.

Die klassischen **„Kaffeefahrten“**, bei denen der Unternehmer Werbeveranstaltungen in für solche Fahrten von Fall zu Fall angemieteten Gaststätten, also außerhalb seiner Geschäftsräume durchführt, um den Teilnehmern Heizdecken etc. zu verkaufen, werden bereits unmittelbar von § 312b Abs. 1 Nr. 1 erfasst.[11] Veranstalter der Ausflugsveranstaltung kann auch ein Dritter sein, der die Veranstaltung organisiert und durchführt. Es genügt, dass die Veranstaltung mit Hilfe des Unternehmers durchgeführt wird. Das ist bereits dann zu bejahen, wenn der Dritte weiß und duldet, dass der Unternehmer Werbung und Verkaufstätigkeit entfaltet.[12] Die Vorschrift betrifft typischerweise gewerbliche Veranstaltungen, bei denen für den Verbraucher aufgrund der Art der Ankündigung oder der Durchführung der Veranstaltung das Freizeiterlebnis im Vordergrund steht. Keine Freizeitveranstaltungen i.d.S. sind daher markt- oder messeähnliche Leistungsschauen oder Verkaufsausstellungen, die der Verbraucher typischerweise nicht wegen des Freizeitwerts, sondern wegen des Warenangebots besucht.

Ist auf Seiten des Verbrauchers ein Vertreter aufgetreten, so kommt es nach dem Rechtsgedanken des § 166 darauf an, ob der Vertreter durch die in § 312b Abs. 1 Nr. 1–4 vorausgesetzte Willensbeeinflussung zum Abschluss des Vertrages bestimmt wurde[13]. Hat der Vertreter ohne Vertretungsmacht gehandelt, so steht dem Vertreter (wegen seiner Haftung nach § 179) das Widerrufsrecht zu.[14]

---

11 Grüneberg-*Grüneberg* § 312b Rn. 7.

12 Grüneberg-*Grüneberg* § 312b Rn. 7 m.w.N.

13 *BGH* NJW 2000, 2268, 2270.

14 *BGH* NJW 2000, 2268, 2270.

| Die Außengeschäftsraumverträge, §§ 312b, g Abs. 1 | | | |
|---|---|---|---|
| I. Allgemeine Voraussetzungen<br>• Vertrag zwischen Unternehmer und Verbraucher<br>• Leistungen des Unternehmers an den Verbraucher gegen Zahlung eines Preises<br>• Gleichzeitige körperliche Anwesenheit beider Teile | | | |
| II. Situationsbedingte Voraussetzungen des § 312b Abs. 1 | | | |
| Fallgruppe | WE des Verbrauchers | WE des Unternehmers | zusätzliche situationsbedingte Voraussetzungen |
| § 312b Abs. 1 Nr. 1 | außerhalb Geschäftsraum | außerhalb Geschäftsraum | keine |
| § 312b Abs. 1 Nr. 2 | außerhalb Geschäftsraum | innerhalb Geschäftsraum | keine |
| § 312c Abs. 1 Nr. 3 | innerhalb Geschäftsraum | innerhalb Geschäftsraum | nach vorheriger Ansprache des Verbrauchers durch Unternehmer außerhalb der Geschäftsräume |
| § 312d Abs. 1 Nr. 4 | innerhalb Geschäftsraum | innerhalb Geschäftsraum | auf einer vom Unternehmer (mit) organisierten Ausflugsveranstaltung |

## II. Fernabsatzverträge nach § 312c

### 1. Schutzzweck

Die §§ 312c, 312g bezwecken den Verbraucher vor den Gefahren der „Unsichtbarkeit des Vertragspartners und des Produkts" zu schützen, da der Verbraucher sich hier regelmäßig nur sehr eingeschränkt selbst ein Bild von der Person seines Vertragspartners sowie des Produkts machen kann.[15] Das Gesetz bedient sich hier des klassischen Verbraucherschutzinstrumentariums, indem es dem Unternehmer umfassende **Informationspflichten** auferlegt (§ 312d–f), und zugleich dem Verbraucher ein **Widerrufsrecht** (§ 312g Abs. 1) einräumt. **292**

### 2. Klausurprüfungspunkte

Bei den §§ 312c ff. sind folgende Punkte zu beachten: **293**

#### a) Vertragsparteien und Vertragsgegenstand

Erforderlich ist auch hier ein Vertrag, der eine Leistung des **Unternehmers** an den **Verbraucher gegen Zahlung eines Preises** zum Gegenstand hat. **294**

15 Grüneberg-*Grüneberg* § 312c, Rn. 1.

### b) Situationsbedingte Voraussetzungen des § 312c

295 **Fernabsatzverträge** sind Verträge, bei denen der Unternehmer oder eine in seinem Namen oder Auftrag handelnde Person und der Verbraucher für die Vertragsverhandlungen und den Vertragsschluss ausschließlich Fernkommunikationsmittel verwenden.

Hierunter fallen alle Verträge über Waren und Dienstleistungen, die zwischen einem Unternehmer und einem Verbraucher unter **ausschließlicher Verwendung von Fernkommunikationsmitteln** (z.B. Briefe, E-Mails, Kataloge, Teleshopping, Telefonanrufe etc., vgl. § 312c Abs. 2) im Rahmen **eines für den Fernabsatz organisierten Vertriebssystems** abgeschlossen werden. Ein solches Vertriebssystem setzt voraus, dass es den Vertragsschluss **ohne gleichzeitige körperliche Anwesenheit** beider Parteien ermöglicht.[16] Hierin liegt der Unterschied zum Außergeschäftsraumvertrag, da dieser die gleichzeitige körperliche Anwesenheit der Parteien oder ihrer Beauftragten voraussetzt (vgl. **§ 312b Abs. 1**). Beide Vorschriften schließen sich daher tatbestandlich gegenseitig aus.[17]

Kein Fernabsatzvertrag liegt vor, wenn die entscheidenden Verhandlungen im Geschäft des Unternehmers stattgefunden haben und der Besteller die Ware oder Dienstleistung anschließend telefonisch bestellt.

**Beispiel** Verbraucher V interessiert sich für ein neues Fernsehgerät. Er lässt sich im „Medien-Markt" (M) ausführlich über das Gerät XZ 20 beraten. Angesichts des Preises von 500 € erklärt er dem Verkäufer, er müsse die Sache noch einmal überdenken. Er werde sich am nächsten Tag melden. Am nächsten Morgen ruft V bei M an und bestellt unter Bezugnahme auf das Gespräch vom vorigen Tag das Gerät. Hier liegt kein Fernabsatzvertrag vor, da die Vertragsverhandlungen im Geschäft des M stattgefunden haben und lediglich der Vertragsschluss telefonisch erfolgte. ■

Ein Fernabsatzvertrag liegt aber dann vor, wenn der Verbraucher das Ladengeschäft lediglich zum Zwecke der **Information** über die Waren und Dienstleistungen aufsucht und anschließend den Vertrag aus der Ferne **verhandelt und abschließt**.[18] Abgrenzungsprobleme tauchen dann auf, wenn die Verhandlungsphase sehr kurz ausfällt und nichts anderes enthält, als die Informationen über die Ware oder Dienstleistung.

**Beispiel** Professor P ist zu einer Tagung gereist und spaziert am Tagungsort durch die Fußgängerzone. Er betritt das Spielwarengeschäft des U, um für seine Kinder ein Geschenk zu kaufen. Er sieht u.a. ein zwar schönes, aber sperriges und schweres Bauklotzset für 60 €. Er unterhält sich mit dem Verkäufer über den Preis, das geeignete Alter des Kindes und die Gesundheitsverträglichkeit der Farben. Letztlich sagt P, dass er das Bauklotzset wegen seiner Größe und Schwere leider nicht auf der Tagung und der Reise herumtragen möchte. Daraufhin erklärt ihm der Verkäufer: „Wir haben auch einen Online-Shop" und übergibt dem P eine Visitenkarte mit den erforderlichen Angaben. Wieder daheim, bestellt P das Bauklotzset online. Liegt hier ein Fernabsatzgeschäft vor? Die Beantwortung dieser Frage entscheidet u.a. darüber, ob dem P ein Widerrufsrecht nach § 312g zusteht. Ein Fernabsatzvertrag liegt nämlich nur dann vor, wenn die Parteien nicht nur für den Vertragsschluss, sondern auch für die Vertragsverhandlungen ausschließlich

16 Grüneberg-*Grüneberg* § 312c Rn. 3.

17 Grüneberg-*Grüneberg* § 312c Rn. 9.

18 ErwG 20 S. 2 RL 2011/83/EU.

Fernkommunikationsmittel verwendet haben. Haben dagegen sämtliche Verhandlungen im Geschäft des U stattgefunden (so im vorherigen *Beispiel* im Geschäft des M), besteht kein Widerrufsrecht. Hier könnte man der Ansicht sein, dass kein wesentlicher Unterschied zum vorherigen *Beispiel* erkennbar ist. Allerdings erfolgte die Bestellung dort unter eindeutiger Bezugnahme auf das Gespräch zwischen V und M vom Vortag. Dagegen weist die Online-Bestellung des P keinen erkennbaren Bezug zum vorangegangenen Beratungsgespräch auf. Richtigerweise wird man daher in diesem Fall ein Fernabsatzgeschäft bejahen müssen.[19] ■

Unternehmer i.S.v. § 313c können nicht nur Gewerbetreibende, sondern auch Freiberufler, z.B. Rechtsanwälte, sein (vgl. die Legaldefinition des Unternehmers in § 14).

**Beispiel** Rechtsanwalt R ist im Kapitalmarktrecht tätig. Er weist auf seiner Internetseite darauf hin, dass Kapitalanlegern einer bestimmten Fondsgesellschaft gegen diese wegen eines Berechnungsfehlers ein Anspruch auf Zahlung einer höheren Ausschüttung zustehe. Auf der Internetseite des R befindet sich ein Downloadlink für eine von dem Anleger auszufüllende auf R lautende anwaltliche Vollmacht. Verbraucher V schickt die ausgefüllte Vollmacht an R zurück. R schreibt per Serienbrief die Fondsgesellschaft an und berechnet dem V eine Rechnung für seine Tätigkeit. Ein persönlicher Kontakt zwischen R und V hat zu keinem Zeitpunkt stattgefunden. Über ein Widerrufsrecht wurde V nicht belehrt. Nach Ansicht des *BGH* steht dem V ein Widerrufsrecht nach § 312g zu, da es sich beim Abschluss des Anwaltsvertrages um ein Fernabsatzgeschäft i.S.v. § 312c handelt.[20] ■

## III. Das Widerrufsrecht beim Verbraucherdarlehensvertrag, Finanzierungshilfen und beim Ratenlieferungsvertrag

### 1. Verbraucherdarlehensvertrag

Ein **Verbraucherdarlehensvertrag** ist nach § 491 Abs. 1 ein entgeltlicher Darlehensvertrag zwischen einem Unternehmer als Darlehensgeber und einem Verbraucher als Darlehensnehmer. Das Gesetz unterscheidet hierbei zwischen **Allgemein**-Verbraucherdarlehens- und **Immobliliar**-Verbraucherdarlehensverträgen. 296

Der **Allgemein**-Verbraucherdarlehensvertrag ist in § 491 Abs. 2 definiert. Es handelt sich dabei um entgeltliche Darlehensverträge zwischen einem Unternehmer als Darlehensgeber und einem Verbraucher als Darlehensnehmer. Die Definition des Immobiliar-Darlehensvertrages findet sich in § 491 Abs. 3.

Die folgende Darstellung beschränkt sich aus Gründen der Examensrelevanz auf den Allgemein-Verbraucherdarlehensvertrag.

Gem. § 495 Abs. 1 steht dem Verbraucher ein Widerrufsrecht nach § 355 zu.

19 *Beispiel* nach *Hilbig-Lugani* ZJS 5 2013, 441 ff. (447).
20 *BGH* NJW 2018, 690 ff.

Bei der Prüfung des Verbraucherwiderrufsrechts nach § 495 sind folgende Punkte zu beachten:

PRÜFUNGS-SCHEMA

### Das Verbraucherwiderrufsrecht nach § 495

**I. Vertragsparteien: Verbraucher (§ 13) als Darlehensnehmer und Unternehmer (§ 14) als Darlehensgeber**

**II. Allgemein-Verbraucherdarlehensvertrag (§ 491 Abs. 2/keine Ausnahme nach § 491 Abs. 2 S. 2 Nr. 1–6)**

**III. Kein Ausschluss des Widerrufsrechts (§ 495 Abs. 2)**

#### a) Vertragsparteien

**297** Hinsichtlich des persönlichen Anwendungsbereichs ist im Bereich des Verbraucherkreditrechts auf eine wichtige Sonderregelung einzugehen, nämlich die Einbeziehung von Existenzgründerdarlehen in den Schutz des Verbraucherkreditrechts in § 513. Diese Norm wird von der h.M. als Begründung herangezogen, warum grundsätzlich ein Existenzgründer gerade nicht als Verbraucher i.S.v. § 13 anzusehen ist, da es ansonsten der Regelung des § 513 nicht bedürfte. In der Klausur gilt es vor allem, § 513 nicht zu übersehen, weshalb Sie sich (im Rahmen des Zulässigen) Ihr Gesetz entsprechend kommentieren sollten.

**Hinweis**

Beachten Sie weiterhin, dass die **Parteirollen** vom Gesetz hier vorgegeben sind; der Verbraucher muss Darlehensnehmer, der Unternehmer Darlehensgeber sein.

#### b) Verbraucherdarlehensvertrag

**298** Vorausgesetzt wird zunächst, dass es sich um einen **entgeltlichen** Darlehensvertrag gem. § 488 handelt, wobei das Entgelt auch nur geringfügig sein kann.

Darüber hinaus stellt § 492 eine Reihe von strengen formalen und inhaltlichen Voraussetzungen auf. Neben dem Erfordernis der **Schriftform** (§ 492 Abs. 1) ist der umfangreiche Katalog an Angaben zu beachten, die der Vertrag nach § 492 Abs. 2 i.V.m. Art. 247 §§ 6–13 EGBGB enthalten muss.

Rechtsfolge eines Verstoßes gegen die formalen und inhaltlichen Erfordernisse ist die **Nichtigkeit** des Darlehensvertrags nach § 494 Abs. 1. Eines Widerrufs bedarf es dann nicht mehr. Allerdings kann nach § 494 Abs. 2 eine Heilung mit Auszahlung der Darlehensvaluta eintreten.

#### c) Kein Ausschluss des Widerrufsrechts

**299** Die Ausschlussgründe des § 495 Abs. 2 sind in der Klausur regelmäßig unproblematisch und daher nur kurz anzusprechen, wenn dazu nach dem Sachverhalt Anlass besteht.

### d) Wichtige Klausurprobleme

Fraglich ist, ob **Schuldbeitritt** und **Bürgschaftsvertrag** als Verbraucherdarlehen i.S.d. §§ 491 ff. anzusehen sind. 300

#### aa) Schuldbeitritt als Verbraucherdarlehensvertrag

Der Schuldbeitritt ist ein einseitig verpflichtender Vertrag sui generis, der nach dem Prinzip der Vertragsfreiheit gem. § 311 Abs. 1 zulässig ist. Beim Schuldbeitritt tritt der Mitübernehmer zusätzlich neben dem Hauptschuldner in das Schuldverhältnis als Gesamtschuldner (§ 421) ein.[21] 301

Unstreitig ist, dass der Schuldbeitritt selbst kein Verbraucherdarlehensvertrag i.S.d. Gesetzes ist, da insoweit lediglich eine Mithaftung übernommen wird, ohne dass der Beitretende eigene Ansprüche geltend machen kann.

In Betracht kommt somit allenfalls eine analoge Anwendung der §§ 491 ff. Der *BGH*[22] neigt unter gewissen Voraussetzungen dazu, eine Analogie zu bejahen, da der Beitretende sogar noch schutzwürdiger ist als der Kreditnehmer, da er ja eine Verpflichtung eingeht, ohne dafür eine Gegenleistung oder einen eigenen Anspruch zu erhalten.

Nach Ansicht des *BGH* ist dafür erforderlich, dass der Kreditvertrag an sich dem Anwendungsbereich der Verbraucherdarlehensverträge unterfällt, ohne dass es erforderlich ist, dass der tatsächliche Kreditnehmer Verbraucher ist; allerdings muss der Beitretende Verbraucher sein (sog. Einzelbetrachtungsweise).[23]

**Beispiel** A (kein Verbraucher!) schließt bei B einen Kreditvertrag ab. Später tritt C (Verbraucher!) der Schuld des A bei. Hier sind die §§ 491 ff. auf C analog anzuwenden. Hätte C den Vertrag unmittelbar mit B geschlossen, so wären die §§ 491 ff. nämlich direkt anwendbar.

#### bb) Bürgschaft als Verbraucherdarlehensvertrag

Teilweise wird die analoge Anwendung der §§ 491 ff. auf den Bürgschaftsvertrag generell bejaht. Die Interessenlage sei mit der beim Schuldbeitritt in den wesentlichen Punkten vergleichbar.[24] 302

Überwiegend wird die Analogie generell abgelehnt.[25] Der Bürge sei durch die Vorschriften des Bürgschaftsrechts hinreichend geschützt. So schreibe § 766 für die WE des Bürgen, vergleichbar mit § 492 Abs. 1 die Schriftform der WE des Bürgen vor. Auch könne der Bürge gem. §§ 767, 768 die gleichen Einreden und Einwendungen wie der Hauptschuldner geltend machen. Insoweit fehle es in wesentlichen Punkten an der Vergleichbarkeit mit dem Schuldbeitritt.

Da die §§ 491 ff. auf einer Umsetzung der EG-RiL vom 22.6.1986 und vom 20.5.1997 beruhen, hatte sich der *EuGH* auf Vorlage des *LG Potsdam* mit der Frage zu befassen, ob eine Bürg-

---

21 Grüneberg-*Grüneberg* Überblick vor § 414 Rn. 2.

22 *BGH* NJW 2000, 3496.

23 *BGH* NJW 2012, 166.

24 *LG Köln* WM 1998, 172; *LG Magdeburg* NJW 1999, 3496; *Bülow* NJW 1996, 2889, 2892; *Graf v. Westphalen* DB 1998, 295, 297.

25 *OLG Hamm* WM 1998, 171; AnwK-BGB-*Reiff* § 491 Rn. 5 m.w.N; *Schäfer* in: Haas/Medicus/Rolland/Schäfer/Wendtland S. 327 m.w.N.

schaft, die zur Absicherung eines Kredits übernommen wurde, in den Geltungsbereich der EG-Richtlinie fällt. Der *EuGH* hat hierzu entschieden, dass der Bürgschaftsvertrag selbst dann **nicht** in den Geltungsbereich der Richtlinie fällt, wenn sowohl der Bürge, als auch der Hauptschuldner Verbraucher sind.[26]

Die wohl h.M. geht daher davon aus, dass durch die vorgenannte *EuGH*-Entscheidung eine analoge Anwendung der §§ 491 ff. ausgeschlossen ist.[27]

Die besseren Gründe sprechen für die h.M., da der Bürge – vorbehaltlich eines weitergehenden Schutzes durch §§ 312b, 312g – durch die Vorschriften des Bürgschaftsrechts bereits umfassend geschützt ist.

**Hinweis**

Beachten Sie daher: Eine Bürgschaft eines Verbrauchers allein begründet noch kein Widerrufsrecht. Ein Widerrufsrecht steht ihm aber dann zu, wenn der Bürgschaftsvertrag als **„Außergeschäftsraumvertrag"** i.S.v. § 312b abgeschlossen wurde.

### 2. Widerrufsrecht beim entgeltlichen Zahlungsaufschub und sonstigen entgeltlichen Finanzierungshilfen nach §§ 506 ff.

**303** Beachten Sie, dass § 506 Abs. 1 den Anwendungsbereich der dort genannten Verbraucherrechte auf sonstige entgeltliche Finanzierungshilfen erstreckt. Insbesondere verweist die Vorschrift auch auf das Widerrufsrecht nach § 495.

Wichtig ist hier zunächst, dass die **Entgeltlichkeit** sich auf **die Gewährung der Finanzierungshilfe** bezieht, nicht auf den zugrunde liegenden Vertrag.

**Beispiel** Wenn K bei V einen Gebrauchtwagen für 10 000 € kauft, und beide Ratenzahlung (10 Raten à 1000 €) vereinbaren, so liegt gerade **keine entgeltliche** Finanzierungshilfe vor, da die Summe der Raten dem Barzahlungspreis entspricht. Erst wenn die Summe der Teilzahlungsbeträge höher ist als der Barzahlungspreis, liegt eine entgeltliche Finanzierungshilfe vor. ■

**JURIQ-Klausurtipp**

Hier gilt es vor allem, durch sorgfältige Lektüre des Gesetzes die zugegebenermaßen unzugängliche Struktur des Gesetzes zu durchdringen. Dazu ist es sinnvoll, sich die folgenden Mechanismen eng am Gesetz zu verdeutlichen:

- § 506 Abs. 1 bildet quasi die Grundnorm, die auf entgeltlichen Zahlungsaufschub (Teilzahlungsgeschäfte) sowie sonstige entgeltliche Finanzierungshilfen (Finanzierungsleasing) verweist.
- § 506 Abs. 2 macht deutlich, worin der Sinn der §§ 506 ff. eigentlich liegt: Die Grundsätze zum Verbraucherkredit, wie sie oben dargestellt wurden, werden je nach Vertragstyp selektiv modifiziert, wie die unterschiedlichen Verweisungen in § 506 Abs. 2 S. 2 und § 506 Abs. 1 zeigen.

26 *EuGH* ZIP 2000, 574.
27 *Ulmer* JZ 2000, 781; *Schäfer* in: Haas/Medicus/Rolland/Schäfer/Wendtland S. 327 m.w.N.

- Dabei regelt § 506 Abs. 2 abschließend und ausschließlich die Besonderheiten beim **Finanzierungsleasing**, während die §§ 507, 508 abschließend und ausschließlich die Besonderheiten beim **Teilzahlungsgeschäft** behandeln.

Haben Sie diesen grundlegenden Mechanismus des Gesetzes erst einmal verstanden, finden Sie sich im Paragraphen- und Verweisungswirrwarr besser zurecht. Schwerpunkte in der Klausur liegen hier typischerweise im Systemverständnis und der präzisen Rechtsanwendung, und weniger bei Detailproblemen.

### 3. Widerrufsrecht bei Ratenlieferungsverträgen nach § 510

Der Vollständigkeit halber ist das Widerrufsrecht nach § 510 Abs. 1 S. 1 noch zu erwähnen. **304**
Achten Sie hier zunächst darauf, die drei Fallgruppen von Ratenlieferungsverträgen in § 510 Abs. 1 S. 1 Nr. 1-3 sauber zu differenzieren.

**Beispiel** § 510 Abs. 1 S. 1 Nr. 1 (Teilleistungen, Sukzessivlieferverträge): Mehrbändige Lexika, einzelne Teile eines Bausatzes, Module eines Sprachkurses, § 510 Abs. 1 S. 1 Nr. 2 (gleichartige Sachen): jegliche Abonnements, Zeitschriften, Lebensmittel, § 510 Abs. 1 S. 1 Nr. 3 (wiederkehrende Verpflichtungen): Rahmenverträge, wie bspw. Buchgemeinschaft, Bierlieferverträge. ■

Zu beachten ist weiterhin, dass nach § 510 Abs. 1 S. 2 die Ausschlussgründe des § 491 Abs. 2, 3 entsprechend gelten.

# F. Ausschlusstatbestände

## I. Die gesetzliche Systematik

In § 312 Abs. 2 und § 312g Abs. 2 überschneiden sich **zwei Ausnahmekataloge**. In § 312 **305**
Abs. 2 werden eine Reihe von Verträgen bis auf wenige Bestimmungen **vollständig** vom Anwendungsbereich der Kapitel 1 und 2 des Untertitels 2 ausgenommen. Bei diesen Verträgen besteht daher u.a. auch **kein Widerrufsrecht**. In § 312g Abs. 2 werden die dort genannten Verträge **nur vom Widerrufsrecht ausgenommen**. Für diese Verträge gelten also die besonderen Informationspflichten und formalen Anforderungen der §§ 312c ff.

## II. Die wichtigsten Ausnahmen vom Widerrufsrecht

Hervorzuheben sind vor allem folgende Neuregelungen: **306**

Vom Widerrufsrecht ausgenommen sind nach **§ 312g Abs. 2 Nr. 3** nunmehr Verträge über die Lieferung **versiegelter Waren**, die aus Gründen des **Gesundheitsschutzes** oder der **Hygiene** nicht zur Rückgabe geeignet sind, wenn ihre Versiegelung nach der Lieferung entfernt wurde.

**Beispiel** Verbraucher V bestellt beim Versandhändler H 1 kg Räucherlachsfilet, welches in Folie eingeschweißt geliefert wird. ■

Eine weitere Ausnahme enthält **§ 312g Abs. 2 Nr. 1** für Verträge über die Lieferung von Waren, die nicht vorgefertigt sind und für deren Herstellung eine **individuelle Auswahl oder Bestimmung durch den Verbraucher** maßgeblich ist oder die eindeutig auf die persönlichen Bedürfnisse des Verbrauchers zugeschnitten sind.

Offen ist, ob nach dieser Formulierung vom Ausschluss des Widerrufsrechts auch solche Sachen erfasst werden, welche aus vorgefertigten Standardbauteilen hergestellt werden und die ohne großen Aufwand und ohne Beeinträchtigung ihrer Substanz oder Funktionsfähigkeit wieder getrennt werden können.

**Beispiel** Kunde K lässt sich vom Händler H einen Computer im Baukastensystem nach seinen Wünschen zusammenstellen. Bei einer solchen Ausgangssituation hatte der *BGH* den früheren Ausnahmetatbestand des § 312d Abs. 4 Nr. 1 (Kauf nach Kundenspezifikation, jetzt § 312g Abs. 2 Nr. 1) nicht angewendet.[28] ■

## G. Wirksame Ausübung des Widerrufsrechts

PRÜFUNGS-SCHEMA

307 **Die Ausübung des Widerrufsrechts**

**I. Sachlicher Anwendungsbereich**
**II. Wirksame Widerrufserklärung**
**III. Einhaltung der Widerrufsfrist**
1. Dauer und Fristbeginn
2. Höchstfristen

### I. Sachlicher Anwendungsbereich

308 Der sachliche Anwendungsbereich setzt voraus, dass nach dem Gesetz einem Verbraucher ein Widerrufsrecht nach § 355 eingeräumt wurde. Dies wird typischerweise in der Klausur bereits vorher geprüft worden sein, so dass an dieser Stelle ein kurzer Hinweis genügt.

### II. Wirksame Widerrufserklärung

309 Die Widerrufserklärung ist eine einseitige empfangsbedürftige Willenserklärung. Der Widerruf bedarf keiner Begründung und ist als Gestaltungsrecht bedingungsfeindlich.

**Inhaltlich** schreibt § 355 Abs. 1 S. 3 vor, dass aus der Erklärung der Entschluss des Verbrauchers zum Widerruf des Vertrags eindeutig hervorgehen muss. Während § 355 Abs. 1 S. 2 a.F. noch „Textform" für den Widerruf verlangte enthält § 355 Abs. 1 n.F. diese Voraussetzung nicht mehr.

28 *BGH* NJW 2003, 1665.

## III. Einhaltung der Widerrufsfrist

### 1. Dauer und Fristbeginn

Nach § 355 Abs. 2 S. 1 beträgt die Widerrufsfrist **14 Tage**. Sie beginnt nach § 355 Abs. 2 S. 2 grundsätzlich mit Vertragsschluss, soweit nicht ein anderes bestimmt ist. **310**

Die näheren Modifizierungen sind in §§ 356–356c, je nach Art des Vertrags, unterschiedlich geregelt. Alle Varianten setzen für den Beginn der Widerrufsfrist eine ordnungsgemäße Information des Verbrauchers nach Maßgabe der Art. 246a § 1 Abs. 2 S. 1 Nr. 1, 246b § 2 Abs. 1, 246 Abs. 3 EGBGB, insbesondere eine **Belehrung über sein Widerrufsrecht**, voraus.

#### a) Beginn der Widerrufsfrist bei Außergeschäftsraum- und Fernabsatzverträgen, § 356

Bei Außergeschäftsraumverträgen unterscheidet § 356 Abs. 2 zwischen Verbrauchsgüterkaufverträgen (§ 474 Abs. 1) und den in § 356 Abs. 2 Nr. 2 genannten Lieferungsverträgen. **311**

#### aa) Regelmäßige Lieferung von Waren über einen *festgelegten Zeitraum*

Bei Verträgen, die die regelmäßige Lieferung von Waren über einen **festgelegten Zeitraum** zum Gegenstand haben, beginnt die Frist mit dem **Erhalt der ersten Ware** (§ 356 Abs. 2 Nr. 1d). **312**

**Beispiel** Zeitungsabonnement über einen befristeten Zeitraum. ■

#### bb) Lieferung von Waren in mehreren Teilsendungen oder Stücken

Bei Verbrauchsgüterkaufverträgen über die **Lieferung von Waren in mehreren Teilsendungen oder Stücken** beginnt die Frist mit **Erhalt der letzten Teilsendung** oder des letzten Stückes (§ 356 Abs. 2 Nr. 1c). **313**

**Beispiel** Lieferung einer 12-bändigen Lexikonreihe in Teilsendungen. ■

#### cc) Gesondert gelieferte Waren aufgrund einer einheitlichen Bestellung

Beim Erwerb mehrerer gesondert gelieferter Waren im Rahmen einer einheitlichen Bestellung beginnt die Widerrufsfrist erst **mit dem Erhalt der letzten Ware** (§ 356 Abs. 2 Nr. 1b). **314**

Bei sonstigen Verbrauchsgüterkaufverträgen, die als Außergeschäftsraumverträge abgeschlossen werden, beginnt die Frist nach § 356 Abs. 2 Nr. 1a **mit dem Erhalt der Ware**.

#### dd) Lieferverträge i.S.v. § 356 Abs. 2 Nr. 2

Bei den Dauerlieferungsverträgen i.S.v. § 356 Abs. 2 Nr. 2 (Wasser, Gas, Strom etc.) beginnt die Widerrufsfrist mit dem Vertragsschluss. **315**

#### b) Beginn der Widerrufsfrist bei Verbraucherdarlehensverträgen, § 356b

Bei Verbraucher**darlehensverträgen** beginnt die Frist erst mit Aushändigung der Vertragsurkunde mit den Pflichtangaben nach § 492 Abs. 2. Enthält die Urkunde die Pflichtangaben nicht, beginnt die Frist erst mit Nachholung dieser Angaben. Die Widerrufsfrist beträgt in diesem Fall **einen Monat** (§ 356b Abs. 2). **316**

#### c) Beginn der Widerrufsfrist bei Ratenlieferungsverträgen, § 356c

317 Bei einem Ratenlieferungsvertrag, der weder im Fernabsatz noch außerhalb von Geschäftsräumen geschlossen wird, beginnt die Widerrufsfrist nicht, bevor der Unternehmer den Verbraucher gem. Art. 246 Abs. 3 EGBGB über sein Widerrufsrecht unterrichtet hat.

### 2. Höchstfristen

#### a) bei Außergeschäftsraum- und Fernabsatzverträgen

318 In den Fällen, in denen die Widerrufsfrist nach den o.g. Grundsätzen nicht zu laufen begonnen hat ist, anders als nach bisheriger Rechtslage nunmehr eine **Höchstfrist** bestimmt.

Nach § 356 Abs. 3 S. 2 erlischt das Widerrufsrecht spätestens **nach 12 Monaten und 14 Tagen ab Vertragsschluss**.

Nach § 356 Abs. 4 erlischt das Widerrufsrecht bei Dienstleistungsverträgen auch dann, wenn der Unternehmer die **Dienstleistung vollständig erbracht** hat. Voraussetzung hierfür ist, dass der Unternehmer mit der Ausführung der Dienstleistung erst begonnen hat, nachdem der Verbraucher dazu seine ausdrückliche Zustimmung gegeben hat und gleichzeitig seine Kenntnis davon bestätigt hat, dass er sein Widerrufsrecht bei vollständiger Vertragserfüllung durch den Unternehmer verliert.

Bei einem Vertrag über die Lieferung von nicht auf einem körperlichen Datenträger befindlichen digitalen Inhalten erlischt das Widerrufsrecht bei Verträgen, die den Verbraucher **nicht zur Zahlung eines Preises** verpflichten, wenn der Unternehmer mit der Ausführung des Vertrages begonnen hat (§ 356 Abs. 5 Nr. 1). Bei Verträgen, die den Verbraucher zur Zahlung eines Preises verpflichten, dann, wenn der Unternehmer mit der Ausführung des Vertrags begonnen hat, nachdem der Verbraucher ausdrücklich dem Beginn der Vertragsausführung vor Ablauf der Widerrufsfrist zugestimmt hat und seine Kenntnis davon bestätigt, dass er durch seine Zustimmung mit dem Beginn der Ausführung sein Widerrufsrecht verliert und der Unternehmer dem Verbraucher eine Bestätigung gem. § 312f zur Verfügung gestellt hat (§ 356 Abs. 5 Nr. 2).

#### b) bei Ratenlieferungsverträgen

319 Auch hier ist eine **Höchstfrist von 12 Monaten und 14 Tagen** ab Vertragsschluss vorgesehen.

#### c) bei Verbraucherdarlehensverträgen

320 Bei Verbraucherdarlehensverträgen, welche einen Unterfall der „Finanzdienstleistungsverträge" bilden,[29] enthält § 356 Abs. 4 Nr. 4 **nur für die unter § 356 fallenden Fälle** einen besonderen Erlöschensgrund. Danach erlischt das Widerrufsrecht, wenn der Vertrag von beiden Seiten auf ausdrücklichen Wunsch des Verbrauchers **vollständig erfüllt** ist, bevor der Verbraucher sein Widerrufsrecht ausgeübt hat. Ansonsten kann das Widerrufsrecht bei Fehlen einer ordnungsgemäßen Belehrung allenfalls **verwirkt** werden.[30]

29 Grüneberg-Grüneberg § 312 n.F. Rn. 26.

30 Grüneberg-Grüneberg § 356 Rn. 8.

## H. Verbundene Verträge, §§ 358 ff.

Nach der Legaldefinition des § 358 Abs. 3 S. 1 ist ein Vertrag über die Lieferung einer Ware oder die Erbringung einer anderen Leistung (der sog. „Leistungsvertrag") mit einem Verbraucherdarlehensvertrag verbunden, wenn das Darlehen ganz oder teilweise der Finanzierung des Leistungsvertrags dient und beide Verträge eine **„wirtschaftliche Einheit"** bilden. 321

Eine wirtschaftliche Einheit liegt nach § 358 Abs. 3 S. 2 insbesondere vor, wenn der Unternehmer entweder selbst die Leistung finanziert oder, im Falle der Finanzierung durch einen Dritten, wenn sich der Darlehensgeber bei der Vorbereitung oder dem Abschluss des Verbraucherdarlehensvertrags der Mitwirkung des Unternehmers bedient. 322

**Beispiel** K kauft bei Händler V einen neuen Pkw zum Preis von 30 000 €. Er zahlt 10 000 € an und der Rest soll über die Hausbank B des V finanziert werden, mit der V in solchen Fällen zusammenarbeitet. Demgemäß unterschreibt K im Geschäft des V zwei Verträge; einen Kaufvertrag mit V und einen Darlehensvertrag mit B. Eine Woche später hat sich K die Sache anders überlegt und möchte von beiden Verträgen wieder loskommen. ■

Die Besonderheit der hier zu behandelnden Problematik ist, dass beim finanzierten Kauf der Kaufvertrag und der Darlehensvertrag rechtlich zwar selbstständige Schuldverhältnisse darstellen, wirtschaftlich aber eine Einheit bilden. Das Gesetz bezeichnet eine solche Vertragskombination als „verbundene Verträge".

**Hinweis**

An dieser Stelle ist der **„Kauf auf Kredit"** vom **„Kauf bei Kredit"** abzugrenzen. Ein Kauf bei Kredit liegt vor, wenn sich der Verbraucher das Darlehen selbst verschafft. In diesem Fall liegen keine verbundenen Verträge vor, weil es an der wirtschaftlichen Einheit fehlt. Solche Verträge bleiben – vorbehaltlich der Ausnahme in § 360 auch rechtlich getrennt.

Die §§ 358, 359 befassen sich nur mit dem Fall, dass der Leistungsvertrag und der Verbraucherdarlehensvertrag miteinander verbundene Verträge sind (Kauf auf Kredit). 323

Bei dieser Konstellation stellen sich insbesondere fünf Fragen:

- Gegenüber welchem Vertragspartner muss der Verbraucher den Widerruf erklären?
- Wie wirkt sich der Widerruf des einen Vertrags auf den damit verbundenen Vertrag aus **(Widerrufsdurchgriff)**?
- Zwischen welchen Beteiligten erfolgt im Fall des Widerrufs die Rückabwicklung?
- Wie wirken sich Einreden und Einwendungen, die der Verbraucher aus dem Leistungsvertrag hat, gegenüber dem verbundenen Verbraucherdarlehensvertrag aus **(Einwendungsdurchgriff)**?
- Kann der Verbraucher vom Darlehensgeber die geleisteten Raten zurückverlangen oder muss er sich an den Partner des Leistungsvertrages halten **(Rückforderungsdurchgriff)**?

## I. Der Widerrufsdurchgriff

### 1. Der Widerrufsadressat

324 Wer Widerrufsrechtsadressat ist, hängt zunächst davon ab, gegenüber welchem Vertragspartner ein Widerrufsrecht besteht.

#### a) Fall 1: Das Widerrufsrecht besteht nur für den Darlehensvertrag

325 Der Verbraucherdarlehensvertrag unterliegt nach § 495 einem eigenen Widerrufsrecht. Dies trifft auf den verbundenen Kauf- oder Leistungsvertrag (im Folgenden der Einfachheit halber als **„Leistungsvertrag"** bezeichnet) nur in Ausnahmefällen zu, z.B. wenn dieser als Außergeschäftsraum- oder Fernabsatzvertrag abgeschlossen wurde.

Besteht danach, wie im Regelfall, das Widerrufsrecht nur für den Verbraucherdarlehensvertrag, so ist der Widerruf an den Darlehensgeber zu richten.

#### b) Fall 2: Das Widerrufsrecht besteht ausnahmsweise auch gegenüber dem verbundenen Leistungsvertrag

326 Besteht das Widerrufsrecht ausnahmsweise auch gegenüber dem Leistungsvertrag, so kann der Widerruf gegenüber beiden Vertragspartnern erfolgen.[31]

**Beispiel** K hat mit V einen von der B-Bank finanzierten Abzahlungskauf in einer Haustürsituation abgeschlossen. Bei dieser Konstellation kann K den Darlehensvertrag und den Kaufvertrag widerrufen. ■

### 2. Auswirkung des Widerrufs auf den verbundenen Vertrag

#### a) Fall 1: Das Widerrufsrecht besteht nur für den Darlehensvertrag

327 § 358 Abs. 2 regelt den Normalfall des Widerrufs des verbundenen **Verbraucherdarlehensvertrages** und erstreckt die Rechtsfolge des Widerrufs auf den verbundenen **Leistungsvertrag**.

#### b) Fall 2: Das Widerrufsrecht besteht ausnahmsweise auch gegenüber dem verbundenen Leistungsvertrag

328 § 358 Abs. 1 regelt den Ausnahmefall des Widerrufs des **Leistungsvertrags** und erstreckt die Rechtsfolge des Widerrufs auf den verbundenen **Darlehensvertrag**. Diese Regelung kommt nur dann in Betracht, wenn für den Kaufvertrag ausnahmsweise ein eigenes Widerrufsrecht besteht (s.o.).

### 3. Die Beteiligten des Rückabwicklungsschuldverhältnisses

329 Gleich wem gegenüber der Widerruf zu erklären ist, jedenfalls ist der Verbraucher in beiden Fällen an beide Verträge nicht mehr gebunden. Für die Frage, zwischen welchen Beteiligten das Rückabwicklungsschuldverhältnis nach §§ 355 Abs. 3, 357–357b entsteht, unterscheidet das Gesetz danach, ob dem Unternehmer als Partner des Leistungsvertrages der Darlehensbetrag bereits zugeflossen ist oder nicht.

31 Grüneberg-*Grüneberg* § 358 Rn. 8.

Ist das Darlehen **dem Unternehmer noch nicht zugeflossen**, entsteht zwischen dem Verbraucher und dem Verkäufer als Unternehmer ein Rückgewährschuldverhältnis, welches die Parteien verpflichtet, einander die empfangenen Leistungen zurück zu gewähren.

Ist das Darlehen dem Unternehmer bereits zugeflossen, tritt nach **§ 358 Abs. 4 S. 5** der Darlehensgeber in die Rechte und Pflichten aus dem Rückabwicklungsschuldverhältnis ein. Die Rückabwicklung erfolgt dann ausschließlich zwischen dem Darlehensgeber und dem Verbraucher.

Der Sinn dieser Regelung ist, es dem Verbraucher zu ersparen, sich bei der Rückabwicklung mit zwei Parteien auseinandersetzen zu müssen.

## II. Der Einwendungsdurchgriff

Beim Einwendungsdurchgriff geht es um die Frage, welche Auswirkungen Mängel des Leis- 330
tungsvertrages (Nichtigkeit, Ausübung von Gestaltungsrechten durch den Verbraucher, mit Ausnahme des Widerrufs) auf den verbundenen Darlehensvertrag haben. Diese Frage ist in § 359 Abs. 1 S. 1 geregelt.

**Beispiel** Händler V verkauft dem K einen PKW. Der Vertrag wird durch die Bank des V finanziert (verbundenes Geschäft). Nach Ablauf der Widerrufsfrist tritt K wegen eines Mangels vom Kaufvertrag zurück. Hat dies Auswirkungen auf den verbundenen Darlehensvertrag?

Nach § 359 Abs. 1 S. 1 kann der Verbraucher die Rückzahlung des Darlehens verweigern, soweit Einwendungen aus dem verbundenen Vertrag ihn gegenüber dem Unternehmer zur Leistungsverweigerung berechtigen würden. Im *Ausgangsbeispiel* kann K also gegenüber der Bank die Zahlung der weiteren Darlehensraten verweigern. ■

**Hinweis**

Hinweis: Im Verhältnis zwischen dem Verkäufer und dem Verbraucher ist der Rücktritt des Käufers eine rechtsvernichtende Einwendung. Gegenüber der Bank wird diese Einwendung zur **„Einrede"** („**kann** verweigern").

Sinn der Regelung ist es, den Verbraucher vor den Risiken zu bewahren, die sich aus der Aufspaltung eines wirtschaftlich einheitlichen Vorgangs in zwei Verträge ergeben könnten.

## III. Der Rückforderungsdurchgriff

Fraglich ist, ob K im obigen *Ausgangsbeispiel* von der Bank die bereits gezahlten Raten zurück 331
verlangen kann oder ob er sich insoweit an den Verkäufer halten muss.

Die Frage ist in § 359 nicht geregelt.

Als Anspruchsgrundlage kommt § 813 in Betracht. Danach kann das zum Zwecke der Erfüllung einer Verbindlichkeit Geleistete zurückgefordert werden, wenn dem Anspruch eine Einrede entgegenstand, durch welche die Geltendmachung des Anspruchs dauernd ausgeschlossen wurde. Die h.M.[32] unterscheidet dabei wie folgt:

### 1. Rechtslage bei Nichtigkeit oder Anfechtung des Kaufvertrags

332 Ist der verbundene Kaufvertrag nichtig oder angefochten, so gilt Folgendes:

Da der Verbraucher eine dem Unternehmer eventuell geleistete Anzahlung ohne Rechtsgrund erbracht hat, steht ihm gegen diesen ein Anspruch auf Rückzahlung zu. Von der finanzierenden Bank kann er nach § 813 Rückerstattung der Darlehensraten verlangen, da ihm infolge der Nichtigkeit des Kaufvertrages die Einrede aus § 359 **von Anfang an** zustand. Der Anspruch besteht aber nur Zug um Zug gegen Abtretung seines Anspruchs gegen den Verkäufer aus § 812 auf Erstattung der Darlehensvaluta an die Bank.[33]

### 2. Rechtslage bei Mangelhaftigkeit der Kaufsache

333 Da Rücktritt, Minderung und Schadensersatz statt der Leistung nur zur Umgestaltung des Kaufvertrages **ex nunc** führen, § 813 aber das Bestehen der Einrede **im Zeitpunkt der Zahlung der Darlehensraten** voraussetzt, scheidet nach h.M. die Anwendung des § 813 für die bis zur Erklärung des Rücktritts (etc.) gezahlten Raten aus. Der Verbraucher muss sich daher an den Verkäufer halten[34].

Offen, und vom *BGH* bisher noch nicht entschieden, ist die Frage, ob ein **beschränkter Rückforderungsdurchgriff** nach § 813 auf Rückzahlung der **nach Ausübung des Gestaltungsrechts geleisteten Darlehensraten** möglich ist. Dies wird vom *OLG Sachsen-Anhalt* mit Entscheidung vom 10.2.2013 mit überzeugenden Gründen bejaht.[35]

Es bleibt abzuwarten, wie der *BGH* dieses Problem entscheiden wird.

## I. Zusammenhängende Verträge, § 360

334 § 360 enthält eine Regelung für **„zusammenhängende"** Verträge, bei denen die Voraussetzungen für verbundene Verträge nicht vorliegen. Hier kommt es nach § 360 Abs. 1 S. 1 ebenfalls zu einem **Widerrufsdurchgriff** auf den zusammenhängenden Vertrag. Nach § 360 Abs. 2 S. 1 liegt ein zusammenhängender Vertrag vor, wenn er einen Bezug zum widerrufenen Vertrag aufweist und eine Leistung betrifft, die von dem Unternehmer des widerrufenen Vertrags oder einem Dritten auf der Grundlage einer Vereinbarung zwischen dem Dritten und dem Unternehmer des widerrufenen Vertrags erbracht wird.

Zum Verständnis der komplizierten gesetzlichen Formulierung wollen wir uns deren Bestandteile einmal im Einzelnen ansehen.

---
32 Vgl. Grüneberg-*Grüneberg* § 359 Rn. 7 m.w.N.
33 Grüneberg-*Grüneberg* § 359 Rn. 7 m.w.N.
34 Grüneberg-*Grüneberg* § 359 Rn. 8 m.w.N.
35 *OLG Sachsen-Anhalt* NJW 2013, 3455–3458.

Erforderlich ist zunächst, dass der Verbraucher zwei getrennte Verträge abschließt. Vertragspartner beider Verträge kann derselbe Unternehmer sein oder es können auch zwei Unternehmer sein. Es darf sich nicht um verbundene Verträge i.S.v. § 358 Abs. 3 handeln, da sich ansonsten der Widerrufsdurchgriff bereits aus § 358 Abs. 1 ergibt. Für mindestens einen der Verträge muss ein Widerrufsrecht des Verbrauchers bestehen. Begrifflich sind der **widerrufene Vertrag** und der damit **zusammenhängende Vertrag** zu unterscheiden. Der zusammenhängende Vertrag muss einen Bezug zum widerrufenen Vertrag haben.

**Beispiel** Verbraucher K erwirbt beim Autohändler H einen neuen PKW zum Preis von 40 000 €. Im Kaufvertrag ist die Klausel aufgenommen, dass der Käufer den Kaufpreis über seine Bank, die B-Bank finanziert. K schließt zu diesem Zweck mit der B-Bank einen Verbraucherdarlehensvertrag, den er später fristgerecht widerruft. Hier handelt es sich nicht um verbundene Verträge, i.S.v. § 358 Abs. 3, da Verkäufer und B-Bank nicht geschäftlich verbunden sind. K hat den Verbraucherdarlehensvertrag wirksam widerrufen. Der Kaufvertrag zwischen K und H ist ein mit dem Darlehensvertrag verbundener Vertrag, da er wegen der Finanzierungsklausel einen Bezug zum Darlehensvertrag hat und eine Leistung betrifft, die von der Darlehensgeberin, die B-Bank erbracht werden sollte. Gem. § 360 Abs. 1 S. 1 ist K nach Widerruf des Darlehensvertrages auch nicht mehr an den Kaufvertrag gebunden. ■

Nach § 360 Abs. 2 S. 2 kann umgekehrt auch ein Verbraucherdarlehensvertrag der zusammenhängende Vertrag und der andere Vertrag der widerrufene Vertrag sein. Dies ist dann der Fall, wenn das Darlehen ausschließlich der Finanzierung des widerrufenen Vertrags dient und die Leistung des Unternehmers aus dem widerrufenen Vertrag in dem Verbraucherdarlehensvertrag genau angegeben ist. Diese Variante ist v.a. von Bedeutung, wenn die Widerrufsfrist für den Verbraucherdarlehensvertrag bereits abgelaufen ist.

**Beispiel** Verbraucher K hat im Internet sein Traumfahrrad Bulls Green Mover E 45 entdeckt, welches vom Online Händler H zum Preis von 3999 € angeboten wird. Er schließt mit seiner Bank B einen Kreditvertrag über ein Darlehen in dieser Höhe ab. Im Darlehensvertrag ist u.a. Folgendes geregelt:

*„... Das Darlehen* ***dient der Finanzierung des Erwerbs des E-Bike Bulls Green Mover*** *durch K von der Fa. H. Das Fahrrad wird zur Absicherung des Darlehens von K an B sicherungsübereignet ..."*

Der Darlehensvertrag ist mit einer ordnungsgemäßen Widerrufsrechtsbelehrung versehen.

Anschließend zahlt B das Darlehen an K aus. Das Fahrrad wird erst nach Ablauf der Widerrufsfrist an K ausgeliefert. K stellt fest, dass ihm das Fahrrad doch nicht gefällt und widerruft den Kaufvertrag mit H (Fernabsatzgeschäft) fristgemäß. Die Folge ist, dass K, obwohl sein Widerrufsrecht für den Darlehensvertrag bereits abgelaufen ist, gem. § 360 Abs. 1 S. 1 auch an den Darlehensvertrag nicht mehr gebunden ist. ■

# 8. Teil
# Verbraucherverträge über digitale Produkte

**335** Zur Umsetzung der Digitale-Inhalte-Richtlinie (EU RL 2019/770 – DIRL) ist zum 1.1.2022 ein neuer „Titel 2a" zu „Verträgen über digitale Produkte" mit den §§ 327 bis 327u eingefügt worden.

Während die § 327t und § 327u nur Verträge über digitale Produkte zwischen Unternehmern betreffen, regeln die **§§ 327 bis 327s** den **Verbrauchervertrag** über digitale Produkte.

Titel 2a: Einteilung der §§ 327–327u

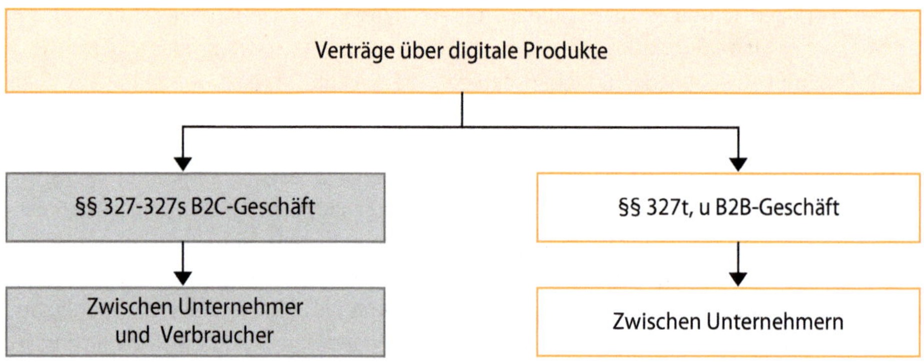


Die vom Gesetzgeber vorgenommene Einordnung in das allgemeine Schuldrecht ist systemgerecht. Es sollte nämlich kein neuer Vertragstyp geschaffen werden. Wegen der verschiedenen Ausgestaltungen von Verträgen über digitale Produkte (z.B. Kauf, Miete, Dienstvertrag etc.) wollte der Gesetzgeber mit den §§ 327–327u nur die Vorschriften „vor die Klammer" ziehen, die bei digitalen Produkten für alle diese Verträge gemeinsam gelten sollen. Nur soweit die §§ 327–327u keine Regelungen enthalten, kann auf die Vorschriften des Schuldrechts-BT zurückgegriffen werden (z.B. § 475a).

## A. Anwendungsbereich der §§ 327 ff.

**336** Nach § 327 Abs. 1 sind die §§ 327 ff. auf **Verbraucherverträge** anwendbar, welche die **Bereitstellung digitaler Produkte** durch den Unternehmer gegen **Zahlung eines Preises** zum Gegenstand haben.

### I. Verbraucherverträge, § 310 Abs. 3

**337** **Verbraucherverträge** sind gemäß § 310 Abs. 3 Verträge zwischen einem Unternehmer und einem Verbraucher.

## II. Entgeltlich

Der Vertrag muss **entgeltlich** sein, (vgl. § 327 Abs. 1). Dies kann auch eine digitale Darstel- 338
lung eines Wertes sein (§ 327 Abs. 1 S. 2).

**Beispiel** Eine Bereitstellung gegen Zahlung eines Preises liegt auch vor, wenn der Verbraucher einen elektronischen Gutschein, Bitcoins oder einen „E-Coupon" einlöst. ■

Als Gegenleistungen werden auch analoge Darstellungen eines Wertes erfasst, denen nach der Verkehrsauffassung oder der besonderen Vereinbarung der Parteien Zahlungsfunktion zukommt.[1]

**Beispiele** Geschenkgutscheine, Rabatt- oder Treuepunkte ■

Die §§ 327 ff. sind auch anwendbar, wenn der Verbraucher seine Leistung nicht in Geld erbringt, sondern stattdessen oder daneben **personenbezogene Daten** bereit stellt oder sich zu einer solchen Bereitstellung verpflichtet.

> **Personenbezogene Daten** sind alle Informationen, die sich auf eine identifizierte oder identifizierbare natürliche Person beziehen.

Dabei ist es unerheblich, wie die Bereitstellung der personenbezogenen Daten oder die entsprechende Verpflichtung im Rahmen des Schuldrechts einzuordnen ist, also etwa ob die Bereitstellung im Gegenseitigkeitsverhältnis steht.

## III. Digitale Produkte

Gegenstand des Vertrages muss die **Bereitstellung** digitaler **Inhalte** oder digitaler **Dienstleis-** 339
**tungen** sein, die § 327 Abs. 1 unter dem Begriff der **digitalen Produkte** zusammenfasst.

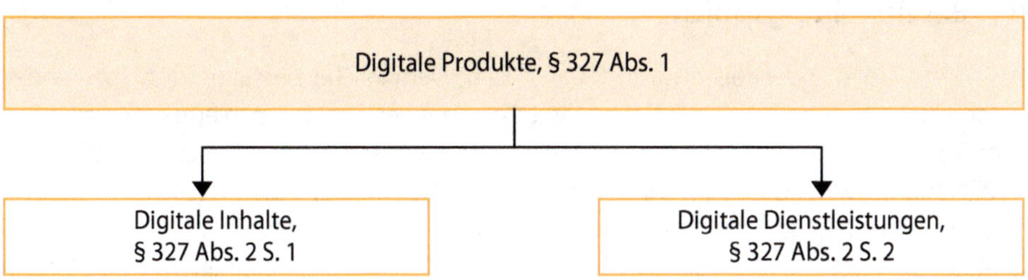


### 1. Digitale Inhalte, § 327 Abs. 2 S. 1

> **Digitale Inhalte** sind Daten, die in digitaler Form erstellt und bereitgestellt werden.[2] 340

Maßgebend ist ausschließlich die Art und Weise, wie die Daten reproduzierbar oder wiedergabefähig festgehalten wurden, nämlich in digitaler Form.

1 Grüneberg-*Grüneberg* § 327 Rn. 8.
2 Grüneberg-*Grüneberg* § 327 Rn. 4.

**Beispiele** Computerprogramme, digitale Spiele oder elektronische Bücher. ■

Darüber hinaus ist zu beachten, dass der digitale Inhalt nicht nur in digitaler Form erstellt, sondern auch in digitaler Form bereitgestellt werden muss.

**Beispiel** Ein mittels elektronischer Hilfsmittel erstelltes Buch, das als gedrucktes Exemplar vertrieben wird, ist nicht erfasst. ■

Ausreichend ist, wenn die Daten in digitaler Form mit einem Computerprogramm wahrnehmbar gemacht werden können.

### 2. Digitale Dienstleistungen, § 327 Abs. 2 S. 2

341 **Digitale Dienstleistungen** sind Dienstleistungen, die dem Verbraucher die Erstellung, die Verarbeitung oder die Speicherung von Daten in digitaler Form oder den Zugang zu solchen Daten ermöglichen.[3]

**Beispiele** Software-as-a-service, Cloud-Dienste (Textverarbeitung oder Spiele), Videostreaming und soziale Medien, sodass auch soziale Netzwerke wie Facebook, Instagram oder Tik-Tok erfasst werden. ■

Während § 327 Abs. 2 S. 2 Nr. 1 auf die alleinige Nutzung durch den Verbraucher abstellt, liegt der Schwerpunkt des § 327 Abs. 2 S. 2 Nr. 2 auf der gemeinsamen Nutzung durch mehrere Personen. Das betrifft Dienstleistungen und Angebote, bei denen Nutzer Inhalte einstellen oder mit anderen Nutzern oder dem Anbieter interagieren können.

**Beispiele** Neben sozialen Medien auch Verkaufs-, Buchungs-, Vergleichs-, Vermittlungs- oder Bewertungsplattformen. ■

## IV. Bereitstellungspflicht

342 In § 327b wird – anders als etwa in § 433 – keine vertragliche Leistungspflicht begründet, sondern vorausgesetzt, dass der Unternehmer durch einen Verbrauchervertrag gemäß § 327 oder § 327a dazu verpflichtet ist, dem Verbraucher ein digitales Produkt bereitzustellen, vgl. § 327b Abs. 1. Die Leistungspflicht selbst resultiert also aus dem individuellen Vertrag zwischen Unternehmer und Verbraucher, der entweder einer der Vertragsarten des Abschnitts 8 (§§ 433 bis 811) entspricht oder aufgrund der in § 311 Abs. 1 niedergelegten Vertragsfreiheit ein nicht typisierter Vertrag ist.[4]

Wird der Unternehmer durch den Vertrag zu einer Reihe einzelner Bereitstellungen verpflichtet, so gelten gemäß § 327b Abs. 5 die § 327b Abs. 2 bis 4 für jede einzelne Bereitstellung innerhalb der Reihe.

Für den **Inhalt der Bereitstellungsverpflichtung** ist entscheidend, um welchen Vertragstyp es sich im jeweiligen Fall handelt. Während es nämlich bei der Bereitstellung im Rahmen eines Kaufvertrages um die punktuelle Übertragung digitaler Inhalte geht (**einmalige Bereit-**

3 Grüneberg-*Grüneberg* § 327 Rn. 5.
4 Grüneberg-*Grüneberg* § 327b Rn. 1.

**stellung**), ist die Bereitstellung beim Mietvertrag auf eine fortgesetzte Bereitstellung im Sinne eines Dauerschuldverhältnisses (**dauerhafte Bereitstellung**) gerichtet. Deshalb ist eine einheitliche und vom Vertragstyp losgelöste Bestimmung des Inhalts einer Bereitstellungsverpflichtung nicht möglich.

### 1. Bereitstellung digitaler Inhalte

Nach § 327b Abs. 3 ist ein **digitaler Inhalt bereitgestellt**, sobald der digitale Inhalt oder die geeigneten Mittel für den Zugang zu diesem oder das Herunterladen des digitalen Inhalts dem Verbraucher unmittelbar oder mittels einer von ihm hierzu bestimmten Einrichtung **zur Verfügung gestellt** oder **zugänglich gemacht** worden ist.[5] 343

Ein digitaler Inhalt ist dem Verbraucher „zur Verfügung gestellt", wenn diesem eine eigenständige Zugriffsmöglichkeit verschafft wurde. Dagegen bedeutet „zugänglich machen" das Schaffen einer Möglichkeit zur Nutzung eines Dienstes durch den Verbraucher unter fremder Kontrolle. Ob der Verbraucher von dieser Möglichkeit tatsächlich auch Gebrauch macht, ist nicht relevant, § 327b Abs. 1 BGB.

Neben dem Herunterladen in die eigene Umgebung des Verbrauchers kann dieser sich auch einer von ihm hierzu bestimmten Einrichtung Dritter bedienen, um Zugriff auf den digitalen Inhalt zu erhalten.

**Beispiel** Möglichkeit der Speicherung eines E-Books in einer Cloud. ■

### 2. Bereitstellung digitaler Dienstleistungen

**Digitale Dienstleistungen** sind **bereitgestellt**, wenn sie dem Verbraucher unmittelbar oder mittels einer von ihm hierzu bestimmten Einrichtung zugänglich gemacht worden sind, § 327b Abs. 4. 344

## V. Paketverträge und Verträge über Sachen mit digitalen Elementen

Ist Vertragsgegenstand **neben der Bereitstellung digitaler Produkte auch die Bereitstellung anderer Sachen** oder Dienstleistungen, liegt ein Paketvertrag vor. 345

**Beispiel** Erwerb eines KFZ mit eingebautem Navigationsgerät. ■

Die §§ 327 ff. gelten gemäß § 327a Abs. 2 auch für digitale Produkte, die in Sachen enthalten oder mit ihnen verbunden sind, unabhängig davon, ob es sich hinsichtlich Sache und digitalem Produkt um einen oder zwei Verträge handelt und unabhängig davon, ob es sich um einen oder zwei Vertragspartner handelt.

Bei Paketverträgen hängt die rechtliche Behandlung aber davon ab, welche Art der Verbindung zwischen der Sache und dem digitalen Produkt besteht.[6]

---

5 Grüneberg-*Grüneberg* § 327b Rn. 4.
6 Grüneberg-*Grüneberg* § 327a Rn. 2.

### 1. Fehlende qualifizierte Verbindung zwischen Sache und digitalem Produkt, § 327a Abs. 2

346 Eine **qualifizierte Verbindung** zwischen der Sache und dem digitalen Produkt liegt nur dann vor, wenn die Ware ihre Funktion nur mit dem digitalen Produkt erfüllen kann.

Fehlt eine solche Verbindung, sind die Bestimmungen der §§ 327 ff. gemäß § 327a Abs. 1 nur auf den Vertragsteil anwendbar, der das digitale Produkt betrifft. Da die §§ 327 ff. aber lediglich in Bezug **auf den digitalen Anteil** Anwendung finden, können unterschiedliche gesetzliche Anforderungen an die Art und Weise der Bereitstellung, der Mängelfreiheit oder der Vertragsbeendigung gelten.[7]

Es kommt mithin zu einer Aufspaltung der anwendbaren Regelungen.

**Beispiel** Ein KFZ mit eingebautem Navigationsgerät funktioniert auch ohne das Navigationsgerät. Hier fehlt es an einer qualifizierten Verbindung. Funktioniert bei dem Auto die Bremse nicht, so richten sich die Mängelrechte des Käufers nach §§ 434 ff. Funktioniert auch die Software des Navigationsgerätes nicht, so richten sich die Mängelrechte insoweit nach §§ 327e ff. ■

### 2. Qualifizierte Verbindung, § 327a Abs. 3

347 Besteht dagegen eine qualifizierte Verbindung zwischen der Sache und dem digitalen Produkt, so richten sich die Rechte des Verbrauchers einheitlich nach den §§ 327 ff.

**Beispiel** Zwischen dem Navigationsgerät (analoge Sache) und der aufgespielten Software (digitales Produkt) besteht eine qualifizierte Verbindung i.S.v. § 327a Abs. 3, da das Gerät ohne die Software nicht funktioniert. Hier richten sich die Rechte des Verbrauchers **einheitlich** nach §§ 327 ff., insbesondere bei Softwaremängeln nach §§ 327e ff. ■

# B. Verbraucherrechte bei Leistungsstörungen

## I. Nichtleistung

### 1. Recht zur Vertragsbeendigung

348 Kommt der Unternehmer seiner fälligen Verpflichtung zur Bereitstellung des digitalen Produkts auf **Aufforderung des Verbrauchers nicht unverzüglich nach**, so kann der Verbraucher den Vertrag gem. § 327c Abs. 1 beenden. Anders als bei § 323 Abs. 1 BGB ist eine Fristsetzung hierfür nicht erforderlich. Das „Beendigungsrecht" tritt hier an die Stelle des in § 323 Abs. 1 geregelten Rücktrittsrechts.[8]

Die Aufforderung nach § 327c Abs. 1 S. 1 ist entbehrlich, wenn der Unternehmer **die Bereitstellung verweigert**. Anders als im Falle des § 323 Abs. 2 Nr. 1 braucht die Weigerung nicht *„ernsthaft und endgültig"* zu sein.

7 Grüneberg-*Grüneberg* § 327a Rn. 2.
8 Grüneberg-*Grüneberg* § 327c Rn. 1.

Das Gleiche gilt, wenn es nach den Umständen eindeutig zu erkennen ist, dass der Unternehmer das digitale Produkt nicht bereitstellen wird oder der Unternehmer die Bereitstellung bis zu einem bestimmten Termin oder innerhalb einer bestimmten Frist nicht bewirkt, obwohl vereinbart war oder es sich für den Unternehmer aus eindeutig erkennbaren, den Vertragsabschluss begleitenden Umständen ergeben konnte, dass die termin- oder fristgerechte Bereitstellung für den Verbraucher wesentlich ist (vgl. § 327c Abs. 2 S. 1).

### 2. Schadensersatz

Liegen die Voraussetzungen für eine Beendigung des Vertrags nach § 327c Abs. 1 S. 1 vor, so kann der Verbraucher nach den §§ 280 und 281 Abs. 1 S. 1 Schadensersatz verlangen. § 281 Abs. 1 S. 1 ist mit der Maßgabe anzuwenden, dass an die Stelle der Bestimmung einer angemessenen Frist die Aufforderung nach § 327c Abs. 1 S. 1 tritt. Ansprüche des Verbrauchers auf Schadensersatz nach den §§ 283 und 311a Abs. 2 bleiben unberührt. Ist eine Aufforderung nach § 327c Abs. 2 entbehrlich, so kann Ersatz des **Verzugsschadens** nach §§ 280 Abs. 1, 2, 286 auch ohne vorherige Mahnung verlangt werden (§ 327c Abs. 3 S. 2). **349**

### 3. Alternativ Ersatz vergeblicher Aufwendungen

Statt des Anspruchs auf Schadensersatz statt der Leistung kann der Verbraucher nach § 284 Ersatz vergeblicher Aufwendungen verlangen. **350**

## II. Produkt- oder Rechtsmängel

Nach § 327d trifft den Unternehmer die Leistungspflicht, das digitale Produkt frei von Produkt- und Rechtsmängeln i.S.d. §§ 327e bis 327g bereitzustellen.[9] **351**

Damit konkretisiert § 327d eine bereits bestehende Leistungspflicht und begründet keine neue vertragliche Leistungspflicht, sondern setzt voraus, dass der Unternehmer durch einen Verbrauchervertrag gemäß § 327 oder § 327a dazu verpflichtet ist.

### 1. Produktmängel

In § 327e werden die Anforderungen an die Vertragsmäßigkeit in einer Vorschrift zusammengefasst. Nur die Bestimmungen zur Aufrechterhaltung der Vertragsmäßigkeit durch Aktualisierungen sind wegen ihrer besonderen Bedeutung gesondert in § 327f geregelt. **352**

Das digitale Produkt ist gemäß § 327e Abs. 1 S. 1 frei von Produktmängeln, wenn es zur maßgeblichen Zeit nach den §§ 327 ff. sowohl den subjektiven als auch den objektiven Anforderungen sowie den Anforderungen an die Integration entspricht.

Zur Mangelfreiheit des digitalen Produkts müssen die subjektiven und objektiven Anforderungen sowie die Anforderungen an die Integration kumulativ erfüllt sein.

Gemäß § 327e Abs. 5 steht es einem Produktmangel gleich, wenn der Unternehmer ein anderes digitales Produkt als das vertraglich geschuldete digitale Produkt, also ein **Aliud**,

9 Grüneberg-*Grüneberg* § 327d Rn. 1.

bereitstellt. Das setzt voraus, dass das andere digitale Produkt in Erfüllung des Vertrags bereitgestellt wird. Dazu muss eine entsprechende Tilgungsbestimmung des Unternehmers vorliegen, die nach dem objektiven Empfängerhorizont des Verbrauchers zu beurteilen ist.

Die in § 327f geregelte Verpflichtung zu **Aktualisierungen** ist eine der wesentlichen Neuerungen durch die Schuldrechtsreform 2022. Diese Abkehr von der Übergabe oder Lieferung als maßgeblichem Zeitpunkt ist ein Paradigmenwechsel.

Außerdem kann die Aktualisierungsverpflichtung sogar über den Gewährleistungszeitraum hinaus gelten.

Nach der in § 327f geregelten Verpflichtung (**„Updatepflicht"**) ist der Unternehmer auch bei Verträgen, die sich in einem einmaligen Leistungsaustausch erschöpfen, auch nach der Bereitstellung verpflichtet, Aktualisierungen zur Aufrechterhaltung der Mangelfreiheit des digitalen Produkts bereitzustellen.

Die Information über und die Bereitstellung von Aktualisierungen gehören zu den objektiven Konformitätskriterien gemäß § 327e Abs. 3 S. 1 Nr. 5. Den Unternehmer trifft gemäß § 327f Abs. 1 die Pflicht „sicherzustellen", dass dem Verbraucher die erforderlichen Aktualisierungen bereitgestellt werden. Dazu kann der Unternehmer auch Dritte, wie etwa den Hersteller, in die Erfüllung seiner Pflicht einbeziehen. Diese sind, sofern sie auf vertraglicher Grundlage handeln, als Erfüllungsgehilfen des Unternehmers (§ 278) anzusehen.

Die Gesetzesbegründung möchte den Begriff der Aktualisierungen zwar als Oberbegriff für „Updates" und „Upgrades" verstanden wissen.[10] Aus dem Zusammenspiel der § 327f und § 327r ergibt sich aber etwas anderes. Nach § 327f Abs. 1 sind nämlich nur solche Aktualisierungen geschuldet, die zum Erhalt der Vertragsmäßigkeit (Mangelfreiheit) erforderlich sind. Das betrifft jedoch nur **Updates i.S.d. Funktionserhaltung**, nicht aber Upgrades im Sinne einer darüber hinaus gehenden Veränderung. Upgrades sind also keine Aktualisierungen i.S.d. § 327f, sondern Änderungen i.S.d. § 327r Abs. 1, die über das zur Aufrechterhaltung der Vertragsmäßigkeit erforderliche Maß hinausgehen.

Aktualisierungen können vor allem erforderlich sein, um Merkmale wie die Kompatibilität und Sicherheit des digitalen Produkts (weiterhin) zu erfüllen, zumal die Sicherheitsaktualisierungen in § 327f Abs. 1 S. 2 besonders hervorgehoben werden. Auch wenn Sicherheitsmängel oder sicherheitsrelevante Softwarefehler auftreten, die keine Auswirkungen auf die Funktionsfähigkeit der Sache haben, besteht eine Aktualisierungspflicht zur Behebung des Sicherheitsmangels.

Dadurch soll der Verbraucher vor Angriffen aus dem Bereich der Cyberkriminalität geschützt werden.

Zu beachten ist, dass § 327f Abs. 1 nur eine Verpflichtung zur Bereitstellung der Aktualisierung und nicht zur Installation der Aktualisierung statuiert. Es obliegt grundsätzlich dem Verbraucher allein, über die Installation zu entscheiden, was sachgerecht ist, weil er durchaus ein berechtigtes Interesse haben kann, eine bestimmte Aktualisierung nicht durchzuführen, etwa wenn nur Änderungen an der Benutzeroberfläche vorgenommen wurden.

10 Begr. z. RegE, BT-Drs. 19/27653, S. 58.

Der Unternehmer hat den Verbraucher gemäß § 327f Abs. 1 nicht nur die Aktualisierungen bereitzustellen (§ 327f Abs. 1 Alt. 1), sondern muss den Verbraucher über diese Aktualisierungen auch informieren (§ 327f Abs. 1 Alt. 2).

Bei dieser Informationspflicht handelt es sich um eine selbstständige Pflicht, die neben die Bereitstellungspflicht tritt.

### 2. Rechtsmängel

> Das digitale Produkt ist gemäß § 327g frei von **Rechtsmängeln**, wenn der Verbraucher es gemäß den subjektiven oder objektiven Anforderungen nach § 327e Abs. 2 und 3 nutzen kann, ohne Rechte Dritter zu verletzen. **353**

Rechtsmängel spielen im Zusammenhang mit dem Vertrieb von digitalen Produkten eine bedeutende Rolle, da ein Großteil der Produkte durch Immaterialgüterrechte geschützt ist.

**Beispiel** Vor allem Urheberrechte und dem Urheberrecht verwandte Schutzrechte Dritter können die Nutzung der digitalen Produkte durch den Verbraucher rechtlich beschränken. ■

Der Unternehmer kann die Anforderungen an die Rechtsmangelfreiheit erfüllen, indem er die erforderlichen Nutzungsrechte selbst von den Rechtsinhabern erwirbt und diese dann dem Verbraucher im Wege einer Unterlizenz einräumt, wie das etwa bei Streaming-Plattformen regelmäßig der Fall ist.

Häufiger ist in der Praxis die Konstellation zu finden, dass der Verbraucher die nötigen Rechte zur Nutzung der digitalen Produkte von einem Dritten erhält, der (nicht notwendigerweise originärer) Rechteinhaber ist.

Zu beachten ist, dass die Regelung des § 327g dem Verbraucher keinen gesetzlichen Mindeststandard bzgl. der Beschränkungsfreiheit durch Rechte Dritter gewährt, vor allem statuiert sie für den Verbraucher kein stetiges Recht zur Weitergabe digitaler Produkte.

## III. Zum maßgeblichen Zeitpunkt

§ 327e Abs. 1 S. 2 und 3 regelt, zu welchem Zeitpunkt das digitale Produkt vertragsgemäß **354**
sein muss. Dieser Zeitpunkt ist bei einmaligen Bereitstellungen anders als bei dauerhaften Bereitstellungen und außerdem ergeben sich Besonderheiten für die Dauer der geschuldeten Aktualisierungspflicht.

Daher spricht § 327e Abs. 1 S. 1 nur von der maßgeblichen Zeit. Dies ist nach §§ 327e Abs. 1 S. 2, 327b der Zeitpunkt der **Bereitstellung**.

Ist der Unternehmer durch den Vertrag zu einer **fortlaufenden Bereitstellung** über einen Zeitraum (**dauerhafte Bereitstellung**) verpflichtet, ist gemäß § 327e Abs. 1 S. 3 der maßgebliche **Zeitraum** der **gesamte vereinbarte Zeitraum** der Bereitstellung (Bereitstellungszeitraum).

Der maßgebliche Zeitraum, in dem der Unternehmer zur Bereitstellung der **Aktualisierungen** verpflichtet ist, ist in § 327f Abs. 1 S. 3 geregelt. Nach § 327f Abs. 1 S. 3 Nr. 1 ist dies bei dauerhafter Bereitstellung (z.B. Cloud-Computing, Streaming-Dienste) der gesamte Bereitstellungszeitraum.

Bei einmaliger Bereitstellung und bei einer Reihe einzelner Bereitstellungen erstreckt sich der maßgebliche Zeitraum gemäß § 327f Abs. 1 S. 3 Nr. 2 über jenen Zeitraum, den der Verbraucher aufgrund der Art und des Zwecks der digitalen Produkte und unter Berücksichtigung der Umstände und der Art des Vertrags erwarten kann.

Die berechtigte Erwartungshaltung des Verbrauchers (§ 327f Abs. 1 S. 3 Nr. 2) ist anhand eines objektiven Maßstabes zu beurteilen. Dieser Zeitraum ist nicht auf die Dauer der Gewährleistungsfrist beschränkt, er kann kürzer sein, er kann aber auch über diese hinausreichen. Der Zeitraum ist eine Frage des Einzelfalls unter Berücksichtigung der in § 327f Abs. 1 S. 3 Nr. 2 genannten Kriterien.

**Beispiel** Ein Betriebssystem für ein mit dem Internet verbundenes Gerät ist wegen der zentralen Bedeutung länger mit Aktualisierungen zu versorgen als eine Anwendungssoftware, für deren Verwendung keine Verbindung mit dem Internet erforderlich ist. ■

Der maßgebliche Zeitpunkt für die Beurteilung von **Rechtsmängeln** (§ 327g) ist nicht der Zeitpunkt des Vertragsschlusses, sondern der Zeitpunkt der **Bereitstellung des digitalen Produkts** nach § 327b.

## IV. Gewährleistungsrechte des Verbrauchers

355 Den „numerus clausus" der Mängelrechte des Verbrauchers regelt § 327i. Dabei zählt § 327i die einzelnen Rechtsbehelfe des Verbrauchers lediglich auf und verweist hinsichtlich der weiteren Voraussetzungen auf die nachfolgenden Vorschriften. Der Verbraucher kann bei einem Mangel des digitalen Produkts nach § 327l **Nacherfüllung** verlangen (§ 327i Nr. 1) und unter den Voraussetzungen des § 327m Abs. 1, 2, 4 und 5 den **Vertrag beenden** oder den Preis nach § 327n **mindern** (§ 327i Nr. 2) oder nach § 280 Abs. 1 oder § 327m Abs. 3 **Schadensersatz** oder gemäß § 284 **Ersatz vergeblicher Aufwendungen** verlangen (§ 327i Nr. 3).

### 1. Nacherfüllung

356 § 327l regelt den Anspruch des Verbrauchers auf Nacherfüllung, also auf Herstellung des vertragsgemäßen Zustands.

Anders als beim Nacherfüllungsanspruch nach § 439 Abs. 1 hat **der Unternehmer die freie Wahl** der Mittel, um seine Verpflichtung zur Herstellung der Vertragsmäßigkeit zu erfüllen.

**Beispiel** Der Unternehmer kann etwa durch Übermittlung einer aktualisierten Version eines digitalen Produkts oder durch dessen erneut bereitgestellte fehlerfreie Kopie nacherfüllen; er ist hierauf aber nicht beschränkt. ■

Der Unternehmer hat gemäß § 327l Abs. 1 S. 1 die zum Zwecke der Nacherfüllung erforderlichen Aufwendungen zu tragen.

Nach § 327l Abs. 1 S. 2 hat der Unternehmer die Nacherfüllung innerhalb einer angemessenen Frist ab dem Zeitpunkt, zu dem der Verbraucher ihn über den Mangel informiert hat, und ohne erhebliche Unannehmlichkeiten für den Verbraucher durchzuführen.

Der Anspruch des Verbrauchers auf Nacherfüllung ist gemäß § 327l Abs. 2 S. 1 ausgeschlossen, wenn die Herstellung des vertragsgemäßen Zustands unmöglich oder nur unter Aufwendung unverhältnismäßiger Kosten möglich wäre.

## 2. Vertragsbeendigung

Der Verbraucher hat gemäß **§ 327m** das Recht, den Vertrag zu beenden. Die Voraussetzungen hierfür sind in § 327m Abs. 1 Nr. 1 bis 6 abschließend geregelt. 357

Nach § 327m Abs. 1 Nr. 1 kann der Verbraucher den Vertrag beenden, wenn die Nacherfüllung gemäß § 327l Abs. 2 nach § 275 Abs. 1 **unmöglich** oder mit **unverhältnismäßigen Kosten** verbunden ist.

Gemäß § 327m Abs. 1 Nr. 2 ist der Verbraucher zur Vertragsbeendigung auch berechtigt, wenn der Unternehmer den Anspruch auf Nacherfüllung **nicht innerhalb der angemessenen Frist gemäß § 327l Abs. 1 S. 2 erfüllt**.

Außerdem sieht § 327m Abs. 1 Nr. 3 ein Recht zur Vertragsbeendigung vor, wenn sich trotz des Nacherfüllungsversuchs des Unternehmers (weiterhin) ein Mangel des digitalen Produkts zeigt. Das gilt zum einen beim erfolglosen Nacherfüllungsversuch durch den Unternehmer bzgl. des durch den Verbraucher (ursprünglich) geltend gemachten Mangels, zum anderen aber auch für den Fall, dass der Nacherfüllungsversuch bzgl. des geltend gemachten Mangels erfolgreich war, sich aber danach ein anderer Mangel zeigt.

Nach § 327m Abs. 1 Nr. 4 besteht ein Beendigungsrecht auch bei Vorliegen eines schwerwiegenden Mangels.

**Beispiel** Wird dem Verbraucher ein Antivirenprogramm bereitgestellt, das selbst mit Viren infiziert ist, wird dadurch das Vertrauen des Verbrauchers in den Unternehmer derart beeinträchtigt, dass er wegen dieses schwerwiegenden Mangels einen Nacherfüllungsversuch nicht abwarten muss. ■

Nach § 327m Abs. 1 Nr. 5 kann der Verbraucher den Vertrag beenden, wenn der Unternehmer eine Nacherfüllung unter den Bedingungen des § 327l Abs. 1 S. 2 verweigert. Dabei kommt es nicht darauf an, ob die Verweigerung der Nacherfüllung durch den Unternehmer berechtigt oder unberechtigt war.

Nach § 327m Abs. 1 Nr. 6 besteht ein Vertragsbeendigungsrecht auch für den Fall, dass der Verbraucher den Vertrag auch dann beenden kann, wenn offensichtlich ist, dass der Unternehmer nicht nacherfüllen wird.

Die Beendigung des Vertrags gemäß § 327m Abs. 1 ist ein **Gestaltungsrecht** des Verbrauchers, das durch Erklärung gegenüber dem Unternehmer erfolgt.

In dieser Erklärung muss der Entschluss des Verbrauchers zur Beendigung zum Ausdruck kommen, vgl. § 327o Abs. 1 S. 1.

Nach § 327m Abs. 2 S. 1 ist das Recht zur **Vertragsbeendigung ausgeschlossen**, wenn der Mangel des digitalen Produkts **unerheblich** ist. Der Vorbehalt der Erheblichkeit gilt gemäß § 327m Abs. 2 S. 2 nicht für Verträge, bei denen der Verbraucher ausschließlich i.S.d. § 327 Abs. 3 mit „seinen Daten bezahlt".

Als **Rechtsfolge** der Vertragsbeendigung hat der Unternehmer dem Verbraucher gemäß § 327o Abs. 2 S. 1 die Zahlungen zu erstatten, die der Verbraucher zur Erfüllung des digitalen Vertrags geleistet hat. Außerdem erlischt gemäß § 327o Abs. 2 S. 2 gleichzeitig der Anspruch des Unternehmers auf weitere vereinbarte Zahlungen.

### 3. Alternativ: Minderung

358 Anstatt den Vertrag nach § 327m Abs. 1 S. 1 zu beenden, kann der Verbraucher gemäß § 327n Abs. 1 S. 1 den Preis mindern. Minderung und Vertragsbeendigung schließen sich gegenseitig aus. Das Recht zur Minderung besteht nur, wenn die Voraussetzungen für eine Vertragsbeendigung vorliegen. Eine Minderung nach § 327n Abs. 1 kommt nur in Betracht, wenn der Verbraucher einen Preis zu zahlen hat. Demgegenüber ist eine Vertragsbeendigung nach § 327m auch bei Verträgen möglich, bei denen der Verbraucher dem Unternehmer personenbezogene Daten bereitstellt. Hat der Verbraucher sowohl einen Preis gezahlt als auch personenbezogene Daten bereitgestellt, ist er insoweit anteilig zur Minderung berechtigt.

Die Minderung gemäß § 327n ist ein Gestaltungsrecht, das der Verbraucher durch Erklärung gegenüber dem Unternehmer ausüben muss. Darin muss der Entschluss des Verbrauchers zur Minderung des Preises zum Ausdruck kommen, vgl. § 327n Abs. 1 S. 3 i.V.m. § 327o Abs. 1 S. 1. Sind bei einem digitalen Vertrag auf der einen oder der anderen Seite mehrere beteiligt, so kann das Minderungsrecht nur von allen und gegen alle ausgeübt werden, vgl. § 327n Abs. 1 S. 3 i.V.m. § 327o Abs. 1 S. 2 i.V.m. § 351 S. 1. § 327n Abs. 1 S. 2 stellt klar, dass das Recht zur Minderung – im Gegensatz zur Vertragsbeendigung – für den Verbraucher auch dann gegeben ist, wenn der Mangel nur **unerheblich** ist.

Gemäß § 327n Abs. 2 ist der Preis in dem Verhältnis herabzusetzen, in dem zum Zeitpunkt der Bereitstellung der Wert des digitalen Produkts in mangelfreiem Zustand zum wirklichen Wert gestanden haben würde. Das dem Vertrag zugrundeliegende Äquivalenzverhältnis von Preis und Leistung soll hierdurch erhalten bleiben.

Bei Verträgen über die dauerhafte Bereitstellung von digitalen Produkten betrifft die Minderung nach § 327n Abs. 2 S. 2 nur den Zeitraum der Mangelhaftigkeit, es kommt also nur zu einer anteiligen Anwendung der Formel aus § 327n Abs. 2 S. 1. Ferner besteht gemäß § 327n Abs. 3 die Möglichkeit zur Schätzung der Minderungshöhe. Hat der Verbraucher mehr als den geminderten Preis gezahlt, so hat der Unternehmer den Mehrbetrag unverzüglich, auf jeden Fall aber innerhalb von 14 Tagen zu erstatten, § 327n Abs. 4 S. 1.

Eine entsprechende zusätzliche Aufforderung des Verbrauchers hierzu ist nicht erforderlich. Die Frist beginnt gemäß § 327n Abs. 4 S. 3 mit dem Zugang der Minderungserklärung beim Unternehmer.

Außerdem bestimmt § 327n Abs. 4 S. 4, dass der Unternehmer für die Erstattung dasselbe Zahlungsmittel verwenden muss, das der Verbraucher bei der Zahlung verwendet hat, es sei denn, es wurde ausdrücklich etwas anderes vereinbart und dem Verbraucher entstehen durch die Verwendung eines anderen Zahlungsmittels keine Kosten.

## 4. Schadensersatz

Der Verbraucher kann vom Unternehmer wegen eines Mangels des digitalen Produkts gemäß § 327i Nr. 3 359

- nach § 280 Abs. 1 Schadensersatz **neben** der Leistung oder
- gemäß § 327m Abs. 3 Schadensersatz **statt** der Leistung verlangen.

Der Verbraucher kann mit dem Schadensersatzanspruch **neben der Leistung** aus den §§ 327i Nr. 3, 280 Abs. 1 Ersatz aller Schäden verlangen, die auf der Verletzung der Pflicht zur mangelfreien Bereitstellung beruhen und nicht Schadensersatz statt der Leistung sind.

Außerdem kann der Verbraucher vom Unternehmer über den Verweis in § 327i Nr. 3 gemäß § 327m Abs. 3 auch Schadensersatz **statt der Leistung** verlangen. Für den Schadensersatz statt der Leistung ist § 327m Abs. 3 lex specialis gegenüber § 281.[11]

Ein Rückgriff auf die §§ 281, 283 und 311a als Anspruchsgrundlage ist deshalb wegen der Spezialität des § 327m Abs. 3 S. 1 ausgeschlossen. Insoweit ergeben sich nämlich alle relevanten Anknüpfungspunkte für Pflichtverletzungen des Unternehmers aus § 327m Abs. 1 Nr. 1 bis 6. Infolge des Verweises auf § 280 muss der Unternehmer die Pflichtverletzung aber **zu vertreten** haben, was nach § 280 Abs. 2 S. 2 vermutet wird.

Ist der **Mangel unerheblich**, ist der Verbraucher gemäß § 327m Abs. 2 S. 1 **nicht zur Vertragsbeendigung** berechtigt, hat aber gleichwohl einen **Anspruch auf Schadensersatz statt der Leistung**. Ein Anspruch auf Schadensersatz statt der **ganzen** Leistung („großer Schadensersatz") ist aber wegen der in § 327m Abs. 3 S. 2 angeordneten entsprechenden Anwendung des § 281 Abs. 1 S. 3 regelmäßig ausgeschlossen. Der Verbraucher kann dann nur den „kleinen Schadensersatz" geltend machen.[12]

Die in § 327m Abs. 3 S. 2 angeordnete entsprechende Anwendbarkeit von § 281 Abs. 4 stellt sicher, dass in den Fällen, in denen der Anspruch auf Nacherfüllung noch nicht von Gesetzes wegen ausgeschlossen ist, ein Ausschluss des Anspruchs auf Nacherfüllung erfolgt, sodass ein Nebeneinander von Nacherfüllungs- und Schadensersatzansprüchen nicht möglich ist.

Gem. § 327m Abs. 3 S. 4 ist § 325 anwendbar, so dass Vertragsbeendigung neben Schadensersatzansprüchen möglich bleibt.

Verlangt der Verbraucher Schadensersatz statt der **ganzen** Leistung, so ist der Unternehmer gemäß § 327m Abs. 3 S. 3 gegenüber dem Verbraucher zur Rückforderung des Geleisteten nach den §§ 327o und 327p berechtigt.

## 5. Alternativ: Aufwendungsersatz

§ 327i Nr. 3 gewährt dem Verbraucher auch das Recht, bei einem Mangel des digitalen Produkts vom Unternehmer Aufwendungsersatz gemäß § 284 zu verlangen. Dieser Aufwendungsersatz ist allein eine **Alternative zum Schadensersatz *statt* der Leistung** und nicht zum Schadensersatz schlechthin. 360

11 Grüneberg-*Grüneberg* § 327 Rn. 6.
12 Grüneberg-*Grüneberg* § 327 Rn. 6.

Bezweckt wird mit der Alternativstellung gemäß § 284 („Anstelle"), dass der Geschädigte wegen ein und desselben Vermögensnachteils nicht sowohl Schadensersatz statt der Leistung als auch Aufwendungsersatz und damit doppelte Kompensation verlangen kann. Das schließt aber nicht aus, dass in Bezug auf unterschiedliche Schadensposten ein Aufwendungsersatzanspruch neben einem Schadensersatzanspruch bestehen kann.

Vergebliche Aufwendungen sind freiwillige Vermögensopfer, die der Verbraucher im Vertrauen auf den Erhalt der Leistung erbracht hat, die sich aber wegen nicht vertragsgemäßer Bereitstellung des digitalen Produkts durch den Unternehmer als nutzlos erweisen.

**Beispiel** Darlehensaufnahme zur Preisfinanzierung. ■

Aufwendungen, die auch bei ordnungsgemäßer Erfüllung vergeblich gewesen wären, sind hingegen nicht ersatzfähig, denn § 284 schließt im letzten Halbsatz die Aufwendungen aus, die ihren Zweck auch ohne die Pflichtverletzung des Schuldners verfehlt hätten.

## V. Verjährung

**361** Die Absätze 1 bis 4 des § 327j regeln die Verjährung der Ansprüche auf Nacherfüllung, Schadensersatz und Ersatz vergeblicher Aufwendungen gemäß § 327i Abs. 1 und 3. Im Fall der dauerhaften Bereitstellung eines digitalen Produkts verjähren die in § 327i Nr. 1 und 3 genannten Ansprüche gemäß § 327j Abs. 2 nicht vor Ablauf von 12 Monaten nach dem Ende des Bereitstellungszeitraums.

Außerdem bestimmt § 327j Abs. 3, dass Ansprüche wegen einer Verletzung der **Aktualisierungspflicht** (§ 327f) nicht vor Ablauf von **12 Monaten** nach dem Ende des für die Aktualisierungspflicht maßgeblichen Zeitraums verjähren.

Da es sich bei der Vertragsbeendigung und der Minderung – anders als bei Nacherfüllung und Schadens- oder Aufwendungsersatz – nicht um Ansprüche, sondern um **Gestaltungsrechte** handelt, sind die Verjährungsfristen des § 327j nicht unmittelbar anwendbar. Deshalb ist nach dem Verweis in § 327j Abs. 5 für die Vertragsbeendigung und die Minderung die Vorschrift des § 218 („Quasiverjährung") entsprechend heranzuziehen, womit ein Gleichlauf der Gewährleistungsfristen für sämtliche Mängelrechte des Verbrauchers aus § 327i erreicht wird. Das entspricht der Regelungstechnik für das Kaufrecht in § 438 Abs. 4 S. 1.

# 9. Teil
# Grundzüge des Schadensrechts

## Schaden sowie Art und Umfang des Schadensersatzes 362

PRÜFUNGSSCHEMA

**I. Ermittlung des ersatzfähigen Schadens**
1. Bestimmung der hypothetischen Lage
2. Differenzbetrachtung zur realen Lage
   - Behandlung mehrerer Ursachen Rn. 373 ff.
   - Vorteilsausgleichung Rn. 380 ff.

**II. Art und Umfang des Schadensersatzes**
1. Naturalrestitution nach § 249
2. Ersatz der Herstellungskosten nach § 249 Abs. 2
   - Naturalrestitution bei Zerstörung einer Sache Rn. 408 ff.
3. Unmöglichkeit der Herstellung (§ 251 Abs. 1)
4. Unverhältnismäßige Herstellungskosten (§ 251 Abs. 2)
5. Anspruchsminderung nach § 254
   a) Mitverschulden bei der Entstehung eines Schadens
      - Anwendbarkeit des § 278 Rn. 439 ff.
   
   b) Mitverschulden bei Schadensabwendung und -minderung

Die Erfüllung von Schadensersatzansprüchen folgt grundsätzlich den bisher vorgestellten allgemeinen Regeln. Die Schwierigkeiten im Schadensersatzrecht bestehen aber regelmäßig darin, den richtigen Inhalt eines Schadensersatzanspruches zu bestimmen. Die Tatbestände, die eine Schadensersatzpflicht anordnen, sagen uns ja meistens nur, dass jemand „zum Ersatz des sich daraus ergebenden Schadens" verpflichtet ist. Worin der Schaden genau besteht und wie er ersetzt werden soll, muss erst noch herausgefunden werden. Es stellt sich also die **der eigentlichen Erfüllung vorgelagerte Frage,** was eigentlich inhaltlich genau geschuldet ist. Dies ist Gegenstand des **allgemeinen Schadensrechts,** das hier in Grundzügen dargestellt werden soll. Das Thema wird im zweiten Band zum Allgemeinen Schuldrecht bei der Besprechung der §§ 280 ff. fortgesetzt und im Deliktsrecht weiter vertieft.

## A. Aufbauhinweise

Bei jedem Schadensersatzanspruch stellt sich die Frage nach dem Schaden sowie Art und Umfang des Schadensersatzes. Jeder Schadensersatzanspruch setzt zunächst einen **ersatzfähigen Schaden** voraus. Dies ergibt sich regelmäßig aus der Rechtsfolgenformulierung der entsprechenden Haftungsnorm, d.h. desjenigen Tatbestandes, der in der Rechtsfolge die Verpflichtung zum Schadensersatz anordnet. So heißt es etwa bei **§ 280 Abs. 1**, dass der Gläubiger berechtigt ist, „Ersatz des *hierdurch* (d.h. in diesem Falle **„durch die Pflichtverletzung"**) entstandenen Schadens" zu verlangen. 363

364 Bei jedem Schadensersatzanspruch ist also zu prüfen, „**ob**" ein ersatzfähiger Schaden entstanden ist. **Davon zu trennen ist die Frage, „wie" dieser Schaden ersetzt wird.** Art und Umfang des Schadensersatzes richten sich grundsätzlich für jede Haftungsnorm – auch außerhalb des BGB! – nach den §§ 249 ff.

365 **Art und Umfang des Schadensersatzes** betreffen die **Rechtsfolgenseite** des Schadensersatzanspruches. Wir unterscheiden zwischen den Haftungsnormen, d.h. denjenigen Normen, die in der Rechtsfolge die Schadensersatzpflicht aussprechen und denjenigen Normen, die Art und Umfang des danach zu leistenden Schadensersatzes bestimmen. Um die Prüfung des ersatzfähigen Schadens einerseits und die Prüfung von Art und Umfang dieses ersatzfähigen Schadens andererseits nicht auseinander zu reißen, ist es sinnvoll, diese Themen hintereinander zu erörtern. All dies gehört auf die erste Prüfungsebene „(Schadensersatz-)Anspruch entstanden?".

366 In der Klausur prüfen Sie einen Schadensersatzanspruch nicht von ungefähr. Zu dieser Prüfung gibt regelmäßig die Fallfrage und die Darstellung des Sachverhaltes Anlass. Eine Person will von einer anderen Person eine bestimmte Schadensposition, insbesondere entstandene Kosten, ersetzt verlangen. Deswegen erfolgt die Prüfung immer im Hinblick auf eine konkret geltend gemachte Schadensposition. Bei den Ansprüchen aus §§ 280 ff. ist das auch zwingend, da die Abgrenzung des sog. „Schadensersatzes **„neben"** der Leistung" vom „Schadensersatz **„statt"** der Leistung" von der begehrten Rechtsfolge, d.h. von dem verlangten Ersatz aus erfolgt.[1]

Sie beginnen die Prüfung also mit der Frage, ob die eine Person von der anderen Ersatz einer bestimmten Schadensposition verlangen kann.

Sodann prüfen Sie die Anspruchsvoraussetzungen der in Betracht gezogenen Anspruchsgrundlage (z.B. §§ 280 Abs. 1, Abs. 2, 286) der Reihe nach durch. Am Ende dieser Prüfung stellt sich dann die Frage, ob die geltend gemachte Schadensposition auch einen **nach dieser Norm ersatzfähigen Schaden** darstellt. **Erst wenn diese Frage geklärt ist**, gehen Sie auf die Rechtsfolgenseite über und prüfen Art und Umfang des Schadensersatzes nach §§ 249 ff.

**JURIQ-Klausurtipp**

Ist die Frage des ersatzfähigen Schadens verhältnismäßig einfach zu beantworten und **zu verneinen**, können Sie diesen Punkt in der Anspruchsprüfung selbstverständlich vorziehen. Es wäre dann überflüssig, die sonstigen Anspruchsvoraussetzungen zu erörtern, da ein Ersatz des geltend gemachten Schadens über die von Ihnen geprüfte Norm von vornherein nicht in Betracht kommt.

## B. Ermittlung des (ersatzfähigen) Schadens

367 Wie der zu ersetzende Schaden ermittelt wird, ist im BGB nicht ausdrücklich geregelt. Allerdings finden wir einen wichtigen Hinweis in der Grundnorm des Schadensrechtes, nämlich

1 *BGH* NJW 2009, 2674; 2017, 1669; 2018, 1746.

§ 249 Abs. 1: Danach hat derjenige, der zum Schadensersatz verpflichtet ist, „den Zustand herzustellen, der bestehen würde, wenn der zum Ersatz verpflichtende Umstand nicht eingetreten wäre."

> **Hinweis**
>
> Hier ist wirklich jedes Wort „heilig". Die meisten Fehler in den (gefürchteten) Klausuren mit schadensrechtlichen Schwerpunkten entstehen aus einer Missachtung der Formulierung des § 249 Abs. 1.

Der Gesetzgeber sieht die Grundform des Schadensersatzes also in der Herstellung eines **368**
bestimmten hypothetischen Zustandes, nämlich desjenigen Zustandes, der bestehen würde, wenn der zum Ersatz verpflichtende Umstand nicht eingetreten wäre. Indem der zum Schadensersatz Verpflichtete nun also diesen Zustand herstellen muss und damit die reale Lage in Richtung auf die hypothetische Lage zu ändern verpflichtet ist, folgt daraus zugleich, dass der Gesetzgeber in § 249 Abs. 1 uns (versteckt) mitteilt, wie der ersatzfähige Schaden zu ermitteln ist, nämlich nach der sog. „Differenzhypothese".[2] Der auszugleichende Schaden liegt im Unterschied zwischen realer und hypothetischer Lage.

## I. Bestimmung der hypothetischen Lage

Zunächst ist die hypothetische Lage entsprechend der Formulierung des § 249 Abs. 1 in der **369**
Weise zu bestimmen, dass zu fragen ist, welcher Zustand bestünde, wenn der zum Ersatz verpflichtende Umstand nicht eingetreten wäre. Der „zum Ersatz verpflichtende Umstand" ist derjenige Umstand, der die Haftung **nach der von Ihnen konkret geprüften Norm auslöst. Dies kann je nach Tatbestand ein verschiedener Anknüpfungspunkt** sein.

**Beispiel 1** Beim Schadensersatzanspruch aus §§ 280 Abs. 1, Abs. 2, 286 ist haftungsbegründend der Eintritt des Verzuges. Tritt Verzug nach § 286 Abs. 1 erst durch Zugang einer Mahnung nach Fälligkeit ein, so ist zu fragen, wie der Gläubiger stünde, wenn der Schuldner bei Zugang der Mahnung geleistet hätte – nicht, wie der Gläubiger stünde, wenn der Schuldner bereits bei Fälligkeit geleistet hätte! Der Schuldner haftet aus §§ 280 Abs. 1, Abs. 2, 286 nicht bereits wegen einer eingetretenen Leistungsverzögerung, sondern erst wegen Verzugseintritts auf Schadensersatz. ■

**Beispiel 2** Beim Schadensersatzanspruch aus §§ 280 Abs. 1, Abs. 3, 283 ist zu fragen, wie der Gläubiger ohne das nachträglich entstandene Leistungshindernis i.S.d. § 275 stehen würde. ■

**Beispiel 3** Beim Schadensersatzanspruch aus § 678 ist zu fragen, wie der Gläubiger stünde, wenn der Schuldner die Geschäftsführung nicht gegen seinen Willen übernommen hätte. ■

**Beispiel 4** Beim Schadensersatzanspruch aus § 823 Abs. 1 wegen Eigentumsverletzung ist zu fragen, wie der Gläubiger ohne diese Eigentumsverletzung stehen würde. ■

Die Beurteilung des hypothetischen Verlaufs erfolgt grundsätzlich auf den konkreten Tatsa- **370**
chen, die zum Beurteilungszeitpunkt feststehen.

2 *Looschelders* Schuldrecht AT § 44 Rn. 3 f.

Das Gesetz hält in § 252 S. 2 für die Berechnung von Gewinnen bzw. Verdiensten (von Angestellten) eine Erleichterung bereit, indem es genügt, wenn Anhaltspunkte vorliegen, die den Schluss auf den **gewöhnlichen** Lauf der Dinge erlauben und die Erzielung von Verdienst bzw. Gewinn **wahrscheinlich** machen (sog. „abstrakte Schadensberechnung").[3] Das schließt es, entgegen dem unglücklichen Wortlaut des § 252 S. 2, nicht aus nachzuweisen, dass nicht nur der gewöhnliche, sondern auch außergewöhnlicher Gewinn bzw. Verdienst erzielt worden wäre. Umgekehrt kann nachgewiesen werden, dass im konkreten Fall noch nicht einmal der gewöhnliche Gewinn hätte erzielt werden können.[4]

**Beispiel** Autohändler H kauft von Hersteller P fünf Pkws zum Zwecke des Weiterverkaufes für jeweils 20 000 €. P liefert mangelhafte und unverkäufliche Exemplare, was H ordnungsgemäß rügt. H verlangt nach fruchtloser Fristsetzung nun Schadensersatz statt der Leistung aus §§ 437 Nr. 3, 280 Abs. 1, Abs. 3, 281. Bei der Ermittlung des ersatzfähigen Schadens ist nach der Differenzhypothese zunächst zu fragen, wie H stünde, wenn P innerhalb der von H gesetzten Frist mangelfrei nacherfüllt hätte. Dann hätte H Besitz und Eigentum an den Pkws erhalten und dafür den vereinbarten Kaufpreis zahlen müssen. Im hypothetischen Verlauf ist nun aber weiter zu berücksichtigen, dass H diese Fahrzeuge ja nicht nur für sich gekauft hätte, sondern zum Zwecke der Weiterveräußerung. Ein konkret entgangener Gewinn aus der Weiterveräußerung ergibt sich aus dem Sachverhalt aber nicht, da H die Fahrzeuge noch gar nicht weiterverkauft hatte. Hier erleichtert § 252 S. 2 die hypothetische Betrachtung. Es entspricht nämlich dem gewöhnlichen Verlauf der Dinge, dass H mit (ausreichender) Wahrscheinlichkeit die Fahrzeuge zum Marktpreis hätte weiterveräußern können. Betrüge der Händlerpreis nun für jedes Fahrzeug 30 000 €, wäre dem H folglich ein Gewinn pro Fahrzeug in Höhe von jeweils 10 000 € entgangen.[5]

Im Falle des Verzuges bei einem Fixhandelskauf folgt dies Ergebnis aus § 376 Abs. 1, 2 HGB. ■

## II. Differenzbetrachtung zur realen Lage

### 1. Ermittlung nachteiliger Abweichungen auf realer Seite

371 Nachdem man die hypothetische Lage festgestellt hat, vergleicht man nun die hypothetische Lage mit der tatsächlich bestehenden realen Lage. Jede nachteilige Abweichung der materiellen und immateriellen Rechtsgüterlage des Anspruchsstellers gegenüber der hypothetisch bestehenden Lage stellt eine Schadensposition dar.

**Beispiel** V verkauft dem K einen Pkw für 10 000 €. K zahlt zwar den Kaufpreis an V, bekommt dafür aber den Pkw nicht. Trotz Fristsetzung bleibt V den Pkw schuldig. K verlangt Schadensersatz statt der Leistung aus §§ 280 Abs. 1, 3, 281. Für die Bestimmung der hypothetischen Lage ist zu fragen, wie K ohne das haftungsbegründende Ereignis, hier die Leistungsverzögerung, stünde. Dann hätte K Besitz und Eigentum am verkauften Pkw erworben und dafür gleichfalls den Kaufpreis zahlen müssen. Ein entgangener Gewinn aus einer etwaigen Weiterveräußerung ist nicht ersichtlich und wäre nur dann entsprechend § 252 S. 2 anzunehmen, wenn K den Pkw als Händler erworben hätte. Auf der rea-

3 Grüneberg-*Grüneberg* § 252 Rn. 5 ff.
4 Grüneberg-*Grüneberg* § 252 Rn. 5 ff.
5 Grüneberg-*Grüneberg* § 252 Rn. 4.

len Lage hat K den Kaufpreis bereits gezahlt, aber bislang weder Besitz noch Eigentum erlangt. Sonstige Abweichungen auf der realen Lage sind nicht ersichtlich. Der ersatzfähige Schaden besteht daher im entgangenen Besitz und Eigentum am Pkw. Wenn der Sachverhalt keine Angaben darüber enthält, wieviel Besitz und Eigentum am Pkw denn nun wert gewesen sind, ist davon auszugehen, dass die vom Schuldner nicht erbrachte Leistung den Wert der Gegenleistung entspricht (sog. „Rentabilitätsvermutung").[6] Der Schaden hat also einen konkreten Wert, nämlich den des Kaufpreises. Ob der Schadensersatz nun durch Zahlung eines Betrages in Höhe des Kaufpreises oder in anderer Weise zu ersetzen ist, ist dann eine Frage der Haftungsausfüllung nach §§ 249 ff. ■

Die Betrachtung ist nicht nur auf die wirtschaftliche Vermögenslage des Anspruchsstellers beschränkt. Vielmehr ergibt sich aus § 253, dass auch **immaterielle Abweichungen** als Schaden anzusehen sind.[7] Diese können zwar gem. § 253 Abs. 1 grundsätzlich nicht in Geld, aber im Wege der Naturalrestitution ersetzt werden. 372

**Hinweis**

Die Unterscheidung zwischen Vermögensschäden und immateriellen Schäden hat also bei der Frage, ob ein Schaden vorliegt, noch keine Bedeutung. Vielmehr wird diese Frage erst relevant, wenn es um die Art des Ersatzes geht. § 253 Abs. 1 schließt bei immateriellen Schäden nur den Schadensersatz in Geld aus. Schadensersatz in Form einer Naturalleistung, z.B. Widerruf einer ehrverletzenden Äußerung, ist auch bei immateriellen Schäden geschuldet.

## 2. Behandlung mehrerer Ursachen

Im Rahmen der Differenzhypothese genügt jeder Ursachenzusammenhang, eine **Mitursächlichkeit neben anderen Ursachen genügt**. Jede Mitursächlichkeit begründet im Außenverhältnis zum Geschädigten eine volle Haftung.[8] 373

» Sehen Sie sich dazu noch einmal die Regeln über den Gesamtschuldnerausgleich oben unter Rn. 126 an. «

**Hinweis**

Das erkennen Sie leicht an § 840 Abs. 1, der für den Fall mehrerer Verursacher eines durch unerlaubte Handlungen herbeigeführten Schadens eine gesamtschuldnerische Haftung anordnet. Die Qualität des jeweiligen Tatbeitrages wird – vorbehaltlich einer Sonderregel nach § 840 Abs. 2, Abs. 3 – erst beim Gesamtschuldnerausgleich berücksichtigt (§ 254 analog).

Haben zwei Ursachen den Schaden selbständig herbeigeführt (sog. **„Doppelkausalität"**), darf bei der Differenzbetrachtung der andere Ursachenzusammenhang **nicht berücksichtigt** werden. Man nimmt vielmehr auch in diesem Fall Mitursächlichkeit an.[9] Anderenfalls müsste niemand Ersatz leisten, weil jeder Schädiger auf die anderen Schadensursache verweisen und argumentieren könnte, der Schaden wäre auch ohne sein Verhalten ohnehin eingetreten. 374

6 Grüneberg-*Grüneberg* § 281 Rn. 23.
7 Grüneberg-*Grüneberg* § 253 Rn. 3.
8 Siehe z.B. *BGH* Urteil vom 5. Oktober 2010 (Az: VI ZR 286/09) unter Tz. 8 = NJW 2011, 292 f.
9 St. Rspr., z. B. *BGH* Urteil vom 7. Mai 2004 (Az: V ZR 77/03) unter Tz. 12 = NJW 2004, 2526 ff.

**Beispiel** A liefert dem Nahrungsmittelproduzenten P mit Dioxin verseuchte Eier. B liefert verseuchtes Mehl. A und B handeln fahrlässig. Der ahnungslose P stellt unter Verwendung beider Zutaten Kekse her. Nach Aufdeckung der Verseuchung der Kekse muss P die Produkte vom Markt nehmen und vernichten. Hier haften A und B. Keiner von beiden kann sich darauf berufen, der Schaden des P wäre wegen der verseuchten Lieferung des anderen ohnehin eingetreten, so dass bei Differenzbetrachtung kein Nachteil zu erkennen sei. ■

375 Davon zu unterscheiden sind die Fälle, wo eine andere Ursache ohne das haftungsbegründende Ereignis zum Zuge gekommen wäre und den Schaden in gleicher Weise verursacht hätte (sog. **„Reserveursachen“**). Die Reserveursache hat sich also tatsächlich nicht ausgewirkt, hätte dies aber getan. Von den Fällen der Doppelkausalität unterscheidet sich die Reserveursache also durch den zeitlichen Ablauf.

Hier differenziert man wie folgt:

War die Reserveursache bei Schadenseintritt **bereits angelegt**, wird sie bei der Differenzbetrachtung berücksichtigt. Ersatzfähig sind daher nur solche Nachteile, die aus dem **vorzeitigen Schadenseintritt** entstanden sind.[10]

**Beispiel** S verschuldet einen Unfall, bei dem das Taxi des T einen Totalschaden erleidet. T hätte seinen Taxibetrieb ohnehin im nächsten Monat eingestellt. Ob und wie T wegen des Totalschadens Schadensersatz verlangen kann, hängt von den Wertverhältnissen ab (siehe nachfolgend unter Rn. 405 ff.). Entgangenen Gewinn kann er jedoch nur für die Zeit bis zu dem Termin geltend machen, an dem er seinen Betrieb ohnehin eingestellt hätte. ■

Anders liegt es, wenn die Verwirklichung der Reserveursache einen **Ersatzanspruch gegen den potentiellen Drittschädiger** begründet hätte. Hier würde der Geschädigte durch Berücksichtigung der Reserveursache unbillig benachteiligt: Der Anspruch gegen den Drittschädiger besteht tatsächlich mangels Verwirklichung nicht und der tatsächliche Schädiger müsste nicht den vollen Ersatz leisten, obwohl er allein für den Schaden verantwortlich ist.

**Beispiel** A beschädigt schuldhaft das Taxi des T, das T deshalb sofort in der Werkstatt des U reparieren lässt. Dadurch entgeht es am Abend einem von B schuldhaft verursachten Brand in der Garage des T, bei dem der Wagen total zerstört worden wäre. ■

### 3. Schaden und Aufwendung

376 Sie kennen sicher den Merksatz: „Aufwendungen sind im Gegensatz zu Schäden **freiwillige** Vermögensopfer“. Bei bestimmten, vom Geschädigten selbst veranlassten Kosten, mag man anhand dieses Merksatzes geneigt sein, diese als Aufwendungen zu klassifizieren und damit die Schadensqualität zu verneinen.

Bei der **Abgrenzung von Schäden und nicht als Schaden ersatzfähigen Aufwendungen** ist zu differenzieren:

10 Grüneberg-*Grüneberg* Vorb. v. § 249 Rn. 57.

### a) „Veranlasste" Aufwendungen

**Beispiel** Stellen Sie sich vor, der Käufer erhält den Kaufgegenstand in mangelhaftem Zustand. Er schaltet nun einen Rechtsanwalt ein, beauftragt einen Sachverständigen mit der Erstellung eines Gutachtens und mietet eine funktionstüchtige Ersatzsache an. Handelt es sich bei diesen Kosten nun um ersatzfähige Schadenspositionen? ■ **377**

Geht es – wie im *Beispiel* – um Kosten, die durch das **haftungsbegründende Ereignis veranlasst wurden**, sind diese als Schadensposition ersatzfähig, wenn sie **objektiv als zweckmäßig** zur Wahrung der eigenen Interessen angesehen werden konnten.[11] Die im *Beispiel* aufgeführten Kosten stellen daher in der Regel ersatzfähige Schadenspositionen dar.[12] Bei der Höhe muss der Geschädigte freilich seine Schadensminderungsobliegenheit aus § 254 Abs. 2 beachten.

> **Hinweis**
>
> Von rein freiwilligen Aufwendungen unterscheiden sich diese Schadenspositionen dadurch, dass sie durch das haftungsbegründende Ereignis – im *Beispiel* die mangelhafte Lieferung – veranlasst und dadurch provoziert worden sind. Die Motivation beruht also auf einem äußeren Anlass.

### b) Frustrierte Aufwendungen

**Beispiel 1** M wird bei einem von S verschuldeten Unfall verletzt und kann deshalb das von ihm für eine Urlaubsreise gemietete Wohnmobil nicht nutzen. Nach § 537 Abs. 1 ändert dies an seiner Pflicht zur Zahlung des vereinbarten Mietzinses nichts. ■ **378**

Die im vorstehenden *Beispiel 1* genannten Aufwendungen (Mietkosten) wurden nicht infolge des haftungsbegründenden Umstandes (Unfall) getätigt, sondern vorher. Sie erweisen sich aufgrund des haftungsbegründenden Umstandes aber als **nutzlos und vergeblich** (frustrierte Aufwendung). Grundsätzlich sind Aufwendungen nicht als Schadensposition ersatzfähig, wenn sie auch hypothetisch angefallen wären. Im *Beispiel 1* besteht hinsichtlich des Zahlbetrages kein Unterschied zwischen realer und hypothetischer Lage: A hätte ohnehin den Mietzins für das Wohnmobil bezahlt. Derartige Aufwendungen können grundsätzlich nur über eigene Aufwendungsersatzansprüche ersetzt werden (z.B. § 284).[13] Mit dem besonderen Fall der Entziehung der Sache und damit ihrer Gebrauchsmöglichkeit beschäftigen wir uns etwas später unter Rn. 421 ff.

> **Hinweis**
>
> Anders liegt es bei den **„Vertrauensschäden"** (oder auch **„negatives Interesse"**). Zu den Vertrauensschäden gehören Aufwendungen, die sich real als nutzlos erweisen und hypothetisch nicht angefallen wären. Diese müssen über Schadensersatzansprüche ausgeglichen werden, die auf Ersatz des „Vertrauensschadens" bzw. „negativen Interesses" gerichtet sind, insbesondere §§ 122, 179 Abs. 2, c.i.c. (§§ 280 Abs. 1, 241 Abs. 2, 311 Abs. 2 bzw. Abs. 3). Wer etwa auf-

11 Vgl. etwa Nachweise bei Grüneberg-*Grüneberg* § 249 Rn. 56 ff.

12 Zu den Besonderheiten beim Ersatz von Rechtsanwaltskosten als Verzugsschäden vgl. Grüneberg-*Grüneberg*, § 259 Rn. 57.

13 Ausführliche Nachweise zu den verschiedenen Fallgruppen bei Grüneberg-*Grüneberg* § 249 Rn. 61 ff.

grund Täuschung seines Partners zum Abschluss eines Grundstückskaufvertrages veranlasst wird und die Notarkosten (§ 311b Abs. 1) übernimmt, kann diese über eine Vertragsaufhebung aus c.i.c. nach §§ 280 Abs. 1, 311 Abs. 2, 249 Abs. 1 wegen der Täuschung von seinem Gegner ersetzt verlangen. Die hypothetische Lage sieht ja folgendermaßen aus: Wäre die Täuschung nicht passiert, hätte er den Vertrag nicht geschlossen und dann auch die Notarkosten nicht getragen.

379 **Beispiel 2** A ist mit dem Fahrrad auf dem Weg zu seinem Klavierlehrer K, um eine Privatstunde wahrzunehmen. A wird vom PKW-Fahrer F schuldhaft verletzt und muss den Termin ausfallen lassen. A hatte das Honorar von 30 € für die Stunde bereits im Voraus bezahlt. K kann das Honorar gem. § 615 S. 1 auch bei Verhinderung des A verlangen, sofern er selber leistungsbereit war (§ 297) und keine Anrechnung nach § 615 S. 2 eingreift. ■

Eine Gemeinsamkeit mit den eben unter Rn. 378 beschriebenen Fällen besteht darin, dass der Geschädigte Aufwendungen getätigt hat (Unterrichtshonorar), die sich aufgrund eines bestimmten haftungsbegründenden Ereignisses (Unfall) nunmehr aber für ihn als nutzlos erweisen.

Sieht man im *Beispiel 2* genauer hin, erkennt man einen weiteren Nachteil, der den Schlüssel zur Lösung des Problems darstellt: A hatte aufgrund des mit K geschlossenen Dienstvertrages Anspruch auf die Unterrichtsleistung. Dieser Anspruch war im Zweifel 30 € wert und ist aufgrund des Unfalls entfallen. Entweder kann der Unterricht wegen Fixschuldcharakters nicht nachgeholt werden (§ 275 Abs. 1) oder aber der Wegfall folgt zumindest aus der Leistungsbefreiung des Klavierlehrers nach § 615 S. 1. In Bezug auf die **vernichtete Gegenleistung** liegt deshalb ein ersatzfähiger (Vermögens-) Schaden vor.[14] A kann im *Beispiel 2* somit Ersatz der 30 € verlangen.

Der Unterschied zum *Mietwagenbeispiel* bei Rn. 378 besteht darin, dass der Geschädigte dort nur die persönliche Genussmöglichkeit, nicht aber den bezahlten Gegenstand selbst verliert. Während im *Klavierstundenbeispiel* der Anspruch auf den Unterricht ersatzlos vernichtet wird, bekommt der Mieter im vorstehenden *Beispiel 1* für seinen Mietzins die vereinbarte Gegenleistung, nämlich die objektive Nutzungsmöglichkeit. Mehr schuldet der Vermieter nicht.

### 4. Vorteilsausgleichung

380 Es kann sein, dass bestimmte Nachteile durch Vorteile auf der realen Lage ausgeglichen werden. In diesen Fällen stellt sich immer die Frage nach der Anrechnung und Berücksichtigung dieser Vorteile, die sich im Ergebnis schadensmindernd auswirken können. Es geht also darum, ob der ersatzfähige Schaden durch bestimmte Vorteile auf der realen Lage gemindert oder sogar ganz ausgeschlossen wird.

Die Lehre von der „Vorteilsausgleichung" (oder „Vorteilsanrechnung") beschäftigt sich nun damit, unter welchen Voraussetzungen reale Vorteile angerechnet werden und wann eine solche Anrechnung unterbleibt. Wird die Anrechnung von tatsächlichen Vorteilen versagt, schafft man gleichsam „künstlich" einen Schaden. Man kann dann auch von einem „normativen" Schaden sprechen, weil die maßgeblichen Gründe auf Normen und wertenden Gesichtspunkten beruhen. Die Praxis geht von folgender „Formel" aus: Eine Anrechnung

14 H.M., vgl. Grüneberg-*Grüneberg* § 249 Rn. 69 m.w.N.

kommt nur in Betracht, wenn der Vorteil **adäquat auf dem haftungsbegründenden Ereignis** beruht und sie **nicht unbillig** ist. Bei unklarer Lage ist **im Zweifel von einer Anrechnung** auszugehen.[15] Die „Anrechnung“ ist kein Fall der Aufrechnung; sie findet automatisch statt und zwar allein in Bezug auf die Schadensposition, mit der ein **sachlicher Zusammenhang** besteht (sog. „Kongruenz“).[16]

Wir sehen uns hier wichtige Fallgruppen an, in denen die Anrechnungsfrage diskutiert und verneint werden muss. Weitere Anrechnungsfragen werden uns unter dem Gesichtspunkt **„schadensrechtliches Bereicherungsverbot“** bei den verschiedenen Restitutionsformen begegnen.[17]

### a) Keine Anrechnung bei fehlendem Kausalzusammenhang

Aus der vorstehend genannten Faustformel ergibt sich zunächst, dass solche Vorteile von vorneherein außer Betracht bleiben, die nicht adäquat kausal auf dem haftungsbegründenden Ereignis beruhen. **381**

**Beispiel 1** A wird bei einem von S verschuldeten Unfall schwer verletzt. Gleichzeitig verstirbt sein Vater, dessen Erbe der A antritt. Die Vorteile der Erbschaft muss sich der A auf seinen Anspruch nicht anrechnen lassen. Haftungsbegründendes Ereignis für seinen Anspruch ist seine Verletzung. Der Grund für die Erbschaft ist hingegen der Tod seines Vaters. Es besteht gar kein Kausalzusammenhang zwischen Ereignis und Vorteil.[18] ■

**Beispiel 2** S beschädigt schuldhaft das Auto des A, das daraufhin repariert werden muss. A geht während der Reparatur zu Fuß zur Arbeit. Am Weg liegt ein Kiosk, wo sich A einen Lottoschein kauft, den er sonst nicht erworben hätte. A gewinnt im Lotto ein Vielfaches von dem Wert seines PKW.

Der Lottogewinn stellt einen außergewöhnlichen Glücksfall dar, der in keinem adäquaten Kausalzusammenhang zur Sachbeschädigung am Auto steht.[19] Eine Anrechnung des Lottogewinns scheidet also aus.

Eine Anrechnung des ersparten Benzins auf die Reparaturkosten scheidet aufgrund fehlender Kongruenz der Schadenspositionen aus. Im Übrigen wird eine Anrechnung solcher Ersparnisse als unbillig abgelehnt, die auf besonderer Sparsamkeit beruhen und über die Schadensminderungsobliegenheit des § 254 Abs. 2 S. 1 hinausgehen.[20] Anders läge es, wenn A einen Mietwagen genommen hätte. Die dafür aufgewendeten Kosten müssten um die ersparte Abnutzung gekürzt werden (siehe Rn. 422). ■

### b) Normative Anrechnungsverbote

Bestimmte Personen schulden dem Anspruchssteller gerade dann, wenn dieser geschädigt wird, ihrerseits eine Leistung. Diese sind aus unterschiedlichen Gründen zur „Versorgung“ des Geschädigten verpflichtet. In den nachfolgenden Fällen ergibt sich bereits aus den gesetzlichen Regeln, dass eine Anrechnung der Versorgungsleistungen unterbleiben muss. **382**

15 Grüneberg-*Grüneberg* Vorb. v. § 249 Rn. 67 ff. m.w.N.
16 Grüneberg-*Grüneberg* Vorb. v. § 249 Rn. 73 m.w.N.
17 Eine detaillierte Übersicht finden Sie bei Grüneberg-*Grüneberg* Vorb. v. § 249 Rn. 73 m.w.N.
18 Grüneberg-*Grüneberg* Vorb. v. § 249 Rn. 69.
19 Grüneberg-*Grüneberg* Vorb. v. § 249 Rn. 69, 101.
20 Grüneberg-*Grüneberg* Vorb. v. § 249 Rn. 70.

**Hinweis**

Die zur Versorgungsleistung verpflichteten Personen bilden mit dem Schädiger auch **keine Gesamtschuld** (siehe oben Rn. 117). Die Leistung dieser Personen führt also auch nicht etwa zu einer Befreiung des Schädigers im Verhältnis zum Geschädigten nach § 422 Abs. 1 S. 1.

#### aa) Fälle des gesetzlichen Forderungsübergangs

**383** Ist im Gesetz vorgesehen, dass Dritte nach Leistungserbringung im Schadensfall zum Zwecke des Regresses den Schadensersatzanspruch des Geschädigten erwerben, werden ihre Leistungen bei der Schadensermittlung **regelmäßig nicht berücksichtigt.**

**Beispiel** Zahlungen der privaten (§ 86 VVG) oder gesetzlichen Krankenversicherung (§ 116 SGB X), des Arbeitgebers (§ 6 Abs. 1 EFZG) oder Dienstherrn (§ 78a BBG) im Krankheitsfall. ■

Würden Ansprüche gegen diese Personen bei der Differenzhypothese berücksichtigt, wäre der Schadensersatzanspruch in Höhe der von diesen Personen erbrachten Leistung gar nicht entstanden und könnte nicht übergeleitet werden. Das gesetzlich vorgesehene Regresssystem liefe leer. Wertungsmäßig sind derartige Leistungen daher nicht zu berücksichtigen.

#### bb) Unterhaltsleistungen

**384** Bei schadensmindernden Unterhaltsleistungen ist § 843 Abs. 4 (sowie §§ 618 Abs. 3, 844 Abs. 2, 9 Abs. 2 ProdHG, 13 Abs. 2 StVG) zu entnehmen, dass diese den Schaden nicht berühren und den Schädiger entlasten sollen. Unterhaltsleistungen werden also ausgeklammert, auch über den Anwendungsbereich der eben genannten Vorschriften hinaus.[21]

**Beispiel** Der Vermieter V vergisst das Treppenhaus reinigen zu lassen, so dass der minderjährige Sohn S des Mieters M im Treppenhaus stürzt und seine Hose zerreißt. M kauft für seinen Sohn eine neue Hose. Für die Ermittlung eines Schadens wegen fahrlässiger Verletzung des Eigentums von S ist bei der hypothetischen Lage davon auszugehen, wie S ohne das haftungsbegründende Ereignis, nämlich die verletzte Verkehrssicherungspflicht des Vermieters, stünde. Dann wäre S nicht gestürzt und hätte seine Hose nicht zerrissen. Auf der realen Lage sehen wir zum einen die zerrissene Hose und zum anderen aber auch die durch Unterhaltsleistung des M als Ersatz angeschaffte neue Hose. Im Vergleich beider Lagen scheint der S nun besser zu stehen, da er eine neue Hose hat und sonst noch mit seiner alten Hose umherspaziert wäre.

Die Unterhaltsleistung des M für seinen Sohn (vgl. §§ 1601 ff.) soll den Schädiger aber nicht entlasten, so dass eine Berücksichtigung der neuen Hose unterbleibt. ■

#### cc) Fälle des § 255

**385** Nach § 255 ist derjenige, der für den **Verlust einer Sache oder eines Rechts Schadensersatz** zu leisten hat, zum Ersatz nur gegen Abtretung der Ansprüche verpflichtet, die dem Ersatzberechtigten aufgrund des Eigentums an der Sache oder aufgrund des Rechts gegen Dritte zustehen. Daraus folgt eindeutig, dass das **Bestehen dieser Ansprüche den Ersatzanspruch**

21 Grüneberg-*Grüneberg* Vorb. v. § 249 Rn. 88.

**im Rahmen der Differenzhypothese nicht kürzt.** Vielmehr sind diese Ansprüche **nur im Wege eines Zurückbehaltungsrechtes** nach § 255 zu berücksichtigen.

**Beispiel** Autohändler H lässt sein Betriebsgelände von der W GmbH, einer gewerblichen Wach- und Schließgesellschaft, bewachen. Infolge von Fahrlässigkeit auf Seiten der W werden dem Händler drei Pkws gestohlen. Dem Händler steht gegen die W GmbH ein Schadensersatzanspruch aus § 280 Abs. 1 zu. Bei der Differenzhypothese ist der Herausgabeanspruch des Händlers wegen seines Eigentums gegen den (unbekannten) Dieb aus §§ 687 Abs. 2, 667, aus § 985, § 1007 Abs. 1 und § 812 Abs. 1 S. 1 Var. 2 nicht zu berücksichtigen. Vielmehr kann der Händler Schadensersatz wegen des verlorengegangenen Eigentums in voller Höhe verlangen. Allerdings kann die W GmbH nach § 255 für die Schadensersatzleistung die Abtretung sämtlicher Ansprüche des H gegen den Dieb verlangen, wodurch sie gem. §§ 929, 931 Eigentümerin des Pkw wird.[22]

Zu den abzutretenden Ersatzansprüchen gehören hingegen nicht etwaige Ansprüche des H gegenüber seiner Versicherung. Diese Ansprüche ergeben sich nämlich nicht aus dem Eigentum, sondern aus einem besonderen Vertrag. Hat die Versicherung den Schaden ausgeglichen, geht der Ersatzanspruch gegen die W GmbH auf diese nach § 86 VVG über. Deshalb ist auch insoweit eine ungerechtfertigte Besserstellung des Händlers ausgeschlossen. ■

#### c) Überobligationsmäßiger Ausgleich

Nach dem Gesichtspunkt der Unbilligkeit unterbleibt schließlich eine Berücksichtigung von **386**
Vorteilen, die auf einem – gemessen an § 254 Abs. 2 – nicht geschuldeten Eigenaufwand des Geschädigten oder Dritter beruhen.

**Beispiel** S beschädigt schuldhaft das an M vermietete Haus des Vermieters V. Dessen Mieter M beseitigt den Schaden unter Verzicht auf Ersatzansprüche selbst, weil er dem V einen Gefallen tun will.[23] Begründen lässt sich dies auch mit der fehlenden Adäquanz solcher außergewöhnlicher Glücksfälle (siehe oben unter Rn. 381). Anders läge es, wenn M mit seiner Reparatur die Ersatzpflicht des S nach § 249 Abs. 1 als Dritter i.S.d. § 267 erfüllen will. ■

### 5. Schadensermittlung und Anspruchskonkurrenz

Hat der Anspruchssteller gegen den Schädiger weitere Ansprüche, die geeignet sind, ent- **387**
standene Nachteile auszuräumen, stellt sich die Frage, wie sich die Existenz derartiger Ansprüche auf den Schadensersatzanspruch auswirkt.

Der Sache handelt es sich um ein **Konkurrenzproblem**.

#### a) Gesetzliche Konkurrenzregelungen

Häufig beantwortet das Gesetz die Konkurrenzfrage ausdrücklich im Tatbestand eines konkur- **388**
rierenden Anspruches. Dann ist die Frage leicht beantwortet:

22 Grüneberg-*Grüneberg* § 255 Rn. 9. m.w.N.
23 Grüneberg-*Grüneberg* Vorb. v. § 249 Rn. 82, 100.

#### aa) Ansprüche auf Mindestentschädigung und Schadensersatz

389 Das BGB kennt Ersatzansprüche, die auf einen Mindestausgleich abzielen, unabhängig von einem konkret eingetretenen Schaden. Diese verweisen dann ihrerseits wegen eines „weitergehenden Schadens" auf die konkurrierenden Schadensersatzansprüche.

**Beispiel** Zinsanspruch aus §§ 288 Abs. 1 S. 1, 286 mit Verweis auf Ansprüche wegen „weiteren" Schadens in § 288 Abs. 4; Anspruch auf Nutzungsentschädigung bei verspäteter Rückgabe der Mietsache aus § 546a Abs. 1 mit Verweis auf „weitergehenden" Schaden in Abs. 2. ■

Über die konkurrierenden Schadensersatzansprüche kann nach den gesetzlichen Verweisen ein tatsächlich über die Mindestentschädigung hinausgehender Schaden – sofern nachgewiesen – verlangt werden. Ersatzfähig ist also in diesen Fällen nur der weitergehende Schaden. Soweit sich der tatsächlich entstandene Schaden mit der pauschalierten Mindestentschädigung deckt, geht die Verweisnorm vor.

**JURIQ-Klausurtipp**

Für den Klausuraufbau ist daraus folgende Konsequenz zu ziehen: Sofern nach dem Bearbeitervermerk auch danach gefragt ist, prüfen Sie zunächst den Anspruch auf den pauschalierten Mindestschaden und erst im Anschluss die konkurrierenden Schadensersatzansprüche. Ist ein weitergehender Schaden nicht ersichtlich, entfallen die Schadensersatzansprüche. Am *Beispiel* des Verzuges mit der Erfüllung einer Geldschuld: Wegen der Zinsen (sofern danach gefragt) prüfen Sie also erst §§ 288, 286 und erst im Anschluss wegen eines etwa höheren Zinsschadens die §§ 280 Abs. 1, 2, 286 i.V.m. § 288 Abs. 4.

#### bb) Primäranspruch und Schadensersatz statt der Leistung

390 Keine Probleme bereiten auch die Fälle, wo **Primäranspruch und Schadensersatz statt der Leistung** noch nebeneinander bestehen. Dies ist vor Geltendmachung des Anspruchs auf Schadensersatz statt der Leistung möglich (vgl. § 281 Abs. 4).

**Beispiel 1** V verkauft dem K einen Pkw, den der K bei Abschluss des Kaufvertrages bezahlt. V liefert hingegen nicht. K setzt dem V eine Nachfrist, die ebenfalls fruchtlos verstreicht.

In dieser Situation bestehen zunächst der Primäranspruch gem. § 433 Abs. 1 aus dem Kaufvertrag und der Anspruch auf Schadensersatz statt der Leistung aus §§ 280 Abs. 1, Abs. 3, 281, sofern V sich nicht entlasten kann.

Bestimmen wir nun im Rahmen des Schadensersatzanspruches aus §§ 280 Abs. 1, Abs. 3, 281 die hypothetische Lage, so ist davon auszugehen, dass K ohne die Leistungsverzögerung, d.h. bei ordnungsgemäßer Erfüllung, Eigentum und Besitz am verkauften Pkw erworben hätte. Daran fehlt es auf der realen Lage. Allerdings steht dem K (noch) sein Primäranspruch aus dem Kaufvertrag gemäß § 433 Abs. 1 zu, der auf Verschaffung des Eigentums und des Besitzes gerichtet ist. K hat Eigentum und Besitz lediglich noch nicht erhalten. Möglicherweise ist der Schadensersatzanspruch deshalb auf diejenigen Nachteile zu beschränken, die aus dem „noch nicht Haben" entstehen. Aus § 281 Abs. 4 folgt aber, dass bei Geltendmachung des Schadensersatzes statt der Leistung die ursprüngliche Primärleistung nicht mehr verlangt werden kann. Der Gesetzgeber hat damit klar gestellt, dass der Gläubiger nicht Primärleistung und Schadensersatz statt der Leistung nebeneinander fordern kann. Das wäre auch schon ein begrifflicher Unfug. Deshalb können Primäransprüche auf der realen Lage nicht berücksichtigt werden, die bei Geltendmachung des Schadensersatzes gemäß § 281 Abs. 4 ausgeschlossen sind. Der Anspruch gem. § 433 Abs. 1 wird auf der realen Lage nicht berücksichtigt. ■

**Beispiel 2** V verkauft dem K einen gebrauchten Pkw, der vor Übergabe zerstört wird. Wiederum hatte K den Kaufpreis bereits gezahlt.

Wenn K nun Schadensersatz in Höhe des Kaufpreises (vgl. *Beispiel* oben unter Rn. 371) aus §§ 280 Abs. 1, Abs. 3, 283 verlangt, stellt sich im Rahmen der Differenzhypothese das Konkurrenzproblem ebenfalls nicht. Schließlich ist dem V die im Rahmen der vereinbarten Stückschuld geschuldete Leistung (Übereignung und Übergabe des individuellen Pkws) durch Zerstörung gemäß § 275 Abs. 1 unmöglich geworden. Folgerichtig kann der Anspruch gem. § 433 Abs. 1 im Rahmen der realen Lage auch nicht mehr berücksichtigt werden. ■

#### cc) Schadensersatz statt der Leistung und stellvertretendes Commodum (§ 285)

Erlangt der Schuldner infolge eines Umstandes, aufgrund dessen er die Leistung nach § 275 **391**
Abs. 1 bis 3 nicht zu erbringen braucht, für den geschuldeten Gegenstand einen Ersatz oder einen Ersatzanspruch, so kann der **Gläubiger nach § 285 Abs. 1 Herausgabe des als Ersatz Empfangenen oder Abtretung des Ersatzanspruches vom Schuldner verlangen.**

**§ 285 Abs. 2** bestimmt nun, dass sich ein Anspruch auf Schadensersatz statt der Leistung wegen der Leistungsbefreiung (§ 311a Abs. 2 oder §§ 280 Abs. 1, Abs. 3, 283) mindert, wenn der Gläubiger gleichzeitig von seinem Anspruch aus § 285 Abs. 1 Gebrauch macht. Der Schadensersatzanspruch mindert sich dann um den Wert **des erlangten Ersatzes oder Ersatzanspruches.** Hier hat der Gläubiger also eine Auswahlmöglichkeit zwischen verschiedenen Ansprüchen (sog. „ius variandi"). Er kann beide Ansprüche nebeneinander geltend machen, muss dies aber nicht. Er kann sich für einen dieser Ansprüche entscheiden, er kann selbstverständlich auch keinen dieser Ansprüche geltend machen. Für die Berücksichtigung des Anspruches aus § 285 Abs. 1 bedeutet dies, dass der Schadensersatzanspruch nur dann gemindert wird, wenn der Gläubiger tatsächlich auch den Anspruch aus § 285 Abs. 1 geltend macht **und soweit er daraus tatsächlich etwas erlangt hat.**

**Beispiel** V verkauft dem K einen gebrauchten Pkw, den der K bei Abschluss des Kaufvertrages bezahlt. Vor Übergabe wird der Pkw zerstört. V erhält von seiner Versicherung einen Betrag in Höhe von 5000 €. Der Kaufpreis betrug 10 000 €.

Ergibt sich aus dem Sachverhalt nicht, dass der K den Ersatz aus § 285 (Versicherungsleistung) bereits verlangt und erlangt hat, ist bei der Anwendung der Differenzhypothese die Versicherungssumme auch nicht zu berücksichtigen. ■

### b) Sonstige Fälle

Wenn sich dem Gesetz keine Konkurrenzanordnung entnehmen lässt, besteht **im Zweifel** **392**
**eine freie Konkurrenz der Anspruchsgrundlagen**. Die Existenz konkurrierender Ansprüche gegen den Schädiger beeinflusst die Schadensfeststellung dann nicht. Soweit die Ansprüche auf den identischen Leistungsgegenstand gerichtet sind, wirken Erfüllung bzw. Erfüllungssurrogate für alle Anspruchsgrundlagen.[24]

24 Grüneberg-*Sprau* Einf. v. § 823 Rn. 8 ff.

### aa) Konkurrierende Schadensersatzansprüche

393 Mit einfacher Selbstverständlichkeit sind die Fälle zu behandeln, in denen dem Gläubiger **mehrere Schadensersatzansprüche gegen den Schädiger** zustehen. Diese werden jeweils getrennt und unabhängig voneinander geprüft.

**Beispiel** Mieter M beschädigt fahrlässig eine Fensterscheibe in der von ihm gemieteten Wohnung des Vermieters V. Hier bestehen Schadensersatzansprüche einerseits aus §§ 280 Abs. 1, 241 Abs. 2 sowie aus § 823 Abs. 1 wegen Eigentumsverletzung. Diese beiden Ansprüche stehen in Konkurrenz zueinander und rechtfertigen beide den Ersatzanspruch. Keineswegs führt eine solche Konkurrenz dazu, dass der Vermieter nun zweimal denselben Schadensersatzbetrag verlangen könnte.[25] Dies bedeutet auch, dass beide Ansprüche sich gegenseitig nicht beeinflussen und deshalb im Rahmen der jeweiligen Differenzhypothese nicht zu berücksichtigen sind. ■

### bb) Konkurrierende Anspruchsgrundlagen mit gleicher Zielrichtung

394 Eine typische Konkurrenzsituation ist auch gegeben, wenn **Schadensersatzansprüche und Herausgabeansprüche** nebeneinander entstanden sind. Zu einer inhaltlichen Konkurrenz kommt es dann, wenn sich der Schadensersatzanspruch im Ergebnis ebenfalls durch Naturalrestitution nach § 249 Abs. 1 auf Herausgabe richtet.

**Beispiel** Arbeitnehmer A entwendet aus dem Büro seines Arbeitgebers B geheime Firmenunterlagen. Hier ist der A dem B aus §§ 280 Abs. 1, 241 Abs. 2, 249 Abs. 1 sowie aus §§ 823 Abs. 1, 826 Abs. 1, 249 Abs. 1 zum Schadensersatz durch Herausgabe verpflichtet. Im Rahmen der Differenzhypothese bleiben die konkurrierenden Herausgabeansprüche aus § 985 sowie aus § 812 Abs. 1 S. 1 Var. 2 unberücksichtigt. Vielmehr rechtfertigt sich die Herausgabe auf der Basis verschiedener Anspruchsgrundlagen, so dass eine ganz normale Anspruchsgrundlagenkonkurrenz besteht. Gibt der A alle Unterlagen zurück, sind insoweit[26] sämtliche Ansprüche durch Erfüllung erloschen. ■

### cc) Kombination von Schadensersatz statt der Leistung und Rücktritt (§ 325)

395 Schwieriger ist die Lage, wenn der Gläubiger, was nach § 325 möglich ist, die Geltendmachung von **Schadensersatz statt der Leistung und Rücktritt miteinander kombiniert.**

**Beispiel** V verkauft dem K einen Pkw, den der K bei Kaufvertragsschluss bezahlt. V bleibt den Pkw schuldig. Nachdem V trotz angemessener Fristsetzung den Pkw immer noch nicht übereignet und übergeben hat, tritt K vom Kaufvertrag zurück. Außerdem verlangt er Schadensersatz statt der Leistung. Für einen vergleichbaren PKW muss er bei Händler H einen höheren Kaufpreis bezahlen.

Wenn wir nun im Rahmen des Schadensersatzanspruches statt der Leistung aus §§ 280 Abs. 1, Abs. 3, 281 den ersatzfähigen Schaden berechnen, ergibt sich für die hypothetische Lage zunächst die Situation, dass K Eigentum und Besitz am Pkw von V erhalten hätte.

25 Grüneberg-*Sprau* Einf. v. § 823 Rn. 8 ff.

26 Wegen sonstiger Schäden mögen die Schadensersatzansprüche noch Bestand haben.

Auf der realen Lage kann der Anspruch gemäß § 433 Abs. 1 nicht berücksichtigt werden. Dies ergibt sich zum einen aus § 281 Abs. 4 und zum anderen aus der Tatsache, dass K den Rücktritt vom Kaufvertrag erklärt hat, so dass die Primärleistungspflichten erloschen sind.

Fraglich ist nun, wie wir mit dem Anspruch aus dem Rücktritt nach § 346 Abs. 1 auf Rückzahlung des Kaufpreises verfahren. Berücksichtigt man das vorenthaltene Eigentum und den Rückzahlungsanspruch entsprechend § 346 Abs. 2 S. 2 mit demselben Betrag, heben sich diese Positionen auf. Als ersatzfähiger Schaden blieben nur noch die Mehrkosten für den Deckungskauf übrig. Lässt man hingegen den Anspruch aus § 346 Abs. 1 vor Erfüllung unberücksichtigt,[27] könnte über den Schadensersatzanspruch statt der Leistung sowohl einen Betrag in Höhe des Kaufpreises (= Wert des vorenthaltenen Eigentums) als auch ein Betrag in Höhe der **Mehrkosten** für den Deckungskauf verlangt werden. In Höhe des Kaufpreisbetrages bestünde dann zwischen § 346 Abs. 1 und §§ 280 Abs. 1, 3, 281 Anspruchskonkurrenz. ■

Durchgesetzt hat sich wohl die Auffassung, dass bereits die entstandenen **Ansprüche aus dem Rückgewährschuldverhältnis bei der Schadensberechnung abgezogen werden.**[28] Der Anspruch auf Schadensersatz statt der Leistung ist dann nur auf weitere Schäden gerichtet, die nicht bereits aufgrund der Ansprüche aus dem Rückgewährschuldverhältnis ausgeglichen werden. Im *Beispiel* können über den Anspruch auf Schadensersatz statt der Leistung allein die Mehrkosten für den Deckungskauf verlangt werden.[29]

## III. Sonstige normative Beschränkungen des Schadens

Würde man den Schaden allein mit Hilfe der Differenzhypothese ermitteln, könnte dies leicht zu einer unüberschaubaren und in den wirtschaftlichen Dimensionen ruinösen Schadensersatzpflicht führen. Um eine ungerechtfertigte Ausuferung der Schadensersatzpflicht zu vermeiden, sind deshalb weitere Zurechnungskriterien anerkannt, nämlich die Adäquanz des Kausalverlaufs und der Schutzzweckzusammenhang.[30] **396**

**Hinweis**

Die Ihnen auch aus dem Strafrecht bekannte „Äquivalenzbetrachtung" ist nichts anderes als die Differenzhypothese, die ja im Ergebnis fragt, welche Schadenspositionen ohne das haftungsbegründende Ereignis entfallen wären („condicio sine qua non"-Frage).

### 1. Adäquanztheorie

Unter dem Gesichtspunkt der Adäquanz ist zu fragen, ob das haftungsbegründende Ereignis im allgemeinen und nicht nur unter besonders eigenartigen, unwahrscheinlichen und nach dem gewöhnlichen Verlauf der Dinge außer Betracht zu lassenden Umständen zur Herbeiführung des tatbestandlichen Erfolgs geeignet war.[31] **397**

---

27 In diese Richtung Grüneberg-*Grüneberg* § 281 Rn. 22, wonach nur das aus dem Rücktritt (tatsächlich) Erlangte angerechnet wird.

28 Grüneberg-*Grüneberg* § 325 Rn. 2.

29 Vgl. Grüneberg-*Grüneberg* § 325 Rn. 1.

30 St. Rspr., z.B. *BGH* Urteil vom 11. Januar 2007 (Az: X ZR 163/02) = NJW 2007, 1420.

31 St. Rspr., *BGH* Urteil vom 16. April 2002 (Az: X ZR 163/02) unter Tz. 16 = NJW 2005, 1420 ff.

**Beispiel** Im Kino erleidet Zuschauer Z während der Vorführung eines Actionfilms aufgrund eines seltenen Hörleidens wegen der Geräusche einen Hörsturz. Bei normaler Abspiellautstärke muss man die Adäquanz aufgrund der außergewöhnlichen Umstände verneinen.[32] ■

### 2. Schutzzweck der Norm (oder „Rechtswidrigkeitszusammenhang")

398 Der Gesichtspunkt der Adäquanz wurde zur Haftungsbegrenzung als unzureichend empfunden. Deshalb ist mit dem „Schutzzweck der Norm" ein weiteres Zurechnungskriterium hinzugetreten. Danach muss gefragt werden, ob die geltend gemachte Schadensposition innerhalb des Schutzzweckes dieser Vorschrift liegt, d.h. ob es sich bei der **Schadensposition um eine Folge handelt, die in den Bereich der Gefahren fallen, um derentwillen die Rechtsnorm erlassen wurde.**[33] Durch diese Formel werden insbesondere solche Schadenspositionen ausgeschlossen, in denen sich das allgemeine Lebensrisiko realisiert hat.

**Beispiel** A und B sind beide als Fahrer in einen Verkehrsunfall verwickelt. Wegen des Unfalls wird außerdem ein Strafverfahren gegen beide eingeleitet, in dem sich A durch einen Strafverteidiger vertreten lässt. Die Strafverfahren werden eingestellt. A ist der Ansicht, B trage allein die Schuld und klagt auf Schadensersatz. Er will unter anderem die Kosten für seinen Strafverteidiger ersetzt bekommen.

Der *BGH* verneint einen Schutzzweckzusammenhang mit der neben § 18 StVG in Betracht kommenden Anspruchsgrundlage § 823 Abs. 1 folgendermaßen:[34]

„Der Kläger begehrt mit dem Ersatz der Verteidigungskosten Ersatz eines Schadens, den er an seinem Vermögen erlitten hat, also einen Vermögensschaden. Dass in § 823 Abs 1 BGB, aus dem der Kläger in erster Linie seine Ansprüche gegen die Beklagte herleitet, das Vermögen als solches nicht geschützt wird, ist allgemein anerkannt. Es kann sich daher nur fragen, ob dieser Schaden des Klägers unter einem anderen Gesichtspunkt in dem Gefahrenbereich liegt, um den es in § 823 Abs 1 BGB geht. Diese Vorschrift schützt in dem hier in Betracht kommenden Teil die Unversehrtheit des Körpers, der Gesundheit und des Eigentums. Sie will durch das Verbot, diese Rechtsgüter und Rechte anderer zu verletzen, und durch die Pflicht zur Wiedergutmachung, die an einen schuldhaften Verstoß gegen diese Bestimmung geknüpft ist, gegen alle Gefahren schützen, die sich bei einer Verletzung dieser Rechtsgüter und Rechte ergeben. Nur die Folgen dieser Verletzung der geschützten Rechtsgüter und Rechte werden dem Täter zugerechnet und nur in diesem Rahmen sind die Interessen des Geschädigten im Gesetz geschützt. Wird jemand, wie im vorliegenden Falle der Kläger, bei einem Unfall verletzt und sein Kraftfahrzeug beschädigt, so liegen die Kosten, die zur Wiederherstellung der Gesundheit und zur Instandsetzung des Fahrzeugs erforderlich sind, ohne Zweifel innerhalb des Schutzzweckes, dem § 823 Abs. 1 BGB dient. Das gleiche gilt von dem Verdienstausfall, den der Verletzte erleidet, weil er wegen der Unfallverletzung seinem Beruf nicht nachgehen kann, und von dem Nutzungsausfall, der ihm entsteht, weil er den beim Unfall beschädigten Kraftwagen in seinem Geschäft nicht nutzbringend verwenden kann. All dies sind Folgen des Unfalls, die mit der Körperverletzung und der Beschädigung des Kraftfahrzeugs zusammenhängen. Sie fallen in den Bereich, der von § 823 Abs 1 BGB geschützt wird.

32 Vgl. *BGH* Urteil vom 8. November 2005 (Az: VI ZR 332/04) = NJW 2006, 610 ff.

33 *BGH* in BGHZ 27, 137 ff. = NJW 1958, 1041 ff.

34 Nach BGHZ 27, 137 ff. = NJW 1958, 1041 ff.

Ganz anders verhält es sich aber bei den Aufwendungen, die das Strafverfahren für den Kläger mit sich gebracht hat. Insoweit sind durch den Unfall keine Gefahren verwirklicht worden, die das Gesetz verhüten will. Diese Aufwendungen haben mit der Körperverletzung und der Sachbeschädigung, die der Kläger durch den Unfall erlitten hat, nichts zu tun, denn sie beruhen darauf, dass gegen den Kläger der Verdacht bestand, eine strafbare Handlung begangen zu haben, und dass die Strafverfolgungsbehörde sich deshalb entschlossen hat, ein Strafverfahren gegen den Kläger einzuleiten. Diese Gefahr, in ein Strafverfahren verwickelt zu werden, liegt im Rahmen eines allgemeinen Risikos, das jeden Staatsbürger trifft. Sie ist unabhängig von der Körperverletzung und der Sachbeschädigung, die ein Unfallbeteiligter erleidet, denn sie besteht auch dann, wenn ein Unfall keinen Personen- oder Sachschaden zur Folge hat, ja selbst dann, wenn die zur Last gelegte Fahrweise überhaupt nicht zu einem Unfall führt. Dieses jedermann treffende Risiko, in ein Strafverfahren verwickelt zu werden und deshalb Kosten für die Verteidigung aufbringen zu müssen, gehört nicht zu den Gefahren, die das Gesetz abwenden will, indem es in § 823 Abs 1 BGB die Unversehrtheit der Gesundheit und des Eigentums unter seinen Schutz stellt. Liegt dieses Risiko aber außerhalb der Gefahren, gegen die § 823 Abs 1 BGB Schutz bietet, mit anderen Worten: handelt es sich um eine Folge des Unfalls, die außerhalb des Schutzbereichs des Gesetzes liegt, so scheidet § 823 Abs 1 BGB als Grundlage für einen Anspruch auf Ersatz dieses Schadens aus, ohne dass es darauf ankommt, ob zwischen der Handlung des Täters und dem geltend gemachten Schaden ein adäquater Kausalzusammenhang besteht. (...)" ■

Bei Schadensersatz wegen Verletzung einer **vertraglichen Pflicht** ist zu fragen, welche Risiken durch die verletzte Pflicht abgewendet werden sollen.[35] **399**

**Beispiel**[36] Die Eheleute A und B hatten ein Einfamilienhaus gemietet. Am zweiten Weihnachtsfeiertag hantierten ihre damals fünfjährigen Zwillingssöhne mit brennenden Wunderkerzen, wodurch in der weiteren Folge das Haus in Brand geriet und nicht mehr bewohnbar war. Die Vermieterin lastete den Brand A und B an und verlangte, die Miete weiterzuzahlen. Hierauf ersuchten die Eheleute Rechtsanwalt R um Rechtsberatung. R teilte den Eheleuten im Rahmen der Beratung mit, die private Haftpflichtversicherung müsse für das Schadensereignis nicht einstehen, wenn sich erweise, dass die Eheleute oder deren Kindermädchen den Brand grob fahrlässig mit verursacht hätten. Die erteilte Auskunft war unrichtig, weil nach § 103 VVG für die Haftpflichtversicherung der subjektive Risikoausschluss nur für vorsätzliches und widerrechtliches Handeln des Versicherungsnehmers gilt. Dementsprechend bestand nach den Versicherungsbedingungen ein Risikoausschluss nur für Versicherungsansprüche aller Personen, die den Schaden vorsätzlich herbeigeführt haben. Die Eheleute hatten aufgrund der unrichtigen Auskunft deshalb damit gerechnet, den Wiederaufbau des zerstörten Hauses aus eigenen Mitteln in Höhe von 600 000 € übernehmen zu müssen. Sie gerieten aufgrund der fehlerhaften Auskunft in Dauerpanik und seelischer Auflösung, wodurch ihre Gesundheit beeinträchtigt wurde. Sie verlangen Ersatz der nicht von der Krankenkasse ersetzten Behandlungskosten und Schmerzensgeld.

35 *BGH* Urteil vom 11. Januar 2005 (Az: X ZR 163/02) unter Tz. 18 = NJW 2005, 1420 ff.
36 Nach *BGH* Urteil vom 9. Juli 2009 (Az: IX ZR 88/08) = NJW 2009, 3025 ff.

Der *BGH* hat gemeint, der erlittene Gesundheitsschaden sei nicht vom Schutzzweck des von R übernommenen Mandats erfasst gewesen. Denn es sei dabei allein um eine Beratung in vermögensrechtlichen Angelegenheiten gegangen. Zwischen der Schlechtleistung und der Gesundheitsverletzung bestehe daher kein Schutzzweckzusammenhang.[37] Da die nach § 249 Abs. 2 S. 1 zu ersetzenden Heilungskosten zum Gesundheitsschaden gehören, ist das Verlangen der Eheleute insgesamt unbegründet.

Der Schutz der Gesundheit ist allerdings mit Nebenpflichten i.S.d. § 241 Abs. 2 bezweckt, insbesondere durch Einhaltung der gebotenen Verkehrssicherungspflichten.[38] Deren Verletzung kann also zum Ersatz auch von Gesundheitsschäden führen. Verletzt sich der Mandant etwa, weil er im Flur der Kanzlei auf dem rutschigen Boden zu Fall kommt, kommen Schadensersatzansprüche wegen der Gesundheitsverletzung in Betracht. Im *Beispiel* steht die Verletzung von Verkehrssicherungspflichten jedoch nicht in Rede. ■

**400** Der Schutzzweckzusammenhang spielt eine besondere Rolle zur Eingrenzung der Haftung aus Gefährdungstatbeständen (z.B. § 833 S. 1, § 1 ProdHG, § 7 StVG), die aufgrund **spezifischer Gefahren** geschaffen wurden.

**Beispiel** A stolpert über den schlafenden Haushund des B, verletzt sich die Hand und zerreißt sich die Hose. Eine Haftung des B aus § 833 S. 1 kommt nicht in Betracht, da sich in dem Unfall nicht die spezifische Gefahr tierischen Verhaltens realisiert hat.[39] Der Hund war hier sozusagen lediglich „Hindernis" ebenso wie eine Treppenstufe oder Teppichfalte. ■

## C. Art und Umfang des Schadensersatzes

**401**

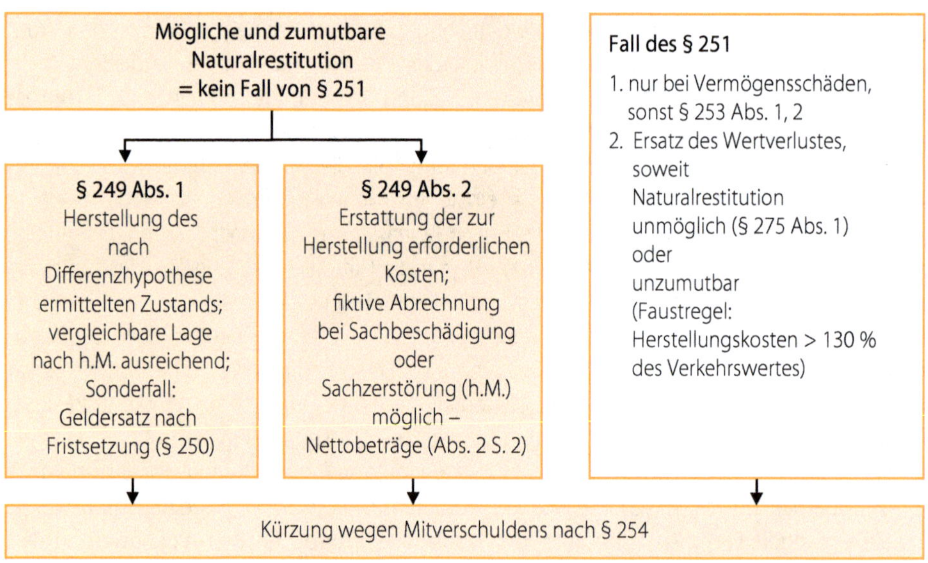


37 *BGH* Urteil vom 9. Juli 2009 (Az: IX ZR 88/08) = NJW 2009, 3025 ff.

38 *BGH* Urteil vom 9. Juli 2009 (Az: IX ZR 88/08) = NJW 2009, 3025 ff.

39 *BGH* NJW 2014, 2434.

Nachdem Sie in Ihrer Prüfung unter dem Punkt „ersatzfähiger Schaden" ermittelt haben, ob überhaupt ein ersatzfähiger Schaden vorliegt, geht es nun darum zu ermitteln, **wie** dieser Schaden ersetzt wird. Ist nach Ihrer Prüfung ein ersatzfähiger Schaden nicht entstanden oder ist die konkret begehrte Schadensposition nach dieser Norm nicht ersatzfähig, kommt es zu der nun folgenden Prüfung nicht mehr. Es geht also jetzt nur um die **Art und Weise der Restitution des als ersatzfähig festgestellten Schadens.**

**Beispiel** V verkauft K einen Pkw, der am 1.11. geliefert werden soll. K hat bereits Winterreifen für den Pkw angeschafft. Nun bleibt V seine Leistung schuldig. Nachdem K den V am 5.11. vergeblich unter Fristsetzung zur Lieferung aufgefordert hat, tritt K vom Kaufvertrag zurück. Er möchte nun die Anschaffungskosten für die Winterreifen von V ersetzt verlangen. Wenn Sie nun mit einem Ersatzanspruch aus §§ 280 Abs. 1, Abs. 3, 281 beginnen, werden Sie im Rahmen der Differenzhypothese feststellen, dass die Kosten für die Winterreifen keinen ersatzfähigen Schaden darstellen. Denn bei hypothetischer Lage, also ohne die Nichtleistung des V, wären die Kosten für die Anschaffung der Winterreifen ohnehin entstanden. Vergleicht man also die reale Lage (Kosten für die Winterreifen) mit der hypothetischen Lage (ebenfalls Kosten für Winterreifen) ergibt sich keine negative Abweichung. Da diese Kosten keinen ersatzfähigen Schaden darstellen, ist die Prüfung spätestens an dieser Stelle abzubrechen und mit einem anderen Ersatzanspruch (§ 284!) neu zu beginnen. Die Frage nach Art und Umfang des Ersatzes stellt sich nicht mehr. ■

## I. Naturalrestitution nach § 249 Abs. 1

Den Ausgangspunkt des Schadensrechtes bildet § 249. Nach § 249 Abs. 1 hat derjenige, der zum Schadensersatz verpflichtet ist, den Zustand herzustellen, der bestehen würde, wenn der zum Ersatz verpflichtende Umstand nicht eingetreten wäre. Der Ersatz soll also in der Weise erfolgen, dass die hypothetische Lage durch eine möglichst „natürliche" Annäherung erreicht wird. Das bedeutet nicht einfach Schadensersatz in Geld. Vielmehr ist damit gemeint, dass die reale Lage real so verändert wird, wie sie bei hypothetischem Lauf jetzt tatsächlich gewesen wäre. **402**

Dazu ist der Schädiger nach § 249 Abs. 1 aber nur verpflichtet, wenn die Herstellung der hypothetischen Lage auch möglich und dem Geschädigten zumutbar ist. Andernfalls richtet sich die Art der Restitution nicht nach § 249, sondern nach § 251. Dieser gewährt nur einen reinen Wertausgleich in Geld.

**Beispiel 1** Mieter M beschädigt fahrlässig eine Fensterscheibe in der Wohnung seines Vermieters V. Die Fensterscheibe hat zum Zeitpunkt der Beschädigung einen Wert von 50 €. Die Reparaturkosten betragen 60 €. Mieter M ist wegen der fahrlässigen Sachbeschädigung zum Ersatz aus §§ 280 Abs. 1, 241 Abs. 2 sowie aus § 823 Abs. 1 verpflichtet. Art und Umfang des Schadensersatzes bestimmen sich nun zunächst aus § 249 Abs. 1. Danach ist der hypothetische Zustand herzustellen, der ohne den zum Ersatz verpflichtenden Umstand bestünde. Dann wäre die Fensterscheibe noch

unversehrt. Die Herstellungsverpflichtung des § 249 Abs. 1 verpflichtet den Schädiger M also nicht etwa zum reinen Geldersatz durch Zahlung des Wertes (50 €) oder der Reparaturkosten (60 €), sondern zur Beschaffung und Einbau einer neuen Fensterscheibe (durch ihn oder durch geeignete Erfüllungsgehilfen = von ihm beauftragte Handwerker). Nach § 249 Abs. 2 hat V aber, da eine Sachbeschädigung vorliegt, die Möglichkeit, statt einer Naturalrestitution durch den Schädiger Ersatz der zur Wiederherstellung erforderlichen Kosten zu verlangen. ■

**Beispiel 2** H kauft beim Produzenten P Ware und verkauft diese seinerseits vor Lieferung an den K. Wenn P nicht oder mangelhaft liefert, kann H – insbesondere im Falle einer Garantieübernahme – seinerseits selber in eine Schadensersatzhaftung gegenüber K geraten. Entsteht ein solcher Schadensersatzanspruch des K, besteht der Schaden des H in der Belastung mit diesem Schadensersatzanspruch. Solange er diesen noch nicht erfüllt hat, ist die Naturalrestitution auf Freistellung von der Schadensersatzhaftung gerichtet.[40] ■

**Beispiel 3** A wird durch Täuschung seines Vertragspartners B zum Abschluss eines Vertrages veranlasst, den er bei zutreffender Aufklärung so nicht geschlossen hätte. Selbst wenn Leistung und Gegenleistung für sich genommen gleichwertig wären, liegt bereits in dem Abschluss des so nicht gewollten Vertrages ein Eingriff in das Recht des A vor, zutreffend informiert über die Verwendung des eigenen Vermögens selbst zu bestimmen und sich für oder gegen den Vertragsschluss zu entscheiden. Darin liegt ein Schaden, der im Wege der Naturalrestitution ersetzt werden muss.[41] Nach § 249 Abs. 1 kann A deshalb verlangen, so gestellt zu werden, als hätte er den Vertrag nicht abgeschlossen.[42] Der Vertrag ist rückabzuwickeln. ■

**403** Indem § 249 Abs. 1 auf Herstellung der hypothetischen Lage in ihrer realen Zusammensetzung gerichtet ist, geht der zu betreibende Aufwand über einen reinen Wertersatz hinaus. Das wird im *Beispiel 1* bei der Beschädigung des Fensters deutlich. Die vom Mieter M geschuldete Reparatur des Fensters wird voraussichtlich 60 € betragen und liegt damit wertmäßig über dem tatsächlichen Wert des Fensters. Man nennt das Interesse des geschädigten Gläubigers an der Herstellung des Zustandes, der ohne haftungsbegründendes Ereignis bestanden hätte, auch **„Erhaltungs- oder Integritätsinteresse"**.[43]

**404** Der Herstellung des hypothetischen Zustandes kann bei **Schäden am Eigentum durch Reparatur oder – wenn vorhanden – Lieferung einer gleichwertigen Ersatzsache** erreicht werden.[44] Der Geschädigte ist wegen § 254 Abs. 2 S. 1 gehalten, die Variante mit dem geringeren Aufwand zu wählen.[45]

**Hinweis**

Im Zuge der Naturalrestitution kann es zu einer Verbesserung der Position des Geschädigten kommen, etwa wenn neuwertige Ersatzteile verwendet werden, die nun eine bessere Qualität oder einfach eine höhere Lebensdauer haben. Beim Schadensersatz gilt aber das **„scha-**

40 Grüneberg-*Grüneberg* § 249 Rn. 4.
41 *BGH* Urteil vom 31. Mai 2010 (Az: II ZR 30/09) unter Tz. 19 = NJW 2010, 2506 ff.
42 *BGH* Urteil vom 31. Mai 2010 (Az: II ZR 30/09) unter Tz. 19 = NJW 2010, 2506 ff.
43 *Looschelders* Schuldrecht Allgemeiner Teil, § 1 Rn. 6, 10, 19.
44 *BGH* Urteil vom 2. März 2010 (Az: VI ZR 144/09) unter Tz. 6 = NJW 2010, 2121 f.; Grüneberg-*Grüneberg* § 249 Rn. 22.
45 Grüneberg-*Grüneberg* § 249 Rn. 22.

**densrechtliche Bereicherungsverbot"**.[46] Der Geschädigte soll durch den Schadensersatz über den Ausgleich seines Schadens hinaus keine Bereicherung erfahren. Erlangt der Geschädigte durch die Naturalrestitution einen wirtschaftlichen Vorteil, der seine reale Lage gegenüber der hypothetischen Lage wirtschaftlich verbessert, schränkt man den Ersatzanspruch durch einen sog. **„Abzug neu für alt"** ein.[47] Während wir oben unter Rn. 380 ff. Fälle behandelt haben, in denen eine Berücksichtigung von Vorteilen unterbleibt, handelt es sich hier um eine Fallgruppe, bei der eine Anrechnung grundsätzlich stattfindet. Der Ausgleich findet wie folgt statt: Der Geschädigte kann die Naturalrestitution nach § 249 Abs. 1 nur noch **Zug-um-Zug gegen Erstattung des Mehrwertes** verlangen. Der Zug-um-Zug-Vorbehalt beruht nicht auf der gesonderten Geltendmachung eines Zurückbehaltungsrechts, sondern unmittelbar aus dem Prinzip des Vorteilsausgleichs. Der Anspruch entsteht inhaltlich von vorneherein nur mit diesem Zug-um-Zug-Vorbehalt, ohne dass es der Erhebung einer Einrede bedarf.[48] Etwas anderes gilt aber dann, wenn die Beschränkung des Ersatzanspruches dem Geschädigten (etwa wegen Finanzschwäche) nicht zuzumuten ist. Damit trägt man dem Umstand Rechnung, dass der Geschädigte für diesen Vorteil „ja nichts kann". Die Schadensrestitution ereilt ihn unfreiwillig.[49] Sollte im vorstehenden *Beispiel 1* mit dem neuen Fenster ein messbarer wirtschaftlicher Vorteil verbunden sein, müsste V dem M einen angemessenen Ausgleich zahlen. Im *Beispiel 3* muss A dem B die seinerseits aus dem Vertrag erlangten Vorteile herausgeben, insbesondere die Gegenleistung des B.

## II. Ersatz der Herstellungskosten nach § 249 Abs. 2

In § 249 Abs. 2 erlaubt der Gesetzgeber dem Anspruchsinhaber im Falle einer „Schädigung **405**
einer **Sache**" oder „Verletzung einer **Person**", wahlweise die Regie der Naturalrestitution selbst zu übernehmen. Die Verpflichtung des Schädigers besteht bei Auswahl dieser Variante nicht mehr in der eigenen Herstellung des hypothetischen Zustandes, sondern in der Zahlung des dafür erforderlichen Geldbetrages. Der Geschädigte soll in diesen Fällen also nicht gehalten sein, seine Güter bzw. sich selbst dem Schädiger oder dessen Erfüllungsgehilfen (z.B. vom Schädiger ausgesuchter Handwerker bzw. Arzt) anzuvertrauen.

Die für die Bestimmung des Geldbetrages maßgeblichen Wert- und Preisverhältnisse bestimmen sich nach dem Zeitpunkt der Erfüllung (nicht der Schadensentstehung).[50]

46 Grüneberg-*Grüneberg* § 255 Rn. 1.

47 Grüneberg-*Grüneberg* Vorb. v. § 249 Rn. 97 ff.

48 *BGH* Urteil vom 15. Januar 2009 (Az: III ZR 28/08) unter Tz. 14 = ZIP 2009, 870 ff. und Urteil vom 21. Oktober 2004 (Az: III ZR 323/03) unter Tz. 7 = NJW-RR 2005, 170.

49 *Looschelders* Schuldrecht Allgemeiner Teil § 43 Rn. 5; § 45 Rn. 41; § 47 Rn. 2; 8.

50 Grüneberg-*Grüneberg* Vorb. v. § 249 Rn. 127.

**Hinweis**

Verlangt der Geschädigte im Falle der Sachbeschädigung die Kosten für die Reparatur der beschädigten Sache ist wieder an den **„Abzug neu für alt"** zu denken (siehe oben unter Rn. 404). Dieser erfolgt durch einen unmittelbaren Abschlag vom Ersatzbetrag. Der Abschlag wird automatisch angerechnet.[51] Es handelt sich nicht um einen Fall der Aufrechnung i.S.d. §§ 387 ff.

Ist im Falle der Beschädigung einer Sache die Wiederbeschaffung einer gleichwertigen Ersatzsache günstiger als die Reparatur, kann der Geschädigte sich unter folgenden Voraussetzungen gleichwohl für eine **fachgerechte Reparatur** entscheiden:

(1) Der zu betreibende Reparaturaufwand darf zusammen mit der Entschädigung für einen etwa verbleibenden merkantilen Minderwert (dazu unter Rn. 412) den **Wiederbeschaffungswert**[52] in der Regel um **nicht mehr als 30 % übersteigen** (sog. **„Integritätszuschlag"**).[53] Dabei sind jeweils die Brutto-Beträge inkl. USt. anzusetzen.[54] Andernfalls ist die Restitution nach § 249 gem. § 251 Abs. 2 wegen Unzumutbarkeit insgesamt ausgeschlossen. Es kommt auch nicht etwa eine anteilige Erstattung der Reparaturkosten bis 130 % des Wiederbeschaffungswertes in Betracht.[55]

(2) Die Reparatur muss tatsächlich und fachgerecht durchgeführt werden.[56]

(3) Der Geschädigte muss die Sache nach der Beschädigung für eine gewisse Zeit weiterbenutzen.[57]

Liegen die Voraussetzungen (2) und/oder (3) nicht vor, ist der Integritätszuschlag nicht gerechtfertigt. Die Position des Geschädigten erweist sich nicht als hinreichend schutzwürdig.[58] Der Geschädigte kann dann nur auf Basis des Wiederbeschaffungswertes abrechnen. Im Wege der Vorteilsausgleichung muss er sich davon den **Restwert**[59] der beschädigten Sache abziehen lassen.[60] Das ergibt dann den **Wiederbeschaffungsaufwand**.[61]

Im *Fensterbeispiel* oben kann V anstelle der Reparatur die für eine Wiederbeschaffung des Fensters und den Einbau erforderlichen Kosten abzüglich eines etwaigen „Abzugs neu für alt" von M fordern. Ein Restwertabzug kommt nicht in Betracht: Eine beschädigte Fensterscheibe hat keinen Marktwert mehr.

---

51 Grüneberg-*Grüneberg* vor § 249 Rn. 97 f.

52 Wiederbeschaffungswert = Marktpreis zum Erwerb einer gleichwertigen Ersatzsache.

53 Grüneberg-*Grüneberg* § 249 Rn. 25; die 30 % – Regel verwendet die Rechtsprechung insbesondere bei Kfz-Schäden.

54 *BGH* NJW 2009, 1340.

55 *BGH* Urteil vom 14. Dezember 2010 (Az: VI ZR 23/09) unter Tz. 12 = NJW 2011, 669 f.

56 Grüneberg-*Grüneberg* § 249 Rn. 25.

57 *BGH* Urteil vom 18. November 2008 (Az: VI ZB 22/08) unter Tz. 11 f. = BGHZ 178, 333 ff. = NJW 2009, 910 f. m.w.N., der bei PKW von mindestens 6 Monaten Nutzungsdauer ausgeht.

58 *BGH* Urteil vom 18. November 2008 (Az: VI ZB 22/08) unter Tz. 11 f. = BGHZ 178, 333 ff. = NJW 2009, 910 f. m.w.N.

59 Restwert = Preis, der bei Veräußerung bzw. Inzahlunggabe der Sache durch den Geschädigten erzielt würde.

60 Nach *BGH*-Rechtsprechung zu PKW-Schäden wird der Restwert im Falle einer Reparatur aber nicht von den Reparaturkosten abgezogen, weil er dann nicht realisiert wurde; Nachweise bei Grüneberg-*Grüneberg* § 249 Rn. 23 f.

61 „Wiederbeschaffungsaufwand" = Wiederbeschaffungswert – Restwert.

Aus § 249 Abs. 2 S. 2, der sich auf die Variante der Sachbeschädigung bezieht, geht hervor, dass der Geschädigte die Herstellungskosten für die Herstellung einsetzen kann, aber nicht muss. Das Gesetz erlaubt ihm mit dieser Regelung ausdrücklich, die Herstellungskosten **„fiktiv"**, also ohne tatsächlichen Einsatz zur Herstellung des hypothetischen Zustandes, verlangen zu können. Allerdings darf dann nach dieser Regelung Umsatzsteuer, die sonst durch Beauftragung eines entsprechenden Unternehmers zur Herstellung der hypothetischen Lage anfiele, nicht verlangt werden. **406**

Bei fiktiver Abrechnung kann der Geschädigte die Netto-Reparaturkosten bis zur Höhe des Netto-Wiederbeschaffungswerts (siehe oben) abrechnen, wenn er die Sache eine gewisse Zeit nach der Beschädigung weiter benutzt.[62] Andernfalls ist die fiktive Abrechnung auf den Wiederbeschaffungsaufwand (= Wiederbeschaffungswert – Restwert) – jeweils netto – begrenzt.[63]

**Hinweis**

Demgegenüber lässt § 249 Abs. 2 eine fiktive Abrechnungsmöglichkeit bei der Verletzung einer Person nicht zu. Andernfalls könnte man entgegen dem Grundgedanken des § 253 Abs. 1 die Verletzung des eigenen Körpers bzw. der Gesundheit, die ihrerseits immaterielle Schäden darstellen, in Geld restituieren lassen. Dies soll jedoch nach § 253 Abs. 1 ausgeschlossen sein.

## III. Ersatz der Herstellungskosten nach § 250

Ohne Rücksicht auf die Voraussetzungen des § 249 Abs. 2 kann der Geschädigte **durch fruchtlose Fristsetzung mit Ablehnungsandrohung** nach § 250 die Herstellungskosten verlangen. Selbstverständlich setzt auch diese Vorschrift voraus, dass eine Naturalrestitution möglich ist. Die nach § 250 erforderliche Fristsetzung wäre sonst sinnlos. **407**

Bei immateriellen Schäden ist § 250 wegen § 253 Abs. 1 nicht anwendbar. Über § 250 lässt sich also kein eigener Schmerzensgeldanspruch gewinnen.

## IV. Naturalrestitution bei Zerstörung oder Verlust einer Sache?

Große Probleme bereitet die Frage, ob § 249 auch bei Zerstörung oder Verlust einer Sache eingreift. Dagegen spricht, dass nur bei „Beschädigung" einer Sache die Wahl zwischen § 249 Abs. 1 und § 249 Abs. 2 besteht. Bei der Zerstörung oder Verlust ist ein solches Wahlrecht nach der Formulierung des § 249 Abs. 2 ausgeschlossen. Möglicherweise geht der Gesetzgeber bei Zerstörung oder Verlust einer Sache von vornherein nicht von einem Anwendungsfall des § 249, sondern von einer Unmöglichkeit i.S.d. § 251 Abs. 1 aus. **408**

Die Rechtsprechung vertritt jedoch seit langem die Auffassung, dass eine Naturalrestitution auch bei Zerstörung oder Verlust durch Lieferung eines vergleichbaren Ersatzgegenstandes möglich ist.[64] Insbesondere im Kraftfahrzeug-Bereich ist eine solche Ersatzmöglichkeit anerkannt. **409**

---

62 Vgl. *BGH* Urteil vom 18. November 2008 (Az: VI ZB 22/08) unter Tz. 11 m.w.N. = BGHZ 178, 338 ff. = NJW 2009, 910 ff, der bei PKW eine Weiterbenutzung von mindestens 6 Monaten verlangt.

63 Grüneberg-*Grüneberg* § 249 Rn. 23 f.

64 Z.B. *BGH* Urteil vom 20. April 2004 (Az: VI ZR 109/03) unter Ziff. II 1 = BGHZ 158, 388 ff. = NJW 2004, 1943 ff.

Begründet wird dies damit, dass sich **das Ziel der Naturalrestitution aus § 249 nicht auf eine Wiederherstellung einer bestimmten Sache beschränken könne, sondern darin besteht, den Zustand herzustellen, der wirtschaftlich gesehen der hypothetischen Lage entspricht.**[65] Dafür spricht insbesondere die in § 249 Abs. 2 S. 2 vorausgesetzte Möglichkeit einer fiktiven Abrechnung. Dem steht die Verwendung des Begriffs „Beschädigung" in § 249 Abs. 2 nicht entgegen. Dieser Begriff soll nur den Fall der Schadensersatzpflicht wegen einer Substanzverletzung oder -zerstörung vom Fall der Personenschäden abgrenzen, um eine fiktive Abrechnung in derartigen Fällen zu unterbinden.[66]

Diese Betrachtung hat den Vorteil, dass andernfalls sehr spitzfindige Unterscheidungen gemacht werden müssten. Ist denn in unserem *Beispiel 1* oben, wo der Mieter die Fensterscheibe des Vermieters fahrlässig beschädigt hat, auf die zerstörte Fensterscheibe abzustellen oder auf die Beschädigung des Hauses? Je nachdem, welcher Bezugspunkt gewählt wird, lässt sich aus vielen Beschädigungen eine vollständige Zerstörung und aus vollständigen Zerstörungen eine Beschädigung machen. Das wird vermieden, wenn man sagt, dass die Reparatur eben auch durch Lieferung eines gleichwertigen Ersatzgegenstandes (nämlich im *Beispiel*: Einbau einer neuen Fensterscheibe) möglich ist.

**410** Wenn man in der Lieferung eines vergleichbaren Ersatzgegenstandes auch eine Naturalrestitution erblickt, dann gibt es aber keinen Grund mehr, dem Geschädigten wahlweise den Zugriff auf die dafür erforderlichen Kosten über § 249 Abs. 2 zu versagen. Deswegen kann der Geschädigte wahlweise die Kosten für die Wiederbeschaffung eines vergleichbaren Gegenstandes verlangen.[67] Alternativ kann er fiktiv abrechnen und auf eine Ersatzbeschaffung verzichten. Dann kann er gem. § 249 Abs. 2 S. 2 aber nur den Nettobetrag verlangen.[68]

**Beispiel** Kunde K kommt in den Laden des Händlers V und rutscht auf einer dort aus Unachtsamkeit liegen gebliebenen Bananenschale aus. Dadurch wird die Brille des Kunden vollständig zerstört. Hier kann der Kunde entweder aus §§ 280 Abs. 1, 241 Abs. 2, 311 Abs. 2 bzw. aus § 823 Abs. 1 die Lieferung einer gleichwertigen neuen Brille (§ 249 Abs. 1) oder die Kosten zur Wiederbeschaffung von Gestell und Gläsern (§ 249 Abs. 2) verlangen.[69] ■

## V. Unmöglichkeit oder Unzulänglichkeit der Herstellung (§ 251 Abs. 1)

**411** Ist die Herstellung des hypothetischen Zustandes – ganz oder teilweise – unmöglich oder zur Entschädigung aus anderen Gründen nicht genügend, so ist nach § 251 Abs. 1 der Geschädigte in Geld zu befriedigen. Es ist das reine **wirtschaftliche Wertinteresse** auszugleichen, also der Unterschied im Vermögen bei hypothetischer Lage im Vergleich zur realen Lage.[70]

**412** Der Anwendungsbereich dieser Vorschrift ist nicht besonders groß, da in vielen Fällen die Lieferung eines Ersatzgegenstandes möglich ist und deshalb mit der Rechtsprechung der

65 Z.B. *BGH* Urteil vom 15. Februar 2005 (Az: VI ZR 70/04) unter Ziff. II 1 b = BGHZ 162, 161 ff. = NJW 2005, 1108 ff.
66 *BGH* Urteil vom 20. April 2004 (Az: VI ZR 109/03) unter Ziff. II 1b = BGHZ 158, 388 ff. = NJW 2004, 1943 ff.
67 *BGH* Urteil vom 20. April 2004 (Az: VI ZR 109/03) unter Ziff. II 1.
68 *BGH* Urteil vom 20. April 2004 (Az: VI ZR 109/03) unter Ziff. II 1.
69 Ggfs. ist ein „Abzug neu für alt" vorzunehmen.
70 Grüneberg-*Grüneberg* § 251 Rn. 10.

Anwendungsbereich des § 249 sehr weit reicht, während der Anwendungsbereich des § 251 Abs. 1 deutlich eingeengt ist. Es bleiben dann aber die Fälle, wo eine vergleichbare Sache nicht geliefert werden kann oder wo aus sonstigen Gründen keine vollständige Naturalrestitution möglich ist.

**Beispiel 1** A beschädigt schuldhaft durch Auffahrunfall den Oldtimer des handwerklich versierten B, der diesen in Eigenarbeit zu einem „Gesamtkunstwerk" ausgebaut hat.[71] Aufgrund der erheblichen Unfallschäden ist eine Reparatur technisch unmöglich. Der Schadensersatzanspruch aus §§ 7, 18 StVG, 823 Abs. 1 kann hier nicht im Wege der Naturalrestitution nach § 249 erfüllt werden. Die Lieferung eines anderen Oldtimers kommt mangels Austauschbarkeit mit einem vergleichbaren Ersatzwagen nicht in Betracht. A kann deshalb nur die Zahlung einer Entschädigung nach § 251 Abs. 1 verlangen. Diese wird in Höhe des geschätzten Brutto-Wiederbeschaffungswertes bemessen. Die Ersatzbeträge des § 249 Abs. 2 S. 1 und § 251 Abs. 1 können sich also decken, wenn bei § 249 Abs. 2 ein Integritätszuschlag nicht anfällt (siehe oben).[72] ■

**Beispiel 2** A gerät mit der Lieferung von Zubehörteilen in Verzug, so dass sein Gläubiger, der Produzent P, verzögerungsbedingte Gewinnausfälle erleidet und außerdem seinen Anwalt einschaltet. Da eine Leistung zeitlich nicht rückwirkend erbracht werden kann, ist eine Naturalrestitution (Leistung spätestens bei Eintritt der Verzugsvoraussetzungen) beim Schadensersatzanspruch aus §§ 280 Abs. 1, Abs. 2, 286 sowohl im Hinblick auf den Nutzungsausfall als auch im Hinblick auf die Anwaltskosten nicht möglich. Der Ersatz folgt aus § 251 Abs. 1 durch Zahlung des entgangenen Gewinns (vgl. § 252) und der Anwaltskosten.[73] ■

**Beispiel 3** A muss dem B Schadensersatz wegen Beschädigung dessen PKWs leisten. Der Schaden kann repariert werden. Trotz fachgerechter Reparatur wird der PKW als Unfallwagen im Markt erfahrungsgemäß mit einem geringeren Wert als ein vergleichbares Fahrzeug ohne Unfallschaden eingestuft (sog. **„merkantiler Minderwert"**).[74] **Insoweit** ist die Reparatur also ungenügend, weshalb nach § 251 Abs. 1 Var. 2 ein Ausgleich zu zahlen ist, der in der Praxis mit unterschiedlichen Methoden geschätzt wird.[75] ■

**Beispiel 4** A zerstört schuldhaft ein altes Dia vom Himalaya-Urlaub des B. Eine Naturalrestitution ist nicht möglich.[76] Ein Wertersatz scheidet aus, weil ein altes Dia in der Regel keinen Marktwert hat. Die emotionale Bindung **(sog. „Affektionsinteresse")** an das Diabild kann gem. § 253 Abs. 1 als rein immaterieller Schaden nicht in Geld ausgeglichen werden. B erhält hier mangels Vermögenseinbuße ausnahmsweise gar keinen Schadensersatz.[77] ■

71 Vgl. *BGH* Urteil vom 2. März 2010 (Az: VI ZR 144/09) unter Tz. 7 = NJW 2010, 2121 f. (Beschädigung eines Unikats).
72 *BGH* Urteil vom 2. März 2010 (Az: VI ZR 144/09) unter Tz. 8 f.
73 Grüneberg-*Grüneberg* § 286 Rn. 42.
74 Bei anderen Sachen muss dies nicht so sein, es kommt immer auf die Marktverhältnisse an!
75 Grüneberg-*Grüneberg* § 251 Rn. 16 f.
76 Ein neuer Diafilm wäre ja etwas anderes und keine „vergleichbare" Ersatzsache mehr!
77 *LG Hamburg* NJW-RR 2000, 653.

### VI. Unverhältnismäßige Herstellungskosten (§ 251 Abs. 2)

413 § 251 Abs. 2 S. 1 stellt eine dem § 275 Abs. 2 vergleichbare Regelung im Schadensrecht dar. Danach kann der Schädiger die Herstellung des hypothetischen Zustandes ablehnen, wenn sie mit unverhältnismäßigen Kosten verbunden ist. Eine solche Unverhältnismäßigkeit wird in der Rechtsprechung bei Kfz-Schäden regelmäßig dann angenommen, wenn die Herstellungskosten 130 % des Wiederbeschaffungswertes (beide inkl. USt.) des geschädigten Gegenstandes überschreiten.[78]

**Hinweis**

Eine Abrechnung ist dann nur gem. § 251 Abs. 1 bis zur Grenze des Wiederbeschaffungswertes möglich. Eine Abrechnung bis zu 130 % des Wiederbeschaffungswertes über § 249 Abs. 2 scheidet aus.[79]

414 Beim Schadensersatz **wegen Verletzung eines Tieres** liegt die Grenze zur Unverhältnismäßigkeit deutlich höher, wie sich aus § 251 Abs. 2 S. 2 ergibt.

## D. Ersatz immaterieller Schäden

415 Bei der Schadensfeststellung haben wir bereits gesehen, dass Schäden in wirtschaftlichen Einbußen bestehen können, aber eben auch aus immateriellen Nachteilen.

### I. Naturalrestitution (§ 249)

416 Die Regel des § 253 Abs. 1 erlaubt bei Nichtvermögensschäden eine Restitution in Geld nur in den gesetzlich geregelten Fällen (§§ 253 Abs. 2, 11 S. 2 StVG, 8 ProdHG). Eine Naturalrestitution ist hingegen immer zulässig, sofern sie überhaupt möglich ist.

**Beispiele** Wer ein altes Urlaubsdia eines anderen unbefugt und schuldhaft an sich genommen hat, muss es auch über den Schadensersatz zurückgeben: §§ 823 Abs. 1, 249 Abs. 1.

Wer jemanden in der Ehre verletzt, muss sich entschuldigen, §§ 823 Abs. 1, 249 Abs. 1 bzw. §§ 823 Abs. 2 i.V.m. § 185 StGB, 249 Abs. 1 und ggfs. seine Äußerungen widerrufen.[80]

---

78 Siehe bereits oben unter Rn. 405; *BGH* Urteil vom 15. Februar 2005 (Az: VI ZR 70/04) unter Ziff. II 1b = BGHZ 162, 161 ff. = NJW 2005, 1108 ff.

79 Siehe oben unter Rn. 405.

80 Grüneberg-*Grüneberg* § 253 Rn. 3.

Wer jemanden durch Täuschung zu einem wirtschaftlich neutralen Vertrag verleitet hat, schuldet dem Getäuschten Aufhebung und Rückabwicklung des Vertrages, etwa aus §§ 280 Abs. 1, 241 Abs. 2, 311 Abs. 2, 249 Abs. 1.[81] ■

## II. Schmerzensgeld

### Schmerzensgeld nach § 253 Abs. 2 417

PRÜFUNGSSCHEMA

**I. Rechtsgutsverletzung i.S.d. § 253 Abs. 2**

**II. Schadensersatzpflicht des Anspruchsgegners wegen der Rechtsgutsverletzung**
= Inzidente Prüfung des Haftungstatbestandes (z. B. §§ 280 Abs. 1, 241 Abs. 2 oder § 823 Abs. 1), sofern nicht bereits wegen Vermögensschadens an anderer Stelle geprüft;
= Rechtsgutsverletzung i.S.d. § 253 Abs. 2 ist dabei entweder bereits haftungsbegründend (z. B. § 823 Abs. 1) oder haftungsausfüllender (immaterieller) Schaden (z. B. §§ 280 Abs. 1, 241 Abs. 2)

**III. Rechtsfolge: Billige Entschädigung in Geld unter Berücksichtigung sämtlicher Umstände**

Unter den Voraussetzungen des § 253 Abs. 2 kann man für einen immateriellen Schaden eine „billige Entschädigung in Geld" fordern.[82] Bei der spezialgesetzlichen Gefährdungshaftung existieren dabei vergleichbare Tatbestände (vgl. § 8 S. 2 ProdHaftG sowie § 11 S. 2 StVG), die § 253 Abs. 2 BGB als speziellere Normen verdrängen. 418

Eine Verpflichtung zur Zahlung eines angemessenen Schmerzensgeldes setzt nach § 253 Abs. 2 voraus, dass ein Schadensersatzanspruch wegen Verletzung eines der in § 253 Abs. 2 aufgeführten höchstpersönlichen Rechtsgüter dem Grunde nach gegeben ist, gleich aus welchem Rechtsgrund (§§ 280 ff., 678, 823 etc.). 419

**Hinweis**

Die Rechtsnatur des Schmerzensgeldanspruches wird oft unterschiedlich gesehen. Bei dem Anspruch auf Schmerzensgeld handelt es sich nach der wohl überwiegenden Auffassung um einen selbständigen Anspruch eigener Art, der tatbestandsmäßig an (1) eine Verletzung eines der im Tatbestand genannten Rechtsgüter und (2) an eine deswegen bestehende Schadensersatzpflicht gekoppelt ist. § 253 Abs. 2 ist danach Anspruchsgrundlage mit partieller Rechtsgrundverweisung auf den in Bezug genommenen Haftungstatbestand, der wegen der Rechtsgutsverletzung erfüllt ist.[83] Für die Qualität einer Anspruchsgrundlage spricht, dass § 253 Abs. 2 Tatbestand und Rechtsfolge regelt. Die teilweise Bezugnahme auf andere Normen (hier Haftungstatbestand wegen Rechtsgutsverletzung) ist im BGB als Regelungstechnik nicht ungewöhnlich (vgl. etwa § 284 mit Verweis auf Grundlage für Schadenersatz statt der Leistung oder den Verweis auf § 286 in § 280 Abs. 1, Abs. 2).

81 *BGH* Urteil vom 31. Mai 2010 (Az: II ZR 30/09) unter Tz. 19 = NJW 2010, 2506 ff.

82 Diese müssen Sie in der Klausur nicht ausrechnen!

83 Vgl. *BGH* Urteil vom 9.7.2009 (Az: IX ZR 88/08) unter Tz. 10, 13 = NJW 2009, 3025 ff.

Wenn Sie dieser Ansicht folgen, zitieren Sie als Anspruchsgrundlage „§ 253 Abs. 2 i.V.m. Haftungsnorm" (z. B. §§ 280 Abs. 1, 241 Abs. 2). Wir empfehlen Ihnen diesen Weg, weil er manche Überfrachtung und Fehler in der Darstellung des haftungsausfüllenden Tatbestandes vermeidet. Außerdem empfiehlt es sich ohnehin, die Schadensersatzansprüche getrennt nach den einzelnen Schadenspositionen zu untersuchen. Prüft man das Schmerzensgeld hingegen als Einzelposten im Rahmen eines Gesamtanspruchs neben Vermögensschäden,[84] darf man ein etwaiges Mitverschulden nicht auf das Schmerzensgeld beziehen. Das Schmerzensgeld bemisst sich als „billige Entschädigung in Geld" von vorneherein anhand aller Umstände auch unter Berücksichtigung eines etwaigen Mitverschuldens. § 254 ist daneben nicht mehr – wie sonst – zusätzlich als anspruchskürzender Einwand anwendbar.[85] Wenn Sie diesen Fehler vermeiden, können Sie selbstverständlich § 253 Abs. 2 auch so behandeln wie § 249 oder § 251: als reine Normen zur näheren Bestimmung der Haftungsausfüllung.

Es handelt sich letztlich nur um eine Frage des Aufbaus und des richtigen Umgangs mit einem etwaigen Mitverschulden.

420 Zwar ist die Verletzung des **Allgemeinen Persönlichkeitsrechts** in § 253 Abs. 2 nicht eigens aufgeführt. Damit ist aber nicht gemeint, dass ein Schmerzensgeldanspruch in diesen Fällen ausscheidet. Vielmehr wird ein solcher Anspruch unmittelbar aus dem deliktischen Schutz des Persönlichkeitsrechts als „sonstiges Recht" i.S.d. § 823 Abs. 1 abgeleitet und die Vorschrift des § 253 Abs. 2 als insoweit unmaßgeblich angesehen.[86] Allerdings erfordert eine Schmerzensgeldzahlung danach eine **schwerwiegende Beeinträchtigung des Persönlichkeitsrechts.**[87]

## III. Sonderfall: Entzogene Gebrauchsmöglichkeit

421 Die Frage der Ersatzfähigkeit immaterieller Schäden kann sich auch in den folgenden Fällen eines Nutzungsausfallschadens stellen. Hier führt ein haftungsbegründendes Ereignis dazu, dass dem Geschädigten eine Sache und damit die Gebrauchsvorteile dieser Sache entzogen werden. Nicht der potentielle Nutzer fällt aus, sondern die zu nutzende Sache.

**Beispiel**[88] E ist Eigentümer und Halter eines Wohnmobils, das er für seine Urlaubsreisen nutzt. Kurz bevor E damit in seinen Sommerurlaub aufbrechen will, macht er mit seinem Wohnmobil eine kurze Ausflugsfahrt. Dabei verschuldet S einen Auffahrunfall, bei dem das Wohnmobil einen erheblichen Schaden erleidet und repariert werden muss. Für die Urlaubsreise steht das Wohnmobil definitiv nicht mehr zur Verfügung.

1. Variante: E musste sich wegen der Reparaturarbeiten ein Wohnmobil mieten, um seine im August geplante Urlaubsreise durchzuführen.

2. Variante: E hat auf eine Anmietung verzichtet. ■

84 So MüKo-*Oetker* § 253 Rn. 15 f. – dafür spricht die systematische Stellung des § 253 Abs. 2.
85 Grüneberg-*Grüneberg* § 253 Rn. 20.
86 Grüneberg-*Grüneberg* § 253 Rn. 10.
87 MüKo-*Oetker* § 253 Rn. 27 mit Verweis auf MüKo-*Riecker* Anhang zu § 12 Rn. 221 ff.
88 Abwandlung nach Urteil des *BGH* vom 10. Juni 2008 (Az: VI ZR 248/07) = NJW-RR 2008, 1198 f.

### 1. Tatsächlich entstandene Mehrkosten

Wendet der Gläubiger im Fall des Sachentzuges Kosten für eine vorübergehende Beschaffung des Leistungsgegenstandes auf, stellen sich diese als durch den Sachentzug veranlasste und zweckdienliche Aufwendungen dar. Es handelt sich damit um eine ersatzfähige (materielle) Schadensposition (siehe oben Rn. 377). Diese Kosten wären bei hypothetischer Betrachtung nicht angefallen. Im *Beispiel* kann E also die Mietkosten ersetzt verlangen, wenn er tatsächlich ein Wohnmobil gemietet hat. Allerdings besteht der ersatzfähige Schaden nicht in voller Höhe der tatsächlich aufgewendeten Kosten, wenn der Gläubiger tatsächlich eigene Aufwendungen gespart oder sonstige Vorteile erlangt hat (z. B. ersparte Abnutzung des eigenen Wohnmobiles). Nach dem schadensrechtlichen Bereicherungsverbot sind diese Vorteile anzurechnen („Vorteilsausgleichung", siehe Rn. 380).[89] 422

### 2. Ersatzfähigkeit entgangener Gebrauchsmöglichkeit in sonstigen Fällen

Fraglich ist aber, ob im *Beispiel* ein **ersatzfähiger Schaden** auch dann anzunehmen ist, wenn der E **auf die Anmietung verzichtet**. 423

Ausgangspunkt unserer Überlegungen sind **§§ 251 Abs. 1, 253**. 424

Da eine entgangene Nutzungsmöglichkeit nicht mehr (rückwirkend) gewährt werden kann, scheidet eine Naturalrestitution gem. § 249 Abs. 1 aus. In Betracht kommt allein **eine Entschädigung in Geld wegen Unmöglichkeit der Naturalrestitution nach § 251 Abs. 1**.

Nach **§ 253 Abs. 1 sind grundsätzlich nur Vermögensschäden in Geld ersatzfähig**. Immaterielle Schäden können innerhalb des BGB nur nach Maßgabe des § 253 Abs. 2 oder der § 651n Abs. 2 in Geld ersetzt werden („Schmerzensgeld"). Im *Beispiel* fehlt es aber an der nach § 253 Abs. 2 erforderlichen Rechtsgutsverletzung.

Nach der Differenzhypothese besteht der Nachteil erst einmal darin, dass der Gläubiger die Sache für die Zeit ihrer Vorenthaltung nicht nutzen kann. Wenn ihm dadurch Gewinn entgeht oder Mietkosten entstehen, liegt nach der Differenzhypothese ein ersatzfähiger Vermögensschaden vor. 425

Löst die entgangene Nutzungsmöglichkeit hingegen **keinen direkten Vermögensnachteil** aus, scheint die entgangene Nutzung lediglich einen immateriellen Schaden darzustellen, der nach § 253 Abs. 1 grundsätzlich nicht in Geld ersetzt werden darf. Im *Beispiel* stellt sich E also besser, wenn er ein Wohnmobil anmietet, als wenn er darauf verzichtet und damit dem säumigen Schuldner Kosten erspart. 426

Dies wird für unbillig gehalten, so dass die Rechtsprechung nach Korrekturmöglichkeiten gesucht hat, die heute grundsätzlich anerkannt sind.[90]

Wenn die vorenthaltene Sache auf dem Markt vermietet wird, hat ihre **Nutzungsmöglichkeit einen Marktwert**. Der Marktwert kann in Kosten für die Anmietung einer vergleichbaren Ersatzsache gesehen werden. Die wirtschaftliche Werthaltigkeit kann man auch damit begründen, dass der Gläubiger des Ersatzanspruches für die vorenthaltene Sache finanzielle 427

89 Grüneberg-*Grüneberg* § 249 Rn. 32: bis 10 % Abzug von den Mietwagenkosten.
90 Vgl. dazu auch die ausführliche Darstellung bei Grüneberg-*Grüneberg* § 249 Rn. 40–52.

Mittel aufwenden musste, um sie zu erhalten.[91] **Wenn die Nutzungsmöglichkeit eines Gegenstandes als solche ein Wirtschaftsgut darstellt, geht dieses Gut bei Vorenthaltung der Sache zeitweise unter. Wie der Verlust anderer Vermögenswerte stellt auch dieser Verlust grundsätzlich einen in Geld ersatzfähigen Vermögensschaden dar.**[92]

**428** Im Rahmen der Differenzhypothese ist beim hypothetischen Verlauf nun genau zu prüfen, ob der Gläubiger die Gebrauchsvorteile **tatsächlich genossen hätte oder ob eine Nutzung ohnehin unterblieben wäre**. Wäre eine tatsächliche Nutzung aus anderen Gründen unterblieben, wäre die bloße Nutzungsmöglichkeit für den Gläubiger wertlos gewesen. Dann kommt ein Ersatz für diesen Zeitraum nicht in Betracht.[93]

**Beispiel** Stellen Sie sich vor, E wäre im Ausgangsfall erkrankt und hätte die geplante Reise nicht antreten können. Dann steht fest, dass durch die Sachbeschädigung keine tatsächliche Nutzung vereitelt wurde. Ein Schadensersatzanspruch scheidet insoweit aus. ■

**429** Bis hierher ist die Problemlösung (hoffentlich) noch gut nachvollziehbar. Nun baut die Rechtsprechung aber einen Filter ein, um eine ausufernde Haftung zu vermeiden. Dies ist verständlich, weil sie sich in einer Grauzone zwischen Gesetzesauslegung und kompetenzwidriger „Gesetzesänderung durch Richterspruch" bewegt und dabei keine „Flurschäden" hinterlassen will.

Deswegen soll eine vorenthaltene Nutzungsmöglichkeit nur dann in Geld ersatzfähig sein, wenn „die Entbehrung der Nutzung fühlbar" gewesen ist. Eine solche **Fühlbarkeit ist nur bei Vorenthaltung solcher Gegenstände gegeben, „auf deren ständige Verfügbarkeit die eigenwirtschaftliche Lebenshaltung typischerweise angewiesen ist."**[94]

**Beispiel** Im Ausgangsfall fehlt eine solche „Fühlbarkeit", da E das Wohnmobil für seine alltägliche Lebensführung nicht unbedingt brauchte. Ebenso hat der *BGH* entschieden, als es um die vereitelte Nutzungsmöglichkeit eines privaten Schwimmbads,[95] Pelzmantels[96], Wohnwagens[97] oder Motorboots[98] ging.

Anders ist zu entscheiden, wenn E das Wohnmobil als einzigen Wagen gekauft hätte und es auch im Alltag hätte nutzen wollen. ■

**Hinweis**

Beim Kriterium der „Fühlbarkeit" gibt es kein richtig oder falsch – allein Ihre Argumentation entscheidet!

Denken Sie daran, dass diese Grundsätze nur zum Tragen kommen, wenn sich der Nutzungsausfall weder in einem entgangenen Gewinn noch in konkret entstandenen Mietkosten ausgedrückt hat.

---

91 *BGH* Urteil vom 10. Juni 2008 (Az: VI ZR 248/07) unter Tz. 8 m.w.N.

92 *BGH* Urteil vom 10. Juni 2008 (Az: VI ZR 248/07) unter Tz. 6 m.w.N; ablehnend zum ganzen Ansatz: *Gsell* „Redaktionelle Anmerkung" zur hier zitierten *BGH*-Entscheidung in ZjS 4/2008, S. 412 f., abrufbar unter www.zjs-online.com.

93 *BGH* Urteil vom 10. Juni 2008 (Az: VI ZR 248/07) unter Tz. 7 m.w.N.

94 *BGH* Urteil vom 10. Juni 2008 (Az: VI ZR 248/07) unter Tz. 7 m.w.N.

95 BGHZ 76, 179 ff.

96 BGHZ 63, 393 ff.

97 BGHZ 86, 128 ff.

98 BGHZ 89, 60 ff.

Liegt eine „fühlbare" Beeinträchtigung vor, bemisst sich der Wert der entgangenen Gebrauchsvorteile regelmäßig an den Mietkosten für einen vergleichbaren Gegenstand, gekürzt um die Gewinnspanne eines Vermieters und die bei einer privaten Nutzung sonst angefallenen Nachteile (Abnutzung, Versicherungsprämie, etc.).[99] **430**

# E. Schadensminderung nach § 254

## I. Mitverschulden

Am Ende der Prüfung von Art und Umfang eines Schadensersatzanspruches ist auf § 254 einzugehen. § 254 ist rechtshindernde Einwendung gegen einen Schadensersatzanspruch, da der Anspruch nicht entsteht, soweit er nach § 254 ausgeschlossen ist.[100] **431**

Dabei unterscheidet § 254 einmal zwischen einer Mitverantwortlichkeit **bei der Entstehung des Schadens** und auf der anderen Seite nach einem Mitverschulden **im Hinblick auf die Schadenshöhe,** also bei dem Umfang eines eingetretenen Schadens.

### 1. Mitwirkung bei der Entstehung eines Schadens

Hat bei der Entstehung eines Schadens ein Verschulden des Geschädigten mitgewirkt, so hängt nach § 254 Abs. 1 die Verpflichtung zum Ersatz sowie der Umfang des zu leistenden Ersatzes von den Umständen, insbesondere davon ab, inwieweit der Schaden vorwiegend von dem Schädiger oder dem Geschädigten verursacht worden ist. § 254 Abs. 1 verlangt demnach zweierlei: einmal ein „Verschulden" des Gläubigers und zum anderen eine Kausalität dieses Verschuldens für die Schadensentstehung. **432**

#### a) „Mitverschulden" des geschädigten Gläubigers

#### aa) „Verschulden" des Gläubigers

Wenn man nun im BGB nach Vorschriften sucht, die ein „**Gläubiger**verschulden" näher bestimmen würden, sucht man vergeblich. Insbesondere ist in den §§ 276 ff. die Verantwortlichkeit **des Schuldners** geregelt. Über eine Verantwortlichkeit des Gläubigers treffen die §§ 276 ff. keine Aussage. Der Begriff des „Verschuldens" in § 254 ist im Sinne einer **„Obliegenheit"** zu verstehen. Unkorrekt ist es daher, von einer Schadensminderungs**pflicht** zu sprechen. Es obliegt jedem, die Sorgfalt zu beachten, die nach Lage der Sache erforderlich ist, um sich selbst vor Schaden zu bewahren.[101] Es entspricht dem Wesen der Obliegenheit, dass der Gläubiger (der Geschädigte) zur Einhaltung einer solchen Sorgfalt niemanden gegenüber verpflichtet ist. Jedoch hat er bei Verletzung dieser Obliegenheit eine Kürzung bzw. einen Ausschluss seines Ersatzanspruches hinzunehmen. Genau diese Rechtsfolge regelt § 254. Manche kennzeichnen die Obliegenheit zur eigenen Schadensabwehr auch als Frage des **„Verschuldens gegen sich selbst"**.[102] **433**

99 Grüneberg-*Heinrichs* Vorb. v. 249 Rn. 23 ff. – im Ergebnis etwa 30–40% der marktüblichen Miete.
100 *Petersen* Allgemeines Schuldrecht Rn. 542.
101 *BGH* NJW 1997, 2234; Grüneberg-*Grüneberg* § 254 Rn. 1.
102 *BGH* NJW 1997, 2234.

434 Dieses „Verschulden gegen sich selbst" muss näher konkretisiert werden. Unsere bisherigen Überlegungen haben nur ergeben, dass man §§ 276 ff. nicht direkt anwenden kann. Es wird Sie sicher nicht überraschen, dass man das „Verschulden gegen sich selbst" in Anlehnung an § 276 näher konkretisiert und ausgestaltet hat.

Deshalb bestimmt man die Sorgfaltsanforderungen danach, was jeder ordentliche und verständige Mensch getan hätte, um sich selbst vor Schaden zu bewahren.[103] Wie beim Fahrlässigkeitsbegriff des § 276 Abs. 2 gilt daher auch beim „Verschulden gegen sich selbst" ein **objektiver Maßstab.** Aus diesem objektiven Maßstab folgt eine bestimmte Verhaltensobliegenheit. Der Geschädigte hätte in dieser Situation dies oder jenes tun müssen, um sich selbst vor Schaden zu bewahren.

In einem nächsten Schritt untersuchen Sie, ob der Geschädigte diese Obliegenheit vorsätzlich oder fahrlässig verletzt hat. Dabei können Sie auf die bekannten **Maßstäbe zum Vorsatz und zur Fahrlässigkeit des § 276** zurückgreifen. Voraussetzung für eine fahrlässige Obliegenheitsverletzung ist daher die Vorhersehbarkeit und Vermeidbarkeit der Obliegenheitsverletzung. Anerkannt ist ferner, dass zum Mitverschulden auch die **Zurechnungsfähigkeit** entsprechend § 276 Abs. 1 S. 2 i.V.m. §§ 827, 828 gehört.[104]

#### bb) Kausalität

435 Wenn Sie nun festgestellt haben, dass der geschädigte Gläubiger eine schadensverhindernde Obliegenheit vorsätzlich oder fahrlässig verletzt hat, ist schließlich zu prüfen, ob diese Verletzung auch Auswirkungen auf die Schadensentstehung hatte. Neben einfacher Ursächlichkeit i.S.d. „conditio sine qua non"-Formel müssen auch die weiteren Zurechnungskriterien der Adäquanz und des Schutzzwecks der Norm erfüllt sein.[105]

#### cc) Besonderheiten bei nicht natürlichen Personen

436 § 254 Abs. 1 spricht nur vom Mitverschulden des Geschädigten. Ist eine juristische Person bzw. rechtsfähige Personengesellschaft die geschädigte Anspruchsstellerin, könnte es kein Mitverschulden geben, weil diese Rechtsträger selbst real nicht handeln können. Deshalb ist hier gem. § 31 analog[106] auf das Verhalten ihrer Organe bzw. sonstigen besonderen Repräsentanten abzustellen.[107]

### b) Mitverantwortlichkeit ohne Verschulden

437 Schließlich gibt es Fälle, wo das Gesetz eine Einstandspflicht auch ohne Verschulden anordnet. Insbesondere in den Fällen der **Gefährdungshaftung** kommt es für eine Schadensersatzpflicht nur darauf an, dass sich im Schaden das haftungsbegründende Risiko verwirklicht hat.

**Beispiel** Der Halter eines Pkws haftet nach § 7 StVG für bestimmte Rechtsgutsverletzungen, die beim Betrieb des Pkws entstanden sind. Auf sein Verschulden kommt es dabei nicht an. Der Halter muss also für die „Betriebsgefahr" seines Pkws einstehen.

103 *BGH* NJW 2001, 149.
104 Grüneberg-*Grüneberg* § 254 Rn. 9.
105 Grüneberg-*Grüneberg* § 254 Rn. 12 f.
106 Die direkte Anwendung der Vorschrift betrifft nur den Verein.
107 Grüneberg-*Ellenberger* § 31 Rn. 3.

In derartigen Fällen bestimmen Sonderregeln, dass der Schadensersatzanspruch eines Geschädigten gemindert wird, wenn auf seiner Seite ebenfalls eine haftungsbegründende Gefahr mitgewirkt hat.

**Beispiel** Bei einem Verkehrsunfall zwischen zwei Pkws bestimmt § 17 Abs. 1, 2 StVG, dass der Umfang der Ersatzpflicht davon abhängt, inwieweit sich im Unfall die Gefahr des einen bzw. des anderen Pkws niedergeschlagen hat. ■

Dieser Gedanke wird nach überwiegender Auffassung verallgemeinert. Der Geschädigte 438
muss sich deshalb über § 254 Abs. 1 solche Gefahren als „mitwirkendes Verschulden" anrechnen lassen, für die er verschuldensunabhängig Dritten gegenüber haftet und die sich im Schaden ebenfalls realisiert haben.

**Beispiel** Wird jemand durch ein scheuendes Pferd verletzt, weil sein Hund das Pferd aufgescheucht hat, so muss der Geschädigte sich die von seinem Hund ausgehende Gefahr analog § 833 S. 1 anrechnen lassen. ■

### c) Mitverantwortlichkeit wegen Verschuldens Dritter

Eine Anwendung von § 278 im Rahmen des § 254 Abs. 1 scheint ausgeschlossen zu sein. 439
Denn ein Verweis auf diese Vorschrift findet sich erst in § 254 Abs. 2 S. 2. Dies lässt sich auf den ersten Blick damit rechtfertigen, dass erst die Entstehung eines Schadens zum Schadensersatzanspruch führt und damit zu einem Schuldverhältnis, das Voraussetzung für die Anwendung des § 278 ist.

**»** Wissen Sie noch, wer als „gesetzlicher Vertreter" und wer als „Erfüllungsgehilfe" i.S.d. § 278 anzusehen ist? Wiederholen Sie an dieser Stelle noch einmal die Grundzüge zu § 278. **«**

Das geht jedoch immer dann fehl, wenn die Schadensersatzpflicht im Rahmen eines bereits 440
bestehenden Schuldverhältnisses begründet wird, insbesondere in den Fällen des § 280. Deshalb ist allgemein anerkannt, dass es sich bei § 254 Abs. 2 S. 2 insoweit um ein **Redaktionsversehen** handelt und deshalb § 254 Abs. 2 S. 2 als **selbstständiger Abs. 3** zu lesen ist.[108] Da nicht einzusehen ist, warum der Geschädigte sich das Verhalten von Dritten stets anrechnen lassen soll, der Schädiger jedoch **nur im Falle einer bestehenden Sonderverbindung,** wird der Verweis auf § 278 nach ganz herrschender Meinung als Rechtsgrundverweisung verstanden.[109] Entsteht also im Rahmen eines Schuldverhältnisses ein Schaden und damit ein Schadensersatzanspruch, muss sich der Geschädigte gemäß § 278 ein mitwirkendes Verschulden seiner Erfüllungsgehilfen bzw. seiner gesetzlichen Vertreter nach § 278 anrechnen lassen. Besteht eine solche Sonderverbindung nicht, wendet die h.M. § 831 mit Entlastungsmöglichkeit analog an.[110]

**Hinweis**

Erweiterungen finden sich zusätzlich noch in bestimmten Fällen der Gefährdungshaftung, wo ein mitwirkendes Verschulden sog. „Sachbewahrungsgehilfen" angerechnet wird, vgl. §§ 9 StVG und 6 Abs. 1 ProdHaftG.

108 Grüneberg-*Grüneberg* § 254 Rn. 49.
109 Grüneberg-*Grüneberg* § 254 Rn. 49.
110 Grüneberg-*Grüneberg* § 254 Rn. 50.

Dabei ist wichtig, dass die Anwendbarkeit des § 278 im Falle eines bestehenden Schuldverhältnisses nicht nur die Ansprüche aus §§ 280 ff. betrifft, sondern auch konkurrierende Ansprüche aus gesetzlichem Schuldverhältnis.[111]

### 2. Mitverschulden bei Schadensabwendung und -minderung

441 § 254 Abs. 2 S. 1 normiert eine besondere Rücksichtspflicht des Geschädigten. Ihm obliegt es, den Schädiger (= Schadensersatzschuldner) auf die Gefahr eines ungewöhnlich hohen Schadens aufmerksam zu machen, die der Schuldner weder kannte noch kennen musste sowie den Schaden abzuwenden bzw. zu mindern. Verletzt der Gläubiger diese Obliegenheit, wird der Schadensersatzanspruch gekürzt bzw. ganz ausgeschlossen.

### 3. Rechtsfolgen

442 Nach § 254 Abs. 1 ist – in beiden Fällen des § 254 – also auch im Fall des Abs. 2 – eine Abwägung der beiderseitigen Verursachungsbeiträge vorzunehmen. Der Ersatzanspruch des geschädigten Gläubigers ist also nicht zwingend zu kürzen. Umgekehrt muss der Anspruch nicht unbedingt in einem – geringfügigen – Umfang aufrechterhalten bleiben. Der Anspruch kann also trotz mitwirkenden Verschuldens des geschädigten Gläubigers in voller Höhe bestehen bleiben bzw. ganz entfallen. Entscheidendes Kriterium bei der Abwägung soll sein, wessen Ursachenbeitrag die Schadensherbeiführung **wahrscheinlicher gemacht hat**.[112] Die Abwägung nach der Wahrscheinlichkeit ist nach der Formulierung in § 254 Abs. 1 („insbesondere") aber **nicht abschließend.** Vielmehr sind die gesamten Umstände zu berücksichtigen, so dass zusätzlich noch auf den **Grad des Verschuldens sowie einer anzurechnenden Gefahr** (s.o.) abgestellt werden kann.

443 Ergibt die Abwägung zugunsten einer Partei eine Mitverantwortlichkeit **unterhalb von 20 %,** wird diese im Verhältnis zur anderen Partei **regelmäßig als unbeachtlich angesehen**.[113] Dies bedeutet, dass bei einer Mitwirkungsquote auf Seiten des Geschädigten unterhalb von 20 % keine Kürzung seines Anspruchs stattfindet. Beträgt sein Anteil dagegen über 80 %, entfällt der Ersatzanspruch ganz.

444 Für die Abwägung können Sie sich folgende Leitlinien merken:

Im Rahmen des § 254 Abs. 1 tritt fahrlässiges Mitverschulden des Geschädigten regelmäßig hinter dem Vorsatz des Schädigers zurück.[114] Geht es hingegen um einen – zurechenbaren – Vorsatz von Hilfspersonen, kann sich der Schädiger auf eine mitwirkende Fahrlässigkeit auf Seiten des Geschädigten berufen.[115] Besteht hingegen ein vorsätzliches Verschulden auf Seiten des Geschädigten, besteht i.d.R. keine Ersatzpflicht.[116]

Bei beiderseitigem Vorsatz ist eine Quote zu bilden. Entsprechendes gilt bei beiderseitiger Fahrlässigkeit.

---

111 Grüneberg-*Grüneberg* § 254 Rn. 53.
112 Grüneberg-*Grüneberg* § 254 Rn. 60.
113 Grüneberg-*Grüneberg* § 254 Rn. 66.
114 *BGH* NJW 1992, 311.
115 *BGH* NJW 1997, 2238.
116 *BGH* NJW 1991, 3208.

# F. Übungsfall Nr. 4

## „Feuerwerk im Schuppen I" 445

Viktor Vogel (V) vermietete Martin Meister (M) ein auf seinem Gutshof in Münster gelegenes Nebengebäude mit Garten als Wohnhaus. Auf der vermieteten Gartenfläche steht ein überwiegend aus Holz gebauter Geräteschuppen, der ebenfalls Gegenstand des Mietvertrages ist. In der Silvesternacht 2018/2019 brannte der Geräteschuppen vollständig aus. Der Brand war folgendermaßen entstanden:

Nachdem M mit Freunden gemeinsam angestoßen hatte, begab sich die Gesellschaft in den Garten, um ein Feuerwerk zu veranstalten. Aufgrund der Windverhältnisse hatte M im Garten Schwierigkeiten bei der Zündung seiner Raketen und Knallkörper. Er beschloss deshalb, die Zündung der Feuerwerkskörper im Geräteschuppen vorzunehmen und durch die geöffnete Tür „starten" zu lassen. Die dazu entzündete Fackel brannte jedoch nicht nur diverse Zündschnüre, sondern aufgrund eines Versehens des M auch das im Schuppen gelagerte Altpapier an. Den dadurch ausgelösten und durch den Wind stark entfachten Brand konnte M nicht mehr löschen.

Vom Schuppen blieb lediglich eine Außenwand stehen, die V beseitigte. Diese hätte aufgrund des verkohlten Zustands ohnehin nicht mehr verwendet werden können. V baute die Ruine nicht wieder auf. Der Schuppen hatte einen Verkehrswert von 6000 €. Die Wiederherstellungskosten betragen 40 000 €.

Kann V von M Schadensersatz verlangen?

## Lösung 446

### A. Anspruch auf Schadensersatz aus §§ 280 Abs. 1, 241 Abs. 2

Dem V könnte gegen M ein Anspruch auf Schadensersatz aus §§ 280 Abs. 1, 241 Abs. 2 zustehen.

#### I. Anspruchsentstehung

##### 1. Schuldverhältnis

Der Anspruch setzt zunächst das Bestehen eines Schuldverhältnisses zwischen V und M voraus. Zwischen V und M wurde ein Mietvertrag geschlossen. Gegen die Wirksamkeit des Vertragsschlusses bestehen keine Bedenken.

##### 2. Pflichtverletzung

Der Anspruch setzt weiter voraus, dass M eine Pflicht aus dem Mietverhältnis verletzt hat. Gemäß § 241 Abs. 2 verpflichtet das Schuldverhältnis die Beteiligten zur wechselseitigen Rücksichtnahme auf die Rechte, Rechtsgüter und Interessen der anderen Partei. Dabei ist anerkannt, dass sich Gläubiger und Schuldner bei der Abwicklung des Schuldverhältnisses so zu verhalten haben, dass vorhersehbare Schäden für die Person, das Eigentum und sonstige Rechtsgüter des anderen Teils vermieden werden.[117] M zündelte in der Silvesternacht 2018/2019 im Geräteschuppen, der ebenfalls Bestandteil des Mietvertrages war, und verursachte dadurch den Brand des Schuppens. Bereits das Hantieren mit Silvesterknallern innerhalb des Schuppens stellt eine Rücksichtspflichtverletzung dar. Schließlich muss bei derartigen Handlungen jederzeit mit dem Ausbruch eines Feuers gerechnet werden. Ein Verstoß gegen die gem. § 241 Abs. 2 geschuldete Rücksichtnahme liegt damit vor.

##### 3. Vertretenmüssen

Nach § 280 Abs. 1 S. 2 haftet der Schuldner wegen einer Pflichtverletzung nicht auf Schadensersatz, wenn er die Pflichtverletzung nicht zu vertreten hat. Der Umfang des Vertretenmüssens bestimmt sich nach § 276 Abs. 1. Danach hat M für Vorsatz und Fahrlässigkeit einzustehen. Gründe für eine Haftungsverschärfung oder -erleichterung sind nicht ersichtlich. Im vorliegenden Fall handelte M

117 Grüneberg-*Grüneberg* § 241 Rn. 6.

Übungsfall Nr. 4

hinsichtlich der Pflichtverletzung zumindest grob fahrlässig, da die Pflichtwidrigkeit ohne weiteres erkennbar war und sich jedem in seiner Situation aufdrängen musste. Das Vertretenmüssen braucht sich nicht auf den aufgrund der Pflichtverletzung eingetretenen Schaden zu beziehen, so dass ein Verschulden im Hinblick auf den späteren Brand des Geräteschuppens nicht erforderlich ist.

Folglich liegen keine Gründe für einen Ausschluss des Anspruchs wegen fehlenden Vertretenmüssens vor.

### 4. Ersatzfähiger Schaden

Der zu ersetzende Schaden ist zunächst anhand der sog. „Differenzhypothese" zu ermitteln. Danach ist zu fragen, wie der Geschädigte ohne das haftungsbegründende Ereignis im Vergleich zur jetzigen Lage stünde. Hätte sich der M nicht in den Geräteschuppen begeben, um dort mit den Silvesterknallern zu zündeln, wäre es nicht zu dem Brand gekommen. Dann verfügte V, im Gegensatz zur jetzigen Lage, unverändert über das Eigentum (§§ 93, 94 Abs. 1) an dem sich auf seinem Grundstück ursprünglich befindlichen Geräteschuppen. Damit liegt ein grundsätzlich ersatzfähiger Schaden vor.

### 5. Art und Umfang des Schadensersatzes

Art und Umfang des Schadensersatzes bestimmen sich nach §§ 249 ff.

#### a) Naturalrestitution nach § 249 Abs. 1

Gemäß § 249 Abs. 1 ist der Schädiger grundsätzlich verpflichtet, den Zustand herzustellen, der bestehen würde, wenn der zum Ersatz verpflichtende Umstand nicht eingetreten wäre. Danach richtet sich der Schadensersatzanspruch des V auf Wiederherstellung des Gebäudes.

Dies steht allerdings unter dem Vorbehalt, dass die Herstellung überhaupt möglich ist. Soweit die Herstellung des hypothetischen Zustandes nach § 249 Abs. 1 nicht möglich oder zur Entschädigung des Gläubigers nicht genügend ist, hat der Schädiger den Geschädigten gem. § 251 Abs. 1 in Geld zu entschädigen. Aufgrund der vollständigen Zerstörung des Schuppens liegt möglicherweise ein Fall vollständiger Unmöglichkeit vor, da der konkrete Schuppen nicht mehr durch Reparatur aufrechterhalten werden kann.

Allerdings ist diese Sichtweise nur dann richtig, wenn man in der Schaffung eines der hypothetischen Lage vergleichbaren und gleichwertigen Zustandes keine Form der Naturalrestitution nach § 249 Abs. 1 erblickt.

Dem steht aber entgegen, dass sich das Ziel der Naturalrestitution nach § 249 nicht auf eine Wiederherstellung einer bestimmten Sache beschränkt, sondern darin besteht, den Zustand herzustellen, der wirtschaftlich gesehen der hypothetischen Lage entspricht. Dafür spricht insbesondere die vom Gesetzgeber in § 249 Abs. 2 S. 2 geschaffene Möglichkeit einer fiktiven Abrechnung, bei der der tatsächliche Zustand der beschädigten Sache nicht verändert wird. Gemäß § 249 Abs. 2 S. 1 kann der Geschädigte bei Beschädigung einer Sache alternativ beanspruchen, den zur Herstellung erforderlichen Geldbetrag zu verlangen. Dies gilt unabhängig davon, ob die Herstellung tatsächlich durchgeführt wird oder nicht. Im Falle einer solchen „fiktiven" Abrechnung steht dem Geschädigten gem. § 249 Abs. 2 S. 2 nur der um die Umsatzsteuer bereinigte Betrag zu. Allerdings stellt die Vorschrift nach ihrem Wortlaut auf eine Beschädigung und nicht auf die Zerstörung einer Sache ab. Dieser Begriff soll jedoch nur den Fall der Schadensersatzpflicht wegen einer Substanzverletzung oder -zerstörung vom Fall der Personenschäden abgrenzen, um eine fiktive Abrechnung in derartigen Fällen zu unterbinden. Im Übrigen lässt sich die Anwendbarkeit des § 249 Abs. 2 S. 1 bei Zerstörung eines Gebäudes auch damit begründen, dass das Gebäude nach §§ 93, 94 Abs. 1 mit dem Grundstück eine untrennbare Einheit bildet und das Grundstück als solches nicht zerstört wird. Bei dieser Sichtweise handelt es sich folglich nur um die „Beschädigung" des Grundstücks i.S.d. § 249 Abs. 2 S. 1. Die Anwendung des § 249 Abs. 2 scheitert folglich nicht an der Zerstörung des Geräteschuppens.

Im Ergebnis ist damit auch bei Zerstörung einer Sache eine Naturalrestitution denkbar, wenn ein vergleichbarer Ersatzzustand hergestellt werden kann. Ein Wiederaufbau des Geräteschuppens ist hier möglich, so dass der hypothetisch bestehende Zustand in vergleichbarer Form wieder hergestellt werden kann.

Allerdings unterliegt sowohl die nach § 249 Abs. 1 geschuldete Naturalrestitution wie auch der Anspruch auf das Surrogat in Geld nach § 249 Abs. 2 nicht nur der Grenze des § 251 Abs. 1, sondern auch des § 251 Abs. 2. Danach schuldet der Ersatzpflichtige nur eine Entschädigung in Geld, wenn die Herstellung des hypothetischen Zustandes in Natur nur mit unverhältnismäßigen Aufwendungen möglich ist. Ob eine solche Unverhältnismäßigkeit gegeben ist, ist im Einzelfall aufgrund einer Gegenüberstellung des für die Restitution erforderlichen Aufwands einerseits und des Verkehrswerts der herzustellenden Sache andererseits zu beantworten. Der Verkehrswert des Geräteschuppens betrug zum Zeitpunkt der Zerstörung 6000 €, die Herstellungskosten betragen 40 000 €. Die Herstellungskosten machen damit ein Vielfaches des Verkehrswertes aus. Orientiert man sich bei der im Rahmen des § 251 Abs. 2 gebotenen Abwägung an der für Kfz-Schäden in der Rechtsprechung anerkannten Faustregel, dass die Herstellungskosten dann unverhältnismäßig i.S.d. § 251 Abs. 2 S. 1 sind, wenn sie den Verkehrswert um 30 % überschreiten, liegt eine Unverhältnismäßigkeit i.S.d. § 251 vor.

M kann daher sowohl den Wiederaufbau des Schuppens als auch die Zahlung der Herstellungskosten verweigern, so dass V lediglich eine Entschädigung nach § 251 Abs. 2 S. 1 verlangen kann.

#### b) Wertersatz nach § 251 Abs. 2 S. 1

Da sich die Entschädigung nach § 251 Abs. 2 S. 1 auf Ersatz des reinen Wertinteresses richtet, ist der Verkehrswert des zerstörten Gegenstandes zu ersetzen.

V kann deshalb nur einen Ersatz des Verkehrswertes in Höhe von 6000 € verlangen.

#### c) Mitverschulden

Eine Kürzung des Erstattungsanspruchs aus dem Gesichtspunkt des Mitverschuldens nach § 254 scheidet aus. Zwar hat V selbst die Außenmauer der Brandruine beseitigen lassen. Es ist jedoch nicht ersichtlich, dass damit eine Erhöhung des Schadens i.S.d. § 254 Abs. 2 eingetreten wäre. Aus dem Sachverhalt folgt vielmehr, dass die Außenmauer ohnehin bei einem Wiederaufbau hätte abgerissen werden müssen.

### II. Ergebnis

Damit ist ein Schadensersatzanspruch des V gegen M aus §§ 280 Abs. 1, 241 Abs. 2 auf Zahlung von 6000 € entstanden.

Die Fälligkeit folgt hier aus § 271 Abs. 1, so dass V die Zahlung sofort mit Eintritt des Schadens Zahlung verlangen kann. Einreden des M sind nicht ersichtlich.

## B. Schadensersatzanspruch aus § 823 Abs. 1

Dem V könnte außerdem ein konkurrierender Ersatzanspruch aus dem Gesichtspunkt der unerlaubten Handlung aus § 823 Abs. 1 gegen M zustehen.

### I. Anspruchsentstehung

#### 1. Ausschluss nach § 993 Abs. 1

Zunächst ist zu prüfen, ob die Vorschriften des allgemeinen Deliktsrechts überhaupt zur Anwendung kommen oder ob dies nur über den besonderen Verweis nach § 992 zulässig wäre. Eine Verdrängung der allgemeinen deliktischen Vorschriften durch die Schadensersatzregelungen der §§ 989 ff. setzt voraus, dass zum Zeitpunkt des schädigenden Ereignisses eine Vindikationslage bestand. Daran fehlt es aber im vorliegenden Fall, da M aufgrund des mit V geschlossenen Mietvertrages zum Besitz auch des Geräteschuppens berechtigt war. Die Tatsache, dass M nach dem Mietvertrag nicht berechtigt war, von dem Mietgegenstand in der konkreten Weise Gebrauch zu machen, ändert daran nichts. Es genügt für den Ausschluss einer Vindikationslage das Besitzrecht als solches. Ob der Besitzer in der schädigenden Weise Gebrauch von der Sache machen durfte, ist unerheblich. Die Vorschriften des allgemeinen Deliktsrechts sind somit uneingeschränkt anwendbar.

### 2. Rechtsgutsverletzung

Die für eine Haftung nach § 823 Abs. 1 erforderliche Rechtsgutsverletzung liegt vor, da das Eigentum des V am Geräteschuppen durch Zerstörung desselben verletzt ist.

### 3. Verletzungshandlung und Kausalität

Diese Zerstörung des Geräteschuppens ist in zurechenbarer Weise auf ein Verhalten des M zurückzuführen, da der Brand durch sein Hantieren mit Feuerwerkskörpern verursacht wurde und sich im Sinne einer Adäquanzbetrachtung auch als hinreichend wahrscheinliche Folge dieser Handlung darstellt.

### 4. Rechtswidrigkeit

M handelte auch rechtswidrig, da Rechtfertigungsgründe für sein Verhalten nicht ersichtlich sind.

### 5. Verschulden

Weiter müsste M vorsätzlich oder fahrlässig gehandelt haben. Eine vorsätzliche Begehensweise scheidet hier aus, da sich der Vorsatz auch auf die Rechtsgutsverletzung beziehen müsste und M keinen Vorsatz im Hinblick auf die eingetretene Schädigung des Eigentums von V hatte.

M handelte jedoch fahrlässig, da er seine ihn als Mieter treffende Pflicht zur Rücksichtsnahme verletzte und damit i.S.d. § 276 Abs. 2 die im Verkehr erforderliche Sorgfalt außer Acht gelassen hat.

## II. Ergebnis

Ein Anspruch aus § 823 Abs. 1 ist damit entstanden. Hinsichtlich Art und Umfang des Schadensersatzanspruches ergeben sich gegenüber dem Anspruch aus § 280 Abs. 1 keine Unterschiede. V kann somit von M auch aus § 823 Abs. 1 Schadensersatz wegen der Zerstörung des Geräteschuppens in Höhe von 6000 € verlangen. Der gleiche Anspruch folgt aus § 823 Abs. 2 BGB i.V.m. § 306d StGB, da die Straftatbestände der §§ 306 ff. StGB zumindest auch dem Schutz des Eigentümers zu dienen bestimmt sind und damit ein Schutzgesetz i.S.d. § 823 Abs. 2 darstellen.[118]

118 Grüneberg-*Sprau* § 823 Rn. 69.

## Online-Wissens-Check

**Was versteht man unter einem „Abzug neu für alt"?**

Überprüfen Sie jetzt online Ihr Wissen zu den in diesem Abschnitt erarbeiteten Themen. Unter **www.juracademy.de/skripte/login** steht Ihnen ein Online-Wissens-Check speziell zu diesem Skript zur Verfügung, den Sie kostenlos nutzen können. Den Zugangscode hierzu finden Sie auf der Codeseite.

# 10. Teil
# Leistungsverweigerung

## A. Grundlagen

### I. Berücksichtigung von Einredetatbeständen

Wenn Sie in ihrer Anspruchsprüfung auf der dritten Ebene zur Durchsetzbarkeit des Anspruches angekommen sind, werden zwei Punkte abgearbeitet. Zunächst einmal die Fälligkeit und zum Zweiten die Einredefreiheit des Anspruchs. Mit der Fälligkeit haben wir uns bereits oben unter Rn. 163 beschäftigt. **447**

Im Folgenden wollen wir die Einredetatbestände der Verjährung und die Zurückbehaltungsrechte des Allgemeinen Schuldrechts untersuchen.

Das Gesetz gibt dem zur Leistung verpflichteten Schuldner eine Art „Notbremse" an die Hand, die nur er betätigen darf: ein Leistungsverweigerungsrecht. Der Gesetzgeber begründet über entsprechende Tatbestände solche Leistungsverweigerungsrechte. Dem Schuldner steht es frei, sich auf dieses Recht zu berufen. Der Richter kann ihm diese Entscheidung nicht abnehmen. Man nennt diese Leistungsverweigerungsrechte auch „Einreden".[1] **448**

> **Hinweis**
>
> Bei den „Einreden" muss der Schuldner „reden" (er kann auch schreiben), er muss sich auf diese Einrederechte berufen. Hat der Schuldner nicht „geredet", hat er von seinem Leistungsverweigerungsrecht also keinen Gebrauch gemacht, ist der objektive Einredetatbestand unbeachtlich.
>
> Hat der Schuldner nach dem Ihnen vorliegenden Sachverhalt die Einrede nicht erhoben, prüfen Sie den Einredetatbestand trotzdem durch und weisen ggf. darauf hin, dass die Einrede noch geltend gemacht werden könnte.[2] Dies kann nämlich auch noch im späteren Prozess geschehen.

### II. Einredearten

Je nach Wirkungsweise der Einreden unterscheiden wir zwischen zwei Einredearten. **449**

#### 1. Peremptorische Einreden

Einredetatbestände können dem Schuldner ein dauerhaftes Leistungsverweigerungsrecht geben (sog. „peremptorische Einreden", vgl. auch § 813 Abs. 1 S. 1).[3] Macht der Schuldner von einer solchen Einrede Gebrauch, geht für den Gläubiger nichts mehr. Er hat zwar einen **450**

---

1 *Medicus* Bürgerliches Recht Rn. 732 f.

2 *Petersen* JURA 2008, 422 unter Ziff. I.

3 *Medicus* Bürgerliches Recht Rn. 733.

Anspruch, kann ihn aber nicht mehr durchsetzen. Der Anspruch ist faktisch verloren. Sie erkennen diese Einredetatbestände an der Formulierung
„...kann/ist berechtigt zu verweigern..."

**Beispiele** Verjährung (Einredetatbestand: § 214[4]), Einrede der ungerechtfertigten Bereicherung (Einredetatbestand: § 821), Arglisteinrede (Einredetatbestand: § 853), Einrede der beschränkten Minderjährigen- bzw. Erbenhaftung (Einredetatbestände: §§ 1629a, 1973, 1975, 1990), Anfechtbarkeitseinrede (Einredetatbestand: § 2083). ■

### 2. Dilatorische Einreden

451 Andere Einredetatbestände geben dem Schuldner nur ein vorübergehendes Leistungsverweigerungsrecht (sog. „dilatorische Einreden").[5] In den entsprechenden gesetzlichen Einredetatbeständen wird diese Einschränkung an bestimmte Voraussetzungen geknüpft. Die Formulierungen lauten dann:
„...kann/ist berechtigt zu verweigern, **bis/solange**..."

**Beispiele** Zurückbehaltungsrechte aus §§ 273, 320, 348, Einreden des Bürgen aus §§ 770, 771. ■

**Hinweis**

Bei den Zurückbehaltungsrechten sieht das Gesetz einen besonderen prozessualen Ausgang vor. Der Richter darf die Klage bei Geltendmachung des Zurückbehaltungsrechts nicht abweisen, sondern muss den beklagten Schuldner gleichwohl verurteilen – aber nicht uneingeschränkt. Die Verurteilung erfolgt nur zu einer Leistung Zug-um-Zug gegen Erbringung der Gegenleistung durch den klagenden Gläubiger (vgl. §§ 274 Abs. 1, 322 Abs. 1). Im Ergebnis also nur ein halber Triumph für den Kläger.

## III. Einredeberechtigter

452 Die Einredebefugnis steht dem Schuldner zu.

Dabei kommen zwei Fallgruppen in Betracht. Einmal kann der jeweilige Einredetatbestand sich unmittelbar auf die Verpflichtung des Schuldners beziehen.

Zum anderen können bestimmte Schuldner auch Einreden geltend machen, die sich auf eine fremde Schuld beziehen oder aus dem bisherigen Schuldverhältnis zu einem anderen Gläubiger entstammen.

**Beispiel 1** Einredeerhalt nach Gläubigerwechsel: §§ 404, 1157. ■

**Beispiel 2** Abgeleitete Einredebefugnis des Bürgen nach § 768, des Verpfänders nach §§ 1137, 1211. ■

---

4 Beachten Sie hier aber den Kondiktionsausschluss nach §§ 813 Abs. 1 S. 2, 214 Abs. 2 S. 1.
5 Beachten Sie hier aber den Kondiktionsausschluss nach §§ 813 Abs. 1 S. 2, 214 Abs. 2 S. 1.

# B. Die Verjährungseinrede

## I. Wirkung der Verjährung

Gemäß § 194 Abs. 1 unterliegt das Recht, von einem anderen ein Tun oder Unterlassen zu verlangen (Anspruch) der Verjährung. Rechte, die keine Ansprüche sind, verjähren daher nicht. Für sie gibt es jedoch Ausschlussfristen oder andere zeitliche Grenzen. 453

**Beispiele** Anfechtungsfristen, Kündigungsfristen, Rücktrittsfristen (§ 218), Ablauf des Marken- oder Urheberrechts. ■

Gemäß § 214 Abs. 1 ist der Schuldner berechtigt, die Leistung nach Eintritt der Verjährung zu verweigern. Er muss dies nicht tun. Es steht ihm aber frei, sich auf die Verjährung zu berufen. Wegen dieses Wahlrechts stellt die Verjährung also eine „Einrede" dar. Die Verjährung **als solche** hat also auf die Durchsetzbarkeit des Anspruches keine Auswirkungen. Anders ist es hingegen, wenn der Schuldner bei tatsächlich bestehender Verjährung von seinem Leistungsverweigerungsrecht Gebrauch gemacht hat. § 214 Abs. 1 führt dazu, dass der Anspruch **dauerhaft gehemmt** ist. Er kann jetzt gerichtlich nicht mehr durchgesetzt werden. Er ist wirtschaftlich wertlos. 454

## II. Gegenstand der Verjährung

### 1. Grundregel

Wie bereits festgestellt, unterliegt nach § 194 Abs. 1 nur der Anspruch, also das Recht von einem anderen ein Tun oder Unterlassen zu verlangen, der Verjährung. Man kann auch von „Forderung" sprechen, wie dies in § 241 Abs. 1 gemacht wird. 455

Demgegenüber können Rechte wie z.B. das Urheberrecht oder das Markenrecht als solche nicht verjähren. Ebenfalls können Gestaltungsrechte wie das Anfechtungs-, Rücktritts-, Minderungs-, Widerrufs- oder Rücktrittsrecht nicht verjähren. Es handelt sich dabei um sog. „Gestaltungsrechte". Insoweit gilt hier die Regel des § 218, der zu einer Ausschlussfrist führt, die an die Verjährung gekoppelt ist. Darauf werden wir noch zurückkommen. 456

### 2. Ausnahmen

Entgegen der Grundregel des § 194 Abs. 1 unterliegen aber nicht alle Ansprüche der Verjährung. Unverjährbar sind beispielsweise 457

- der Anspruch auf Aufhebung einer Bruchteilsgemeinschaft (§ 758),
- der Anspruch auf Grundbuchberichtigung (§ 898),
- die Ansprüche aus eingetragenen Grundstücksrechten mit Ausnahme der Zinsrückstände und des Schadensersatzes (§ 902),
- die Ansprüche aus dem gesetzlichen Nachbarrecht (§ 924),
- der Anspruch auf Herstellung der ehelichen oder sonstigen familienrechtlichen Lebensgemeinschaft (§ 194 Abs. 2),
- der Anspruch auf Teilung des Nachlasses unter Miterben (§§ 2042 Abs. 2, 758),
- der Unterlassungsanspruch, solange der Schuldner ihm nicht zuwiderhandelt (§ 199 Abs. 5).

### 3. Verjährung und Konkurrenz

458 Jeder Anspruch verjährt grundsätzlich selbstständig nach den für ihn geltenden Regeln. Bestehen aus demselben Sachverhalt mehrere Ansprüche unterschiedlicher Art (Anspruchskonkurrenz), verjährt also jeder Anspruch nach den für ihn geltenden eigenständigen Regeln.[6]

459 Dieser Grundsatz kennt jedoch Ausnahmen. Nach § 217 verjähren auch die Ansprüche auf abhängige Nebenleistungen (z.B. Zinsen aus einer Geldforderung) zusammen mit dem Hauptanspruch.[7]

460 Wenn die selbstständige Verjährung mehrerer Ansprüche mit unterschiedlichen Verjährungsfristen den Zweck der kürzeren Verjährung vereiteln würde, gilt diese für alle Ansprüche.

**Beispiel** Der kurzen Verjährung des § 548 Abs. 1 S. 1 unterliegen alle Ersatzansprüche des Vermieters, also nicht nur die vertraglichen Ersatzansprüche aus §§ 280 ff., sondern auch diejenigen aus unerlaubter Handlung.[8] ■

### 4. Sonderregeln des § 218 für Rücktritt und Minderung

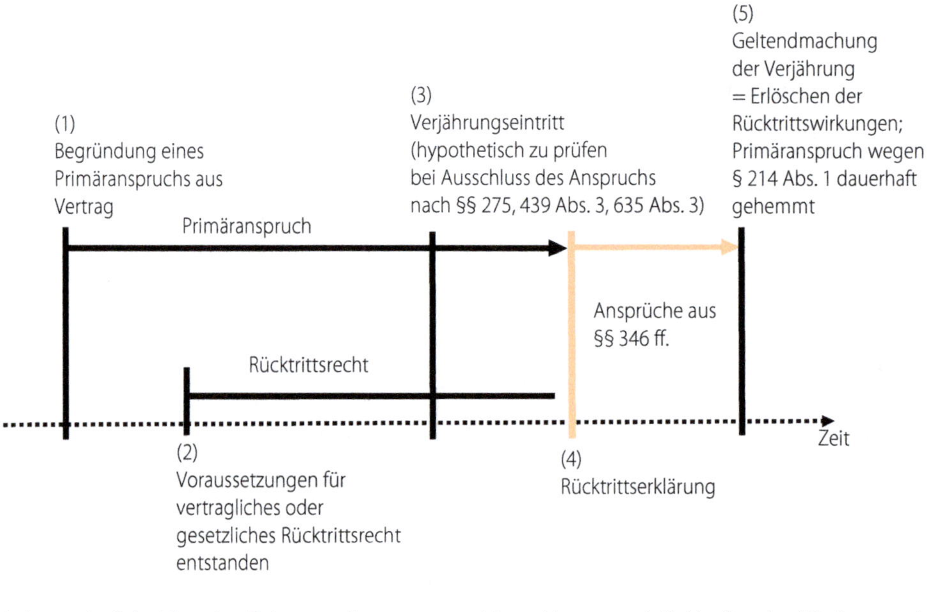


461 Leistet ein Schuldner im Rahmen eines gegenseitigen Vertrages (z.B. Kauf- oder Werkvertrag) nicht oder nicht vertragsgemäß (also mangelhaft), steht dem Gläubiger des gestörten Anspruches nach § 323 ein Rücktrittsrecht zu. Der gestörte Anspruch auf die Leistung unterliegt nach § 194 als solcher unproblematisch der Verjährung. Das Rücktrittsrecht kann jedoch nicht verjähren. Es handelt sich ja nicht um einen Anspruch, sondern um ein **Gestaltungsrecht**. Es wäre demzufolge möglich, dass der Anspruch auf die Leistung verjährt und der Gläubiger später nach Eintritt der Verjährung den Rücktritt erklärt. Mit dem Rücktritt wandelt sich das vertragliche Schuldverhältnis in ein Rückgewährschuldverhältnis um. Die daraus

6 *BGH* NJW 1999, 713.
7 *BGH* NJW 1995, 252.
8 Grüneberg-*Weidenkaff* § 548 Rn. 7.

begründeten Ansprüche entstehen dadurch neu und unterliegen ihrerseits wieder eigenständig einer neuen Verjährung. Der säumige bzw. mangelhaft leistende Schuldner würde also auf diese Weise lange nach Eintritt der Verjährung mit seinem früheren Versäumnis wieder konfrontiert. § 218 versucht nun, den Gleichlauf von Primäranspruch und Rücktrittsrecht herzustellen. Er schafft für den Rücktritt eine Ausschlussfrist, die an die Verjährung des gestörten Anspruchs geknüpft ist. Der **Rücktritt** ist danach **unwirksam**, wenn der dem Rücktritt zugrunde liegende Anspruch auf die Leistung bzw. den Nacherfüllungsanspruch bei Schlechtleistung verjährt ist **und der Schuldner sich hierauf beruft.**

## III. Die regelmäßige Verjährung

### 1. Verjährungsfrist

Nach § 195 dauert die Regelverjährung **drei Jahre**. In drei Jahren verjähren also alle Ansprüche, die nicht ausnahmsweise einer anderen Verjährung im Allgemeinen Teil (§§ 196, 197 Abs. 1) oder außerhalb des Allgemeinen Teils des BGB unterworfen sind. **462**

### 2. Beginn der Verjährung

Den Beginn der Regelverjährung behandelt § 199. Nach § 199 Abs. 1 beginnt die Regelverjährung des § 195 mit dem Schluss des Jahres, in dem der Anspruch entstanden ist und der Gläubiger die anspruchsbegründenden Tatsachen und die Person des Schuldners erfahren hat oder ohne grobe Fahrlässigkeit hätte erfahren können. **463**

#### a) Entstehung des Anspruchs

Der Anspruch „entsteht" i.S.d. § 199 Abs. 1, wenn er fällig wird und – zumindest mit einer Feststellungsklage – eingeklagt werden kann.[9] **464**

Der Schadensersatzanspruch entsteht in diesem Sinne mit dem Eintritt des ersten Schadens,[10] so dass die Verjährung insgesamt auch für alle vorhersehbaren Folgeschäden mit dem ersten Schaden beginnt.[11] Ausgenommen sind davon nur die nicht voraussehbaren Spätschäden.[12] **465**

Der Unterlassungsanspruch entsteht erst mit der Zuwiderhandlung des Schuldners (§ 199 Abs. 5), früher kann er nicht geltend gemacht werden. **466**

#### b) Jahresende

Die Verjährung beginnt nach § 199 Abs. 1 aber nicht schon mit der Entstehung des Anspruchs, sondern erst mit dem Ende des Jahres, in dem der Anspruchssteller sowohl die anspruchsbegründenden Tatsachen als auch die Person des Anspruchsgegners kennt oder kennen musste. Der Anspruchssteller muss so viel wissen oder grob fahrlässig nicht wissen, dass er zumindest auf Feststellung hätte klagen können.[13] **467**

---

9 St. Rspr., z. B. *BGH* Urteil vom 8. Juli 2008 (Az: XI ZR 230/07) = NJW-RR 2009, 378 ff.

10 *BGH* NJW 1997, 2448.

11 *BGH* NJW 2000, 861.

12 *BGH* NJW 2000, 801.

13 *BGH* NJW 1984, 661.

> **Hinweis**
>
> Auf die richtige Bewertung der anspruchsbegründenden Tatsachen kommt es nicht an. Lediglich in Ausnahmefällen kann ein Rechtsirrtum die Klage zunächst unzumutbar machen, so dass die Kenntnis der Tatsachen aufgrund des Rechtsirrtums noch nicht zu einem Beginn der Verjährung führen kann.[14]

**468** Grob fahrlässig ist die Unkenntnis des Anspruchsstellers, wenn sich ihm eine Kenntnisnahme durch Ermittlungen förmlich aufdrängt. Nach § 166 Abs. 1 muss der Anspruchssteller sich die Kenntnis oder grob fahrlässige Unkenntnis seines gesetzlichen Vertreters sowie seines Wissensvertreters zurechnen lassen, den er mit den erforderlichen Ermittlungen beauftragt hat.[15]

### 3. Höchstfristen

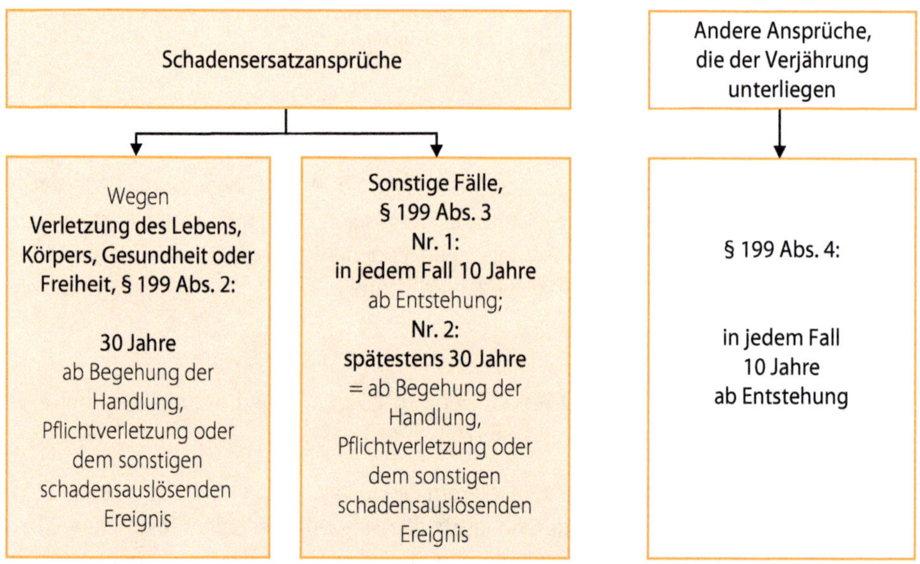


**469** Da der Verjährungsbeginn gemäß § 199 Abs. 1 von der Kenntnis bzw. grob fahrlässigen Unkenntnis des Anspruchsstellers abhängt, kann sich die Regelverjährung um Jahre verlängern. Damit doch irgendwann Verjährung eintritt, hat der Gesetzgeber in § 199 Abs. 2 bis 4 Höchstfristen geschaffen. Dabei unterscheidet der Gesetzgeber zwischen Schadensersatzansprüchen und sonstigen Ansprüchen.

#### a) Höchstfristen für Schadensersatzansprüche

**470** Gemäß § 199 Abs. 2 verjähren ohne Rücksicht auf Kenntnis oder grob fahrlässige Unkenntnis spätestens in dreißig Jahren ab Schadenshandlung, Pflichtverletzung oder sonstigem Schadensereignis, die Ansprüche auf Schadensersatz wegen Tötung, Körperverletzung oder Freiheitsentziehung.

---

14 *BGH* NJW 1999, 2041.

15 *BGH* NJW 1996, 2934; NJW 2001, 885.

Nach § 199 Abs. 3 verjähren in zehn Jahren ab Entstehung und ohne Rücksicht auf die Entstehung in dreißig Jahren ab Schadensereignis sonstige Schadensersatzansprüche. Der frühere Zeitablauf geht bei beiden Varianten vor. 471

#### b) Höchstfristen für andere Ansprüche als Schadensersatzansprüche

Andere Ansprüche als Schadensersatzansprüche verjähren in zehn Jahren ab ihrer Entstehung, § 199 Abs. 4. 472

## IV. Ausnahmen nach §§ 196, 197

Innerhalb des Allgemeinen Teils des BGB gibt es Ausnahmen von der Regelverjährung und zwar sowohl hinsichtlich der Verjährungsfrist als auch des Fristbeginns. 473

### 1. Verjährung nach § 197 Abs. 1

#### a) Verjährungsfrist

Die in § 197 Abs. 1 genannten Ansprüche verjähren erst nach dreißig Jahren, also abweichend von der Regelverjährung des § 195. Dies gilt insbesondere für rechtskräftig festgestellte Ansprüche (Nr. 3). 474

#### b) Beginn

Die Verjährung für festgestellte Ansprüche der § 197 Nr. 3–6 beginnt nach § 201 ab Rechtskraft der Entscheidung, ab Errichtung des vollstreckbaren Titels oder ab Feststellung im Insolvenzverfahren, jedoch nie vor ihrer Entstehung. Für alle anderen Ansprüche beginnt die Verjährung nach § 200 mit der Entstehung des Anspruches, soweit nicht ein anderes bestimmt ist. 475

### 2. Verjährung nach § 196

#### a) Verjährungsfrist

Nach § 196 verjähren in zehn Jahren Ansprüche auf Übertragung des Eigentums an einem Grundstück sowie auf Begründung, Übertragung, Aufhebung oder Inhaltsänderung eines beschränkten dinglichen Rechts an einem Grundstück und ebenso Ansprüche auf die Gegenleistung. 476

#### b) Beginn

Die in § 196 bestimmte Verjährung beginnt nach § 200 mit der Entstehung der jeweils betroffenen Ansprüche. 477

## V. Der Neubeginn der Verjährung

### 1. Wirkung des Neubeginns

478 §§ 203 ff. unterscheiden zwischen **Neubeginn** und **Hemmung** der Verjährung. Neubeginn und Hemmung der Verjährung unterscheiden sich in ihren Rechtsfolgen. Während der zum Neubeginn führende Umstand eine neue Verjährungsfrist in Lauf setzt (§ 212 Abs. 1), wird die Dauer der Hemmung nicht in die Verjährungsfrist eingerechnet, die anschließend weiterläuft (§ 209). Der Zeitraum zwischen dem Beginn und dem Ende der Hemmung wird also an das reguläre Ende der Verjährung „angehängt".

479 Neubeginn und Hemmung der Verjährung erstrecken sich nach § 213 auf alle Ansprüche aus demselben Grund, zwischen denen der Berechtigte wählen darf, sowie auf Ersatzansprüche, die dem Berechtigten anstelle des Erfüllungsanspruchs zustehen.

### 2. Tatbestände

480 Der Neubeginn der Verjährung ist in § 212 geregelt und kennt zwei Tatbestände: das Anerkenntnis des Schuldners (§ 212 Abs. 1 Nr. 1) und die Vollstreckungshandlung des Gläubigers (§ 212 Abs. 1 Nr. 2).

#### a) Anerkenntnis des Schuldners (§ 212 Abs. 1 Nr. 1)

481 Ein Anerkenntnis des Schuldners i.S.d. § 212 Abs. 1 Nr. 1 liegt dann vor, wenn der Schuldner dem Gläubiger deutlich anzeigt, dass er sich seiner Verpflichtung bewusst ist.[16]

**Beispiele** Abschlagszahlungen, Zinszahlungen und Sicherheitsleistungen, Bitte um Stundung, Ersatz eines Folgeschadens, Angebot der Leistung nicht nur aus Kulanz, Anerkennung „dem Grunde nach", Nachbesserungsarbeiten im Bewusstsein der Mängelhaftung, Aufrechnung. ■

482 Das **selbstständige** (abstrakt konstitutive) Schuldanerkenntnis i.S.d. §§ 780, 781 führt nicht nur zum Neubeginn der Verjährung des Anspruchs aus dem Grundgeschäft, sondern begründet auch einen neuen zusätzlichen Anspruch mit eigener Verjährung.[17] Das **deklaratorische** Anerkenntnis hingegen, das aus einem Einwendungsverzicht besteht, führt nur zum Neubeginn der Verjährung des anerkannten Anspruchs, ohne zusätzlich einen neuen Anspruch mit eigener Verjährung zu begründen.[18]

#### b) Vollstreckungshandlung (§ 212 Abs. 1 Nr. 2)

Ein Neubeginn der Verjährung tritt nach § 212 Abs. 1 Nr. 2 auch durch die Vornahme oder Beantragung einer gerichtlichen oder behördlichen Vollstreckungshandlung ein. § 212 Abs. 2, Abs. 3 lässt dies jedoch in bestimmten Fällen der Aufhebung der Vollstreckungsmaßnahmen nicht gelten.

---

16 *BGH* NJW 1988, 1259.
17 *BGH* NJW 2003, 1524.
18 *BGH* NJW 1991, 974.

## VI. Die Hemmung der Verjährung

### 1. Wirkung der Hemmung

Nach § 209 wird der Zeitraum der Hemmung in die Verjährungsfrist nicht eingerechnet. Die Verjährung beginnt also nicht neu. Vielmehr bricht der Lauf der Frist ab und die Restfrist läuft nach dem Ende der Hemmung dann weiter. **483**

### 2. Die Hemmungstatbestände

Von den in den §§ 203 ff. genannten Fällen wollen wir uns auf die Tatbestände in §§ 203, 204 konzentrieren. **484**

#### a) Verhandlungen

Nach § 203 wird die Verjährung durch Verhandlungen über einen Anspruch oder über anspruchsbegründende Umstände gehemmt. Sobald Verhandlungen dieser Art schweben, ist die Verjährung nach § 203 S. 1 solange gehemmt, bis der eine oder andere der Parteien sich weigert, die Verhandlungen fortzusetzen. Diese enden dann, wenn die Verhandlungen „einschlafen" und der nächste nach § 242 zu erwartende Verhandlungsschritt ausbleibt.[19] **485**

Nach § 203 S. 2 tritt die Verjährung frühestens drei Monate nach dem Ende der Hemmung ein. **486**

#### b) Hemmung der Verjährung durch Rechtsverfolgung

Der Katalog des § 204 listet Ihnen die Tatbestände der Rechtsverfolgung auf, die zu einer Hemmung führen. **487**

Bei der **Rechtsverfolgung durch Klage** sind folgende Punkte von Bedeutung: **488**

Nach § 204 Abs. 1 Nr. 1 hemmt der Gläubiger die Verjährung dadurch, dass er auf Leistung oder Feststellung des Anspruchs klagt. Das Gesetz verlangt Klageerhebung, d.h. die Zustellung der Klageschrift an den Beklagten nach § 253 Abs. 1 ZPO. Wenn der Gläubiger die Zustellung nicht verzögert, dann genügt nach § 167 ZPO aber schon der rechtzeitige Eingang der Klageschrift bei Gericht.

Dabei gelten folgende Besonderheiten:

Wenn der richtige Gläubiger gegen den richtigen Schuldner klagt, hemmt **auch die unzulässige Klage** die Verjährung.[20] **489**

Die Klage des Nichtberechtigten hemmt die Verjährung nicht. Anders liegt es, wenn ein Nicht-Gläubiger mit Ermächtigung des Gläubigers dessen Anspruch **im eigenen Namen** offen **im Wege der Prozessstandschaft** einklagt.[21] **490**

Die Klage hemmt die Verjährung nur **im Umfang ihres Streitgegenstandes.**[22] Dies bedeutet, dass die Teilklage nur eine Hemmung hinsichtlich des eingeklagten Teils bewirkt.[23] **491**

---

19 *BGH* NJW 2001, 1723.
20 *BGH* NJW 1995, 1675.
21 *BGH* NJW 1999, 2110; NJW 2003, 3196.
22 *BGH* NJW 1998, 1303; NJW 2000, 3492.
23 *BGH* NJW 2002, 2167; NJW 2002, 3769.

492 Nach § 204 Abs. 2 S. 1 endet die Hemmung der Verjährung **sechs Monate nach rechtskräftiger Entscheidung oder sonstiger Beendigung des Verfahrens.** Gerät das Verfahren in Stillstand, weil die Parteien es nicht betreiben, endet die Hemmung sechs Monate nach der letzten Verfahrenshandlung einer Partei, beginnt aber neu, wenn eine Partei das Verfahren wieder betreibt (§ 204 Abs. 2 S. 3, 4).

## VII. Vereinbarungen über die Verjährung

493 Nach § 202 lässt sich die gesetzliche Verjährung entgegen der Überschrift nicht nur erleichtern, sondern auch beliebig erschweren. Unwirksam sind nur noch die vereinbarten Erleichterungen der Verjährung für Vorsatztaten sowie die Verlängerung über dreißig Jahre hinaus ab gesetzlichem Verjährungsbeginn.

494 § 202 beschränkt nur den Verjährungsverzicht im Voraus während laufender Frist. Nach Ablauf der Verjährung ist die Verjährungseinrede aus § 214 Abs. 1 wie jede andere Einrede frei verzichtbar.[24]

495 Für Verjährungsregeln in Allgemeinen Geschäftsbedingungen zieht jedoch § 309 Nr. 7 weitere Grenzen:

Nach § 309 Nr. 7b ist in AGB auch ein Ausschluss der Haftung für grobe Fahrlässigkeit unzulässig. Nach § 309 Nr. 7a kann der Haftungsmaßstab in Bezug auf die Verletzung der Rechtsgüter Leben, Körper und Gesundheit gar nicht abgemildert werden. § 309 Nr. 7 erfasst auch solche Klauseln, die die Haftung zeitlich – durch Ausschlussfristen oder Verjährungserleichterungen begrenzen.[25]

**Hinweis**

Nach § 310 Abs. 1 S. 1 findet § 309 nur bei Verwendung gegenüber einem Verbraucher Anwendung. Aus § 310 Abs. 1 S. 2 folgt aber, dass die nach § 309 verbotenen Klauseln auch bei Verwendung gegenüber Unternehmern unwirksam sein können (aber eben nicht müssen!), wobei die Unwirksamkeit dann gesetzestechnisch aus § 307 Abs. 1 und Abs. 2 folgt. Verstößt eine Klausel gegen § 309 Nr. 7 ist sie auch im Verkehr gegenüber Unternehmern stets als unwirksam anzusehen.[26]

Sie zitieren dann § 307 Abs. 1, 2 Nr. 1, da die Klausel von den Grundsätzen einer Schadensersatzhaftung nach dem Verschuldensmaßstab des § 276 unangemessen abweicht.

496 Hinsichtlich von Gewährleistungsansprüchen findet sich eine weitere Beschränkung der Verjährungserleichterung in § 309 Nr. 8 lit. b ff.).

497 Schließlich ist im Rahmen eines Verbrauchsgüterkaufs § 476 Abs. 2 zu beachten. Nach § 476 Abs. 2 kann die Verjährung der Ansprüche des Verbrauchers wegen Mängeln der Kaufsache vor Mitteilung des Mangels an den Verkäufer nicht beliebig abgekürzt werden. Für neue bewegliche Sachen sind zwei Jahre, für gebrauchte Sachen ist ein Jahr die Mindestfrist. Für Schadensersatzansprüche bleibt es nach § 476 Abs. 3 bei der Grenze, die durch §§ 276 Abs. 3 und §§ 307–309 gezogen ist.

---

24 *BGH* NJW 1996, 661.

25 Urteil des *BGH* vom 15. November 2006 (Az: VIII ZR 3/06) unter Ziff. II 1b, Tz. 18 ff. = BGHZ 170, 31 ff. = NJW 2007, 674 ff. m.w.N.

26 Urteil des *BGH* vom 19. September 2007 (Az: VIII ZR 141/06) unter Ziff. II 2b, Tz. 11 ff. = NJW 2007, 3774.

# C. Übungsfall Nr. 5

„Feuerwerk im Schuppen II" 498

Viktor Vogel (V) vermietete Martin Meister (M) ein auf seinem Gutshof in Münster gelegenes Nebengebäude mit Garten als Wohnhaus. Auf der vermieteten Gartenfläche steht ein überwiegend aus Holz gebauter Geräteschuppen, der ebenfalls Gegenstand des Mietvertrages ist. In der Silvesternacht 2018/2019 brannte der Geräteschuppen vollständig aus. Die Gründe sind uns bereits aus der Schilderung in Übungsfall Nr. 4, vgl. Rn. 445, bekannt.

Am 5.1.2019 vereinbarte V mit M, dass er die Fläche, auf der sich der Schuppen befunden hatte, wieder in seinen alleinigen Besitz nehme, um dort einen Pferdeanhänger abstellen zu können. V stellte seinen Anhänger noch am selben Tag dort ab. Außerdem erklärte sich M im Gespräch mit V grundsätzlich bereit, den Schaden außergerichtlich zu regulieren. Er will die Sache mit seiner eigenen Haftpflichtversicherung besprechen und bittet V solange um Geduld. Als die Versicherung jede Deckung ablehnt, teilt M dies dem V am 4.4.2019 mit und sagt, dass er vor diesem Hintergrund leider keinerlei Zahlungen leisten könne. Außerdem meint M, die Sache sei auch für ihn ein tragisches Unglück, das er so nicht vorhersehen konnte und deshalb wohl auch gar nicht hafte.

V begibt sich nach der schweren Erntezeit Anfang September 2019 zu seinem Anwalt, der die Schadensforderungen des V gegenüber M geltend macht. M beruft sich auf die Einrede der Verjährung.

Mit Recht?

## Lösung 499

### A. Anspruch auf Schadensersatz aus §§ 280 Abs. 1, 241 Abs. 2

#### I. Anspruchsentstehung

Wie bereits im 1. Teil des Falles geprüft (Übungsfall Nr. 4, vgl. Rn. 446), steht dem V gegen M ein Anspruch aus §§ 280 Abs. 1, 241 Abs. 2 auf Zahlung von 6000 € zu.

#### II. Durchsetzbarkeit

Fraglich ist allein, ob der Durchsetzbarkeit des Anspruchs die von M erhobene Einrede der Verjährung entgegensteht, § 214 Abs. 1.

##### 1. Anwendbarkeit der Verjährungsfrist aus § 548 Abs. 1

Die Verjährung könnte sich hier nach § 548 Abs. 1 richten. Danach verjähren Ersatzansprüche des Vermieters wegen Veränderung oder Verschlechterung der Mietsache in sechs Monaten.

Der Anwendbarkeit dieser besonderen Verjährungsregel könnte zunächst entgegenstehen, dass die Vorschrift auf Ersatzansprüche wegen Veränderungen oder Verschlechterungen abstellt. Im vorliegenden Fall begehrt V aber Ersatz wegen einer vollständigen Zerstörung des Geräteschuppens. Von einer Veränderung oder Verschlechterung i.S.d. § 548 kann sicher dann nicht mehr die Rede sein, wenn die Mietsache vollständig zerstört ist.[27] In diesem Fall bestimmt sich vielmehr die Verjährung nach den allgemeinen Regeln der §§ 195 ff. Für eine Ausklammerung der Ersatzansprüche wegen vollständiger Zerstörung aus dem Anwendungsbereich des § 548 spricht nicht nur der Wortlaut, sondern auch der Umstand, dass die Vorschrift für den Anfangspunkt der Verjährung auf den Rückerhalt der Sache abstellt und eine völlig zerstörte Mietsache eben nicht zurückgegeben werden kann. Bedenkt man aber, dass im vorliegenden Fall die Mietsache nicht nur aus dem Geräteschuppen, sondern aus dem Wohnge-

27 Urteil des *BGH* vom 23. Mai 2006 (Az: 6 ZR 259/04) = NJW 2006, 2399.

bäude und dem Grundstück besteht, sind Mietobjekte vorhanden, die zurückgegeben werden können. Dann ist aber auch der Anfangspunkt für den Verjährungsbeginn bestimmbar.[28] In der Zerstörung des Geräteschuppens ist – ähnlich wie bei der Beurteilung im Rahmen des § 249 Abs. 2 – eine Beschädigung bzw. „Verschlechterung" i.S.d. § 548 Abs. 1 zu sehen. Die Verjährungsregel des § 548 Abs. 1 ist daher auf den vorliegenden Ersatzanspruch anwendbar.

### 2. Verjährungsbeginn

Für den Beginn der Verjährung stellt § 548 Abs. 1 S. 2 auf den Zeitpunkt ab, an dem der Vermieter „die Mietsache zurückerhält". Aufgrund der systematischen Nähe dieser Verjährungsregelung zur Rückgabepflicht aus § 546 Abs. 1 könnte man schließen, dass mit dem Zurückerhalten i.S.d. § 548 Abs. 1 eine Rückgabe zum Zwecke der Erfüllung der Rückgabepflicht aufgrund beendeten Mietverhältnisses aus § 546 Abs. 1 zu verstehen ist. Dann kann Verjährung erst eintreten, wenn auch das Mietverhältnis beendet worden ist. Dies ist nach dem Sachverhalt aber noch nicht geschehen. Vielmehr haben die Parteien ein Mietverhältnis auf unbestimmte Zeit geschlossen, das derzeit noch nicht gekündigt worden ist.

Jedoch stellt der Wortlaut des § 548 Abs. 1 S. 2 im Gegensatz zur umgekehrten Regelung für die Verjährung von Aufwendungsersatzansprüchen des Mieters in § 548 Abs. 2 nicht auf die Beendigung des Mietverhältnisses ab. Der Zweck der Verjährungsregelung des § 548 Abs. 1 besteht darin, eine möglichst schnelle Klarstellung über bestehende Ansprüche im Zusammenhang mit dem Zustand der Mietsache zu erreichen.[29] Für den Vermieter ist allein entscheidend, dass er wieder in den Besitz der Mietsache kommt, um sich Klarheit über den Zustand der Mietsache und mögliche Ersatzansprüche gegen den Mieter zu verschaffen. Eine solche Rückgabe wird in der Regel erst nach Beendigung des Mietvertrages erfolgen. Dies muss aber nicht so sein. Um die von § 548 Abs. 1 angestrebte rasche Klarheit über das Bestehen von Ersatzansprüchen zu erreichen, kommt der Beendigung des Mietvertrages für den Beginn der Verjährung entsprechend der Formulierung des § 548 Abs. 1 keine erkennbare Bedeutung zu. Entscheidend ist allein, ob eine Rückgabe der Mietsache an den Vermieter erfolgt ist.[30] Aus den vorstehenden Erwägungen folgt zugleich, dass ein „Zurückerhalten der Mietsache" dann angenommen werden kann, wenn der Vermieter aufgrund eines Besitzwechsels in die Lage versetzt wird, sich durch Ausübung der unmittelbaren Sachherrschaft ungestört ein umfassendes Bild von den Mängeln, Veränderungen und Verschlechterungen der Mietsache zu machen.[31] Eine nur vorübergehende Möglichkeit zur Besichtigung genügt dafür nicht.[32] Das Wohngebäude und die Gartenfläche wurden im vorliegenden Fall dem V noch nicht zurückgegeben. Möglicherweise genügt es aber für einen Zurückerhalt der Mietsache i.S.d. § 548 Abs. 1, dass der V die Fläche wieder in Besitz genommen hat, auf der sich der Geräteschuppen früher befand.

Der Wortlaut des § 548 Abs. 1, der für den Verjährungsbeginn auf den Zurückerhalt „der Mietsache" abstellt, legt es nahe, den Zeitpunkt als maßgeblich anzusehen, an dem der Vermieter das Mietobjekt vollständig zurückerhalten hat. Möglicherweise ist aber dann eine Ausnahme zu machen, wenn das Mietobjekt – wie im vorliegenden Fall – aus räumlich getrennten und selbstständig nutzbaren Teilen besteht.[33] Diese Frage kann aber dahingestellt bleiben, denn nach dem Sachverhalt waren sich V und M darüber einig, dass die Fläche, auf der sich der Geräteschuppen früher befand, nicht mehr Gegenstand des Mietver-

28 Urteil des *BGH* vom 23. Mai 2006 (Az: 6 ZR 259/04) = NJW 2006, 2399.

29 Urteil des *BGH* vom 15. März 2006 (Az: VIII ZR 123/05) = NJW 2006, 1588 unter Ziff. II. 2.

30 *BGH* Urteil vom 15. März 2006 (Az: VIII ZR 123/05) = NJW 2006, 1588 und vom 23. Mai 2006 (Az: VI ZR 259/04) = NJW 2006, 2399.

31 *BGH* Urteil vom 15. März 2006 (Az: VIII ZR 123/05) = NJW 2006, 1588 und vom 23. Mai 2006 (Az: VI ZR 259/04) = NJW 2006, 2399.

32 *BGH* Urteil vom 15. März 2006 (Az: VIII ZR 123/05) = NJW 2006, 1588 und vom 23. Mai 2006 (Az: VI ZR 259/04) = NJW 2006, 2399.

33 So der *BGH* im Urteil vom 23. Mai 2006 (Az: VI ZR 259/04) = NJW 2006, 2399 unter Ziff. II. 2e.

trages sein sollte. Diese Fläche wurde sozusagen aus dem Mietvertrag „ausgeklammert", so dass sie nicht mehr Mietgegenstand war. In einem solchen Fall ist für die Rückgabe nur noch entscheidend, dass V den vollständigen und unmittelbaren Besitz an dieser Fläche erhalten hat. Nach dem Sachverhalt ist dies am 5.1.2019 geschehen.

### 3. Fristablauf

Gemäß §§ 187 Abs. 1, 188 Abs. 2 ist der Erstattungsanspruch wegen Zerstörung des Geräteschuppens grundsätzlich am 5.7.2019 verjährt.

Fraglich ist, wie es sich auswirkt, dass V und M sich am 5.1.2019 zusammengesetzt haben, um über den Ersatz der Schäden zu sprechen. Darin könnte eine „Verhandlung über den Anspruch" gemäß § 203 zu sehen sein, mit der Folge, dass der Zeitraum, während dessen verhandelt wurde, nach § 209 in die Verjährungsfrist nicht eingerechnet wird.

Der Begriff der „Verhandlung" ist weit auszulegen. Der Gläubiger muss zunächst klarstellen, dass er einen Anspruch geltend machen und worauf er ihn stützen will. Für die Annahme einer Verhandlung genügen in der Folge Äußerungen, die den Gläubiger zu der Annahme berechtigen, der Schuldner lasse sich auf Erörterungen über die Berechtigung des Anspruchs ein. Es genügt der Meinungsaustausch über den Anspruch oder seine tatsächliche Grundlage, wenn die Verhandlung nicht sofort und erkennbar abgelehnt wird. M hatte sich auf die Forderung des V zunächst eingelassen und wollte zum Zwecke der Regulierung mit seiner Haftpflichtversicherung Rücksprache nehmen. Dieser Zustand endete erst am 4.4.2019, als M dem V mitteilte, dass er mangels Deckungszusage seiner Versicherung keinerlei Zahlungen leisten könne.

Die Tage, an dem der Hemmungstatbestand eintritt und wieder wegfällt, werden dem Hemmungszeitraum zugerechnet.[34] Die Verjährung wurde folglich am 5.1.2019 gehemmt und lief erst am 5.4.2019 weiter. Rechnet man den dreimonatigen Verhandlungszeitraum nunmehr der Verjährungsfrist hinzu, ergibt sich, dass die Verjährung frühestens am 5.10.2019 eintreten konnte. Zum Zeitpunkt der Begutachtung ist folglich noch keine Verjährung eingetreten.

**Hinweis**

Die Verjährung würde im Falle einer Klageerhebung gem. §§ 204 Abs. 1 Nr. 1, 209 für die Dauer des Verfahrens einschließlich der in § 204 Abs. 2 bestimmten Nachfrist erneut gehemmt, so dass sich M bei rechtzeitiger Klageerhebung nicht auf Verjährung berufen kann. Die Klage wird nach § 253 Abs. 1 ZPO durch Zustellung der Klageschrift beim Beklagten erhoben. Die rechtzeitige Einreichung der Klage bei Gericht („Anhängigkeit") genügt, wenn die Klage „alsbald" zugestellt wird, § 167 ZPO. Hat der Kläger eine Verzögerung um mehr als 14 Tage zu vertreten, liegt keine „alsbaldige Zustellung" mehr vor. Verzögerungen – auch mehr als 14 Tage – durch das Gericht bei der Bearbeitung der Klage und ihrer Zustellung stehen einer „alsbaldigen Zustellung" hingegen nicht entgegen.[35]

### III. Ergebnis

V steht somit ein Anspruch auf Zahlung in Höhe von 6000 € aus §§ 280 Abs. 1, 241 Abs. 2 gegen den M zu. Dieser Anspruch ist fällig und derzeit noch nicht verjährt.

## B. Schadensersatzanspruch aus § 823 Abs. 1

### I. Anspruchsentstehung

Wie bereits festgestellt, kann V von M auch aus § 823 Abs. 1 sowie aus § 823 Abs. 2 BGB i.V.m. § 306d StGB Schadensersatz wegen der Zerstörung des Geräteschuppens in Höhe von 6000 € verlangen.

### II. Durchsetzbarkeit

Zu prüfen ist, wie sich die Verjährung in Bezug auf diesen Anspruch darstellt.

34 Grüneberg-*Ellenberger* § 209 Rn. 1.

35 Grüneberg-*Ellenberger* § 204 Rn. 7.

Grundsätzlich finden auf Schadensersatzansprüche aus §§ 823 ff. die allgemeinen Verjährungsregeln der §§ 195 ff. Anwendung. Allerdings bestehen hier im Vergleich zur Verjährungsregel des § 548 Abs. 1 deutliche Unterschiede hinsichtlich Beginn und Dauer der Verjährung.

Um Wertungswidersprüche und eine Aushöhlung des Zwecks der kurzen Verjährungsfrist des § 548 Abs. 1 zu vermeiden, unterliegen nicht nur die aus §§ 280 ff. folgenden Ansprüche, sondern auch konkurrierende Ersatzansprüche des Vermieters wegen Veränderung oder Verschlechterung der Mietsache der kurzen Verjährung des § 548 Abs. 1.[36] Da die Verjährungsfrist aber noch nicht abgelaufen ist, kann M derzeit auch gegen den Anspruch aus § 823 Abs. 1 und 2 keine Einrede der Verjährung nach § 214 Abs. 1 erheben.

36 St. Rspr. des *BGH* z.B. Urteile vom 23. Mai 2006 (Az: VI ZR 259/04) = NJW 2006, 2399 unter Ziff. II. 2b und vom 28. Juli 2004 (Az: XII ZR 153/03) = NJW-RR 2004, 1566, 1568.

## D. Allgemeines Zurückbehaltungsrecht aus § 273

Hat der Schuldner aus demselben rechtlichen Verhältnis, auf dem seine Verpflichtung beruht, einen fälligen Anspruch gegen den Gläubiger, so kann er, sofern nicht aus dem Schuldverhältnis sich ein anderes ergibt, nach § 273 Abs. 1 die geschuldete Leistung verweigern, bis die ihm gebührende Leistung bewirkt wird. Beim Zurückbehaltungsrecht aus § 273 Abs. 1 handelt es sich folglich um eine **„dilatorische“, d.h. nur vorübergehend wirkende Einrede.** Ihre Wirkung besteht entweder darin, dass der Gläubiger zur Abwehr des Zurückbehaltungsrechts Sicherheit leistet (§ 273 Abs. 3) oder dass die beiden Leistungen jetzt nicht mehr uneingeschränkt gefordert werden können. Vielmehr darf nach § 274 Abs. 1 eine Verurteilung nur noch Zug um Zug gegen Erfüllung der anderen Leistung erfolgen. **500**

### I. Wechselseitig bestehende Forderungen

Wie sich aus der vorstehend wiedergegebenen Formulierung des § 273 Abs. 1 ergibt, stehen sich beim Zurückbehaltungsrecht aus § 273 Abs. 1 zwei Ansprüche wechselseitig gegenüber. Allerdings kann die Wechselseitigkeit durch Abtretung verlorengehen. Wenn eine der beiden Parteien ihren Anspruch gegen die andere abtritt, entfällt die Wechselseitigkeit. Hier hilft § 404 und erhält dem anderen das Zurückbehaltungsrecht aus § 273 Abs. 1 auch gegenüber dem neuen Gläubiger. **501**

Gleiches gilt beim Vertrag zugunsten Dritter (siehe dazu oben unter Rn. 29 ff.), wenn dem zur Leistung Verpflichtenden ein Zurückbehaltungsrecht gegen den Versprechensempfänger zusteht, § 334. **502**

### II. „Konnexität“ der Forderung

Nach § 273 Abs. 1 muss die Gegenforderung des Schuldners „aus demselben rechtlichen Verhältnis“ stammen, „auf dem seine Verbindlichkeit beruht“. Dies unterscheidet die Einredelage des § 273 von der Aufrechnungslage, bei der ein solcher Zusammenhang (sog. „Konnexität“) nicht erforderlich ist. **503**

Nun würde § 273 weitgehend leerlaufen, wenn man die Vorschrift wortwörtlich verstehen und anwenden würde und nur solche Ansprüche zuließe, die sich exakt aus demselben Schuldverhältnis ergeben. Hier greift ja beim vertraglichen Schuldverhältnis häufig schon § 320, so dass für § 273 Abs. 1 keine richtigen Anwendungsfälle mehr übrig blieben.

Daher wird der notwenige Zusammenhang zwischen beiden Forderungen weit verstanden. Es genügt ein „innerlich zusammengehöriges einheitliches Lebensverhältnis, das es als wider Treu und Glauben erscheinen lässt, wenn der eine Anspruch ohne Rücksicht auf den anderen geltend gemacht oder verwirklicht werden soll“.[37]

37 Grüneberg-*Grüneberg* § 273 Rn. 9.

**Beispiele** Wechselseitig bestehende Bereicherungsansprüche auf Rückgabe der schon ausgetauschten Leistungen aus unwirksamem Schuldverhältnis;

Wechselseitige Ansprüche aus laufender Geschäftsverbindung;

Forderung und Anspruch auf Erteilung einer Quittung (§ 368) oder Rückgabe des Schuldscheins (§ 371). ■

504 Hat der **zur Herausgabe einer Sache** verpflichtete Schuldner **Aufwendungen auf die Sache** gemacht, stellt § 273 Abs. 2 die Verknüpfung zwischen dem Herausgabeanspruch und einem Anspruch auf Aufwendungsersatz fest. Hier ist die erforderliche „Konnexität" stets gegeben.

**Beispiel** Der Automechaniker A hat den Wagen des B zum zweiten Mal zur Reparatur bekommen. Die Abholung ist für den 15.6. vereinbart. Aus der ersten Reparatur ist noch ein Betrag von 400 € offen. Dem A steht insoweit eine Einrede aus § 273 Abs. 2 Hs. 1 Var. 1 gegen seine Herausgabepflicht aus dem Werkvertrag zu. ■

## III. Durchsetzbarkeit

505 § 273 Abs. 1 verlangt ferner die Fälligkeit des Anspruches bzgl. dessen das Zurückbehaltungsrecht geltend gemacht werden soll. Dabei lässt man es allerdings ausreichen, dass der die Zurückbehaltung begründende Gegenanspruch **im Augenblick der zurückbehaltenen Leistung entsteht.**[38]

**Beispiel** Der Schuldner kann vom Gläubiger die Erteilung einer Quittung verlangen, § 368. Der Anspruch auf Erteilung der Quittung wird allerdings erst fällig, wenn die Leistung erbracht wird. Das schließt streng genommen ein Zurückbehaltungsrecht aus § 273 aus, weil der Schuldner die Quittung eben nicht verlangen kann, solange er seinerseits noch nicht geleistet hat. Allerdings erscheint dies offenbar unbillig, so dass in diesen Fällen ein Zurückbehaltungsrecht gewährt wird. ■

## IV. Ungleichartigkeit der Leistungen

506 Über den Leistungsgegenstand sagt § 273 Abs. 1 nichts. Jedoch ist anerkannt, dass der Leistungsgegenstand im Fall des § 273 mit dem Gegenstand der anderen wechselseitig bestehenden Forderung nicht gleichartig ist. Denn **bei Gleichartigkeit ist ja die Aufrechnung** das richtige Verteidigungsmittel. In der Geltendmachung eines Zurückbehaltungsrechts bei Aufrechnungslage wird deshalb regelmäßig eine Aufrechnung erblickt.[39]

## V. Kein Ausschluss des Zurückbehaltungsrechts

507 Die Ausübung des Zurückbehaltungsrechts darf schließlich nicht ausgeschlossen sein.

508 Insoweit kommen zunächst einmal vertragliche Vereinbarungen in Betracht. Grundsätzlich kann das Zurückbehaltungsrecht durch vertragliche Vereinbarung ausgeschlossen werden.

38 Grüneberg-*Grüneberg* § 273 Rn. 7.

39 *Medicus/Lorenz* Schuldrecht I § 20 Rn. 9.

Im Falle der Vereinbarung durch **Allgemeine Geschäftsbedingungen** ist **§ 309 Nr. 2b** zu beachten. Im **Wohnraummietrecht** gelten Schutzvorschriften in **§ 556b Abs. 2**.

Umgekehrt schließen die §§ 570, 578 ein Zurückbehaltungsrecht gegen den Anspruch auf **509** Rückgabe der Mietsache aus. Entsprechendes gilt nach § 175 für einen Anspruch des Vollmachtgebers auf Rückgabe der Vollmachtsurkunde.

Schließlich kann das Zurückbehaltungsrecht nach dem Gebot von Treu und Glauben aus **510** § 242 ausgeschlossen sein. Dies ist bspw. dann der Fall, wenn der Gegner des Zurückbehaltenden seine Pflicht ohne den zurückbehaltenen Gegenstand nicht erfüllen kann und es damit faktisch zu einer dauerhaften Einrede käme.[40] Weiter ist eine Ausübung des Zurückbehaltungsrechts unzulässig nach § 242, wenn dadurch **Aufrechnungsverbote** umgangen und im Ergebnis die Wirkung erreicht würde, die durch das Aufrechnungsverbot verhindert werden soll.[41]

**» Ist Ihnen noch der Sinn dieser Aufrechnungsverbote geläufig? Wiederholen Sie noch einmal kurz die Hintergründe hinter den Aufrechnungsverboten (vgl. oben unter Rn. 249 ff.). «**

**Beispiel** Ausübung eines Zurückbehaltungsrechts gegen unpfändbare Forderung oder Forderung aus vorsätzlicher unerlaubter Handlung, da sonst § 394 umgangen würde. ■

## VI. Wirkung

Die Ausübung des Zurückbehaltungsrechts führt zu einer **Zug-um-Zug-Verknüpfung**, so **511** dass der Schuldner im Prozess nicht uneingeschränkt, also ohne den Zug-um-Zug-Vorbehalt verurteilt werden kann, § 274.

Der **Gläubigerverzug** als solcher schließt die Einrede aus § 273 auch auf Seiten des Gläubi- **512** gers noch nicht aus. Der Gläubiger kann sich also wegen seines noch nicht erfüllten Anspruchs auf das Zurückbehaltungsrecht aus § 273 berufen, obwohl er selbst die Erfüllung durch sein Verhalten vereitelt.

Der Gläubigerverzug wirkt sich aber auf die **Vollstreckung der Gegenleistung** aus. Eigentlich müssen Leistung und Gegenleistung spätestens in der Zwangsvollstreckung ausgetauscht werden, § 756 ZPO. § 274 Abs. 2 stellt aber klar, dass jeder Gläubiger seinen Anspruch trotz Zug-um-Zug-Einrede beitreiben kann, ohne seine Gegenleistung anbieten zu müssen, sofern sich der andere Teil bereits im Gläubigerverzug befindet.

Nach § 273 Abs. 3 S. 1 hat der Gläubiger die Möglichkeit, die Ausübung des Zurückbehal- **513** tungsrechts durch eine Sicherheitsleistung abzuwenden.

**» Lesen Sie dazu bitte die Vorschriften in §§ 232–240, 273 Abs. 3 S. 2 durch. «**

# E. Zurückbehaltungsrechte aus §§ 320, 321, 348

Im gegenseitigen Vertrag bzw. im Rückgewährschuldverhältnis nach §§ 346 ff. stehen beiden **514** Parteien besondere Zurückbehaltungsrechte aus §§ 320, 348 zu.

Die Einrede des § 320 hat die Funktion, die geschuldete (Gegen-)Leistung zu erzwingen. Sie **515** setzt nach ihrem Sinn und Zweck voraus, dass derjenige, der sich auf sie beruft, seinerseits

40 *BGH* NJW 1992, 194, 199.
41 Grüneberg-*Grüneberg* § 394 Rn. 1.

erfüllungsbereit ist.[42] Dagegen kann sich derjenige, der deutlich macht, dass er an dem Vertrag gar nicht festzuhalten gedenke, die Einrede nicht zu Nutze machen.

**Beispiel** Wer den Rücktritt vom Vertrag erklärt, ohne dazu berechtigt zu sein, kann sich später gegen den – mangels wirksamen Rücktritts – nicht erloschenen Primäranspruch seines Vertragspartners nicht mit dem Zurückbehaltungsrecht aus § 320 verteidigen.

**516** Die Einrede des nichterfüllten gegenseitigen Vertrages aus § 320 Abs. 1 S. 1 steht dem Vertragspartner dann nicht zu, wenn er nach dem Vertrag seinerseits vorzuleisten hat, § 320 Abs. 1 S. 1 Hs. 2. Dann muss die andere Vertragspartei schließlich noch gar nichts unternehmen, sondern darf die Vorleistung abwarten. Solange die Vorleistung noch nicht bewirkt wurde, steht der anderen Vertragspartei die Einrede des § 320 zu.

**Hinweis**

Von diesem Schema macht wiederum § 321 Abs. 1 eine Ausnahme. Danach darf der vorleistungspflichtige Vertragspartner die ihm obliegende Leistung verweigern, wenn nach Abschluss des Vertrags erkennbar wird, dass sein Anspruch auf die Gegenleistung durch mangelnde Leistungsfähigkeit des anderen Teils gefährdet wird. Dieses Leistungsverweigerungsrecht entfällt nach § 321 Abs. 1 S. 2 wieder, wenn die Gegenleistung bewirkt oder Sicherheit für sie geleistet wird. Der vorleistungspflichtige Vertragspartner kann also bei drohender Insolvenz des anderen Teils oder einem Unvermögen aus anderen Gründen[43] zumindest eine Sicherheitsleistung erzwingen und darf seine Leistung so lange zurückhalten. Er kann dem anderen Teil über §§ 321 Abs. 2, 323 dazu sogar eine Frist setzen und nach fruchtlosem Fristablauf vom Vertrag zurücktreten.

**517** Auch die Zurückbehaltungsrechte aus §§ 320, 348 führen zur Zug-um-Zug-Verpflichtung, wie sich aus § 322 Abs. 1 ergibt. Bei Gläubigerverzug eines Teils kommt § 274 Abs. 2 über § 322 Abs. 3 zur Anwendung. Insoweit bestehen also keine Unterschiede.

Jedoch kann der Schuldner die Zug-um-Zug-Wirkung der Zurückbehaltungsrechte aus §§ 322, 348 **nicht durch Sicherheitsleistung** abwenden, § 320 Abs. 1 S. 3.

**518** Ferner kann der Schuldner – vorbehaltlich treuwidrigen Verhaltens – seine Leistung auch dann zurückbehalten, wenn **nur ein Teil seines Anspruchs noch nicht erfüllt ist,** § 320 Abs. 2.[44]

## F. Zurückbehaltungsrecht aus § 410

» Gehen Sie an dieser Stelle noch die Schuldnerschutztatbestände der §§ 407 ff. oben unter Rn. 218 ff. durch. «

**519** Ein besonderes Leistungsverweigerungsrecht sieht § 410 Abs. 1 S. 1 für den Fall der Abtretung vor. Während § 404 dem Schuldner seine bisherigen Einreden trotz Abtretung erhält, gibt § 410 Abs. 1 S. 1 dem Schuldner aufgrund der Abtretung eine neue Einrede. Der Schuldner ist danach dem neuen Gläubiger gegenüber zur Leistung nur gegen Aushändigung einer **von**

42 St. Rspr. des *BGH*, vgl. Urteil des *BGH* vom 4. Juli 2002 (Az: I ZR 313/99 m.w.N.).

43 Etwa vorübergehende Unmöglichkeit, *BGH* Urteil vom 11. Dezember 2009 (Az: V ZR 217/08) unter Tz. 18 f. = NJW 2010, 1272 ff.

44 Bei mangelhafter Leistung des Werkunternehmers beachten Sie bitte die besondere Regel in § 641 Abs. 3.

**dem bisherigen Gläubiger über die Abtretung ausgestellten Urkunde** verpflichtet. Damit kann sich der Schuldner die leistungsbefreiende Wirkung des § 409 sichern und sich vor einer vergeblichen Leistung an die falsche Person schützen. Dieser Schutz ist bei einer bereits erfolgten Anzeige erreicht. Deswegen besteht das Zurückbehaltungsrecht nach § 410 Abs. 2 nicht, wenn der bisherige Gläubiger dem Schuldner die Abtretung schriftlich angezeigt hat.

**Online-Wissens-Check**

**Ab wann beginnt der Lauf der in § 195 bestimmten Regelverjährung?**

Überprüfen Sie jetzt online Ihr Wissen zu den in diesem Abschnitt erarbeiteten Themen. Unter **www.juracademy.de/skripte/login** steht Ihnen ein Online-Wissens-Check speziell zu diesem Skript zur Verfügung, den Sie kostenlos nutzen können. Den Zugangscode hierzu finden Sie auf der Codeseite.

# Sachverzeichnis

Die Zahlen verweisen auf die Randnummern.